Reli

KONKRET

2

Unterrichtswerk
für katholischen
Religionsunterricht
an Hauptschulen und
an Realschulen in den
Jahrgangsstufen 7/8
in Baden-Württemberg

Herausgegeben von
Prof. Dr. Georg Hilger und
Prof. Dr. Elisabeth Reil

Für Baden-Württemberg
bearbeitet und ergänzt von
Peter Frank, Ulrike Kern,
Dr. Hans-Walter Nörtersheuser,
Martin Rathgeb, Simone Rathgeb,
Christian Schuhmacher und
Barbara Schupp

Kösel

Reli konkret 2 – Lehrerkommentar

Herausgegeben von
Prof. Dr. Georg Hilger und Prof. Dr. Elisabeth Reil,

für Baden-Württemberg bearbeitet und ergänzt von
Peter Frank, Ulrike Kern, Dr. Hans-Walter Nörtersheuser, Martin Rathgeb, Simone Rathgeb,
Christian Schuhmacher und Barbara Schupp,

unter Mitarbeit von
Dr. Matthias Bahr, Josef Epp, Sigrid Eschenlohr, Marcus Grasmann, Annet Haidacher, Klaus
König, Gudrun Lutzmann, Maria Nau, Georg Niedermayer, Thomas Ohlwerter, Ulrike Partl-
Mahlendorf, Norbert Rischbeck, Prof. Mirjam Schambeck sf, Christofer Stock, Elisabeth Stork,
Elisabeth Stromereder, Chiara Thoma, Diane Weber und Stephan Wolk.

Copyright © 2008 Kösel-Verlag, München, ein Unternehmen der Verlagsgruppe Random House GmbH
Umschlag: Kaselow Design, München
Satz: Kösel-Verlag, München
Notensatz: Christa Pfletschinger, München
Sachzeichnungen: Maria Ackmann, Hagen
Druck und Bindung: Franz X. Stückle Druck und Verlag, Ettenheim
Printed in Germany

ISBN 978-3-466-50776-4

Der Kösel-Verlag ist Mitglied im „Verlagsring Religionsunterricht" (VRU) www.vru-online.de
www.koesel.de

Vorwort

Liebe Kollegin, lieber Kollege,

dieser *Lehrerkommentar* zum Schulbuch **Reli konkret 2** will Ihnen eine Hilfe sein: informierend, inspirierend und entlastend.

Informieren will der *Lehrerkommentar* über den Aufbau und die religionsdidaktische Ausrichtung des jeweiligen Kapitels. Vor allem bietet er notwendiges Hintergrundwissen zu den Einzelelementen des Schulbuchs. Es sollen solche Informationen zur Verfügung gestellt werden, die das Konzept und die Elemente des Schulbuches transparent machen und die hilfreich sind, mit dem Schulbuch eigenständig umzugehen.

Inspirieren und keineswegs gängeln wollen die vielen methodischen Anregungen zur Unterrichtsgestaltung mit recht unterschiedlichem Anspruch je nach Lernmöglichkeiten der Schülerinnen und Schüler und mit recht unterschiedlichem Zeitbedarf. Auch hierfür, wie auch für die Elemente des Schulbuchs gilt: Weniger kann mehr sein. Wählen Sie aus und lassen Sie sich durch die Angebote im *Lehrerkommentar* dazu anregen, für Ihre konkrete Situation eventuell angemessenere Unterrichtsschritte für einen handlungsorientierten Religionsunterricht zu planen, der die Schülerinnen und Schüler aktiviert und zu selbstständigem Lernen anregt. Ein solches Lernen fördert und fordert vielseitige Kompetenzen bei den Lernenden. Wie wichtig dem Schulbuchwerk der Aufbau von Methodenkompetenz ist, das zeigen die **Methodenkarten** im Anhang.

Entlasten wollen sowohl die komprimierten informativen Texte und Unterrichtsskizzen im *Lehrerkommentar* als auch die zahlreichen Kopiervorlagen für Lied-, Text- und Arbeitsblätter sowie die Methodenkarten. Welche davon übernommen und modifiziert werden, das bleibt natürlich Ihre Entscheidung.

Noch ein Wort zu dem Titel der Reihe **Reli konkret**. Verlag und Herausgeber haben sich anregen lassen von einem Werbeprospekt der katholischen und der evangelischen Kirchen zur Bedeutung des Religionsunterrichts heute. Auch dieses Schulbuch will werben für einen Religionsunterricht, der seinen spezifischen Beitrag zum Bildungsauftrag der Schule leistet und der die jungen Menschen bei ihrer religiösen Entwicklung begleitet unter anderem dadurch, dass er ihre religiöse Wahrnehmungs-, Gestaltungs- und Urteilsfähigkeit stärkt. Das beigefügte **konkret** betont den Wunsch, erfahrungsnahe Wege zu Religion und Glauben zu ermöglichen.

Wir hoffen, dass das Schulbuch **Reli konkret 2** und der von den Autorinnen und Autoren mit viel Engagement erstellte *Lehrerkommentar* Ihnen eine echte Hilfe sind, Sie entlasten und Sie inspirieren.

Die Herausgeber von Reli konkret
und das Schulbuchlektorat des Kösel-Verlags

Inhalt

2 Von Prophetinnen und Propheten lernen

3 Freundschaft wagen

4 Gottes Gegenwart erfahren

5 Das Judentum erkunden

6 Schöpfung mitgestalten

7 Woran sich orientieren

8 Mitfühlen, mitleiden, mithelfen

Leistungsmessung oder Evaluation im RU?

Methodenkarten

Die mit einem * gekennzeichneten Methodenkarten waren bereits in *Reli konkret 1 Lehrerkommentar* enthalten, werden jedoch auch in *Reli konkret 2 Lehrerkommentar* der Vollständigkeit halber aufgeführt, da diese Methoden auch in Jgst. 7/8 zum Einsatz kommen können.

1 Zur Mitte finden

Kompetenzen und Inhalte im Bildungsplan (Baden-Württemberg 2004)

In den Leitgedanken zum Kompetenzerwerb in der HS heißt es: „Schülerinnen und Schüler werden darin unterstützt, religiöse Spuren in ihrer Alltagswelt zu entdecken. Sie werden dazu angeregt, die eigenen Stärken zu entdecken und mit ihren Grenzen und Schwächen konstruktiv umzugehen. Dabei werden sie ermutigt, sich selbst als eigenständige Persönlichkeiten wahrzunehmen und Möglichkeiten der Selbstentfaltung zu sehen und zu nutzen. Sie werden dabei begleitet und unterstützt, Erfahrungen, sich als von Gott angenommen und gewollt zu erleben, wahrzunehmen und als solche zu entdecken" (vgl. Bildungsplan HS, 34).

Für die RS sind folgende Aspekte relevant: „Die Schülerinnen und Schüler entwickeln die Fähigkeit,

- ihre persönlichen Anfragen und Befindlichkeiten in selbst formulierten Texten und Gebeten zum Ausdruck zu bringen und sich mit anderen darüber auszutauschen;
- religiöse Ausdrucksformen (Stille – Meditation – Gebet – Gottesdienst) einzuüben" (vgl. Bildungsplan RS, 32).

HAUPT- UND WERKREALSCHULE	REALSCHULE
Kompetenzen	
Die Schülerinnen und Schüler ... **1. Mensch sein – Mensch werden** ... lernen, ihre Stärken und Schwächen wahrzunehmen, einzuschätzen und entwickeln Möglichkeiten, mit diesen verantwortlich umzugehen; ... wissen um Gestaltungsformen, ihrem Inneren Ausdruck zu geben und mit anderen ins Gespräch zu kommen; **3. Bibel und Tradition** ... kennen zentrale Texte aus dem AT (z.B. Psalmen); **4. Die Frage nach Gott** ... kennen biblische Geschichten, die von Gottes Wirken erzählen und Gottesbilder vermitteln; ... wissen um die Möglichkeit, sich in Lebenssituationen, die geprägt sind von Freude, Dankbarkeit, aber auch von Enttäuschung, Leid und Trauer, Gott anvertrauen zu können und in eigenen spirituellen Formen auszudrücken.	Die Schülerinnen und Schüler ... **1. Mensch sein – Mensch werden** ... wissen, dass zur Identitätsfindung Selbstwertschätzung, soziales Verhalten und Beziehung zu Gott gehören; ... wissen, dass jeder Mensch Stärken und Schwächen hat und immer zur Weiterentwicklung fähig ist; ... kennen die biblische Zusage, dass Gott den Menschen mit seinen Schattenseiten annimmt; ... können über eigene Begabungen und Stärken, aber auch über Grenzen und Schwächen miteinander sprechen; **3. Bibel und Tradition** ... können die Botschaft wichtiger biblischer Texte erfassen; **4. Die Frage nach Gott** ... wissen, dass Menschen schuldig werden, ihnen aber die Vergebung Gottes zugesagt und damit ein Neuanfang ermöglicht ist.
Inhalte	
An Gott glauben – mit Gott leben – Ganzheitliche Zugänge zum Glauben – Stille, Gebet, Meditation	**Aufbruch in die Selbstständigkeit – Gott begleitet mich** – Meine Stärken und Schwächen – Gott nimmt mich auch mit meiner dunklen Seite an (Gen 4,1-16) – Mein Lebens- und Glaubensweg – Das Sakrament der Firmung – Meine persönliche Spiritualität

Das Kapitel im Schulbuch

Das Bild von Robert Delaunay *Titelseite* **7** aus den geometrischen Grundformen Kreis, Dreieck und Kreuz und mit einem großen Farbspektrum ist offen für Deutungen zu den Themen „Mitte finden", „Identität", „Begegnung mit Mitmenschen" und „Begegnung mit Gott". *Themenseite* **8-9** gibt durch die Anordnung auf einer Art Spirale, durch Bilder und Texte Impulse für ein Brainstorming zu „Wege nach außen – Wege nach innen". Lebensprozesse, Einstellungen und Verhaltensweisen, die zur Mitte führen, stehen im Vordergrund. Auf *Ideenseite* **10-11** finden sich Übungen zur Selbstwahrnehmung und zum kreativen gestalterischen Selbstausdruck. Sch können sich selbst und ihre persönliche Lebenssituation in dem Bild von Robert Delaunay entdecken. Außerdem werden eine Stilleübung, eine Wahrnehmungsübung und eine Meditation in einer Kirche vorgeschlagen. *Infoseite I* **12-13** erklärt den Begriff Meditation und informiert über verschiedene Möglichkeiten, Stille zu finden, ins Gleichgewicht und zur Ruhe zu kommen. Mit einem Gedicht und einer Körperübung dazu können Sch innere (Un-)Ruhe selbst erfahren. In einem kurzen Dialog zwischen Mutter und Tochter, einer kurzen Geschichte und einem Gedicht erfahren Sch etwas über die Bedeutung, die das Gebet für Menschen haben kann, und über Formen des Betens. *Deuteseite I* **14-15** lädt dazu ein, sich mit den ambivalenten Seiten im eigenen Inneren und mit der Zusage Gottes, den Menschen auch mit seinen Schattenseiten anzunehmen, zu beschäftigen. In diesem Kontext kann die Geschichte von Abel und Kain (Gen 4,1-16) gelesen werden. Mit der Interaktionsübung „Freund – Feind" können Sch die biblische Geschichte in Beziehung setzen zu ihren eigenen Erfahrungen. Jugendliche dieser Altersstufe entwickeln und festigen ihre Identität. Sie begegnen auch dem Glauben auf eine neue Weise. In diese Phase fällt die Vorbereitung auf die Firmung, die Thema auf *Deuteseite II* **16-17**

ist. Der Text und ein Bild von Friedensreich Hundertwasser regen Sch an, sich über die Bedeutung der Firmung für ihr Leben als Christen Gedanken zu machen und die Symbolkraft des Sakraments zu erschließen. *Besinnungsseite* **18** leitet an, bei der Begegnung mit Psalmen Gotteserfahrungen zu bedenken und zu reflektieren und der Bedeutung der Psalmen in der Liturgie, vor allem im Stundengebet der Ordensleute, nachzuspüren. *Projektseite* **19** schlägt die Gestaltung eines Meditationsheftes für die Klasse und von Mandalas vor. *Stellungnahmen* **20** möchte Sch eine spirituelle Grundhaltung des Vertrauens näherbringen.

Verknüpfungen mit anderen Kapiteln im Schulbuch

Kap. 4: Gottes Gegenwart erfahren

Verknüpfungen mit anderen Fächern

HS
Evangelische Religionslehre (ER): Dimension Bibel, Dimension Gott
Deutsch: 2. Schreiben (eigene Gedanken und Gefühle beschreiben); 3. Lesen/Umgang mit Texten und Medien (Literatur als Gesprächspartner)
Fächerverbund Musik – Sport – Gestalten (MSG): 1. Ich und andere; 4. Künste; 5. Spiel

RS
ER: Dimension Bibel, Dimension Gott
Deutsch: 2.Schreiben → Ausdruck persönlicher Gefühle und Stimmungen beim kreativen Schreiben zu Bildern, Texten und Erlebnissen
Musik: 3. Musik hören
Bildende Kunst (BK): 1. Mensch und Lebenswelt (Selbstdarstellung), Arbeitsbereich Farbe

---

Zur Mitte finden   Titelseite 7

1. Hintergrund

Robert Delaunay (1885-1941)
Der französische Künstler Robert Delaunay nahm in den Jahren 1911/12 an den Ausstellungen der Künstlergruppe „Der blaue Reiter" in München teil, die zum Expressionismus gerechnet wird. Delaunays 1912/13 entstandenes Bild „formes circulaires – soleil" (Kreisformen) gilt als das erste abstrakte Bild in der französischen Kunst.

In den Kreisformen spielt die Zerlegung von Licht in Farbe und Bewegung eine zentrale Rolle. Ausgehend von den Wahrnehmungen im modernen, dynamisierten Alltag abstrahierte Delaunay das Gegenständlich-Figurative und übersetzte es in Farbe und Bewegung. Seine Werke gelangen dadurch auch zu einer kosmisch-universalen Beschreibung der Wirklichkeit und ermöglichen dem Betrachter/der Betrachterin neue Perspektiven aus der Ferne.

Robert Delaunay, „formes circulaires – soleil", 1912/13

Das Bild „formes circulaires – soleil" (Kreisformen – Sonne) gehört zu einer ganzen Reihe von „formes circulaires". Aus dem Spiel von Farbe, Licht und Bewegung ergeben sich die Symbole: Kreis und Kreuz. Dieses Bild besteht aus einer vollständigen Kreisform und drei Kreissegmenten, die aus Farbfeldern aufgebaut sind. Delaunay befasste sich intensiv mit der Farbenlehre und setzt hier die Farben bewusst so ein, dass sie miteinander „reagieren", sich z.B. gegenseitig in ihrer Leuchtkraft steigern. Dabei spielt das Zusammenspiel der Komplementärfarben (Rot/Grün, Blau/Orange, Gelb/Violett) und der Grundfarben (Rot, Blau, Grün) eine zentrale Rolle.

Die vollständige Kreisform, die zwei Drittel der Bildfläche ausmacht, besteht aus leuchtenden, stark kontrastierenden Farbfeldern, wobei der äußere Ring meist die Komplementärfarbe zum innen anschließenden Kreissegment hat. Die Farbfelder im Kreisinneren ergeben eine Kreuzform, die von links oben nach rechts unten von einem dunklen „Schatten" durchzogen wird. Die dunkle Fläche wird aber von einem leuchtend gelben Kreis überlagert. Dieser gelbe Farbfleck liegt links und oberhalb der Bildmitte auf dem Kreuzungspunkt der horizontalen, vertikalen und diagonalen Kompositionslinie, in der Mitte der Kreuzform und ist das optische Bildzentrum. Das ganze Bild erhält dadurch eine Dynamik, die eine Aufwärtsbewegung von unten rechts nach oben links suggeriert – bildlicher Ausdruck für Anstrengungen auf einem Weg der Wandlung und Veränderung hin zum Gelingen und zur Vollendung. Der Kreis mit dem strahlenden Mittelpunkt zieht den Blick des Betrachters/der Betrachterin auf sich. Wer in den Sog des leuchtend farbigen Rades gelangt, wird auch selbst den Weg des Gelingens erfahren.

In den unvollständigen von rechts ins Bild hineinreichenden Kreisformen sind die Farbfelder und Kontraste durch Beimischung von Weiß pastelliger und weicher. Diese Kreisformen sind erst auf dem Weg, ihre Mitte ist noch gar nicht erkennbar.

Die „formes circulaires" stehen z.B. für natürliche Abläufe im Jahreskreislauf oder die Entwicklungsstufen im Leben eines Menschen, aber auch für immer wiederkehrende religiöse Vollzüge im Laufe des Kirchenjahrs und spirituelle Vollzüge wie die Konzentration auf die eigene Mitte während der Meditation und Begegnung mit Gott und Jesus Christus.

2. Einsatzmöglichkeiten im RU

Das Bild erschließen
Mithilfe der → **Methodenkarte** „Ein Bild erschließen" begegnen Sch dem Bild von Robert Delaunay.

Eine Mitte gestalten  ▶ IDEENSEITE 10
- Sch erhalten eine Umrisszeichnung (**AB 2.1.1, Lehrerkommentar S. 17**) und gestalten sie mit Farben ihrer Wahl.
- Sie geben dem eigenen Bild einen Titel, stellen es der Religionsgruppe vor und begründen ihre Farbwahl.
- *Alternative:* Passend zu bestimmten Zeiten und Festen des Kirchenjahres, z.B. Advent und Weihnachten, Fastenzeit und Ostern, Pfingsten usw., malen Sch die Umrisszeichnung mit geeigneten Farben aus.
- Sch schreiben zu jedem Bild den Titel und ihren Namen und stellen alle Bilder im Klassenzimmer aus (→ **Methodenkarte** „Eine Ausstellung gestalten").

Einen Psalm zum Bild schreiben
Sch schreiben zu ihrem Bild ein Gebet oder einen Psalm. Wer möchte, trägt den Text in der Religionsgruppe vor (→ **Methodenkarte** „Einen Psalm schreiben").

1. Hintergrund

Das Kapitel „Zur Mitte finden" will nicht nur ein Thema/einen Inhalt vermitteln, sondern einen Prozess anregen. Deshalb haben alle **Fotos** und Elemente der *Themenseite* etwas mit Tätigkeiten zu tun. Die **Spirale** im Hintergrund deutet die Bewegungen von innen nach außen, aber auch von außen nach innen an. Nach außen drängende Grenzerfahrungen, wie das Klettern in der Natur, machen die Grenzen der Natur und der eigenen Kräfte bewusst und sind gleichzeitig ein Bild für Anstrengungen und Grenzerfahrungen im alltäglichen Leben. Das Fahren auf einem Karussell ist der spielerische Ausdruck von „gehalten werden" einerseits und sich über die normalen Fortbewegungsarten hinwegzusetzen und „fliegen" zu können andererseits. Dem stehen zwei Tätigkeiten gegenüber, die den Weg nach innen anzeigen, den Rückzug und die Konzentration auf die Innenwelt: das Meditieren in einer Gruppe und das individuelle Lesen und Sich-Versenken in eine Fantasiewelt. Als **Textimpulse** für die verschiedenen nach außen oder innen gerichteten Tätigkeiten, die zur Mitte und letztlich zur Begegnung mit Gott im eigenen Inneren führen können, stehen Stichwörter und

Kreisformen

sprachlich aktualisierte Verse aus Ps 139 („Wenn ich auf die höchsten Berge klettere, ..."), ein Text aus einem Jugendgebetbuch („Da bin ich, Herr!"), die Bitte um Beistand bei einem seelischen Wandlungsprozess (Pierre Stutz) und ein Zitat von Augustinus über die Gotteserfahrung im eigenen Inneren.

2. Einsatzmöglichkeiten im RU

Wege nach außen und innen gehen
Sch erarbeiten im Brainstorming die *Themenseite* und gestalten danach individuell mit Bildern, kurzen Tex-

ten und evtl. Stichwörtern eine eigene Doppelseite in ihrem Heft „Meine Wege nach außen – meine Wege nach innen".

Innen – außen ▶ IDEENSEITE 11
Der AA ist auf *Ideenseite* **11** beschrieben.

Meine Mitte in Farben darstellen
Sch malen ein Mandala aus (z.B. auf **AB 2.1.6, Lehrerkommentar S. 29**) und gestalten dabei die Mitte besonders schön (vgl. *Besinnungsseite* **18**).
Weitere Mandalas:

📖 Literatur s. *Lehrerkommentar* S. 30

Ideenseite 10-11

Die Anregungen der *Ideenseite* werden im *Lehrerkommentar* auf folgenden Seiten aufgegriffen:
Mein Körperbild zeichnen: S. 20
Eine Mitte gestalten: S. 16
Ich gestalte mich als Steinfigur: S. 22
Innen – außen: S. 18

Ins Gleichgewicht kommen – meditative Übungen Infoseite I 12-13

1. Hintergrund

Der Infotext auf *Infoseite* **12** erläutert die Herkunft des Begriffes „Meditation" und nennt ein Spektrum von meditativen Übungen, die individuell oder auch in einer Gruppe vollzogen werden können. Dabei ist es wichtig zu beachten, dass zwischen *Meditation* und *Gebet* eine gewisse begriffliche Unschärfe besteht. Beide ergänzen sich und gehen fließend ineinander über (z.B. „Gebet der liebenden Aufmerksamkeit", stille Betrachtung etc.).

Ein Anliegen des performativen RU ist es zwar, religiöse Erfahrungen zu ermöglichen und anzubahnen, jedoch muss L v.a. im Zusammenhang mit Meditation und Gebet darauf achten, dass Sch stets die Freiheit haben, AA und Impulse nach ihren Möglichkeiten zu gestalten, und nicht gezwungen werden, über ihr eigenes religiöses Empfinden hinaus religiöse Handlungen zu vollziehen. Eine anschließende Reflexion der religiösen Handlung ist deshalb wesentlicher Bestandteil des RU.

Unter dem Aspekt der Familienkatechese sind heute v.a. Mutter und Vater für die Initiation von und Begleitung bei religiösen Vollzügen wichtig. Im **Dialog** zwischen Mutter und Tochter auf *Infoseite* **13** werden grundlegende Fragen und Antworten zum Beten angesprochen.

Der **Text** von Anthony de Mello vermittelt eine andere Art des Betens, des Gesprächs mit Gott, die zwar eher aus der Lebenserfahrung von Senioren stammt, Sch aber eine Perspektive für die Zukunft eröffnen kann.

2. Einsatzmöglichkeiten im RU

Ein Gedicht nachsprechen
■ Sch sprechen das Gedicht „Das Herz" zur persönlichen Einstimmung entsprechend AA einzeln oder in der ganzen Religionsgruppe nach.
■ Sch überlegen weitere Stimmungen und Arten, wie sie das Wort Herz sprechen könnten: Freude, Erwartung, Trauer etc.

Meditative Übungen erproben
■ Sch probieren in kleinen Gruppen oder allein die verschiedenen im Text genannten Formen von meditativen Übungen aus.
Ggf. kennen einzelne Sch weitere Formen, die sie mit den Mit-Sch erproben können.
■ Nach jeder Übung werten Sch aus:
  – Hat mir die Übung zugesagt?
  – Mir hat gefallen, dass .../Ich fand wohltuend, dass ...
  – Es ist mir schwergefallen, ...

Haltegriffe zum Erleichtern des Betens

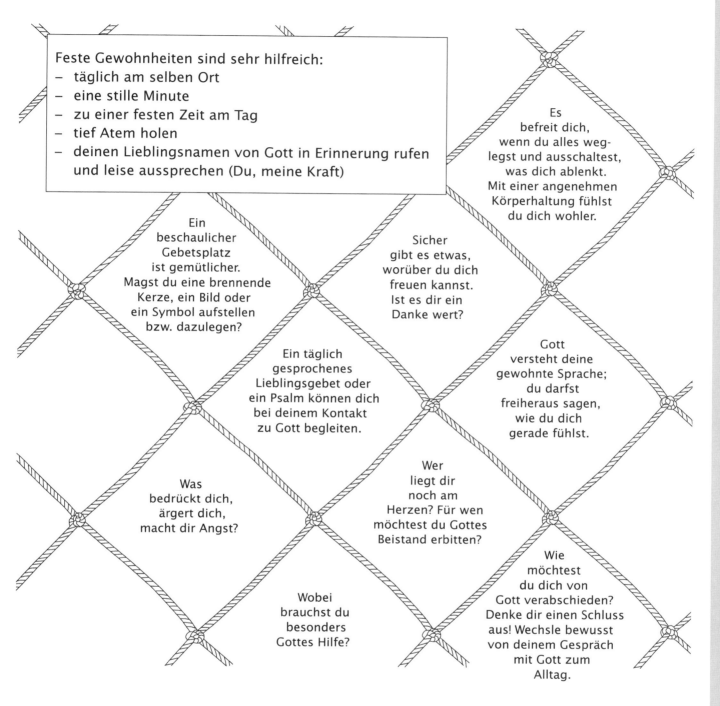

Feste Gewohnheiten sind sehr hilfreich:
- täglich am selben Ort
- eine stille Minute
- zu einer festen Zeit am Tag
- tief Atem holen
- deinen Lieblingsnamen von Gott in Erinnerung rufen und leise aussprechen (Du, meine Kraft)

Es befreit dich, wenn du alles weglegst und ausschaltest, was dich ablenkt. Mit einer angenehmen Körperhaltung fühlst du dich wohler.

Ein beschaulicher Gebetsplatz ist gemütlicher. Magst du eine brennende Kerze, ein Bild oder ein Symbol aufstellen bzw. dazulegen?

Sicher gibt es etwas, worüber du dich freuen kannst. Ist es dir ein Danke wert?

Gott versteht deine gewohnte Sprache; du darfst freiheraus sagen, wie du dich gerade fühlst.

Ein täglich gesprochenes Lieblingsgebet oder ein Psalm können dich bei deinem Kontakt zu Gott begleiten.

Was bedrückt dich, ärgert dich, macht dir Angst?

Wer liegt dir noch am Herzen? Für wen möchtest du Gottes Beistand erbitten?

Wie möchtest du dich von Gott verabschieden? Denke dir einen Schluss aus! Wechsle bewusst von deinem Gespräch mit Gott zum Alltag.

Wobei brauchst du besonders Gottes Hilfe?

■ Vielleicht kannst du mit diesen Tipps ein persönliches Gebet schreiben?
■ Sammelt im Stillen oder in Partner-/Gruppenarbeit Anrede- und Schlussformeln für ein Gespräch mit Gott.

- Sch wählen zwei bis drei Formen aus, die ihnen am meisten zusagen und stellen diese in einem Meditationsheft (vgl. *Projektseite* **19**) vor.

Mein Körperbild zeichnen ▶ IDEENSEITE 10
Der AA ist ausführlich auf *Ideenseite* **10** beschrieben.

Die religiöse Praxis in der Familie
- Sch lesen mit verteilten Rollen den Text „Mama, warum betest du?".
- Danach besprechen sie in PA oder GA, welche religiösen Impulse und Anleitungen sie selbst in der Familie bekommen haben, und tragen ihre Ergebnisse auf einem Plakat zusammen.

Tipps für das persönliche Gebet
- Bei leiser meditativer Musik im Hintergrund tragen Sch abwechselnd und mit Pausen zum Nachdenken die Sätze auf **AB 2.1.2, Lehrerkommentar S. 19**,

vor. Sie markieren mit verschiedenen Farben, was sie schon wussten und was für sie neu ist.
- Danach schreibt jede/r ein persönliches Gebet wie ein Gespräch mit Gott. Wer will, kann das Gebet der ganzen Religionsgruppe vortragen.
- Sch stellen typische Anrede- und Schlussformeln für Gebete zusammen und schreiben sie in ihr Heft.
- Weiterführung: Sch wählen die Anrede- und Schlussformel aus, die ihnen am besten gefällt, und gestalten sie kalligrafisch als Einleitung und Schluss zu ihrem eigenen Gebet (auf DIN-A4-Papier).

Beten – sprechen und zuhören
- Sch lesen den Text „Beide lauschen, keiner spricht" mit verteilten Rollen (Erzähler, alter Mann, Priester) vor.
- Sch gestalten zu den vier Stufen des Gebets Piktogramme mit entsprechenden Symbolen oder Umrisszeichnungen.

Licht- und Schattenseiten sehen   Deuteseite I 14-15

1. Hintergrund

Die Erzählung von Abel und Kain (Gen 4,1-16) spiegelt in ihrer älteren Fassung die Spannungen zwischen Nomaden und Ackerbauern wider. Der Ackerbauer, der einem Nomadengott opfert und von ihm abgelehnt wird, rächt sich dafür an einem Nomaden. Dafür wird der Ackerbauer mit dem Geschick des Nomaden, mit unstetem Wanderleben bestraft.
Die Geschichte erzählt jedoch nicht nur von einem tödlich endenden Bruderzwist. Bei genauerer Betrachtung wird deutlich, dass es außer um Kain und Abel v. a. um Gott geht und der Konflikt nur vordergründig zwischen den Brüdern stattfindet. Zentral ist die Auseinandersetzung zwischen Kain und Gott, der Abels Opfer annimmt, Kains aber nicht. Ist Gott ungerecht? Diese offen bleibende Frage führt zu dem Konflikt, der die Handlung vorantreibt: Kain fühlt sich zurückgesetzt, wird aggressiv und erschlägt seinen Bruder. Könnte es sein, dass hier – parallel zur Paradiesgeschichte gestaltet – der Sündenfall des Mannes erzählt wird, dass Rivalität und Aggression die Versuchung der Männer ist (F.W. Niehl)? Der Mord wird indes nur kurz erzählt, er ist Anlass für den Dialog zwischen Kain und Gott. – Von da an trennen sich die Wege der Erwählten (Adam, Noach usw.) und der Verworfenen (Kain, die Menschen der Sintflut- und der Balbelturm-Erzählung usw.).
In der jüngeren Überarbeitung der Erzählung kommen mehrere, für die Hebräische Bibel charakteristische Züge im Gottesbild hinzu: Gott spricht jeden einzelnen persönlich an, er appelliert an sein Gewissen und an

seine Verantwortung für den Nächsten und er nimmt auch den schuldig gewordenen Menschen vor der Blutrache der Mitmenschen in Schutz.

Robert Köck, „Das Opfer Kain und Abels", 1959-61
Das Kirchenfenster in der Benediktinerabtei St. Mauritius in Tholey im Saarland stammt von Robert Köck, der als P. Bonifatius im selben Kloster lebt, und wurde 1960 im Seitenschiff eingefügt. Der Künstler musste der Herausforderung gerecht werden, mit den Fenstern eine Einheit von gotischem Kirchenbau und moderner Kunst zu schaffen. Besonders die „Gottesmachtzeichen" der Exodusgeschichte faszinierten ihn und beeinflussten die Entstehung der Fenster. Eine weitere Inspiration fand Köck in den Fenstern der Sepultur am Würzburger Dom, die von Georg Meistermann (1911-1990) stammen.
Der schwarze, in der unteren Bildhälfte von links nach rechts ziehende Rauch ist aus Querbalken gebildet. Der weiße, befreit nach oben schwebende Rauch setzt sich aus Längsstreifen zusammen. Der weiße Rauch wirkt organisch, der schwarze scheint aus abgestorbenen Teilen geschichtet. Der weiße Rauch greift die bei Plastiken und auf Bildern charakteristische gotische S-Form bei der Darstellung von Personen auf. Schwarzer und weißer Rauch kommen scheinbar aus einem gemeinsamen Ursprung. Den Hintergrund der Glasmalerei bildet eine Mauer aus roten Steinen, durch deren Ritzen leuchtende blaue Punkte hindurchscheinen.

Zwei Seiten in mir

Ein berühmter Maler hatte sich vorgenommen, ein Bild aus den Geschichten der ersten Menschen zu malen: die Brüder Kain und Abel in ihrem Gegensatz. Nun hatte der Maler folgende Angewohnheit: Wenn er eine Gestalt aus einer Erzählung malte, schaute er sich unter seinen Mitmenschen um, bis er einen gefunden hatte, der seiner Vorstellung von dieser Gestalt entsprach. Eines Tages sah er einen jungen Mann, der aufrichtig und liebenswürdig aussah. So offen und freundlich waren seine Gesichtszüge, dass man auf ein gutes Herz schließen musste. Bei diesem Anblick rief der Maler begeistert aus: Hier habe ich das Urbild des sanften Abel! Und sofort ging er nach Hause und malte die Gestalt des Abel so gut und so liebenswürdig, wie der junge Mann war, der ihm als Vorbild diente. Nun wollte der Maler noch das Gegenbild finden, den bösen Kain. Das war aber viel schwieriger, als er dachte. Jahr für Jahr suchte er vergeblich. Es gab natürlich genug böse Menschen, denen er sogar einen Brudermord zutraute. Darunter war auch mehr als einer, der dreist genug erschien, Gott zu antworten: Soll ich denn der Hüter meines Bruders sein? – Aber er fand keinen, der jenem unglücklichen Verbrecher ähnlich sah, der aus tiefster Verzweiflung rief: Zu groß ist meine Schuld; ich kann sie nicht tragen. Zehn Jahre, so sagt man, hat der Maler vergeblich gesucht. Dann stieß er zufällig auf einen Landstreicher, dessen Aussehen ihn fesselte. In dem verwüsteten Gesicht des Fremden stand alles zu lesen, was einmal auch in den Zügen des Kain geschrieben sein musste: Eifersucht, Hass, Mordgier und Trotz, aber auch Trauer, Schmerz und Reue. So lud er den Obdachlosen ein in sein Haus. Er wollte ihn malen und damit sein Gemälde vollenden. Als aber der Landstreicher vor der Leinwand stand und das Bild des sanften Abel sah, brach er in Tränen aus. Der Maler stutzte, schaute sich den Weinenden genauer an und erschrak. In diesem Augenblick wandte sich der Fremde ihm schon zu und sagte: Der Mann, der jetzt vor dir steht, hat schon einmal – vor zehn Jahren – hier gestanden. Damals hast du mich als den unschuldigen Abel gemalt; inzwischen bin ich zum Kain geworden!

Nach Emmanuel bin Gorion, neu erzählt von Franz W. Niehl

Die Übung „Freund – Feind" mit der Schlussfolgerung „Ich bin wie mein Freund, ich bin wie mein Feind" provoziert und fordert zum Nachdenken auf.

2. Einsatzmöglichkeiten im RU

Die Bibel befragen
- Sch lesen die Erzählung von Abel und Kain (Gen 4,1-16) mit verteilten Rollen (Erzähler, Gott, Kain) vor und formulieren in PA oder GA Fragen an den Text.
- Sch überlegen sich weitere mögliche Überschriften für die Geschichte von Abel und Kain.

Ein Bild über Kain und Abel deuten
- Sch erarbeiten gemeinsam das Bild „Das Opfer Kain und Abels" (→ **Methodenkarte** „Ein Bild erschließen").

- Danach liest jede/r still den Text „Zwei Seiten in mir wahrnehmen" und erstellt die beiden Spalten „Freund" und „Feind". L schreibt an die Tafel die Auflösung „= Ich".
- Im Gespräch mit einem Partner/einer Partnerin sprechen Sch über diese Schlussfolgerung und wie sie das Ergebnis bei sich selbst bewerten.

Meine zwei Seiten malen
- Ein/e Sch trägt die Geschichte „Zwei Seiten in mir" vor (**AB 2.1.3, Lehrerkommentar S. 21**).
- Sch skizzieren auf ein DIN-A4-Blatt ein Gesicht und malen es mit zwei unterschiedlichen Hälften aus.

Ich gestalte mich als Steinfigur ▶ IDEENSEITE 11
Der AA ist auf *Ideenseite* **11** beschrieben. Evtl. fixieren Sch die Skulpturen mit einem geeigneten Kleber und stellen sie im Schulhaus oder im Schulgarten aus (ggf. Zusammenarbeit mit *BK*).

Als Christ erwachsen werden – Firmung Deuteseite II 16-17

1. Hintergrund

Der Weg ist ein häufig gebrauchtes Symbol für den Lebenslauf und die Entwicklung des Menschen. Das Erwachsen-Werden bedeutet für den jungen Menschen eine Wegstrecke der Auseinandersetzung und des Sturmes, die große Kraftanstrengung erfordert. Während der Pubertät verändern sich Körper und Seele. Es beginnt eine Zeit, die für Kinder und Eltern nicht einfach ist. Äußerlichkeiten wie Kleidung, Frisur, Musik und Zeitgestaltung führen zu Konflikten, aber auch innerlich gibt es so manche Zerreißprobe. Deshalb ist der zeitliche Ansatz der Firmung zu Beginn der Pubertät ab etwa zwölf Jahren begründbar. Die Firmung stärkt für den kommenden Lebensabschnitt, fordert Verantwortung und einen Entscheidungsprozess und zeigt das Weg-Angebot Christi (Joh 14,6) für die Heranwachsenden auf. Der Text auf *Deuteseite II* **16** deutet die Zeichen und Bedeutung der Firmung: die Haltung des Firmbewerbers, das Auflegen der Hände, die Rolle des Paten, das Kreuzzeichen mit Chrisam und die begleitenden Worte des Bischofs. Im letzten Absatz geht es um die Zusage Gottes und die Verantwortung des Gefirmten, wenn er sich für diesen Weg entschieden hat.

Friedensreich Hundertwasser (1928-2000)
Friedensreich Hundertwasser wurde als Fritz Stowasser („Sto" bedeutet slawisch „hundert") in Wien geboren. 1943 wurden 69 jüdische Familienangehörige mütterlicherseits deportiert und umgebracht. Nach dem Abitur 1948 studierte er drei Monate an der Wiener Kunstakademie. Er unternahm ausgedehnte Reisen durch Europa und Nordafrika. Diese Einflüsse führten zu maskenhaften Darstellungen und schmückenden Ornamenten in seinem Werk. Seine Arbeiten wirken kräftig und farbenfroh, durch die Verwendung von Gold und Silber auch märchenhaft verzaubernd. Er arbeitete an verschiedenen Architekturprojekten ebenso wie an der Gestaltung von Briefmarken, Postern (Olympia-Poster München 1972), Schiffen und Flugzeugen.
Seine philosophischen Gedanken lassen sich in wiederkehrenden Gestaltungselementen und Begriffen finden, z.B. Farbe, Spirale, Verbot der geraden Linie, Schimmel, Maulwurf, gesunde Bauten, Fensterrecht, Grasdächer, Humustoilette, Frieden. Die Spirale verwendete er seit 1953, nachdem er Patienten in einer psychiatrischen Klinik immer wieder diese Form zeichnen sah. Die gerade Linie kommt in der Natur nicht vor und ist für ihn deshalb gottlos. Der introvertierte Hundertwasser hat seine Bauwerke gerne in Erdhügeln und unter Gras vergraben, als Verbindung zur Außenwelt müssen

ideale Häuser jedoch unzählige individuell gestaltete Fenster haben.

Kunst ist für Hundertwasser ein Reich des Friedens zwischen Mensch und Natur, was er auch mit seinem Künstlernamen ausdrückt. Am 19. Februar 2000 starb er auf dem Weg von Neuseeland nach Europa an Bord der Queen Elizabeth II. an Herzversagen. Er wurde auf seinem Grundstück in Neuseeland in Harmonie mit der Natur unter einem Tulip Tree (Tulpenbaum) begraben.

Friedensreich Hundertwasser, „552 Die Nachbarn (II) – Spiralsonne und Mondhaus", 1963

Das Bild zeigt zwei sehr unterschiedliche Gestaltungsteile. Links das Haus aus Linien in verschiedenen Brauntönen mit einem silberfarbenen Mittelpunkt, aus dem ein kräftig-grüner Schatten nach unten zeigt. Zusammen mit dem violetten Dach und dem blauen Hintergrund ergibt die linke Seite farblich und formal einen eher ruhigen und eintönigen Eindruck, der Geschlossenheit und Sicherheit vermittelt.

Die rechte Hälfte ist ausgefüllt durch eine Spirale, deren Windungen eher eine quadratische Form aufweisen. Die kräftigen und lebendigen Farben der Windungen bilden einen Kontrapunkt zur linken Bildhälfte. Unterbrochen werden sie von kleinen quadratischen Flächen, die in ihrer Gesamtheit die Form eines Kreuzes andeuten. Die Wege der Spirale sind teils komfortabel breit, teils eng und gequetscht und müssen sich den Bedingungen der Umgebung anpassen. Das goldenfarbige Zentrum der Spiralsonne übertrifft sein Spiegelbild im Mondhaus an Leuchtkraft. Beide Bildteile sind zwar aneinander angelehnt, weisen aber keine direkte Verbindung oder einen kontinuierlichen Übergang auf.

Im Zusammenhang mit dem Thema der Doppelseite kann das Haus für Kindheit, für Ordnung und Schutz, für naive und weniger komplexe Denkweisen stehen. Die Spirale repräsentiert den Weg des Lebens in all seiner Buntheit, aber auch mit den problematischen und engen Pfaden, die jeder Mensch gehen muss. Sie ist nie vollkommen oder vollendet und repräsentiert Leben und Tod. Sie lässt sich nach innen oder nach außen lesen. Nach innen gleicht sie dem Schneckenhaus, in das man sich verkriechen möchte, nach außen steht sie für die Verbindung zur Außenwelt. Für Heranwachsende bedeutet die Buntheit dieser Welt eine erstrebenswerte Fülle des Lebens und gleichzeitig einen Weg, auf dem es auch einmal eng werden kann. An diesem Übergang setzt das Sakrament der Firmung an.

Die Firmung

Obwohl mit der Taufe eng verbunden, ist die Firmung inzwischen ein eigenständiges Sakrament, das die Taufe bekräftigt und vollendet. Beide gehören zusammen mit der Eucharistie zu den „drei Sakramenten der Initiation", wie das Zweite Vatikanische Konzil (SC 71) herausstellt. Das Zeichen der Handauflegung wird im NT als Geistverleihung gedeutet (Apg 8,14-17; 19,6; Hebr 6,2). Gleichzeitig ist es dort auch das Zeichen einer festen Bindung zum damaligen Zentrum der Urkirche in Jerusalem. In der weiteren Entwicklung wurde in der Ostkirche traditionell eher die Salbung praktiziert, im Westen dagegen die Handauflegung. Beides zusammen bildete in der Taufe eine Gesamthandlung, ein Doppelsakrament. Die Taufe wurde im weiteren Verlauf mehr vom Priester gespendet. Im Westen blieb die Firmung dem Bischof vorbehalten, was ab dem 4./5. Jh. auch aus organisatorischen Gründen zu einer zeitlichen Trennung von Kindertaufe und Firmung führte.

Papst Paul VI. legte 1971 fest, dass die Firmung durch Salbung mit Chrisam auf die Stirn unter Auflegung der Hand gespendet wird. Dabei spricht der Bischof: „Sei besiegelt durch die Gabe Gottes, den Heiligen Geist." Die Salbung mit Öl bedeutet nicht nur Reinigung und Kräftigung, sondern auch Vollmacht, Kraft und Glanz und findet sich schon bei der Einsetzung von Königen und Priestern im AT (2 Sam 2,4.7; 5,3.17). Christus ist schließlich der mit dem Heiligen Geist Gesalbte, an dessen königlicher und priesterlicher Vollmacht der Gefirmte teilnimmt. Die Handauflegung bedeutet Besitzergreifung und Vollmacht. Der Firmling wird von Christus und der Kirche in Anspruch genommen und übernimmt gleichzeitig Verantwortung für das private und gemeinsame Leben aus dem christlichen Glauben. Spender der Firmung ist der Bischof, der die Fülle des kirchlichen Amtes repräsentiert. Kann er wegen der Größe der Diözese nicht häufig genug in eine Pfarrei kommen, beauftragt er einen engen Mitarbeiter, meist den Weihbischof, mit der Spendung.

Die Frage des Firmalters ist weniger ein dogmatisches als ein pastorales Problem. Wie in der Ostkirche heute noch üblich, wurde die Firmung in den ersten Jahrhunderten unmittelbar nach der Taufe gespendet. Im Westen bildet die Erwachsenentaufe auch heute noch eine Einheit mit der Firmung und der ersten Teilnahme an der Eucharistie. In manchen Ländern wie Frankreich versuchte man seit dem 19. Jh. die alte Reihenfolge Taufe – Firmung – Eucharistie wiederherzustellen. Dagegen spricht die Erfahrung, dass in allen Religionen und Kulturen die Weihe des jungen Erwachsenen einem tiefen menschlichen Bedürfnis entspricht. Diesen Aspekt des menschlichen Lebens kann also die Kirche in der Firmung auf eine besondere, transzendente Ebene stellen.

Die gegenwärtige Praxis der Firmung etwa im zwölften Lebensjahr trifft also die Lebenssituation der

Herauslösung aus der Welt des Kindes und dem kindgemäßen Glauben und führt hin zu den ersten Schritten eines eigenen verantworteten Glaubens: das bewusste Zeugnis für Christus, die aktive Teilnahme am Leben der Kirche, in Jugendgruppen der Pfarrgemeinde, die mitgestaltende Teilnahme an der Eucharistie. Der Firmpate/die Firmpatin kann in der Phase der Ablösung vom Elternhaus eine wichtige Vertrauensperson in Glaubens- und Lebensfragen werden. Um die Einheit der beiden Sakramente zu verdeutlichen, empfiehlt es sich, dass Tauf- und Firmpate dieselbe Person ist. Freilich sollte er/sie als echte/r Partner/in vom Firmling selbst mit ausgewählt werden.

2. Einsatzmöglichkeiten im RU

Das Bild betrachten und deuten

Mithilfe des Bildes kommen Sch darüber ins Gespräch, dass die Lebenssituation des Übergangs zum Erwachsenwerden von Unsicherheiten und besonderen Risiken geprägt ist.

- Sch betrachten das Bild und äußern sich: „Ich sehe …" (z.B. Linien, Spiralen, Quadrate, zwei Bildteile).
- L gibt Informationen über Friedensreich Hundertwasser (s. *Lehrerkommentar* S. 22f.).
- Sch erarbeiten die unterschiedlichen Symbolgehalte des Bildes.
  L-Impuls: „Das Bild heißt Spiralsonne und Mondhaus. Es könnte aber auch ein Sinnbild sein für zwei Lebensphasen, zwischen denen ihr euch gerade befindet."
  Sch betrachten den Übergang zwischen Haus und Sonne im Bild: Es ist kein direkter Übergang sichtbar. Der Raum des Bildes muss verlassen werden, was Unsicherheit und Gefahr bedeuten kann.
- Sch übertragen das Bild auf die eigene Lebenssituation und ergänzen in der Mittelspalte des TA (s.u.) den Vordersatz „Der Weg zum Erwachsensein bedeutet Unsicherheit, weil …", z.B. so:
  … ich nicht weiß, wie ich mich noch verändere;
  … ich nicht weiß, was auf mich zukommt;
  … ich einen Beruf finden muss, für meine Einkünfte und Ausgaben selbst verantwortlich bin;
  … ich vielleicht an einen anderen Ort ziehen muss; etc.

TA:

Symbol Haus = Kindheit	Der Weg zum Erwachsensein	Symbol Spiralsonne = Erwachsenenwelt
Familie, zu Hause sein, abgeschlossen sein	• • •	enge und breite Wege, Leben in Selbstständigkeit, leben in einer bunten Welt, Freiheit, Hindernisse

Die Firmung – ein Sakrament zum Erwachsenwerden

Sch wird bewusst, dass die Zeichen der Firmung die Zusagen Gottes für werdende Erwachsene bedeuten.

- Sch lesen den Text auf *Deuteseite* **16** und stellen einen Bezug zum Bild auf *Deuteseite* **17** her.
- Sch sammeln in PA aus dem Text die bei der Firmung verwendeten Zeichen und deren Bedeutung und tragen sie in eine Tabelle mit zwei Spalten ein (s.u.). Anschließend erklären sie die Bedeutung der Firmung (letzter Textabsatz), indem sie diesen Text als Aussage Gottes umformulieren und in eine Sprechblase schreiben.

TA:

Die Firmung und ihre Zeichen	
Zeichen	**Bedeutung**
Körperhaltung: Stehen Handauflegung Pate Salbung Kreuzzeichen	Stehvermögen Beistand Rückendeckung, Nähe eines Menschen Lebensgenuss, Heilmittel Siegel: Echtheit, Qualität
Gott sagt zu mir in den Zeichen der Firmung	Ich gebe dir KRAFT (= Firmung) zur Verantwortung für dich und andere.

- Sch lesen als Zusammenfassung das Stichwort „Firmung" im *Lexikon* **148f.**

Die Firmung wirkt weiter

Sch finden heraus, was die Zusagen Gottes in der Firmung für sie selbst bedeuten können.

- Sch, die bereits gefirmt wurden, erzählen von ihrer eigenen Firmung, vom Gottesdienst und was sie noch über den Firmspender, dessen Predigt und Worte wissen.
- Sch lesen das Gebet des Bischofs vor der Firmung **AB 2.1.4, Lehrerkommentar S. 25**, und finden die sieben Gaben des Heiligen Geistes heraus.
- Sch lesen die Aussagen des Rades auf dem AB und finden Situationen, in denen diese Erfahrungen eine gute Hilfe sind.
- Sch tragen in das Rad die zu den Sprechblasen passenden Gaben des Heiligen Geistes ein.

Die Firmung wirkt weiter

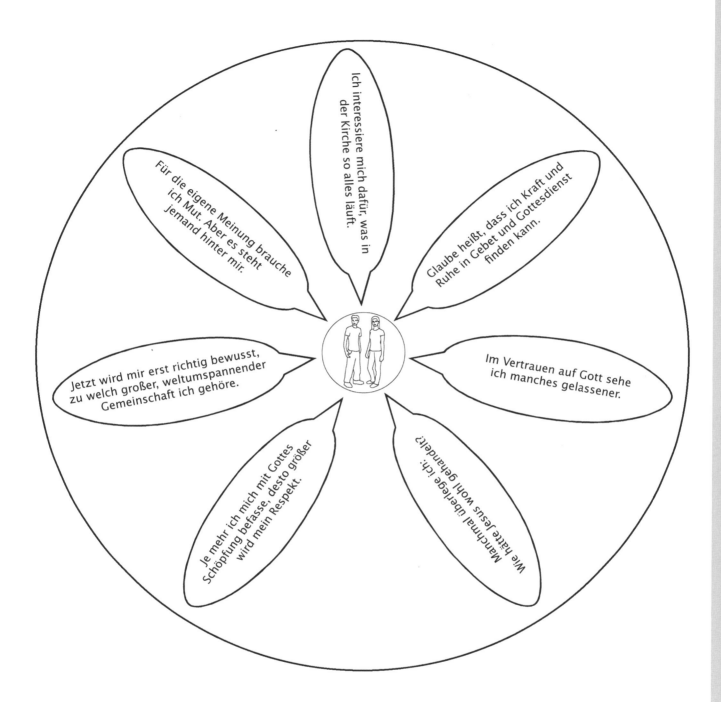

Ich interessiere mich dafür, was in der Kirche so alles läuft.

Für die eigene Meinung brauche ich Mut. Aber es steht jemand hinter mir.

Glaube heißt, dass ich Kraft und Ruhe in Gebet und Gottesdienst finden kann.

Jetzt wird mir erst richtig bewusst, zu welch großer, weltumspannender Gemeinschaft ich gehöre.

Im Vertrauen auf Gott sehe ich manches gelassener.

Je mehr ich mich mit Gottes Schöpfung befasse, desto größer wird mein Respekt.

Manchmal überlege ich: Wie hätte Jesus wohl gehandelt?

Allmächtiger Gott, Vater unseres Herrn Jesus Christus, du hast diese Christen in der Taufe von der Schuld Adams befreit, du hast ihnen aus dem Wasser und dem Heiligen Geist neues Leben geschenkt. Wir bitten dich, Herr, sende ihnen den Heiligen Geist, den Beistand. Gib ihnen den Geist der Weisheit und Einsicht, des Rates, der Erkenntnis und der Stärke, den Geist der Frömmigkeit und der Gottesfurcht. Durch Christus, unseren Herrn.

■ Erinnerst du dich noch an dieses Gebet des Bischofs vor der Firmung?

- Sch deuten den Mittelpunkt des Rades als den Beginn der Übernahme eigener Verantwortung.
- Sch gestalten das Rad farbig als eine Art „Sonne", sodass die Lebendigkeit und Energie des Heiligen Geistes symbolisch sichtbar wird.

Weiterführung:
- Sch gestalten eine Collage zum Thema „Gefirmte Menschen packen an".

- Sch ergänzen im Heft die Sätze:
  - Firmung ist eine Aufgabe, weil ...
  - Firmung ist ein Geschenk, weil ...
  - Firmung bedeutet Weiterentwicklung, weil ...
- Sch entwerfen ein Logo zur nächsten Firmung.

1. Hintergrund

In der Bibel sind im Buch der **Psalmen** 150 Lieder gesammelt. In den Psalmen (hebr.: *tehellim* = Preisungen; griech.: *psalmoi* = Psalmen) spiegelt sich das ganze Leben mit seinen Höhen und Tiefen, mit seinen hellen und dunklen Seiten wider. Alles, was zum Leben gehört, wird in Gebeten und Liedern vor Gott gebracht. Glück und Not, Geborgenheit und Angst, Sicherheit und Zweifel, Klage und Dank, Freude und Zorn, die erfahrene Zuwendung und die Ferne Gottes. Sogar geflucht wird in manchen Psalmen. Mit den Psalmen kann man lernen zu beten, wie auch Jesus gebetet hat; wie in einem Gespräch mit Gott, dem man alles sagen kann und der sich den Menschen zuwendet. Die Psalmen sind Zeugnisse von Gotteserfahrungen, Stimmen mitten aus dem Leben. In ihnen werden diese Erfahrungen in verdichteter Form lyrisch laut. Dem, wie Menschen Gott erfahren, verleiht der Psalmist in Wort und Ton Ausdruck.

Im **Chorgebet** der Ordensgemeinschaften spielt das Beten und Singen von Psalmen die wichtigste Rolle. Bis zu sechs Mal am Tag treffen sich Mönche und Nonnen zu diesem, zumeist gesungenen, Gebet, dessen Schwerpunkt die Psalmen bilden. Der hl. Benedikt ordnete den Tag nach den römischen Horen (lat.: *hora* = die Stunde). Jede Stunde hat ihren eigenen Charakter und ihre eigene Beziehung zum Leben, zur Passion und Auferstehung Jesu Christi.

Die Vigilien: Heute beten Ordensleute die Vigilien nicht mehr mitten in der Nacht, sondern in den frühen Morgenstunden. Vigil heißt „Wache". Wachend wollen sie im Gebet Gott begegnen und für sich und für die Welt beten. Die Vigilien erinnern auch an den Hahn, der uns morgens weckt; er ist ein Bild für Christus, der aus dem Schlaf der Gleichgültigkeit weckt.

Laudes: Die Morgenröte und die aufgehende Sonne sind Zeichen für die Auferstehung Jesu Christi. Wenn die Sonne aufgeht, soll sich das Herz des Menschen öffnen und Gott loben.

Die *Terz,* die dritte Stunde, ist die Zeit, in der an Pfingsten der Heilige Geist auf die Jünger herabkam. In der Terz bitten die Ordensleute Gott um den Heiligen Geist als Beistand für ihre täglichen Aufgaben, weil sie spüren, dass es seine Kraft ist, die menschliche Arbeit gelingen lässt.

Die *Mittagshore* ist die Stunde, in der das Todesurteil über Jesus gesprochen wurde. Die Mittagsstunde ist aber auch die Zeit, in der die Aufmerksamkeit nachlässt und die Hektik von uns Besitz ergreifen will. Jetzt ist es wohltuend, die Arbeit zu unterbrechen und bei Gott Abstand und Ruhe zu finden.

Das Wort *Vesper* kommt von griech. *hesperos* – Abendstern. Wenn die Sonne untergeht, gedenken die Ordensleute des Todes Jesu. Er ist das Licht, das ihnen leuchtet, auch wenn es dunkel wird. Am Ende des Tages schauen sie auf Gott und legen den vergangenen Tag in seine Hände. Das hilft ihnen, auch innerlich loszulassen.

Die *Komplet* kommt vom lateinischen „*Completus est*" – der Tag ist vollbracht. Das Nachtgebet beschließt den Tag. In der Komplet bitten die Ordensleute Gott um seinen Schutz während der kommenden Nacht. Die Texte wollen Gelassenheit bewirken und tiefes Vertrauen wecken. Das ist wichtig, denn womit wir uns vor dem Schlafengehen beschäftigen, das prägt unsere Nacht, unseren Schlaf und das Aufwachen am Morgen.

2. Einsatzmöglichkeiten im RU

Psalmen in der Religionsgruppe vortragen
Sch tragen einen ausgewählten Psalm vor, entweder trägt eine/r ihn alleine vor oder zwei Sch abwechselnd oder jede/r Sch der Reihe nach je einen Vers. Es kann auch ein Psalm mehrmals gelesen werden, bis alle Sch an der Reihe waren.

Sich über Psalmen informieren
Sch informieren sich z.B. im *Lexikon* **155** oder im Internet über Psalmen. L ergänzt ggf. (s.o.).

Erfahrungen mit Gott ausdrücken – Psalmen verfassen

In den Psalmen der Bibel verdichten sich Erfahrungen, die Menschen mit Gott gemacht haben. In ihrer Sprache, in Bildern, die ihnen vertraut sind, reden Menschen davon, wer Gott für sie ist und wie sie ihn erleben.

Du hast mir Raum geschaffen,
als mir angst war.
Ps 4,2

Du bist der Pfad zum Leben.
Ps 16,11

Vom Werk deiner Hände
kündet das Firmament.
Ps 19,2

Mein Gott,
ich rufe bei Tag,
doch du gibst keine Antwort.
Ich rufe bei Nacht und
finde doch keine Ruhe.
Ps 22,3

Du birgst mich an der Brust der Mutter.
Ps 22,10

Meine Kehle ist trocken wie eine Scherbe.
Die Zunge klebt mir am Gaumen.
Ps 22,16

Der Herr ist mein Hirte.
Nichts wird mir fehlen.
Ps 23,1

Der Herr ist mein Licht und mein Heil.
Ps 27,1

Der Herr ist die Kraft meines Lebens.
Ps 27,1

Denn du bist die Quelle des Lebens.
Ps 36,10

Ich vermag nicht mehr aufzusehen.
Der Mut hat mich ganz verlassen.
Ps 40,13

Gott, du mein Gott,
dich suche ich.
Ps 63,2

Ich bin in tiefem Schlamm versunken
und habe keinen Halt mehr;
ich geriet in tiefes Wasser,
die Strömung reißt mich fort.
Ps 69,3

Du verzeihst mir meine Fehler.
Ps 103,3

Mich umfingen die Fesseln des Todes,
mich befielen die Ängste der Unterwelt,
mich trafen Bedrängnis und Kummer.
Da rief ich den Namen des Herrn an:
Ach Herr, rette mein Leben!
Ps 116,3f.

■ Lies die Psalmverse und wähle einen aus, der dich besonders anspricht. Gestalte den Vers mit Farben, Ornamenten etc.

■ Wähle einen Psalmvers aus. Schreibe ihn weiter und verfasse selbst neue Verse.

■ Sammelt aus Zeitungen und Zeitschriften oder aus dem Internet Bilder und Fotos, die Menschen in angenehmen und unangenehmen Situationen darstellen. Gestaltet damit ein Plakat und schreibt zu den Bildern passende Psalmverse.

Kreativ mit Psalmen umgehen

- Sch erhalten **AB 2.1.5, Lehrerkommentar S. 27**, und bearbeiten individuell oder in GA die AA.
- Mit den Versen und Plakaten gestalten Sch eine Ausstellung im Klassenzimmer oder Schulhaus.

Psalmverse vertonen

Die Rhythmik und lyrische Kraft der Psalmen kommt besonders dann zum Ausdruck, wenn sie gesungen oder instrumental gestaltet werden.

- In GA wählen Sch jeweils einen Psalmvers aus, der sie besonders anspricht. Der Psalm könnte z.B. mit Orff-Instrumenten rhythmisch als Sprechgesang gestaltet werden.
  Alternative: Die Psalmen können alternativ auch nur durch rhythmisches Sprechen gestaltet werden.
- Sch greifen ein Beispiel heutiger Gotteserfahrung auf und verfassen dazu einen eigenen modernen Psalm. Diesen setzen sie rhythmisch um, etwa in Form eines Rap.

Ein Meditationsheft zusammenstellen Projektseite 19

1. Hintergrund

Was in den einzelnen Religionsgruppen an meditativen Vollzügen und Meditationen möglich ist, müssen L vor Ort entscheiden. Nicht zuletzt hängt dies davon ab, was sie selbst anzustoßen und zu vermitteln in der Lage sind.

Im Bildungsplan 2004 in Baden Württemberg stehen für Kath. Religion Kompetenzen und Inhalte, die sich unter verschiedenen inhaltlichen Aspekten um Stilleübung, Meditation, Gebet und Gottesdienst drehen. Überlegungen für ein spirituelles Curriculum für die Klassen 5-10 stehen aber erst am Anfang.

Ähnlich dem Klassengebetsheft in *Reli konkret 1* kann mit dem Material für meditative Übungen ein eigenes Meditationsheft zusammengestellt werden, das spirituelle Vollzüge in der Klasse dokumentiert, aber auch für die individuelle Meditation zu Hause geeignet sein könnte.

Mandalas können mit und ohne meditative Musik im Hintergrund zum Ruhigwerden und zur Besinnung beitragen. L sollte den Sch nicht einfach Mandalas zum Ausmalen vorlegen, sondern sie anregen, selbst aktiv Mandalas zu suchen oder zu entwerfen, die in einem Zusammenhang mit den jeweiligen Lernsequenzen stehen.

2. Einsatzmöglichkeiten im RU

Ein Meditationsheft zusammenstellen

Im Laufe der zwei Schuljahre 7/8 tragen Sch Texte, Bilder, Fotos, Noten, kleine Gegenstände (z.B. Muscheln, Federn etc.) in einem Heft/einer Mappe zusammen.
Alternative: Jede/r Sch gestaltet ein Meditationsheft für sich, sodass ein gemeinsames Wiederholen, aber auch ein individuelles Nachvollziehen zu Hause möglich ist.

Ein Mandala entwerfen

Sch erhalten **AB 2.1.6, Lehrerkommentar S. 29**, und üben, eigene Formen zu einem Mandala zu entwickeln. Weitere Mandalas:

📖 Literatur s. *Lehrerkommentar* S. 30

Ein Mandala als Bodenbild gestalten

Wenn eine Religionsgruppe den gestaltenden Umgang mit farbigen Tüchern und Legematerial geübt hat und gerne vollzieht, können damit auch Bodenbilder als Mandalas gestaltet werden. Zu einem bestimmten Anlass im Kirchenjahr (z.B. Advent, Weihnachten, Passion, Ostern usw.) oder zu Gefühlen (Freude, Trauer, Hoffnung usw.) gestaltet jede/r Sch für sich einen Beitrag zu einem gemeinsamen Bodenbild (→ **Methodenkarte** „Ein Bodenbild legen").

Von allen Seiten umgibst du mich Stellungnahmen 20

1. Hintergrund

So wie die Golden-Gate-Brücke („goldenes Tor", in der Bucht von San Francisco) auf dem **Foto** es den Menschen ermöglicht, sicher von einem Ufer zum anderen zu gelangen, sieht der Texter des darunterstehenden Liedes Gott als Behüter der Menschen, der ihre Lebenswege mit Fürsorge begleitet und sie sicher zu sich führen will. Das Foto der Hängebrücke, die über

ein ausgedehntes Gewässer führt und so hoch ist, dass die Wolken in ihrem Streben hängen, vermittelt den Eindruck, als ob die Brücke eine Verbindung zwischen Himmel und Erde darstelle. Das weite Meer, der blaue Himmel geben ein Gefühl von Unendlichkeit, dazwischen die Brücke als Mittlerin. Im Lied wird Gott als jemand beschrieben, der uns Menschen Halt und Richtung gibt, so, wie die Brücke den Autos Halt gibt und die Richtung zeigt.

Ein Mandala entwerfen

Reli konkret 2
© by Kösel-Verlag

Entwirf selbst ein Mandala:
- Nimm Bleistift, Lineal, Zirkel zur Hand und zeichne Schablonen (Kreise, Vierecke, Blattform ...), die dir anschließend helfen können, dein persönliches Mandala zu legen. Wichtig ist, dass du zuerst den Mittelpunkt festlegst.
- Achte darauf, dass du ein möglichst gleichmäßiges Bild entwirfst.
- Wie verändert sich dein persönliches Mandala, wenn du deine Schablonen anders anordnest?
- Zeichne das gelegte Mandala, das dich am meisten anspricht, mithilfe deiner Schablonen auf.
- Danach könnt ihr eure Mandalas vergleichen, was fällt euch daran auf?

Das Lied durchströmt die Gewissheit, dass Gott immer anwesend ist, dass er in den Menschen selbst wohnt und Kraft und Liebe gibt. Ohne Liebe sowie körperliche und seelische Kraft hätten weder Mutter Teresa noch Bruder Martin noch die Frauen um Jesus noch die Prophetinnen und Propheten ihre schwierigen Wege gehen können. Sie alle schöpfen ihre Kraft aus ihrem Glauben an diesen Gott, der die Urquelle der Liebe ist.

Der Segen

Segen ist etwas, das durch Segnen übertragen wird; so wird z.B. ein Kind bei der Taufe gesegnet oder das Brautpaar bei der Trauung. In sakramentalen Segenshandlungen soll denjenigen, die davon profitieren, etwas mitgegeben werden, was ihnen zum Leben hilft. Aber auch im Alltag eines jeden Menschen gibt es ständig segnende Handlungen, wenn auch oft unbewusst. Der einfachste Segensakt wird vollzogen, wenn wir zu einem anderen „Guten Tag" sagen, d.h., man wünscht einen guten Tag, möchte, dass es dem Angesprochenen gut geht. Diesen Gruß zu verweigern bedeutet geradezu Feindseligkeit und kann auf die Stimmung drücken. Weitere kleine Akte sind der Gute-Nacht-Wunsch, der Wunsch „Frohes Schaffen" oder „Guten Appetit"; Geburtstagsglückwünsche und Ehrungen sind große Akte segnenden Handelns. Dabei geht es immer um dasselbe: den anderen hineinzuversetzen in eine Atmosphäre gelingenden Lebens.

2. Einsatzmöglichkeiten im RU

So wie die Brücke ...

- Sch betrachten das Foto und äußern frei ihre Assoziationen dazu.
- Sch überlegen, in welchem Bild sie ausdrücken würden, was Gott für sie ist. Gott ist für sie
  – wie eine Brücke über bedrohlichem Wasser
  – wie eine Mutter, ein Vater oder ein/e Freund/in
  – die Sonne (sie ist immer da, aber nicht immer spürbar; erst durch sie ist Leben möglich) etc.
- Sch finden und gestalten mehrere solcher Bilder.
- Sch überlegen: Was/wer gibt mir Halt im Leben? Was/wer zeigt mir die Richtung?

Einen Segen sprechen

Den Abschluss der Lernsequenz kann ein Segensritual bilden. Sch sprechen sich gegenseitig Zuversicht, Ausdauer, kritischen Blick, Gottes Beistand und Halt zu.

- Sch sprechen sich gegenseitig gute Wünsche zu: z.B. „Ich wünsche dir, dass du ..." und spüren nach, welche Wirkung die guten Wünsche haben. Was spüren sie dabei in ihrem Körper? Wo spüren sie es?
- Sch sprechen gemeinsam den Aaronitischen Segen und die moderne Übertragung auf **AB 2.1.7 Leh-**rerkommentar S. 31, und überlegen dazu Handbewegungen.

- *L-Impuls:* „Kennst du andere Segensformen? Bist du schon einmal von den Eltern gesegnet worden, wenn du länger weggegangen bist?"
- Sch schreiben einen selbst formulierten Segen auf ein Blatt Papier (Anregungen bietet z.B. das Lied *Stellungnahmen 20*). Sie falten die Blätter und sammeln sie in einem Korb. Anschließend zieht jede/r ein Blatt und liest es für sich.
- Sch sprechen darüber, wie dieser Segen auf sie wirkt.
- Sch gestalten die Segenssprüche farbig und hängen sie im Klassenzimmer auf.

Literatur

Titelseite 7
Robert Delaunay. Sonia Delaunay, Ostfildern 2002

Themenseite 10-11
Maschwitz, Gerda und Rüdiger, Neue Mandalas – Aus der Mitte wachsen. Anregungen für Kinder, Jugendliche und Erwachsene, München 1998

Infoseite 12-13
Maschwitz, Gerda und Rüdiger, Gemeinsam Stille entdecken. Wege zur Achtsamkeit – Rituale und Übungen, München ²2004
Rendle, Ludwig (Hg.), Ganzheitliche Methoden im Religionsunterricht. Neuausgabe, München ²2008
Rendle, Ludwig, Zur Mitte finden. Meditative Formen im Religionsunterricht, Donauwörth 2002

Deuteseite I 14-15
Niehl, Franz W., Bibel verstehen. Zugänge und Auslegungswege. Impulse für die Praxis der Bibelarbeit, München 2007, 189-197
Ders., in: Leben lernen mit der Bibel. Der Textkommentar zu „Meine Schulbibel", München 2003, 42-45
www.abtei-tholey.de

Deuteseite II 16-17
Emmerling, Franz/Riess, Wolfgang/Schlereth, Reinhard, Sich firmen lassen. Mündig werden im Glauben. (Freiarbeits-) Materialien zur Firmvorbereitung in Schule und Gemeinde, Donauwörth 2005

Besinnungsseite 18
Maschwitz, Gerda und Rüdiger, Neue Mandalas, a.a.O.
Schwegler, Annemarie/Bühlmann, Walter, Psalmen erfahren und feiern. Für Bibelunterricht und Gemeindekatechese, Stuttgart 2006
Zenger, Erich, Psalmen. Auslegung, Freiburg 2006

Projektseite 19
Benedikta Hintersberger/Hausmann Theodor, Mit Jugendlichen meditieren. Übungen und Anleitungen für Schule und Jugendarbeit, München 2005

Stellungnahmen 20
Multhaupt, Hermann (Hg.), Irische Segenswünsche für jeden Tag des Jahres, Gütersloh 2003
Ders., Irische Segenswünsche für jeden Anlass, Leipzig 2007

Der Herr segne dich

Der Herr segne dich und behüte dich.

Der Herr lasse sein Angesicht über dich leuchten

und sei dir gnädig.

Der Herr wende sein Angesicht dir zu

und schenke dir Heil.

Num 6,24-26

Der Herr segne dich

Er erfülle dein Herz mit Ruhe und Wärme

und deinen Verstand mit Weisheit

Deine Augen mit Klarheit und Lachen

und deine Ohren mit wohltuender Musik

Deinen Mund mit Fröhlichkeit

und deine Nase mit Wohlgeruch

Deine Hände mit Zärtlichkeit

und deine Arme mit Kraft

Deine Beine mit Schwung

und deine Füße mit Tanz

Deinen ganzen Leib mit Wohlbefinden

und deine Liebe mit Inbrunst und Hingabe

So lasse der Herr

alle Zeit seinen Segen auf dir ruhen

Er möge dich begleiten und beschützen

Dir Freude schenken dein Leben lang

und dir Mut zusprechen in schweren Zeiten

nach einem alten irischen Segensgebet

Von 2 Prophetinnen und Propheten lernen

Kompetenzen und Inhalte im Bildungsplan (Baden-Württemberg 2004)

HAUPT- UND WERKREALSCHULE	REALSCHULE
Kompetenzen	
Die Schülerinnen und Schüler ... **3. Bibel und Tradition** ... kennen zentrale Texte aus dem AT und dem NT (einen Propheten); **4. Die Frage nach Gott** ... kennen biblische Geschichten, die von Gottes Wirken erzählen und Gottesbilder vermitteln; ... erfahren an Lebensbildern, dass Christen sich an Gott wenden und aus dieser Gottesbeziehung Kraft schöpfen; **6. Kirche, die Kirchen und das Werk des Geistes Gottes** ... verstehen anhand ausgewählter Beispiele, dass Christen Weltgestaltung und Weltverantwortung gemeinschaftlich wahrnehmen.	Die Schülerinnen und Schüler ... **2. Welt und Verantwortung** ... kennen biblische Prophetinnen und Propheten und prophetische Menschen aus unserer Zeit, die mutig auf Ungerechtigkeiten hinweisen und zur Umkehr auffordern; ... können Ungerechtigkeit wahrnehmen und sich für Gerechtigkeit einsetzen; **3. Bibel und Tradition** ... kennen aus dem AT (...) den Einsatz der Prophetinnen und Propheten gegen Ausbeutung und Ungerechtigkeit; **4. Die Frage nach Gott** ... wissen, dass Gott besonders auf der Seite der Schwachen und Unterdrückten steht; ... kennen Berufungsgeschichten, die zeigen, dass Gott den Menschen wichtige Aufgaben zutraut und zumutet; ... wissen, dass Gott durch Menschen zu uns spricht und uns in Menschen begegnet; ... kennen biblische Texte, die von Hoffnung und Heil künden.
Inhalte	
Orientierung finden – verantwortlich handeln – Orientierung für verantwortliches Handeln – Menschen handeln nach dem Gewissen **An Gott glauben – mit Gott leben** – Vorstellungen von Gott – Veränderungen in meinem Gottesbild – Ganzheitliche Zugänge zum Glauben – Stille, Gebet, Meditation **Kirche – Dienst an den Menschen** – Engagierte Christen im Einsatz für eine gerechte Welt **Religionen in der Welt** – Die gemeinsame Verantwortung der Religionen für Frieden, Gerechtigkeit	**Aufbruch in die Selbstständigkeit – Gott begleitet mich** – Mein Lebens- und Glaubensweg – Meine persönliche Spiritualität **Gewissen – wonach soll ich mich richten?** – Mein Gewissen entwickelt sich – ich brauche Orientierung **Propheten und Prophetinnen** – Von Gott gerufen – Unrecht anklagen – zur Umkehr aufrufen – Mut und Hoffnung machen (Jes 11,1-9) – Propheten und Prophetinnen heute

Das Kapitel im Schulbuch

Das Kapitel geht den Fragen nach, wer Prophetinnen und Propheten sind, was sie ausmacht und welche Rolle sie für die Gesellschaft spielen, in der sie leben. Jugendliche verweisen Propheten oft in den Bereich der Wahrsager und Zukunftsdeuter und somit in den zweifelhaften Bereich der okkulten Praktiken, die sie zwar reizen, sie aber auch ängstigen. Das Anliegen des Kapitels ist es, biblische Propheten und prophetische Menschen unserer Zeit, ihre Gottesbeziehung und ihr Handeln vorzustellen, sie als Personen zu zeigen, die sich zum Wohle der Menschen für Gerechtigkeit, Freiheit und Menschenwürde einsetzen, ohne auf eigene Vorteile zu achten. Zugleich werden Prophetinnen und Propheten als Menschen gezeigt, die Sch Vorbilder sein und zu eigenem Handeln und Einsatz anregen können. Durch das Lernen an Modellen werden Sch darin bestärkt, ihren eigenen Standpunkt zu finden und diesen entsprechend zu vertreten.

Das Bild auf *Titelseite* **21** von Salvador Dalí führt auf das hin, was ein Prophetendasein ausmacht. Sch sehen den Einsatz von Prophetinnen und Propheten und können erspüren, dass Gott ihnen wichtige Aufgaben zutraut und zumutet.
Themenseite **22-23** thematisiert am Beispiel der Berufung des Ezechiel das Gerufenwerden und die Antwort darauf. Sch werden sensibilisiert, Ungerechtigkeiten wahrzunehmen und auf sie hinzuweisen. Unrechtssituationen werden angesprochen und durch die grafisch gestalteten, bekannten Verkehrsschilder bereits gewertet. Die aphoristisch gestalteten Sätze nennen Aufgaben von Propheten und ihre Schwierigkeiten und regen zu eigenen Überlegungen an.
Ideenseite **24-25** bietet Sch praktische Übungen und Gestaltungsideen an, um für die verschiedenen Aspekte des Themas sensibel zu werden, sie selbst zeitgemäß ins Wort zu bringen oder zu gestalten.
Infoseite I **26-27** informiert am Beispiel von Debora und Amos aus dem AT darüber, was es heißt, auf Gottes Botschaft zu hören und danach zu handeln. An Debora sehen Sch, was es für ein ganzes Volk bedeuten kann, wenn ein einzelner Mensch Gottes Stimme wahrnimmt und sich Gehör verschafft, sodass das Volk und die Führungskräfte die Botschaft annehmen können und gerettet werden. Amos ist ein anderes Beispiel für prophetischen Einsatz. Vor dem geschichtlichen und geografischen Hintergrund seiner Zeit verstehen Sch seinen Auftrag und sein Handeln, v.a. sein Eintreten für die Schwachen und Unterdrückten. Durch den „Steckbrief" setzen sich Sch mit den biblischen Texten zur Person und Botschaft des Propheten auseinander.
Deuteseite **28-29** führt den Propheten Jesaja mit einer weiteren prophetischen Aufgabe ein. Mit seiner Trostbotschaft (v.a. Deuterojesaja; Jes 40-55) lernen Sch

biblische Texte, die von Hoffnung und Heil künden, kennen. Sch entwickeln ihr Gottesbild und ihre persönliche Spiritualität altersgemäß weiter. Mit dem farbintensiven Bild von Mark Rothko entfalten Sch die emotionale Seite des Themas Trost, Hoffnung, Ermutigung und Heil.
Auf *Infoseite II* **30-31** finden Sch eine Chronologie wichtiger Propheten des AT auf einem Zeitstrahl. Die Informationstexte bieten weitere Erkenntnisse zum Wesen von Propheten.
Infoseite III **32-33** stellt eine Prophetin der heutigen Zeit dar. Die Lebensgeschichte von Rigoberta Menchú macht betroffen und wird zu eigenen Überlegungen und Gesprächen in der Gruppe anregen.
Besinnungsseite **34-35** regt Sch an, sich mit Unrechtssituationen aus dem eigenen Erfahrungsbereich auseinanderzusetzen und sich in einem Figurengebet an Gott zu wenden. Das Lied regt an, sich der tröstlichen Botschaft der Adventszeit bewusst zu werden. Mit Psalmversen können Sch Gott bitten und gleichzeitig eine Perspektive in der Hinwendung zu Gott erkennen.
Projektseite **36-37** bietet Möglichkeiten zu projektartigem Arbeiten auf verschiedenen Ebenen an. Sch beschäftigen sich damit, wie zeitgenössische Künstler mit der Botschaft von biblischen Propheten umgehen und sie ins Bild setzen. Eine andere Möglichkeit bietet das Lernen an Modellen (*local heroes*) und die Beschäftigung mit Vorbildern aus dem Alltag.
Auf *Stellungnahmen* **38** zeigt das Lied „Prophet/innen sind wir alle" Situationen, in denen Menschen der Gegenwart prophetisch handeln, und fordert auf, weiter zu überlegen, wie prophetisches Handeln im täglichen Miteinander, besonders auch im Schulalltag, umgesetzt werden kann.

Verknüpfungen mit anderen Kapiteln im Schulbuch

Kap. 7: Woran sich orientieren?

Verknüpfungen mit anderen Fächern

HS
ER: Dimension Bibel; Themenfeld „Gegenwart sehen, Verantwortung leben": Amos: Ein biblischer Prophet weist auf Gott hin; Gewissensentscheidungen, ethische Entscheidungsfelder; Themenfeld „Glaube konkret": Wer ist mein Gott?
D: 2. Schreiben; 3.Lesen/Umgang mit Texten
Welt – Zeit – Gesellschaft (WZG): Orientierung in Raum und Zeit
Musik – Sport – Gestalten (MSG): 4. Künste; 5. Spiel
Informationstechnische Grundbildung (IT): 1. Selbstständiges Lernen und Arbeiten mit informationstech-

nischen Werkzeugen: verschiedene elektronische Quellen zur Informationsbeschaffung nutzen

RS
ER: Dimension Gott; Themenfeld „Mit der Bibel arbeiten"; Themenfeld „Prophetie"; Themenfeld „Träume und Sehnsüchte"
D: 2. Schreiben; 3.Lesen/Umgang mit Texten und Medien

Musik: 1. Musik machen – singen, sprechen und musizieren
BK: 2. Erleben und darstellen: Gefühle, Traum und Fantasie; 4. Kommunikation und kulturelles Bewusstsein: Gegenwartskunst und Kunstgeschichte; Arbeitsbereiche: Farbe und Grafik, Wahrnehmungsschulung, Interaktionen, Medien.
IT: 1. Arbeiten und Lernen mit informationstechnischen Werkzeugen

Von Prophetinnen und Propheten lernen Titelseite 21

1. Hintergrund

Bereits die Kapitelüberschrift „Von Prophetinnen und Propheten lernen" macht deutlich, dass nicht nur Lebensbilder historischer Gestalten betrachtet werden, sondern dass das, was an Modellen als richtig erkannt wird, das eigene Handeln aktiv mitbestimmen soll. Es geht im Folgenden darum, sich von Menschen, die den Ruf Gottes ernst nahmen und ihr Leben danach ausrichteten, ermutigen zu lassen, sich für Gerechtigkeit und menschenwürdiges Miteinander einzusetzen. Das Titelbild unterstützt diese Absicht: aufrecht stehen, eindringlich Gottes Wort verkünden, zu Umkehr aufrufen, sich an Menschen, auch an die Mächtigen der jeweiligen Zeit, wenden und mutig einstehen für das, was Leben in Gerechtigkeit und Würde möglich macht.

Salvador Dalí (1904-1989)
Der Künstler wurde als Salvador Felip Jacint Domenech 1904 in Figueres (Katalanien) geboren und starb dort 1989. Er gehört zu den bedeutendsten Künstlern der Moderne. Schon mit 16 bzw. 17 Jahren malte er Bilder, die von enormer künstlerischer Qualität sind. Fauvismus, Expressionismus und Spätsymbolismus prägten seine frühen Werke. Weltruhm erlangt er durch seine surrealistischen Werke (v.a. zwischen 1930 und 1940). Die Lektüre Freuds hatte ihn, wie Salvador Dalí selbst bemerkte, verändert und eine Kette von Selbstinterpretationen ausgelöst, die sich auch in seinen Werken niederschlug. Zu Beginn der Sechzigerjahre widmete sich der Künstler der Interpretation der Bibel. Damals entstanden 105 Aquarelle, die zeigen, dass sich Dalí intensiv mit der biblischen Botschaft auseinandergesetzt hat.

Salvador Dalí, „Jeremia prophezeit gegen König Jojachin", o.J.
Auf den ersten Blick wirkt das Bild, als sei es aus dem Inneren einer Höhle heraus gemalt. Ein schwarzer, tintiger Rahmen mit einer ovalen Öffnung umgibt die

Szene. Im Höhleneingang, mit dem dunklen Rahmen verschmolzen, steht eine Gestalt, die den Arm hebt, möglicherweise zu einer Drohgebärde, vielleicht aber auch, um einer zweiten Figur zu winken, sie zu warnen und auf sich aufmerksam zu machen. Der/die Betrachter/in steht scheinbar hinter der Gestalt. Den schwarzen Rahmen aquarelliert der Künstler zur Bildmitte hin aus, sodass sich ein Farbverlauf über ein dunkles Graublau hin zu einem zarten Hellblau ergibt. Die zweite Figur steht somit wie im Licht und außerhalb der gedachten Höhle; sie trägt ein weites, weißes Gewand, das Gesicht ist eine schwarze Fläche. Sie ist deutlich kleiner als die Figur im Höhleneingang, befindet sich also in einiger Entfernung zu ihr. Im Hintergrund, noch in weiter Ferne, sieht man eine angedeutete Menschenmenge mit Pferden und Kamelen darunter. Es scheint sich um einen Heereszug zu handeln, denn die Menschen sind mit Speeren bewaffnet. In einem Bogen zieht dieser Zug von links bis an die Bildmitte heran. Nur durch den erhobenen Arm ist er noch von der Figur, die links von der Bildmitte steht, getrennt. Der Arm ist die optische Bildmitte.

Auch auf der Bedeutungsebene nimmt der wie zur Warnung erhobene Arm eine zentrale Stellung ein. Der Titel erklärt das Geschehen: Der Prophet Jeremia erkennt die Gefahr und warnt den vor ihm stehenden Jojachin vor dem babylonischen Exil, angedeutet in den anrückenden Truppen des Nebukadnezzar. Er versucht Jojachin, und damit das Volk Israel, zu schützen – bildlich umgesetzt in der Hand zwischen dem König und dem feindlichen Heer. Er weiß sich von Gott selbst beauftragt und legitimiert. Doch Jojachin zeigt keine Reaktion, sein Gesicht bleibt „verschlossen". Wenn sie auf Gott, der durch Jeremia zu ihnen spricht, hörten, hätten der König und das Volk Israel die Chance, die schützende Höhle, Sinnbild für die Geborgenheit bei Gott, zu erreichen. Doch sie verweigern sich und bleiben „gottfern". Jeremia versucht vergeblich, vor dem drohenden Unheil zu warnen und es abzuwenden.

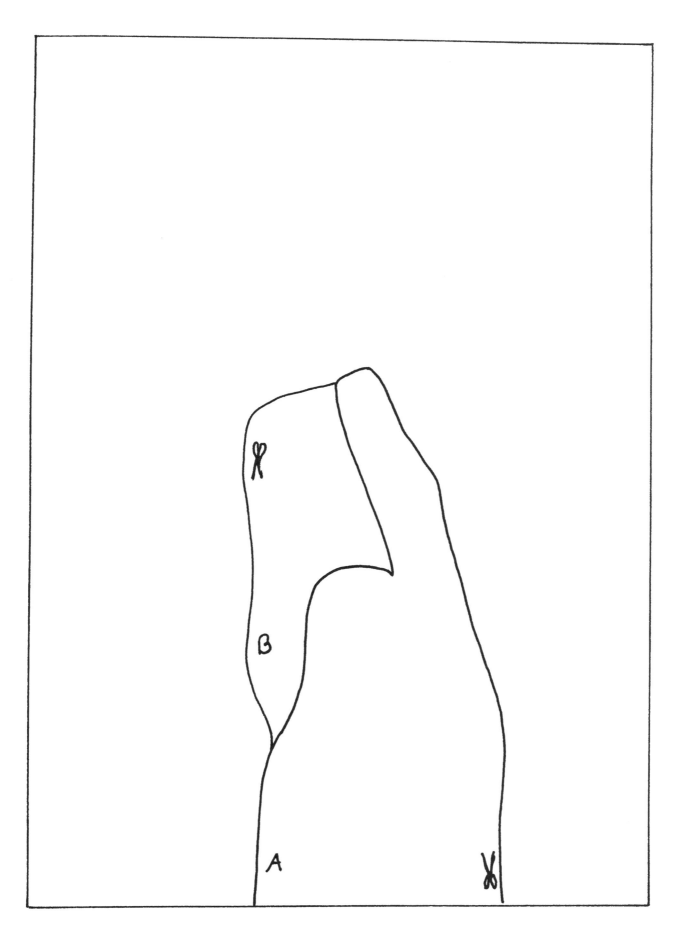

Jeremia prophezeit I

Jeremia

Der Prophet Jeremia wirkte etwa von 626-586 v.Chr. in Jerusalem. In Worten, Schrift und sinnbildlichen Handlungen weissagte er den Untergang des Landes und die babylonische Gefangenschaft als Folge der Gottlosigkeit des Volkes und des Königs. Er erlitt deswegen Verfolgung und Demütigung.

2. Einsatzmöglichkeiten im RU

Dem Bild in Teilen begegnen

1. Teilbild: Nur die Rückenfigur des Jeremia ist sichtbar. L deckt den Rest mit der Schablone **AB 2.2.1, Lehrerkommentar S. 35**, ab (A ausschneiden).

- Sch schildern Situationen aus ihrer Lebenswirklichkeit, in denen ihnen jemand auf diese Art und Weise begegnet ist. Was könnte diese Figur ausdrücken wollen?
- Sch stellen selbst diese Haltung nach und überlegen, was sie in diesem Augenblick sagen könnten.

2. Teilbild: Die Figur im Hintergrund (Israel) wird sichtbar (Schablone B ausschneiden).

- Sch benennen Gefühle, die diese Figur ausdrücken könnte.

3. Ganzes Bild:

- Sch lassen das Bild auf sich wirken. Was sagen die Personen wohl?
- Die Gestalten auf dem Bild sind auswechselbar. Sch

versetzen sich in eine der Gestalten und überlegen, wo sie selbst in ähnlichen Situationen waren.

Bilddialoge

- Sch erhalten **AB 2.2.2, Lehrerkommentar S. 37**, mit einer schwarz-weiß Kopie des Dalí-Bildes. Sie stellen sich einen Dialog zwischen den Gestalten vor. Sch fügen Sprechblasen in das Bild ein und beschriften sie.
- Sch kolorieren das Bild und wählen dabei bewusst die Farben aus. Was sollen die Farben ausdrücken?
- Die Bilder werden im Klassenzimmer in einer Reihe ausgelegt und gegenseitig betrachtet und wertgeschätzt. Aufkommende Fragen dürfen gestellt werden.

Bildbearbeitung

- Für eine GA erhalten Sch **AB 2.2.2, Lehrerkommentar S. 37**. Aus Zeitungen und Zeitschriften schneiden sie Bilder und Fotos aus. Die beiden Personen des Dalí-Bildes werden aus der Kopie ausgeschnitten. Sch kleben den Bildausschnitt auf ein DIN-A3-Blatt und kleben dann neue Bildelemente aus den Zeitschriften um die Gestalten herum. Wie verändert sich die Bildaussage?
- Die Gruppen stellen ihre Werke vor. Mit der Bearbeitung wird eine traditionelle Darstellung aktualisiert und eine kreative Auseinandersetzung mit dem Bildinhalt angeregt.

Themenseite 22-23

1. Hintergrund

Die *Themenseite* zeigt, dass am Beginn des prophetischen Handelns der Ruf Gottes steht. Dies bringt das **Bild** des Künstlers Georg Baselitz zum Ausdruck, aber auch der Berufungstext **Ez 2,1-8a**. Dem Ruf Gottes zu folgen, erfordert Mut und ein hellhöriges Ohr für Ungerechtigkeit, Missstände und Leid. Bild und Text wollen Sch sensibilisieren und zum Nachdenken anregen über ihr Selbstverständnis, ihre Rolle und ihre Aufgabe als Teil der Klassengemeinschaft, der Familie, der Gemeinde etc.

Wut und Mut sind wichtige Energien, wenn es darum geht, sich gegen Unterdrückung und Unrecht einzusetzen, damit positive Prozesse für die Gesellschaft in Gang gesetzt werden können. Es ist gut, Sch dieser Altersgruppe, denen oft die aggressiv ausgelebte Wut der Pubertät zu eigen ist, die positiven, kreativen Seiten dieses Gefühls aufzuzeigen.

Die bekannten **Verkehrsschilder** werten durch ihre Bedeutung bereits die Zustände, die Prophet/innen der Gesellschaft spiegeln, und sensibilisieren Sch in einem

ersten Schritt für Situationen ihrer Lebenswelt, die nicht in Ordnung sind.

Die aphoristisch formulierten **Sätze** über Eigenschaften von Propheten rufen bei Sch vielleicht Assoziationen hervor mit heute lebenden Menschen aus dem öffentlichen Leben oder auch aus ihrem eigenen Umfeld.

Georg Baselitz, „Ralf III", 1965

Bei dem dargestellten Kopf, der im Seitenprofil zu sehen ist, fällt sofort das überdimensional große Ohr auf. Zusammen mit dem Profil des Gesichts gestaltet es sich zu einer kraftvoll gemalten Skulptur. Öffnung und Wölbung dominieren als Formen das gesamte Bild. Auch in späteren Werken greift Baselitz auf diese formale wie inhaltliche Erfindung zurück (z.B. in „Zwei schwarze Bäume" von 1986) und bringt damit zum Ausdruck, dass für ihn Nachdenken und Fühlen, Reflexion und Leiblichkeit, Stirn als Gedanke und Ohr als Organ, das in die Mitte des Menschen reicht, zusammengehören und einander bedingen. Die pointiert aufgetragene Farbe unterstreicht diesen Charakter auf behutsame Weise.

Jeremia prophezeit II

Der Textausschnitt **Ez 2,1-8a** führt zum einen in die Mitte des biblischen Buches Ezechiel. Zum anderen kann an ihm aber auch abgelesen werden, was es bedeutet, Prophetin und Prophet zu sein.

Hier wird ein Mensch von Gott gerufen, und zwar auf Augenhöhe (vgl. Ez 2,1f), um eine widerspenstige Umgebung (vgl. Ez 2,3-4.6) an ihre Ungerechtigkeiten zu erinnern. Dass dies eine Situation ist, die auch für den Mahner gefährlich ist, liegt nahe. Allein die Zusage Gottes, sich dennoch nicht fürchten zu müssen und den Geist als Kraft auf dem Weg zu spüren, muss dem Propheten hier genügen.

Ezechiel: Ein Prophet zwischen Verzweiflung, Trost und Aufbruch

Ezechiel gehört zu denen, die als Erste in das Exil nach Babylon verschleppt wurden (im 6. Jh.). Die Oberschicht, die Tempelaristokratie, alle, die in Israel Rang und Namen hatten, gehörten dazu. Diese Gruppe der Israeliten wurde am „Fluss Kebar" angesiedelt, wo Ezechiel auch seine Berufung erfuhr (vgl. Ez 1,1-3). Zunächst hatten die Deportierten geglaubt, dass die Zeit des Exils nur kurz andauern würde. Als jedoch 586 v.Chr. der Tempel zerstört wurde und der Zusammenbruch total war, zerschlugen sich alle Hoffnungen. Mit der Verzweiflung, die sich daraus ergab, der Gott-Verlassenheit, die Israel spürte, sowie der Frage, wie dieses Unheil zu verstehen sei und welche Deutungen es dafür gab, musste sich Ezechiel in den zwanzig Jahren seines Wirkens unter den Exilierten auseinandersetzen.

Ezechiel nimmt die Brüche und Treulosigkeiten in der Geschichte Israels ernst und deutet das Exil zunächst als gerechte Strafe Gottes. Er versucht seinem Volk klarzumachen, dass Jahwe dieses Unheil nur deshalb so lange aufgeschoben hat, weil er sich immer wieder bewegen ließ, von einer Bestrafung abzusehen, Unheil abzuwenden und seinem geliebten Volk immer wieder neue Wege zu eröffnen (vgl. Ez 20). Die Gerichtsbotschaft des Ezechiel wird in Ez 8,1-11,25 am massivsten. Ezechiel hat hier die Vision, dass Jahwe den Tempel und die Stadt Jerusalem verlässt, weil er den verkommenen Gottesdienst und den Abfall Israels zu fremden Göttern nicht mehr ertragen kann.

Das Buch Ezechiel kennt aber neben dieser scharfen Anklage und der Deutung des Exils als gerechte Strafe (v.a. in Ez 1-24), sowie dem Völkerorakel (Ez 25-32) noch ein drittes, ebenso wichtiges Thema: Ezechiel sieht sich berufen, die Verzweifelten aufzurichten, das neue Heil anzukündigen und dem geschlagenen Volk eine verheißungsvolle Zukunft zu verkünden (v.a. Ez 33-48). Jahwe erscheint als der, der sein Volk nicht mit dieser Katastrophe enden sehen will. Jahwe tritt für Israel ein, holt es aus dem Grab des Exils heraus und befreit es zu neuem Leben, was besonders die eindringliche Erzählung von der Wiederbelebung der toten Gebeine in Ez 37 deutlich macht.

Die Schlussvision (vgl. Ez 40-48) unterstreicht diesen hoffnungsvollen Zug, wenn Ezechiel von der Rückkehr Jahwes in den Tempel sowie der Neugründung des Heiligtums spricht. Das Gericht ist nunmehr beendet und die neue Zukunft unter dem Schutz Jahwes angebrochen.

2. Einsatzmöglichkeiten im RU

Textgraffiti erstellen

Eine Möglichkeit, sich dem Bibeltext zu nähern, ist, ihn nach dem ersten Lesen mit Farben und Zeichnungen zu bearbeiten. Dabei kann in zweierlei Weise vorgegangen werden:

- L kopiert den Text Ez 2,1-8a auf DIN-A3-Größe. Sch tragen in die Kopie an den Stellen, die sie ansprechen, Farbe und/oder Zeichnungen ein.
- Sch wählen bestimmte Verse oder Wörter aus und gestalten diese nach der Weise der Straßengraffiti. Dafür schreiben und malen Sch eine große Plakatwand z.B. mit Fingerfarben o.Ä.

Eine Variante des Bibelteilens praktizieren

Eine variierte Methode des Bibelteilens kann helfen, sich dem biblischen Text zu nähern.

Worauf ich höre

worte und töne
um mich überall
sie strömen auf mich ein
überfallen mich
auf schritt und tritt
ich kann nicht entfliehen

worte und töne
ich höre sie alle
welche nehme ich auf
bewusst – ohne mein wollen
welche dringen ein
auf welche höre ich

worte und töne
ich höre
was man sagt
sagt überall
oft ohne zu prüfen
ohne zu denken
nehme ich an was ich höre

worte und töne
wie wähle ich aus
was lass ich heran
was überhöre ich gern
blende ich aus
forme ich um

worauf höre ich
Sigrid Berg

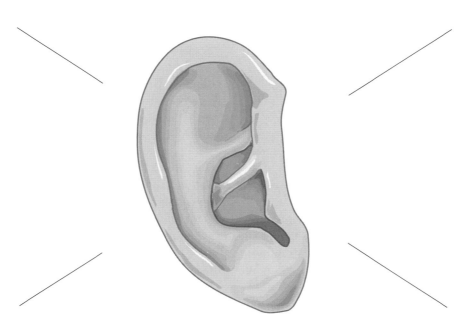

- Ein/e Sch liest Ez 2,1-8a vor.
- Anschließend sind alle Sch eingeladen, den Text nochmals in Stille für sich zu lesen.
- Nach der Stille wiederholen Sch Verse, Wörter, die sie angesprochen haben. Es kann auch sein, dass dieselbe Stelle zweimal oder öfter wiederholt wird.

Das Hören üben   ▶ IDEENSEITE 24
- Sch lassen sich auf die „Hörübung" ein.
- Als Einstieg kann das Gedicht von Sigrid Berg auf **AB 2.2.3, Lehrerkommentar S. 39**, dienen.
- Zur Ergebnissicherung füllen Sch nach der Hörübung **AB 2.2.3, Lehrerkommentar S. 39**, aus.

Ganz Ohr sein: Mit einem Bildausschnitt arbeiten
Sch können durch die Arbeit mit dem Bildausschnitt

„Ohr" aus Ralf III darüber nachdenken, was es heißt, „ganz Ohr zu sein", bzw. überlegen sich, wo sie „ganz Ohr" sind.
- Jeweils vier bis fünf Sch erhalten ein DIN-A4-Blatt mit der Überschrift „Ganz Ohr sein", auf dem eine Kopie des Ohres aus Ralf III aufgeklebt ist.
- Sch clustern dazu (→ **Methodenkarte** „Clustern").

Aphorismen gestalten
Eine Möglichkeit, sich den Aphorismen und ihren Aussagen zuzuwenden, ist die Gestaltung.
- Sch wählen eine Aussage aus, die sie kalligrafisch bearbeiten und farbig gestalten.
- Sch schreiben selbst einfache Aussagen in dieser Form.

Folgende Anregungen auf der *Ideenseite* werden im *Lehrerkommentar* auf den u.g. Seiten aufgegriffen:

SMS für mehr Respekt texten: S. 50
Das Hören üben: S. 40
Protestplakate gestalten: S. 52
Mutig sein: S. 50
Meine Rede an die Menschheit: S. 52

Befreien – Anklagen

1. Hintergrund

Auf *Infoseite I* lernen Sch mit Debora (ca. um 1200-1000 v.Chr.) und Amos (Mitte 8. Jh.) zwei Beispiele für biblische Propheten kennen. Durch die Sachtexte und durch eigene Erarbeitung (vgl. AA) erfahren Sch wichtige Fakten über den biografischen Hintergrund der beiden und den historischen und soziologischen Kontext, in dem sie wirkten.

Debora
Es ist erstaunlich, dass in der patriarchalisch geprägten Gesellschaft Israels das Wirken von Prophetinnen (Mirjam, Debora, Hulda) überliefert ist. Debora, die Frau Lappidots, wird als starke Frau geschildert, die im Deboralied (Ri 5) als „Mutter in Israel" bezeichnet wird. Sie lebte in einer Zeit, in der die Stämme Israels das Land Kanaan in Besitz nahmen. Dies war im Allgemeinen ein friedlicher Prozess, da sich die Einwanderer den bestehenden Verhältnissen anpassten, ohne sich mit der Bevölkerung zu vermischen. Wo es allerdings Widerstand gab, kam es auch zu bewaffneten Auseinandersetzungen. Im Buch der Richter wird

vom Kampf am Berg Tabor (Ri 4) erzählt, aus dem die Israeliten, dank der Unterstützung Deboras, siegreich hervorgingen.

Debora bezieht ihre Autorität aus ihrer Tätigkeit als Richterin in Israel. Sie steht mit Gott in Verbindung, deshalb weiß sie, was sie ihrem Volk raten muss. Sie lässt Barak rufen, ermutigt den Ängstlichen zum Kampf der Bauern gegen die technisch überlegenen Truppen der Kanaaniter, sendet ihn zum Kampf aus und kündigt den Sieg Israels an. Mit ihrer Führungskompetenz und ihren Fähigkeiten der Prophetie wird sie zur Retterin ihres Volkes. Schon ihr Name, der „Biene" bedeutet, drückt aus, welche Bedeutung Debora für Israel hat. Namen sind im Vorderen Orient nie zufällig gewählt. Die Biene ist das Symbol für die Mutter, die Honig spendet und nährt. Die Palme, unter der sie sitzt, gilt als Lebensbaum, immergrün, als Zeichen für Hoffnung und Sieg. An Debora begreifen Sch, dass Gott durch Menschen zu uns spricht und uns in ihnen begegnet.

Das Deboralied
Das Deboralied (Ri 5) gilt als einer der ältesten Texte des AT. Es schildert sehr eindrücklich und bildhaft die

---

gesellschaftlichen Verhältnisse der damaligen Zeit. Es ist ein Triumphlied, das den Sieg des bäuerlichen Israel über die Herrschaft der Kanaaniter feiert (vgl. Staubli; Haag u.a.; Rienecker/Mayer).

Marc Chagall (1887-1985)

Der Maler wurde 1887 in Witebsk in Russland geboren. Bis an sein Lebensende taucht in seinen Bildern immer wieder die kindliche Erlebniswelt auf: eine fromme, jüdische Familie mit neun Geschwistern auf einem Dorf mit Synagoge, Kloster, vielen Bauernhöfen, Gärten. Der Jahreskreis ist geprägt von den Festen des jüdischen Kalenders. Schon als Achtjähriger beginnt Chagall zu malen, unterstützt von seiner Mutter, ergreift er den Beruf des Malers. Die Stationen seines Lebens führen ihn oft weit weg von seiner Heimat – ab 1942 endgültig nach Frankreich –, die trotzdem für ihn eine unversiegbare Quelle der Inspiration bleibt. Das Werk Chagalls erzählt die Lebensgeschichte eines Menschen, der noch genug naive Kraft besitzt, trotz aller Schrecknisse an das Gute im Menschen, an eine realisierbare bessere Welt und an einen Sinn des Lebens glauben zu können. Zeit und Raum haben auf den Bildern Chagalls ebenso wenig Bedeutung wie auf manchen Kinderzeichnungen. Besonders Kinder können beim Betrachten seiner Bilder eigene Traumwelten entdecken.

Marc Chagall, „Debora", 1978-1985

Die Kirche St. Stephan in Mainz ist die einzige deutsche Kirche, für die Marc Chagall Fenster geschaffen hat. Den Kontakt zu Chagall stellte Pfarrer Klaus Mayer 1973 her und überzeugte den Künstler davon, im Ostchor und im Querhaus der Kirche ein Zeichen zu setzen für die jüdisch-christliche Verbundenheit. Von 1978 bis kurz vor seinem Tod schuf Chagall dann neun buntverglaste Fenster, deren Farben „von Optimismus, Hoffnung, Freude am Leben erzählen" (Klaus Mayer). Chagall schuf insgesamt neun Fenster. Charles Marq aus dem Glasatelier Simon in Reims vollendete das Werk, indem er für das Langhaus weitere neun Bilder im Geiste Chagalls schuf. Für die Mainzer Fenster wurden neue Blautöne geschaffen, die auch das Deborafenster unvergleichlich machen. Die Farbe Blau ist bei Chagall ein Zeichen für Transzendenz.

Das gedämpfte Licht der Abenddämmerung im Fenster von Debora hat symbolische Bedeutung: Für Israel war es damals eine düstere Zeit. Bedroht von Jabins Heerführer Sisera rief das Volk zu Jahwe. Und Jahwe wirkte durch Debora, die unter der Palme saß und Recht sprach. Ihre weisen Ratschläge waren weit bekannt. So wurde sie zur Prophetin und Retterin ihres Volkes. Und so hat Chagall sie auch gemalt. In der linken Bildhälfte sitzt sie, etwas zurückgeneigt, unter ihrem Kennzeichen, der Deborapalme, wie eine offene Schale, empfangend das, was Gott ihr sagen will. Im Volk, das rechts im Hintergrund zu sehen ist, regiert die Angst, doch Deboras Glaube und Gottvertrauen ermutigen Barak, der sich ihr nähert. Eine Palme, vom linken Bildrand hereinragend, war am Rand des Ephraimgebirges eine Seltenheit. Sie gilt als Lebensbaum, immergrün, Sinnbild des ewigen Lebens, Zeichen für Sieg und Hoffnung. In ihrem dunkelgrünen Blätterdach bricht sich das Mondlicht in Gelbtönen, lunarisches Symbol des Weiblichen, der „Mutter in Israel".

Zu den Aufgaben von Prophetinnen und Propheten gehört es, die gegenwärtige gesellschaftlich-politische Lebenssituation möglichst genau zu analysieren, Notwendigkeiten zu formulieren und die Folgen einzuschätzen. Das wiederum setzt eine umfassende Kenntnis der aktuellen innen- und außenpolitischen Situation voraus. Das Ergebnis deutet der/die Prophet/in schließlich im Kontext mit Jahwe: In der herannahenden assyrischen Gefahr zur Zeit des Amos (8. Jh. v. Chr.) sieht dieser beispielsweise nicht nur eine politisch-militärische Katastrophe auf Israel zukommen, sondern er erkennt darin auch die Folgen des Abfalls von Jahwe. Dabei ist er nicht in einer neutralen Zuschauerrolle, sondern leidet an und mit dem eigenen Volk und ringt um die Umkehr.

Am Beispiel von Amos lernen Sch den Einsatz der Propheten gegen Ausbeutung und Ungerechtigkeit kennen und erfahren, wie Gott wirkt und dass er besonders aufseiten der Schwachen und Unterdrückten steht.

Amos

Amos war von Haus aus ein Viehzüchter und Maulbeerfeigenpflanzer aus Tekoa, südlich von Betlehem. Er wurde gegen Ende der Regierungszeit des politisch und wirtschaftlich überaus erfolgreichen Königs Jerobeam II. (787-746 v.Chr.) als Prophet ins Nordreich Israel gesandt, wo er für kurze Zeit bis zu seiner Ausweisung am Reichsheiligtum von Bet-El wirkte. Die Hauptanklage dieses ältesten Schriftpropheten richtet sich gegen die des Gottesvolkes unwürdigen Zustände im Staat, in der Verwaltung, im Gerichtswesen und in der Wirtschaft. Weil die oberen Schichten die Menschen niedriger Herkunft und ungesicherter sozialer Lage zu bloßen Objekten ihres Erwerbs-, Macht- und Genusstriebes herabwürdigten und so das „Gottesrecht" brachen, musste Amos das Todesurteil Gottes für das Reich Israel verkünden. Eine auf den Kult beschränkte Verehrung Gottes wurde von Amos verworfen. Jahwe ist für Amos so sehr ein „Gott für die Menschen", dass er Unmenschlichkeit und Missachtung der fundamentalen Menschenrechte hart bestrafte.

Wegen seiner unbequemen Kritik wurde Amos vom Oberpriester beim König angezeigt. Er erhielt Redeverbot und wurde des Landes verwiesen. Sein weiteres Schicksal ist unbekannt.

2. Einsatzmöglichkeiten im RU

Bildmeditation
- Sch schließen die Augen.
- L projiziert Bild von Chagall an die Wand (auf Folie kopiert).
- L spricht Impulse zur Meditation.
  - Öffne die Augen und betrachte das Bild in Ruhe.
  - Lass deine Augen über das Bild wandern.
  - Formen und Farben wirken auf dich. Spüre deinen Gefühlen dabei nach.
  - Was fällt dir besonders auf?
  - Verweile bei der Frau im linken Bildteil. Sie hört zu. Was hört sie wohl?
- Sch schreiben selbst Meditationssätze.

Details nachzeichnen
- L projiziert Bild von Chagall an die Wand (auf Folie kopiert).
- Sch wählen ein Bildelement aus und zeichnen es nach. Die Bilder werden nach Elementen sortiert (z.B. alle Palmen, alle Personen), ausgelegt und still betrachtet.
- Sch schreiben auf leere Blätter Gedanken zum jeweiligen Bildelement auf.

Ein Glasfenster entwerfen
- Sch überlegen sich ein eigenes Motiv zur Deboraerzählung und entwerfen ein Glasfenster auf Architektenpapier oder Transparentpapier.
- Die „Glasfenster" werden an den Fenstern des Klassenzimmers ausgestellt.

Einen Text umformen
- Sch lesen den Text des Daboraliedes auf *Infoseite 26*.
- Sie suchen alle Aussagen heraus, die die Situation der Bewohner des Landes beschreiben. Daraus fertigen sie eine kurze Zeitungsmeldung.

Einen Steckbrief erstellen
- Sch erhalten **AB 2.2.4, Lehrerkommentar S. 43**, und füllen den Steckbrief aus, indem sie in der Bibel die auf *Infoseite* **27** angegebenen Bibelstellen nachschlagen.

Die Visionen vergleichen
- Sch lesen alle Visionen des Amos in der Bibel nach und finden heraus, welche Visionen enger zusammengehören (die erste und zweite sowie die dritte und vierte).
- Sch vergleichen Jes 9,1-6 und 11,1-16 mit den Amos-Visionen. Auch die Jesaja-Visionen lassen sich bildnerisch eindrucksvoll darstellen.

Visionen von einst und jetzt vergleichen
- Sch lesen das Interview auf **AB 2.2.5, Lehrerkommentar S. 44**.
- Anschließend suchen Sch, z.B. in den Musiktexten, Videoclips, Zeitungsartikeln usw., nach Visionen, die Menschen heute haben. Dabei überlegen sie kritisch, ob es sich um konstruktive Visionen handelt oder zerstörerische.

Rollenspiel zur Tempelrede des Amos
- Sch lesen das Rollenspiel **AB 2.2.6, Lehrerkommentar S. 45**, mit verteilten Rollen und halten die Vorwürfe des Amos in Sprechblasen, die sie aus DIN-A4-Blättern ausschneiden, schriftlich fest.
- Sch spielen die Szene selbst nach.

Trösten und ermutigen
Deuteseite 28-29

1. Hintergrund

Auf *Deuteseite* **28-29** lernen Sch zentrale biblische Texte aus dem AT kennen, die von Hoffnung und Heil künden. An der Trostbotschaft des Jesaja, vor allem in Deuterojesaja (Jes 40-55), erfahren Sch, wie Gott an den Menschen wirken will. Dadurch eröffnet sich für die Jugendlichen die Chance, ihr Gottesbild weiterzuentwickeln, indem sie wahrnehmen, wie Gott sein Volk tröstet und immer wieder aufrichtet. Das Foto des Kindes, das sich an eine erwachsene Person lehnt, drückt Vertrauen und Zuversicht aus. Für die emotionale Auseinandersetzung mit der Trostbotschaft wurde das farbintensive Bild von Mark Rothko gewählt, das durch seine Abstraktion für Interpretationen der Sch offen bleibt.

Jesaja
Unter den Schriftpropheten der Bibel ist Jesaja der bedeutendste, da er in Juda unter der Herrschaft mehrerer Könige wirkte. Die Entstehungszeiten seiner Schriften lassen auf eigenes Wirken, aber auch auf eine ganze Schule schließen.
Jesaja, sein Name bedeutet „Jahwe schafft/ist Heil", lebte in Jerusalem. Auch seine Frau, deren Namen unbekannt blieb, war Prophetin. Wir wissen von zwei Söhnen des Paares: *Schear-Jaschub* (ein Rest kehrt um)

Steckbrief

Heimatort: _____

Beruf: _____

Orte seines Wirkens: _____

Begründung seines Verhaltens: _____

Folgen seines Verhaltens: _____

Könige des Nord- und Südreichs: _____

Visionen: _____

Anklage: _____

Reli konkret 2
© by Kösel-Verlag

Ein Interview mit Amos

Zurzeit wird unser Land von den verschiedensten Plagen heimgesucht, so z.B. von einer Heuschreckenplage, die den Rest der Ernte völlig zerstört. Vor dieser Heuschreckenplage wurden die Pflanzen schon von Mehltau und Kornbrand befallen. Durch den zusätzlichen Befall von Heuschrecken kam es bei uns zu der jetzt bestehenden Hungersnot.

Eine polizeilich gesuchte Person namens Amos, angeblich von Beruf Prophet, hat behauptet, diese Plagen würde Gott zulassen, weil die Bevölkerung unseres Landes sich sehr schlecht verhalten habe. Es soll einige geben, die andere unterdrücken und ohne Lohn arbeiten lassen.

In der nachfolgenden Sendung „Report" spricht unser Mitarbeiter Herr Ibrahim mit Herrn Amos über diese Behauptung.

Reporter: Meine Damen und Herren. Heute meldet sich Ibrahim ben Sadat aus Samaria. Hier neben mir steht Herr Amos. Er ist Prophet und sicherlich haben sie schon einiges von ihm gehört. Nun wollen wir doch endlich einmal aufdecken, was es mit der Behauptung auf sich hat, dass Israel untergehen soll.
Herr Amos, von wo stammen Sie?

Amos: Ich stamme aus Tekoa und bin von Beruf Maulbeerfeigen- und Schafzüchter.

Reporter: Sie kommen also von „drüben", aus Juda. Jetzt möchte ich doch gerne erfahren, wie Sie zu der Behauptung kommen, dass Israel untergehen soll.

Amos: Ich kann mir schon gut vorstellen, dass Sie das verwundert. Nun, ich werde versuchen, es Ihnen zu erklären: Ich wäre auch lieber bei meiner Herde geblieben, aber Gott, der Herr, hat mir durch Visionen mitgeteilt, dass Israels Menschen in einem ungleichen Verhältnis miteinander leben. Darum soll das Nordreich untergehen.

Reporter: Sind Sie denn ein richtiger Prophet, der ausgebildet wurde?

Amos: Ich bin kein Prophet und auch kein Prophetenjünger. Durch die Visionen, die ich hatte, machte mich Gott zu seinem Botschafter.

Reporter: Sie sagten, Sie hätten Visionen gehabt. Von welcher Art waren diese Visionen?

Amos: Meine letzte Vision war: Gott verglich sein Volk Israel mit einer Mauer, die er mit einem Senkblei prüfte, und feststellte, dass sie nicht gerade war. Und er sagte mir, er wolle sein Volk nicht noch einmal verschonen.

Reporter: Wie ist Ihnen denn eigentlich zumute, wenn Sie dem Volk gegenübertreten?

Amos: Obwohl es eine furchtbare Botschaft war, musste ich sie den Bewohnern des Nordreiches überbringen. Ich verstehe das Volk, aber ich verstehe auch Gott. Ich habe Angst, den Menschen Israels gegenüberzutreten. Aber weil Gott durch mich spricht, finde ich den Mut dazu.

Reporter: Können Sie trotzdem noch hoffen?

Amos: Darauf kann ich nur sagen: Suchet den Herrn, dann werdet ihr leben.

Reporter: Nun ja, wir werden sehen, wie es weitergeht. Recht herzlichen Dank für das Gespräch.

Hör- und Sprechspiel zur Amosrede am Tempel

Reli konkret 2
© by Kösel-Verlag

Erzähler: Amos kommt nach Bet-El, um dort im Namen Gottes zum Volk zu reden. Er geht zum Tempel, stellt sich vor das Tempeltor und spricht:

Amos: Ich bin Amos, zwar nur ein Viehzüchter mit einigen Maulbeerfeigenbäumen, aber der Herr hat mich von meiner Herde weggeholt und zu mir gesagt: „Geh und rede als Prophet zu meinem Volk Israel!"

Sprecher 1: Was hast du uns zu sagen, Amos? Bist du etwa auch auf der Seite der Reichen?

Sprecher 2: Ja, genau. Wir können das Unrecht kaum mehr ertragen.

Amos: Genau deswegen bin ich hierhergekommen, um gegen dieses Unrecht zu predigen. Ich habe gesehen und gehört, dass die Armen unterdrückt werden, Schwache, wie Witwen und elternlose Kinder, ausgebeutet werden, Richter von den Reichen bestochen werden, überhöhte Preise für schlechte Ware verlangt werden, die Kaufleute auf dem Markt gefälschte Gewichte und Maße verwenden, Saufgelage mit gestohlenem Geld veranstaltet werden. Und das ist noch nicht genug: Es werden auch hilflose Menschen, die ihre Schulden nicht bezahlen können, als Sklaven verkauft.

Sprecher 3: Ja, genauso ist es, Amos. Aber woher kommt das alles denn nur?

Amos: Ich kann euch sagen, woher diese schlimmen Verhaltensweisen kommen: Wer Gott vergisst, vergisst auch seinen Nächsten. Und wer seinen Nächsten vergisst, der vergisst Gott!
Viele Menschen hier in Israel haben Gott, der sein Volk aus der Knechtschaft in Ägypten herausgeführt hat, vergessen. Sie denken nur noch an sich selbst und schauen nicht mehr darauf, was sie ihren Mitmenschen Gutes tun können.

Alle: Ja, ja, ich glaube, er hat recht. So ist es. Das ist einleuchtend.

Erzähler: In der Menschenmenge stehen auch einige Reiche und Starke, die nun zu schimpfen beginnen:

Starker: Was redest du für einen Unsinn, Amos. Uns geht es doch allen gut. Wir haben genug zu essen.

Amos: Ihr schon, nicht aber die Armen und Schwachen unter euch!

Reicher: Ach, geh doch in dein Land Juda zurück, wo du herkommst, sonst wird es dir schlecht ergehen. Es kann dich sogar dein Leben kosten.

Amos: Ich brauche mich nicht vor dir und all den anderen Ungerechten zu fürchten, weil Gott auf meiner Seite ist. Ich werde auch weiterhin das Unrecht in diesem Land kritisieren.

Erzähler: Und zu der umstehenden Menge spricht Amos:

Amos: Fürchtet auch ihr euch nicht, gegen das Unrecht aufzubegehren und euch für die Gerechtigkeit einzusetzen. Gott wird euch helfen.

Erzähler: Nach diesen Worten löst sich die Menschenmenge auf. Einige gehen mutiger und mit guten Vorsätzen nach Hause, andere mit einer Wut im Bauch, weil Amos das Unrecht so offen angesprochen hat.

und *Maher-schalal-hasch-bas* (Eilebeute-Raubebald). Die „Jesajas" sind eine gebildete Familie, fromm, mystisch begabt, politisch und gesellschaftlich interessiert und couragiert. Sie sind in der Lage, die Ereignisse ihrer Zeit zu deuten, indem sie genau darauf achten, was die Menschen bewegt und tun.

In der Bibel heißt es, Jesaja sei im 8. Jh. v.Chr. zum Propheten berufen worden. Sein Wirken endete 701 v.Chr.

Das Buch Jesaja

Das umfangreiche Buch Jesaja des AT wird heute wegen seiner sachlichen und formalen Unterschiede als Buch aus drei Teilen aufgefasst: Jes 1-39 (Protojesaja), Jes 40-55 (Deuterojesaja), Jes 55-66 (Tritojesaja). Die Aufgabe der Jesaja-Botschaft ist den Zeitumständen, unter denen sie verkündet wurde, angepasst: Im Protojesaja (8. Jh. v.Chr.) tritt der Prophet als Mahner und Warnender auf, die Person im Deuterojesaja (Mitte 6. Jh. v.Chr.) verkündet Hoffnung, Hilfe und Rettung, im Tritojesaja (Mitte 6. Jh.-5. Jh. v.Chr.) wurden wahrscheinlich Einzelfragmente aus verschiedenen Zeitepochen gesammelt, die in unterschiedlichen Situationen geschrieben worden waren.

In Jes 40-55 wird der Name „Jesaja" nicht genannt. Der große Textabschnitt beginnt mit einem Einleitungsteil (Prolog 40,1-11), der in einem Schlussteil seine Entsprechung hat (Epilog 55,8-11). Kapitel 40-55 sprechen von der Vergebungsbereitschaft Gottes: Gott will, dass sein Volk getröstet wird. Er selbst ist der Tröster, der Retter seines Volkes. Der ewige Gott, dessen Wirken Vergangenheit und Zukunft umgreift, kann nicht als müde und matt verstanden werden; im Gegenteil, er ist ein Gott, der gibt. Die aufgelisteten Notsituationen (die Müden, Kraftlosen, Stolpernden, Stürzenden) haben ihre Entsprechungen in den Klageliedern Israels. Demgegenüber („Weißt du es nicht, hörst du es nicht?") werden hier denjenigen, die auf Gott vertrauen, die Verheißungen Gottes in starken Bildern zugesagt. Vor allem in der Adventszeit sind die Lesungen der Liturgie dem Buch Jesaja entnommen, als Hinweis auf die Wiederkunft Christi am Ende der Zeiten. Jesajas Verheißungen werden im NT öfters aufgegriffen und auf Jesus als ihre Erfüllung bezogen.

Mark Rothko, „blue and grey", 1962

Das hier beschriebene Bild „blue and grey" hat im Original die Maße von 201,3 x 175,3 cm. Auf einem schwarz-braunen Untergrund liegen rechteckig quer eine wolkig weiße und eine tiefblaue, fast schwarze Farbfläche, die nur bei intensiver Betrachtung ihren samtig blauen Schimmer freigibt. Die weiße Fläche liegt oberhalb der blauen, ohne diese zu berühren, und nimmt etwa zwei Drittel der Gesamtfläche ein.

An den Rändern sind die Flächen unscharf und wattig

Mark Rothko (1903-1970)

Mark Rothko wurde als Marcus Rothkowitz in Dwinsk/ Russland als Sohn jüdischer Eltern geboren. 1913 wanderte die Familie nach Amerika aus. Rothko starb 1970 in New York. Er gehört zu den Repräsentanten der sog. Farbfeldmalerei, einer Kunstrichtung, die seit Mitte der 1950er-Jahre entsteht und die auf der Wirkung großflächiger homogener Farbflächen beruht.

Rothko selbst bewertete seine Bilder nicht als abstrakte Kunst. Sie boten ihm die Möglichkeit, darin grundlegenden menschlichen Emotionen Ausdruck zu verleihen und zur Meditation einzuladen.

Die Bilder wirken neben den Farben vor allem durch ihre Ausmaße. Wenn der Betrachter sich auf ca. 50 cm der Leinwand nähert, befindet er sich plötzlich nicht mehr *vor* dem Bild, sondern *im* Bild, das ihn als Farbraum umfängt. Es liegt auf der Hand, dass eine Kopie, reduziert auf die Maße einer Buchseite, diese Erfahrung nur annähernd vermitteln kann.

ausgefranst. Auch scheint es, als würden die Farbfelder nicht auf der Grundfläche aufliegen, sondern in einem gewissen Abstand über ihr schweben. Dadurch wird trotz der Flächigkeit eine räumliche Tiefe erzeugt. Auch wenn man die Erfahrungen am Original mit der im Schulbuch abgedruckten Kopie kaum nachvollziehen kann, so kann sich dennoch eine interessante optische Illusion einstellen, wenn man das Bild ganz nah im Abstand von nur ein paar Zentimetern vor das Gesicht hält, dabei die Augen auf Entfernung einstellt und eine Zeit lang in dieser Haltung verbleibt. Dann kann es geschehen, dass sich die Flächen an ihren Rändern bewegen wie helle und dunkle Rauch- oder Nebelschwaden, die sich ineinander vermengen. Wird die weiße Fläche es schaffen, die dunkle aufzureißen, oder wird es umgekehrt sein? Werden sich die aufsteigenden dunklen Schwaden in der weißen Fläche verlaufen? Das hängt allein von der subjektiven Einstellung beim Betrachten ab.

Es ist müßig zu fragen, was der Künstler mit diesem Bild ausdrücken wollte. Rothko selbst äußerte sich schon 1947 zur Wirkung seiner Bilder: „Ein Bild lebt durch die Gesellschaft eines sensiblen Betrachters, in dessen Bewusstsein es sich entfaltet und wächst. Es stirbt, wenn diese Gemeinschaft fehlt." Die Erfahrung mit diesen Bildern wird also subjektiv bleiben müssen, und es sollte ihnen kein objektiver Bedeutungsinhalt aufoktroyiert werden.

Dennoch ist bereits eine Vorentscheidung getroffen, sobald man das Bild mit einem bestimmten Thema kombiniert. Es wird unvermittelt mit diesem in Korrespondenz treten – freilich nicht das Bild selbst wird

Ein Bild über Trost und Zuversicht

AB 2.2.7

Reli konkret 2
© by Kösel-Verlag

dies tun, sondern wiederum der Betrachter! Die Jesaja-Zitate auf der linken Buchseite liefern die Stichworte: Ist das Bild nun Ausdruck von Hoffnung oder von Trostlosigkeit? Auch das lässt sich nicht vorab entscheiden. „Tröstet, tröstet mein Volk", lesen wir da und: „Das Volk, das im Dunkeln lebt, sieht ein helles Licht." – Auch diese Sätze selbst sind in sich ambivalent. Ihre Ambivalenz wird durch das Bild noch forciert. Hoffnung ist immer ein Gefühl, das in der Gleichzeitigkeit der Bedrängnis aufkommt. Wer bereits die Erfüllung erfährt, braucht nicht mehr zu hoffen. Auch Trost ist nur inmitten der Not vonnöten. Wer nicht leidet, braucht Trost nicht. Insofern ist echter Trost niemals Vertröstung, die ja auf eine Verdrängung der Wirklichkeit hinausliefe, sondern Trost nimmt die reale Wirklichkeit der Trostlosigkeit in sich auf. Der hoffende Mensch steht in der Gleichzeitigkeit von Trost und Bedrängnis. Was dann jeweils überwiegt – die helle Wolke der Hoffnung oder die Schwaden der Trostlosigkeit, hängt nicht zuletzt von der Perspektive ab, die wir zu beiden einnehmen – so wie die Wirkung dieses Bildes davon abhängt, von welchem Standpunkt aus wir es betrachten und wie weit wir uns ihm nähern. Vielleicht gibt es uns gerade dann, wenn wir uns mutig der dunklen Fläche aussetzen, sein samtenes Blau frei.

2. Einsatzmöglichkeiten im RU

Einen Trostbrief schreiben
Sch suchen einen Vers aus Jes von *Deuteseite* **28** aus. Sie schreiben einen Brief an jemanden, für den diese Trostbotschaft wichtig sein könnte, und bauen das Zitat ein.

Trostworte auswählen
- Sch wählen ein Zitat aus Jes von *Deuteseite* **28** aus, das sie anspricht.
- Sch schreiben und gestalten nur die „positiven" Wörter daraus schön auf kleine bunte Zettel. Alle gleichen Wörter werden gesammelt und in Wortgruppen auf ein Poster geklebt. Welches Positiv-Wort ist am häufigsten genannt?

Mit dem Körper Gefühle ausdrücken
- Sch suchen sich einen Stehplatz im Klassenzimmer und stehen still, zunächst mit geschlossenen Augen.

- L leitet an, Gegensätze anhand der Körperhaltung auszudrücken, dabei können Sch die Augen öffnen.
  Verzweiflung – Zuversicht
  Misstrauen – Vertrauen
  Not – Sorglosigkeit
  Hilflosigkeit – Hilfe.
- *Reflexion:* Sch berichten anschließend, wie es ihnen dabei ergangen ist. Welche Situation war sehr schwer darzustellen, welche ist ihnen leichtgefallen?
  Wortbrücken können hilfreich sein: Mich hat bewegt, dass … Mir ist aufgefallen/Ich habe bemerkt, dass …

Vertrauen haben
- Sch betrachten das Foto auf *Deuteseite* **28** still und überlegen, welchen Personen sie vertrauen.
- In kurzen Sätzen schreiben sie an diese Person: „Ich traue dir zu, dass du …"
- In weiteren kurzen Sätzen schreiben Sch an Gott: „Gott, ich traue dir zu, dass du …"

Schreibmeditation
- Sch betrachten in GA schweigend das Bild *Deuteseite* **29**. Wer zuerst seinen Eindruck äußern möchte, schreibt einen Satz auf ein Blatt (DIN A3 oder größer), das in der Mitte liegt. Die anderen Gruppenmitglieder können nun selbst ihre Eindrücke notieren oder Stellung nehmen. Nach ca. 5 Min. beenden.
- Die Gruppe wertet das Ergebnis nun im Gruppengespräch aus.
- Sch geben einander Rückmeldung, welche Aussagen sie für bemerkenswert halten.

Selbst Künstler/in sein
- Sch erhalten Umrisszeichnung des Rothko-Bildes *Deuteseite* **29** (**AB 2.2.7, Lehrerkommentar S. 47**) und malen die Felder mit selbst gewählten Farben aus. Sch überlegen, welche Farben für sie Trost, Zuversicht, Ermutigung ausdrücken.
- Sch geben ihrem Bild einen Titel.
- Die Bilder werden anschließend im Klassenzimmer ausgestellt (→ **Methodenkarte** „Eine Ausstellung organisieren"). Wer möchte, kann seine/ihre Farbwahl begründen.
- Sch überlegen, welche Bilder der Mit-Sch sie ansprechen.

Einblicke in das Heimatland von Rigoberta Menchú

Lebenssituation im Vergleich mit Deutschland:

	Guatemala	Deutschland
Gesamtbevölkerung in Mio. (2008)	13,0	82,2
Kindersterblichkeit bei Kindern unter fünf Jahren (2006), bezogen auf 1000 Lebendgeburten	41	3
Jährliche Anzahl der Sterbefälle bei Kindern unter fünf Jahren	4 693 (2005)	1 819 (2007)
Säuglingssterblichkeit unter einem Jahr, bezogen auf 1000 Lebendgeburten (2006)	60	4
Müttersterblichkeitsrate, bezogen auf 100 000 Lebendgeburten (2000-2006)	150	4
Lebenserwartung (2007)	68/72	77/82
Lebenserwartung von Frauen in % zur männlichen Bevölkerung (2006)	111	106
Alphabetisierungsrate bei Personen über 15 Jahren in % (2007)	Frauen: 75 Männer: 63	94 (gesamt)
Einschulungsrate eines Geburtenjahrgangs in Prozent des Gesamtjahrgangs (2005)	Jungen: 96 Mädchen: 91	100
Anteil der Bevölkerung unterhalb der absoluten Armutsgrenze (2006)	Stadt: 28 Land: 72	–
Anzahl der Ärzte pro 1000 Einwohner (2005)	0,9	3,8

Konsummöglichkeiten:

Täglicher Mindestlohn für ... (2006)	
Landarbeiter	46 GTQ
Bauarbeiter	61 GTQ
Manufakturindustrie	81 GTQ
Dienstleistungen	84 GTQ
Kosten für Lebensmittel (2008)	
1 l Öl	21,20 GTQ
1 kg Mais	8,67 GTQ
1 kg Zucker	5,24 GTQ
1 kg Reis	8,61 GTQ
1 kg Bohnen	12,52 GTQ
1 kg Salz	0,67 GTQ
1 kg Kaffee	43,15 GTQ

Wechselkurs (8/2008)
1 Euro entspricht 10,7 Quetzales (GTQ)

■ Mithilfe der Informationen auf diesem Blatt könnt ihr die Lebens- und Konsummöglichkeiten einer Familie aus Guatemala kennenlernen.
Sammelt Informationen, wie im Vergleich dazu die Möglichkeiten einer Familie aus Deutschland aussehen.

■ Vergleicht die Lebenssituationen einer Familie in Deutschland und Guatemala. Was fällt besonders ins Auge?

1. Hintergrund

Prophetie

Im alltäglichen Sprachgebrauch versteht man unter einem Propheten einen Menschen, der prophezeit, also die Zukunft weissagt. Gemäß dieser Sicht hat Gott die Propheten zu Israel gesandt, um den Messias anzukündigen. Tatsächlich aber finden sich bei den Propheten nur wenige messianische Texte, mehrheitlich sind Gotteszeugnisse überliefert. Der hebräische Ausdruck für Prophet *nabi* bedeutet nichts anderes als „berufener Rufer", dessen griechische Wiedergabe mit *prophétes* meint ursprünglich den „Sprecher der Gottheit vor dem Volk". Amos und Jesaja verstanden sich selbst wohl als „Seher", Jeremia wird als Prophet bezeichnet.
Prophetinnen und Propheten traten und treten mit folgendem Selbstverständnis auf:

– Sie sind Überbringer bzw. Boten ihnen zuteil gewordener konkreter Gottesworte, die sie ungefragt und kompromisslos übermitteln müssen – als „berufene Rufer" oft gegen ihren eigenen Willen.
– Durch diese Inspiration haben sie die Gabe der schonungslosen Gegenwartskritik.
– Prophetinnen und Propheten suchen die Öffentlichkeit. Ihre Adressaten sind der König, die führenden Kreise von Staat und Gesellschaft, die Priester, aber auch das ganze Volk.
– Sie sind Kritiker/innen, Visionäre/innen, deren einzige Legitimation ihre Gottunmittelbarkeit ist. Als Protestierende sind sie notwendige Gegeninstanz zum Amt und zur Institution (vgl. Zenger 1995).
– Die Bedeutung der Prophetie bis heute liegt in ihrer unaufhaltsamen Wirkmächtigkeit. Das prophetische Wort ist einerseits ungeheuer konkret in eine einmalige Zeitkonstellation gesprochen, andererseits erhält es in späteren Zeiten neue Aktualität.

2. Einsatzmöglichkeiten im RU

Prophetinnen und Propheten verstehen

Sch bearbeiten mit den Informationen von *Infoseite II* und ggf. aus einem Lexikon und dem Internet folgende Impulsfragen:

■ Was ist der Unterschied zwischen einem Propheten und einem Wahrsager? (Ein Wahrsager will mithilfe von ominösen Mitteln die Zukunft vorhersagen und sagt das, was die Leute hören wollen; ein Prophet spricht von der jetzigen Wahrheit, auch wenn sie unangenehm ist.)
■ Was fordert Jeremia von jedem? (Kritisch zu sein; nicht einfach nur alles nachzusprechen, ohne darüber nachzudenken; auch kleine Ungerechtigkeiten nicht einfach geschehen zu lassen.)
■ Wie ist Jeremias Gottesbild? (Er zeigt Gott als Freund, dem man Sorgen und Hoffnungen anvertrauen kann.)
■ Was würdest du auf die Frage „Gibt es in eurer Zeit noch Propheten" antworten? Beispiele für heutige Prophetinnen und Propheten, die ausgelacht oder verkannt wurden, sind u.a.:
  – Leute, die die Folgen der Umweltzerstörung und die Klimakatastrophe vorausgesagt haben, denen niemand geglaubt hat, bis die Schäden heute unübersehbar und somit unleugbar sind;
  – Tierschützer, die auf die Zustände in Geflügelzuchtanlagen, Kuhställen und Schlachthöfen hinweisen;
  – die Mütter der Plaza de Mayo in Argentinien, die unermüdlich die während der Diktatur „Verschwundenen" beklagen und fordern, dass die Verantwortlichen zur Rechenschaft gezogen werden;
  – Greenpeace-Aktivisten, die oft spektakuläre Aktionen starten und dafür harsche Kritik ernten.

SMS für mehr Respekt texten   ▶ IDEENSEITE 24

Sch schreiben sich täglich SMS mit allem, was sie bewegt. Sprachlich sind SMS sehr kurz und schlagwortartig formuliert. Solche kurz gehaltenen Aufrufe zu respektvollem Umgang miteinander sind gut auf Papierstreifen zu schreiben und enthalten in Kürze einen Aufforderungscharakter, der der Lebenswelt der Sch nahekommt und dadurch angenommen wird.

Mutig sein   ▶ IDEENSEITE 25

Vieles von dem, was Propheten tun, erfordert Mut. Auch sie haben in der Ausführung ihres Auftrages oft gezögert und Angst gezeigt. Solche Situationen kennen Sch aus ihrem Alltag. In dieser Übung denken Sch darüber nach, wo Mut notwendig, sinnvoll, bzw. unsinnig ist. Der Unterschied zwischen pubertären Mutproben und mutigem Verhalten wird verstehbar.

Rigoberta Menchú: _____

_____

_____

_____

_____

_____

_____

_____

_____

■ Informiere dich über das Leben von Rigoberta Menchú in _Reli konkret_ und auf dieser Seite. Trage wichtige Stationen in die leeren Zeilen ein.

■ Finde eine Überschrift für diese Seite.

Rigobertas Familie gehört zu den Quiché-Indianern in Guatemala. Sie hat keine Zeit zur Schule zu gehen, denn sie muss ihrer Mutter helfen: Sie hackt Brennholz, knetet Maisbrei und jätet Unkraut. Jedes Jahr schuftet die ganze Familie acht Monate lang auf den riesigen Kaffeeplantagen für einen Hungerlohn. Rigoberta hat schon früh begriffen, dass die armen Plantagenarbeiter ausgenützt und wie Tiere behandelt werden. Zwei ihrer Brüder sterben an Hunger und Pflanzengiften, die über den Kaffeefeldern versprüht werden. Als Rigoberta zwölf Jahre alt ist, ermutigt ihr Vater sie, auf Dorfversammlungen zu sprechen. Bald schon beginnt sie, das Wort Gottes zu verkünden und mit Kindern zu beten. Doch dies ist sehr gefährlich für sie. Prediger, Priester und Ordensleute werden verfolgt und oft ermordet. Auch diejenigen, die auf die Ungerechtigkeiten aufmerksam machen, werden umgebracht. So hat sie bis 1980 ihre ganze Familie verloren. Sie selbst kann fliehen und als Mitarbeiterin der UNO auf die Zustände in Guatemala aufmerksam machen. Für ihr mutiges Eintreten erhält sie 1992 den Friedensnobelpreis.

■ Unterstreiche schwarz, was in Rigoberta Menchús Leben schwer war. Unterstreiche orange, was schön war in ihrem Leben.

1. Hintergrund

In einem **Zeitungsartikel** erfahren Sch vom Leben der guatemaltekischen Menschenrechtsaktivistin Rigoberta Menchú. Der Bericht, der als autobiografische Notiz präsentiert wird, ist emotional sehr berührend und lässt Sch erahnen, unter welchen Bedingungen Menschen in Ländern der sog. „Dritten Welt" leben, was Unterdrückung und Ausbeutung bedeuten können und welche Konsequenzen es für den Einzelnen haben kann, wenn er oder sie sich gegen ein herrschendes Unrechtssystem auflehnt.

Sch lernen mit Menchú eine Prophetin der Gegenwart kennen. Ihr Kampf für die Menschenrechte und die Menschenwürde der indigenen Bevölkerung ihrer Heimat hat seine Wurzeln im christlichen Glauben. Sch können erkennen, dass die Botschaft der Bibel den Menschen Kraft geben und sie motivieren kann, ihr Lebensumfeld aktiv mitzugestalten und z.B. gegen Unterdrückung anzugehen.

> **Rigoberta Menchú (geb. 1959)**
> Rigoberta Menchú wurde in Chimel, Guatemala geboren und gehört zur sog. indigenen Bevölkerung, der größten Bevölkerungsgruppe in Guatemala. Die meisten sind Nachkommen der Mayas. Menchú besuchte ein katholisches Internat, wo sie mit der Befreiungstheologie in Berührung kam, und stand schon als junge Frau der politischen Linken und der Guerillabewegung nahe. Ihr Vater kam bei Protestaktionen ums Leben, ihre Mutter und ein Bruder, die sich ebenfalls politisch engagierten, wurden verfolgt und ermordet. Menchú selbst engagierte sich in einer Organisation zur Befreiung der armen Landbevölkerung, organisierte Streiks und Demonstrationen und versuchte, die Bauern Guatemalas für den Kampf gegen das Militärregime zu mobilisieren. Aus diesem Grund musste sie 1981 ins Exil nach Mexiko gehen. Dort trat sie weiterhin vehement für die Rechte der indigenen Bevölkerung Guatemalas ein. Eine Autobiografie, die 1983 erschien, machte ihr Schicksal und ihren Kampf gegen die Unterdrückung bekannt. Es gibt jedoch Stimmen, die Teile der Biografie anzweifeln oder für übertrieben halten.
> Menchús Engagement brachte ihr und ihrer Sache internationale Aufmerksamkeit und verschiedene Ehrungen. 1992 erhielt sie den Friedensnobelpreis. Im Jahr 2007 kandidierte sie als erste Frau und als erste Indigena für das Präsidentenamt in Guatemala, scheiterte aber mit nur 3% der Stimmen.

2. Einsatzmöglichkeiten im RU

Dem Land Guatemala begegnen

- Sch erhalten anhand **AB 2.2.8, Lehrerkommentar S. 49**, einen Überblick über das Heimatland von Rigoberta Menchú.
- Sch bearbeiten die AA und kommen darüber in der Klasse ins Gespräch.

Sich mit dem Leben von Rigoberta Menchú auseinandersetzen

- Sch erhalten **AB 2.2.9, Lehrerkommentar S. 51**, und füllen es aus. Dabei lernen Sch Alltagsleben und Lebenssituationen der unterprivilegierten Bevölkerungsschichten Südamerikas kennen und werden aufgefordert Stellung zu beziehen.
- Sch überlegen Lösungsvorschläge für die Situation der armen Landbevölkerung in südamerikanischen Ländern und bedenken Konsequenzen für sich selbst.
- *Weiterführung:* Sch recherchieren im Internet über Rigoberta Menchú und vergleichen die unterschiedlichen Aussagen über sie und ihre Geschichte. Sch diskutieren die Fragen:
  - Was könnte man zu Rigoberta Menchú kritisch anmerken?
  - Hat dies Konsequenzen für die Bewertung ihres Engagements?
  - Wie können/dürfen sich moderne Propheten die Medien zunutze machen?

Sich in Rigoberta Menchú hineinversetzten

- Sch ergänzen auf einer Kopie des Bildes von Rigoberta Menchú auf *Infoseite* **32** Gedankenblasen, in die sie hineinschreiben, was ihr im Augenblick der Preisverleihung, nach allem erfahrenen Leid, wohl durch den Kopf gehen mag.
- Sch lesen Lk 1,46-55 und formulieren, analog zum Magnifikat, ein Befreiungslied aus der Sicht der Rigoberta Menchú. Wer möchte, trägt es der Klasse vor.

Meine Rede an die Menschheit ▶ IDEENSEITE 25

Sch denken darüber nach, was sie als (über)lebenswichtige Botschaft ansehen. Sch entwickeln ein Bewusstsein dafür, dass sie als nächste Generation die Zukunft gestalten werden.

Protestplakate gestalten ▶ IDEENSEITE 25

- Sch gestalten aus den Protestplakaten eine Klagemauer, die sie während des Schuljahres „weiterbauen": Neue Proteste können z.B. hinzugefügt werden oder auch alte Klagen abgenommen werden, weil die angemahnten Ungerechtigkeiten beseitigt wurden.

1. Hintergrund

Ein wichtiges Anliegen von *Reli konkret* ist es, die religiöse Kompetenz der Sch zu stärken. Deshalb bietet *Besinnungsseite* **34-35** verschiedene Elemente und religiöse Ausdrucksformen an, die Sch darin unterstützen, ihre eigene Spiritualität zu entdecken und zu leben. Es geht darum, einen spirituellen Weg zu einem ganzheitlichen Menschsein zu finden. Im selben Ausmaß, wie Gebete, Bibelworte, Lieder, Bilder Jesu uns für unsere eigenen Möglichkeiten und auch Schattenseiten sensibel werden lassen, werden sie uns auch für die Möglichkeiten und Unzulänglichkeiten einer Gesellschaft empfindsam machen und in Sch die Fähigkeit fördern, verantwortungsvoll als Christen zu handeln.

Mit dem **Figurengebet** lernen Sch eine neue Form des Gebets kennen, die besonders kreativ und produktiv ist. Sch entfalten so die Fähigkeit, eigene Gebete zu erfinden und ihr Leben vor Gott zu bringen.
Das **Lied** „Ein Licht leuchtet auf in der Dunkelheit" ist ein Adventslied, das die Hoffnung des Volkes Israel beinhaltet und deren Erfüllung bereits beschreibt. Es greift die Botschaft Jesajas (v.a. Jes 9,5-6 und Jes 11,1-9) auf und weist auf die Freudenbotschaft des NT hin.

Rafael Canogard, geb. 1935, ist ein spanischer Maler. Der Titel seines Bildes aus dem Jahr 1970 ist **„El Desolado"**, frei übersetzt: der Trostlose, der Verzweifelte oder der Vereinsamte. Das Bild eines Menschen, der in Verzweiflung und Niedergeschlagenheit lebt und Hilfe von Gott erhofft, ist umgeben von Ausschnitten aus Klagepsalmen. Die Psalmworte haben Verzweifelte oder Trostsuchende an Gott gerichtet, um von ihm Hilfe zu erhalten. Dahinter steht immer eine Glaubensgeschichte. Menschen trugen im Alten Israel ihr Leid beim Gebet im Tempel laut vor Gott. Die Priester, die im Heiligtum Dienst taten, hörten die Gebete der Klagenden und sprachen ihnen ein Heils- oder Trostwort zu. Das entsprechende Heilswort drückt aus, dass Gott den Betenden/die Betende erhört und sich ihm/ihr zuwendet.
Der klagende Mensch erfährt sein leidvolles Schicksal in der Vereinsamung: Er wähnt sich von Gott und den Mitmenschen verlassen. Doch wer seine Lebens- und Glaubensnot zur Sprache bringt und hinausschreit, bringt damit die Hoffnung zum Ausdruck, dass er/sie gehört wird. Im Heilswort erfährt der/die Klagende

dann die Wende zu neuer Hoffnung. Die Zuversicht, dass er/sie sich und sein/ihr Schicksal in Gottes Hand geborgen weiß, lässt den Betenden/die Betende in Lobpreis ausbrechen.
Auch Jugendliche kennen Situationen, in denen sie verlacht und verspottet werden oder anderweitig hilfsbedürftig sind. Sch entwickeln am Vorbild der Klagepsalmen die Fähigkeit, ihre eigene Not, ihre persönlichen Anfragen und Befindlichkeiten in Worte zu fassen und zum Ausdruck zu bringen, und sie werden darin unterstützt, Vertrauen in Gott und ins Leben zu gewinnen.

2. Einsatzmöglichkeiten im RU

Figurengebete erfinden
- Sch finden weitere Gebetsformen, z.B. Rondogebet: Ein Leitsatz wird immer wiederholt, dazwischen werden etwa drei einzelne Gebetssätze als Beschreibung der Situation oder der Gefühle des/der Betenden gesprochen (→ **Methodenkarte** „Ein Figurengebet schreiben").
- Sch gestalten ihre Gebete schön auf Blätter, die dann zu einem Klassengebetbuch gebunden werden.
- *Alternative:* Sch hängen die Bilder in einer Ausstellung auf.

Adventslieder singen
- Sch, die ein Instrument beherrschen, könnten die Melodie des Liedes *Besinnungsseite* **34** einüben und zum Gesang der Klasse spielen.
- Sch singen das Lied beim Adventsgottesdienst der Schule gemeinsam vor.
- Sch vergleichen den Liedtext mit GL 106: „Kündet allen in der Not". Auch dieses Lied könnte beim Gottesdienst vorgesungen werden.

Heilsworte zusprechen
- Sch versetzen sich in die Lage des Verzweifelten auf dem Bild von Canogard. Welches Leid könnte diesen Menschen bedrücken?
- Sch überlegen Heilsworte für den Gebeugten (z.B. „Hab keine Angst, Gott ist bei dir ...").
- Sch gestalten selbst Heilsworte füreinander, schreiben sie auf kleine Karten und schenken sie einander. Jede/r Sch bekommt ein Heilswort.

1. Hintergrund

Emil Wachter (geb. 1921)

In Neuburgweier geboren, prägten den jungen Emil Wachter nach dem Abitur zunächst Kriegsdienst und Gefangenschaft. 1946 begann er Theologie und Philosophie an der Universität Freiburg zu studieren, brach jedoch nach kurzer Zeit ab und studierte danach Malerei und Bildhauerei an der Akademie Karlsruhe. Seit 1954 ist Emil Wachter als freischaffender Künstler tätig, lehrte aber auch von 1958-1963 an der Akademie in Karlsruhe, wo er seit langer Zeit schon mit seiner Familie lebt.

Viele Glasfenster und Betonreliefs in Sakralbauten gestaltete der Künstler, vor allem in Süddeutschland, in denen er sich thematisch immer wieder mit der christlich-jüdischen Tradition auseinandersetzte. In über hundert Einzelausstellungen wurden die unterschiedlichen Werke Wachters gezeigt. Grandiose Ölbilder, die durch unaufdringliche Farbigkeit und Vielschichtigkeit Landschaften, Menschen und Tiere zum Leben erwecken. Seit 1954 wurde Emil Wachter mit zahlreichen Preisen und der Ernennung zum Professor h.c. ausgezeichnet.

Emil Wachter, „Der Elija-Turm", 1977/78

Der Elija-Turm gehört zur Anlage der Autobahnkirche St. Christophorus bei Sandweier/Baden-Baden. Die Autobahnkirche wurde 1977/78 erbaut und von Emil Wachter künstlerisch gestaltet. Die gesamte Konzeption ist voll tiefer Symbolik und strahlt die Botschaft von Gottes unbegreiflicher, doch konkreter Gegenwart in Zeit und Ewigkeit aus.

Die Grundform der gesamten Anlage ist ein Kreuz, das älteste Heilszeichen der Menschheit, Symbol der Gottheit wie des Alls". Im Mittelpunkt des Kreuzes steht eine zeltförmige Kirche. Äußerste Punkte in den vier Himmelsrichtungen sind vier Bildertürme. Jeder der Türme übersetzt symbolhaft die Botschaft der Bibel für die Menschen unserer Zeit. Im Osten Noah = wissen, woher, im Westen Johannes der Täufer = wissen, wohin, im Norden Elija = der Einzelne und die Macht, im Süden Mose = Gott und die Gesellschaft. Die Szenen der Bildertürme sind einerseits den biblischen Erzählungen entnommen, andererseits werden transferierte Bilder den biblischen gleichgesetzt.

Am Elija-Turm wird die Geschichte des Propheten Elija (1 Kön 17) erzählt, der der Verfolgung der Staatsmacht seiner Zeit ausgesetzt war, weil er für die Gottesverehrung und das Menschenrecht eintrat. Dies wird vor allem in der Naboterzählung deutlich.

Elija

Elija ist der erste namentlich genannte Prophet in Israel. Er gehört nicht zu den sog. Schriftpropheten, von denen ein Prophetenbuch überliefert ist, sondern wirkte allein durch sein prophetisches Handeln. Historisch gehört er in die Zeit nach der Reichsteilung in das Nordreich Israel und das Südreich Juda. Seine Herkunft wird mit Tischbe aus Gilead angegeben (1 Kön 17,1), einer Region im Ostjordanland. Um 850 v.Chr. tritt er gegen König Ahab von Israel auf und protestiert gegen die Verehrung der Baalsgottheiten, die vor allem auf den Einfluss seiner Gattin Isebel zurückzuführen ist, der Tochter eines Baalspriesters aus Tyrus. Von diesem Konflikt zwischen dem Jahwekult und dem Baalskult erzählt der gesamte Elija-Zyklus, der in die beiden Bücher der Könige eingebaut ist (1 Kön 17-2 Kön 2). Die Erzählungen stellen den Propheten nicht nur in seiner offiziellen Rolle als kompromisslosen Gottesstreiter dar, sondern auch als Mensch mit persönlichen Krisen und Zweifeln, die bis zur Todessehnsucht reichen können. Das macht den Zyklus auch literarisch sehr spannungs- und abwechslungsreich. Wie aus den Texten hervorgeht, war Elija wohl der Meister einer Prophetenschule. Sowohl im AT wie im NT wird er oft gleichzeitig mit Mose genannt, letzterer als Identifikationsfigur der Tora, Elija als Prototyp des Prophetentums, so z.B. bei der Verklärung Jesu (Mk 9,4 und Parr.).

Die einzelnen Szenen des Elija-Zyklus:

— Unvermittelter Auftritt des Propheten vor König Ahab ohne vorherige Berufungserzählung (1 Kön 17,1-7).
— Speisungs- und Heilungswunder in Sarepta (1 Kön 17,8-24).
— Gottesurteil über die Baalspriester am Berge Karmel (1 Kön 18,1-46).
— Gotteserscheinung am Berg Horeb im „sanften, leisen Säuseln" (1 Kön 19,1-13).
— Salbung Elischas zum Propheten als Nachfolger des Elija (1 Kön 19,13b-18).
— Freveltat Ahabs am Weinbergbesitzer Nabot; Tod des Ahab; Nachfolge seines Sohnes Ahasja (1 Kön 21,1-22,40).
— Feuergericht über die Anhänger des Gottes Beelzebul (Baal-Sebub = „Herr der Fliegen"); Tod des Ahasja (2 Kön 1,1-18).
— Entrückung Elias auf dem feurigen Wagen (2 Kön 2,1-18).

Jona

Wohl kaum ein Buch der Bibel ist so bekannt und beliebt wie das Buch Jona. Wie der Elija-Zyklus ist es ebenfalls nicht die Schrift eines Propheten, sondern

Elija – ein Prophet tritt ein für das Recht

Eines Tages wollte Ahab den Weinberg des Jesreeliters Nabot für sich haben, um daraus einen Gemüsegarten zu machen. Ahab wollte ihn mit Geld bezahlen oder Nabot einen besseren Weinberg geben. Nabot aber wollte das Land, das er von seinen Müttern und Vätern ererbt hatte, nicht weggeben. Schroff lehnte er das Angebot des Königs ab. Ahab zog wütend und gekränkt nach Hause, aß nichts mehr und schmollte. Als er seiner Frau Isebel alles erzählt hatte, fasste diese einen Plan.

Sie schickte Briefe an die Ältesten und Gefolgsleute des Königs. In den Briefen stand geschrieben: Ihr sollt ein Fasten ausrufen. Denn wir müssen herausfinden, warum Gott auf uns zornig ist. Bestellt auch Nabot und gebt ihm einen Platz in der vordersten Reihe. Stellt ihm zwei Männer gegenüber, die nichts taugen und gegen Nabot als Zeugen auftreten. Sie sollen behaupten, dass Nabot gegen Gott und den König Schlechtes geredet hat. Als der Brief fertig war, versah sie ihn mit dem Siegel des Königs und ließ ihn versenden.

Die Ältesten und die vornehmen Gefolgsleute des Königs machten alles so, wie es Isebel angeordnet hatte. Das ganze Volk sollte fasten. Die falschen Zeugen aber sagten: Nabot ist der Schuldige. Er hat gegen Gott und den König Schlechtes geredet.
Und das Volk führte Nabot sofort aus der Stadt hinaus und steinigte ihn zu Tode. Der gesamte Besitz des Gesteinigten fiel nun an den König. Ahab ging deshalb sofort hinaus, beschritt den Weinberg Nabots und erklärte ihn damit zu seinem Eigentum.

Da trat Elija auf, der von all dem gehört hatte. Er ging hin zum König und sagte ihm ins Gesicht: Im Namen Gottes, des Herrn des Lebens, sage ich dir: Unrecht hast du verübt. Du hast dich hergegeben, Nabot im Namen Gottes ermorden zu lassen. Durch einen Mord bist du in den Besitz Nabots gekommen. Jahwe aber ist kein Gott, dem das Unrecht gefällt. Jahwe ist ein Gott, der Gerechtigkeit will und das Leben der Menschen.
Deshalb wirst du für deine Tat bestraft werden. Unheil wird dich treffen, dich und dein gesamtes Haus: deine Frau Isebel und alle, die mit dir sind.

Da erschrak Ahab über das Wort des Herrn, das er durch Elija gehört hatte. Er zerriss seine Kleider, trug auf dem bloßen Leib ein Bußgewand, fastete und war betrübt über das, was er getan hatte.

Weil Ahab aber seine Schuld bereute, trat das Unheil nicht in seinen Tagen ein.

nach 1 Kön 21,1-29

eine Erzählung über einen Propheten. Im Gegensatz zu jenem weist es aber keine geschichtlichen Anknüpfungspunkte auf. Weder die Figuren noch die Schauplätze lassen einen Bezug zur Geschichte Israels zu.

In diesem Sinne ist das Buch Jona eine Novelle mit märchenhaften Zügen. Der Autor bediente sich möglicherweise nur des Namens „Jona Amittai" aus 1 Kön 14,25. Ebenso wird auch die Stadt Ninive nicht als Hauptstadt der Assyrer beschrieben, sondern nur als eine Stadt, in der Unrecht herrscht.

Die derzeitige Forschung betrachtet das Buch Jona als spätes Werk, das in der 2. Hälfte des 4. Jh. oder zu Beginn des 3. Jh., also in nachexilischer Zeit, bzw. in der frühen hellenistischen Epoche anzusiedeln ist. Dafür spricht einerseits der mythologische Stoff mit der dramatischen Seefahrt, die in einer gewissen Nähe zur Argonautensage steht. Andererseits weist die Entstehung der Schrift insofern in die nachexilische Zeit, weil hier das Prophetenamt bereits erloschen war – prophetische Funktionen waren auf Priester, Weisheitslehrer und Schriftgelehrte übergegangen – und nur noch in mythologisch geprägten Erinnerungen weiterlebte.

Hauptgegenstand dieses kleinen Buches ist nicht die Botschaft des Propheten, sondern seine Reaktion auf die Botschaft Gottes und die sich daraus ergebende belehrende Antwort Jahwes.

Die Schrift besteht aus zwei Teilen (Kap. 1-2 und Kap. 3-4). Der erste Teil schildert die Flucht des Protagonisten vor dem Auftrag Gottes; Ort der Handlung ist das Meer. Im zweiten Teil ist die Stadt Ninive Ort der Handlung. Die Bewohner dieser Stadt bekehren sich schneller als es dem Jona lieb ist. Humoristische Anspielungen sind deutlich spürbar. Mit Erich Zenger kann man den ersten Teil als Schauplatz der äußeren Flucht und den zweiten Teil als Schauplatz der inneren Flucht des Propheten charakterisieren. Zuerst läuft Jona vor dem Auftrag Gottes davon und dann zieht er sich beleidigt in sich selbst zurück, weil Gott beim Volk von Ninive auf die Strafe verzichtet, die der Prophet erwartet hat, sondern sich als Gott der Gnade und Vergebung erweist. Man stellte sich immer wieder auch die Frage, ob man Jona überhaupt als Propheten bezeichnen soll, da er keine prophetischen Worte spricht. Dessen ungeachtet drückt sich aber an seinem Schicksal und der dramatischen Auseinandersetzung mit Gott echte Prophetie aus, die besagt, dass Gott alles Lebendige grenzenlos liebt, Heiden ebenso wie Juden, Menschen ebenso wie Tiere. Somit enthält das Buch eine Botschaft, die dem Nationalismus und der Fremdenfeindlichkeit entgegenwirkt und außerdem eine ganzheitliche Sicht von Schöpfung vorstellt. Die offene Frage in V4,11, mit der das Buch endet, hat auch heute noch uneingeschränkte Aktualität.

Prophetinnen und Propheten unserer Zeit

Das Konzept der „Local Heroes" von Hans Mendl lässt sich auch auf das Thema „Von Prophetinnen und Propheten lernen" übertragen, da mutige Menschen der Umgebung für Sch Vorbilder für eigenes Handeln werden können. Auf *Projektseite 36-37* liegt die Intention darin, dass die Jugendlichen Vorbilder vor Ort kennenlernen, d.h. Sch arbeiten sich von der Fremdorientierung zur die Eigenverantwortung hin. Sie lernen vorbildliches, mutiges Verhalten, Einstehen für Menschenrecht und Glauben bei Menschen in ihrer nächsten Nähe kennen. Diese Anregungen können sie dann, z.B. in einem Projekt, einüben und reflektieren.

📖 Literatur s. *Lehrerkommentar* S. 58

Entdecke den roten Faden deines Lebens

Propheten wurden gerufen. Auch in diesem Projekt soll es um Berufung gehen. Sch entdecken an Menschen ihrer Kirchengemeinde, wie diese den Ruf Gottes zu verschiedenen Diensten und Aufgaben wahrgenommen haben, wer sie dazu motiviert und angespornt hat. Sie nehmen an Menschen ihrer Umgebung wahr, welche individuellen Talente und Stärken man einbringen kann, damit Miteinander und eigenes Leben gelingt. Mit dieser Projektaufgabe sollen Sch darin bestärkt werden, in ihrem Leben nach solchen Aktivitäten und Aufgaben zu suchen und sie wahrzunehmen, wenn sie ihnen angeboten werden.

2. Einsatzmöglichkeiten im RU

Annäherungen an die Erzählung

Sch sollen verstehen, dass die Redaktoren von 1 Kön 21 mit den Gestalten Elijas, Nabots, Isebels und Ahabs bzw. Baals Jahwes „Botschaften" transportierten.

- Sch erhalten **AB 2.2.10, Lehrerkommentar S. 55**, und lesen für sich aufmerksam den Text nach 1 Kön 21,1-29.
- Sch schneiden aus Pappkarton die verschiedenen Protagonisten der Erzählung aus.
  In GA arbeiten sie Charakteristika der Personen heraus und notieren sie auf den Pappfiguren.
- Sch spielen mit den Pappfiguren die Erzählung nach und ergänzen sie entsprechend der herausgefundenen Charaktere.
- *Alternative:* Die Pappfiguren dienen als Rollenkarten und Sch selbst spielen die Szene nach.

Bildhauer sein

Nach dem Vorbild von Emil Wachter planen Sch einen eigenen Elijaturm.

- Sch erhalten **AB 2.2.11, Lehrerkommentar S. 57** (Umrisszeichnung ohne Text).
- Sch schlagen folgende Bibelstellen nach: 1 Kön

Der Elija-Turm

17,8-24; 1 Kön 18,1-46; 1Kön 19,1-8; 1 Kön 19,11-13; 1 Kön 19,13b-16; 1 Kön 19,19-21.

- Sch zeichnen Entwürfe in die Felder „ihres" Elija-turmes.
- Sch pinnen die Entwürfe an die Wand und verglei-chen sie:
  - Welche Bildteile sind besonders gut gelungen?
  - Was war schwierig?

Local Heroes

- Sch recherchieren im Internet und suchen nach in-ternational bekannten Frauen und Männern, die sich in unserer Zeit mutig für andere Menschen, Umwelt und Natur einsetzen.
- Sch informieren sich über das Engagement der Ke-nianerin Wangari Maathai (1940), Biologin, Mutter der Bäume, erste afrikanische Friedensnobelpreis-trägerin und ihr „Green Belt Movement".

3. Weiterführende Anregungen

Szenen in Zeitlupe spielen

- Sch wählen in GA eine Szene aus dem Buch Jona aus.
- Sch spielen die Szene pantomimisch und verzögert nach (→ **Methodenkarte** „Pantomime").
- Sch bewerten anschließend:
  - Mir ist aufgefallen, dass ...
  - Ich fand gut, dass ...
  - Ich fühlte mich wohl, als ...
  - Mir hat nicht gefallen, dass ...
  - Mir hat gutgetan, dass ...

Ein Wandgemälde gestalten

- Sch teilen die Erzählung in Szenen ein und verteilen diese auf Gruppen.
- Jede Gruppe erhält ein Stück Tapetenrolle und ge-staltet darauf ihre Szene.
- Alle Teile werden in der richtigen Reihenfolge zu-sammengefügt und als Wandfresko aufgehängt.

Prophet/innen sind wir alle   Stellungnahmen 38

1. Hintergrund

Durch das **Lied** „Prophet/innen sind wir alle" von Horst Janssens und Hermann Schulze-Berndt aus dem Musikspiel „Elisabeth von Thüringen" setzen sich Sch damit auseinander, dass die Zivilcourage, die von den biblischen Propheten gefordert war, auch heute noch aktuell und wichtig ist. Mobbing in der Klasse, Unge-rechtigkeiten im Schulhof, rechtsradikale Ausschrei-tungen und Beleidigungen gegenüber ausländischen Mitbürgerinnen und Mitbürgern sind Beispiele für Situ-ationen, die von Sch Zivilcourage verlangen.

2. Einsatzmöglichkeit im RU

Zivilcourage bei uns

- Sch überlegen Situationen, in denen Zivilcourage gefordert ist, und stellen sie auf Plakaten dar.
- Welche Möglichkeiten für angemessenes, lösungs-orientiertes Verhalten gibt es in diesen Situationen? Sch ordnen Möglichkeiten den Plakaten zu.

Literatur

Übergreifend
Bittlinger, Clemens, Gott tut gut, München 2007
Höfer, Albert, Gottes Wege mit den Menschen. Ein gestalt-pädagogisches Bibelwerkbuch, München 1993
Lange, Günter, Kunst zur Bibel, München 1988

Niehl, Franz W./Thömmes, Arthur, 212 Methoden für den Re-ligionsunterricht, München [9]2008
Rendle, Ludwig (Hg.), Ganzheitliche Methoden im RU, Neu-ausgabe, München [2]2008
Stendebach, Franz Josef, Rufer wider den Strom. Sachbuch zu den Propheten, Sachbücher zur Bibel, Stuttgart 1992

Themenseite 22-23
Gohr, Siegfried (Hg.), Georg Baselitz. Retrospektive 1964-1991, München 1992

Infoseite I 26-27
Haag, Herbert/Sölle, Dorothee/Kirchberger, Joe/Schnieper, Anne-Marie, Große Frauen der Bibel, Herder 1997
Rienecker, Fritz/Maier, Gerhard, Lexikon zur Bibel, Mannheim 1994
Staubli, Thomas, Begleiter durch das Erste Testament, Düs-seldorf 1997
www.st-stephan-mainz.de

Deuteseite 28-29
Deimel, Elke, Fürchtet euch nicht, Er selbst wird kommen und euch erretten, KS Glaube und Wissen, 50/2006
Langenhorst, Georg, Trösten lernen? Zeitzeichen Bd. 7., Ost-fildern 2000

Infoseite II 30-31
Zenger, Erich, Einleitung in das Alte Testament, Stuttgart/Ber-lin/Köln 1995, 293-303

Projektseite 36-37
www.ktf.uni-passau.de/local-heroes
Zenger, Erich, Einleitung in das Alte Testament, Stuttgart [5]2004

Stellungnahmen 38
Schnell Kunstführer, Autobahnkirche St. Christophorus Baden-Baden, Nr. 1148, neu bearb., Regensburg 2005

3 Freundschaft wagen

Kompetenzen und Inhalte im Bildungsplan (Baden-Württemberg 2004)

HAUPT- UND WERKREALSCHULE	REALSCHULE
Kompetenzen	
Die Schülerinnen und Schüler ... **1. Mensch sein – Mensch werden** ... wissen, dass sie als Geschöpfe Gottes nach christlichem Verständnis zu einem verantwortlichen Umgang mit sich selbst und anderen berufen sind; ... lernen, ihre Stärken und Schwächen wahrzunehmen, einzuschätzen, und entwickeln Möglichkeiten, mit diesen verantwortlich umzugehen; ... wissen um Gestaltungsformen, ihrem Inneren Ausdruck zu geben und mit anderen ins Gespräch zu kommen; ... wissen, dass Geschlechtlichkeit zum ganzen Menschen dazugehört, und können begründen, dass Mann und Frau gleichwertig sind; ... können eine Haltung entwickeln, die die Geschöpflichkeit und Ebenbildlichkeit als Grundlage für Selbstwertgefühl und Ich-Stärke akzeptiert sowie zu respektvollem Umgang mit anderen motiviert.	Die Schülerinnen und Schüler ... **1. Mensch sein – Mensch werden** ... wissen, dass zur Identitätsfindung Selbstwertschätzung, soziales Verhalten und Beziehung zu Gott gehören; ... kennen die Bedeutung von Freundschaft und gegenseitigem Verständnis im Zusammenleben der Menschen; ... kennen Lebensgeschichten Jugendlicher, in denen zum Ausdruck kommt, dass Menschen verletzbar sind und einen sensiblen Umgang benötigen; ... wissen, dass jeder Mensch Stärken und Schwächen hat und immer zur Weiterentwicklung fähig ist; ... kennen die biblische Zusage, dass Gott den Menschen mit seinen Schattenseiten annimmt; ... kennen Hilfsangebote/Beratungsstellen für Jugendliche in Krisensituationen; ... können über eigene Begabungen und Stärken, aber auch über Grenzen und Schwächen miteinander sprechen; ... können frohe und traurige Grundsituationen ihres Lebens wahrnehmen und kreativ ausdrücken; ... sind in der Lage, qualifizierte Hilfe anzunehmen und zu vermitteln (z.B. Beratungslehrer). **3. Bibel und Tradition** ... können die Botschaft wichtiger biblischer Texte erfassen.
Inhalte	
Erwachsen werden – meine Zukunft – Meine Vorstellungen, Wünsche und Hoffnungen vom Leben – Grenzerfahrungen, durchkreuzte Hoffnungen: Körper und Seele sind verletzlich – Auf der Suche nach Freundschaft, Geborgenheit und Liebe: verliebt sein, Zärtlichkeit und Sexualität – Verantwortung füreinander – In Beruf, Arbeit und Freizeit mein Leben sinnvoll gestalten	**Aufbruch in die Selbstständigkeit – Gott begleitet mich** – Meine Stärken und Schwächen – Gott nimmt mich auch mit meinen dunklen Seiten an – Hilfreich miteinander umgehen können: Kommunikationsregeln – Meine persönliche Spiritualität

Das Kapitel im Schulbuch

Das Thema ist besonders gut geeignet, um die in den Leitgedanken aufgeführten personalen Kompetenzen zu stärken. Es geht darum, Sch im Aufbau ihrer Persönlichkeit zu unterstützen, zu begleiten und zur Reflexion der eigenen Person und des eigenen Handelns anzuregen. Ein wichtiges Anliegen des Bildungsplanes besteht darin, Sch dazu anzuregen, ihre eigenen Stärken zu entdecken und mit ihren Schwächen konstruktiv umzugehen. Neben der Suche nach der eigenen Identität erfahren Jugendliche enorme körperliche Veränderungen, die sie zur Auseinandersetzung mit der eigenen Geschlechtlichkeit bzw. Geschlechterrolle herausfordern. So werden die Themen Freundschaft, Liebe und Sexualität in hohem Maße relevant. Die Suche nach geeigneten Formen der Freundschaft, Partnerschaft und Sexualität sind wichtige Merkmale des Weges zum Erwachsenwerden. Eine zentrale Entwicklungsaufgabe besteht darin, über die Wertschätzung der eigenen Persönlichkeit zu einem verantwortungsvollen Umgang mit dem Gegenüber zu finden. Hierzu gehört auch der verantwortungsvolle Umgang mit den Gefühlen der Mitmenschen. Erfahrungen von Zurückweisung und Enttäuschung bleiben den Heranwachsenden nicht erspart. Um diese Verletzungen zu verarbeiten, brauchen Jugendliche oft Hilfestellungen.

Das Aufwachsen in einer von Globalisierung und Pluralismus geprägten Gesellschaft erschwert die Suche nach geeigneten Wertemustern und Kriterien, an denen sich die jungen Erwachsenen in Bezug auf Partnerschaft und Sexualität orientieren könnten. Innerhalb einer pluralen Gesellschaft steht das christliche Welt- und Sinndeutungsmuster in Konkurrenz mit einer Vielzahl anderer Lebensmuster und hat gerade in Bezug auf Fragen der Sexualmoral an Glaubwürdigkeit eingebüßt. Nicht selten besteht in der Öffentlichkeit – nicht zuletzt durch die Darstellung in den Medien – ein Verständnis von Sexualität, das dem christlichen Verständnis von Partnerschaft zuwiderläuft. Gleichzeitig wird durch die Medien häufig das Bild einer sexualpessimistischen oder -feindlichen Kirche verbreitet. So verliert die christliche Position, die Sexualität als kostbare Gabe zu verstehen, die der Achtung und Wertschätzung bedarf, an Überzeugungskraft. Großer Wert wird innerhalb des Kapitels auf die Reflexion unterschiedlicher Sichtweisen gelegt. Die Darstellung von unterschiedlichen Sichtweisen und Einstellungen in *Reli konkret* soll Sch zum kritischen Hinterfragen ihrer eigenen Ansichten veranlassen. Hierzu bedarf es zunächst der Klärung des eigenen Standorts. Dementsprechend widmet sich der erste Teil des Kapitels der Identitätssuche. Erst die weiteren Teile des Kapitels verlangen den Sch ab, ihren eigenen Standpunkt zu verlassen und sich mit einem Gegen-

über auseinanderzusetzen: innerhalb einer Freundschaft oder in einer Liebesbeziehung.

Zentrale biblische Texte, wie das Hohelied oder der Schöpfungsbericht, zeigen, dass die jüdisch-christliche Tradition in ihrem Ursprung keineswegs so sexualfeindlich ist, wie es die Wirkungsgeschichte vermuten lässt. Diese Texte präsentieren den Sch eine Sichtweise auf das Thema Sexualität, die in Einklang mit den von den Massenmedien transportierten Sichtweisen gebracht werden muss. Die Gegenüberstellung der verschiedenen Sichtweisen fordert die Jugendlichen zur kritischen Reflexion heraus und unterstützt den Aufbau einer Wertorientierung, die den verantwortlichen Umgang mit der eigenen und fremden Sexualität vorsieht.

Titelseite **39** leitet das Kapitel mit einer künstlerischen Auseinandersetzung mit dem Thema Freundschaft und Liebe ein. Wie im Bild „L´amitié" von Pablo Picasso dargestellt, sind Freundschaft und Liebe facettenreich, beinhalten Hell und Dunkel.

Themenseite **40-41** entfaltet die Breite des Themas. Dabei werden auf *Themenseite* 40 mit dem Schwerpunkt Identitätsfindung Selbstwahrnehmung und Anspruch auf ein perfektes Erscheinungsbild einander gegenübergestellt. Das Gedicht von Bertolt Brecht deutet an, dass der wertschätzende Umgang mit der eigenen Person die Voraussetzung für den Aufbau positiver sozialer Beziehungen ist. Gleichzeitig spielt das soziale Umfeld im Prozess der Identitätsfindung eine entscheidende Rolle. Der Ausschnitt aus dem Schöpfungsbericht ergänzt die Perspektive der Bibel. *Themenseite* **41** gibt Sch Anlass, die Bedeutung der Freundschaft, verschiedene Ausdrucksformen für die Liebe, sowie die Einstellung der Kirche zum Thema Sexualität Jugendlicher zu thematisieren. Die Ausschnitte aus dem Buch Kohelet und aus 1 Kor 13 bringen wieder das Verständnis der Bibel ein.

Ideenseite **42-43** ermöglicht es den Sch, sich selbst kreativ mit den Themen Identität, Freundschaft und Liebe auseinanderzusetzen. Ermöglicht werden sollen unterschiedliche gestalterische Zugänge, wie musische und bildnerische Annäherungen. Darüber hinaus finden unterschiedliche Formen des kreativen Schreibens Raum. In der Umsetzung von Spielszenen erfahren Sch einen weiteren Zugang zur Thematik. Die Berücksichtigung des Einsatzes der neuen Medien leistet einen wichtigen Beitrag zum kompetenten Umgang mit digitalen Medien.

Deuteseite I **44-45** eröffnet einen Zugang zum Thema „Identitätsfindung". Ergänzend zu den Informationen auf *Themenseite* 40-41 wird im Gedicht von Sigrun Casper angesprochen, wie vielseitig die eigene Persönlichkeit ist. Dass der Hang zum perfekten Äußeren nicht als primär erstrebenswert gelten kann, spricht das Gedicht von Susanne Lang an. Die Suche nach der eigenen Identität ist häufig verbunden mit Unsicherheit und vielen offenen Fragen. Der Text von Sabine Bösert soll Sch dazu anregen, sich ihrer eigenen Unsicherheiten und Fragen bewusst zu werden. Gleichzeitig soll ihnen die Gewissheit vermittelt werden, dass sie in ihren Suchbewegungen, mit ihren Wünschen, Hoffnungen und Vorstellungen über ihre Zukunft nicht alleingelassen sind.

Deuteseite II **46-47** zielt auf die Auseinandersetzung mit dem Thema Freundschaft ab und stellt unterschiedliche Facetten von Freundschaft heraus. Der Sachtext zum Thema Freundschaft bündelt diese Facetten hinsichtlich der wesentlichen Charakteristika einer freundschaftlichen Beziehung. Diese können in Zusammenschau mit dem Comic auf *Stellungnahmen* **56** noch einmal akzentuiert werden.

Deuteseite III **48-49** befasst sich mit der „Sprache" der Liebe. Thematisiert werden unterschiedliche Ausdrucksformen für ein Gefühl, das sich als solches nicht fassen lässt. Präsentiert werden ein Gedicht von Erich Fried, ein Liedtext der schwedischen Pop-Rock-Gruppe „The Cardigans" und ein Aquarellbild von Peter Lauster.

Deuteseite IV **50-51** hat die Kehrseite der Liebe im Blick: das Enttäuschtwerden. Sch erfahren anhand einer Beispielgeschichte, dass sich Hoffnungen manchmal nicht erfüllen, Gefühle auch verletzt werden können. Ziel ist es, den Sch Möglichkeiten zum Umgang mit Enttäuschungen an die Hand zu geben. Benannt werden verschiedene Anlaufstellen: Beratungs-L, Freunde, Beratungsstellen. Ermutigt werden sollen die Jugendlichen dazu, ihren Emotionen auch im Gebet Ausdruck zu verleihen.

Besinnungsseite **52-53** regt Sch an, einen Gottesdienst zum Thema Freundschaft und Gemeinschaft zu organisieren. Bibelstellen aus dem AT und NT liefern Impulse. Der Text „Einer, der bei mir bleibt" verweist auf die Freundschaft mit Jesus und den Aspekt des Angenommenseins von Gott. Der Liedvorschlag regt Sch an, weitere Strophen zum Thema Freundschaft und Gemeinschaft zu ergänzen.

Projektseite **54-55** dient dem kritischen Umgang der Sch mit der Darstellung der Themen Freundschaft und Liebe in den Medien. Sch werden dafür sensibilisiert, dass die dargestellte Sichtweise von Freundschaft nicht immer christlich ethischen Grundsätzen entspricht. Sch lernen, dass Zuneigung, Zärtlichkeit und Sexualität Formen personaler Beziehungen sind, die sich sehr individuell entwickeln, und sollen darin bestärkt werden, einen eigenen Zugang dazu zu finden. Ein weiterer Projektvorschlag bietet an, mit selbstgemachten Fotos passend zum Thema eine Ausstellung zu organisieren. Beide Projektvorschläge erfordern eine Evaluation des erworbenen Wissens.

Stellungnahmen **56** bilden den Abschluss des Kapitels. Die Vorschläge verlangen den Sch ab, aus unterschiedlichen Perspektiven Stellung zu den Themen Freundschaft, Zuneigung und Liebe zu beziehen und die eigene Haltung argumentativ zu stützen. Hierbei hilft der Verweis auf den Schöpfungsbericht in Kapitel 6. Eine begründete Position soll auch in der Reflexion der unterschiedlichen künstlerischen Zugangsweisen zum Thema Liebe eingenommen werden.

Verknüpfungen mit anderen Kapiteln im Schulbuch

Kap. 7: Woran sich orientieren?
Kap. 6: Schöpfung mitgestalten

Verknüpfung mit anderen Fächern

WZG: Zusammenleben in sozialen Gruppen

Freundschaft wagen Titelseite 39

1. Hintergrund

Pablo Picasso, „L'amitié", 1908

Zu sehen sind zwei Personen, die sich einander zuwenden. Eine der beiden scheint sich bei der anderen aufzustützen. Während der obere Teil des Bildes dunkler gehalten ist, nimmt die Helligkeit zum unteren Bildrand hin zu. Die dominierenden Farben des gesamten Bildes sind verschiedene Brauntöne. Die homogene Farbigkeit bewirkt, dass die beiden Personen vom Betrachter als Einheit empfunden werden, beide scheinen ineinander überzugehen. Gleichzeitig ist die Bildfläche in rhythmische, zum Teil geometrische kleine Flächen zerlegt. Hierdurch werden die Formen aufgesplittert.

Das Bild stellt durch seine Malweise und die Farbgebung die Ambivalenz von Freundschaft dar. Einerseits sind beide Personen durch ihre individuellen Formen voneinander abgegrenzt, andererseits sind sie so eng miteinander verbunden, dass nicht mehr eindeutig ausgemacht werden kann, wo ihre physikalische Grenze liegt. Kennzeichen einer Beziehung ist, dass der Mensch einerseits seine individuellen Züge besitzt und andererseits im Gegenüber viele der eigenen Anteile wiederentdeckt. Jede Freundschaft ist gekennzeichnet durch helle Seiten wie auch durch dunklere Seiten.

Das Bild bringt sehr gut zum Ausdruck, dass sich Menschen in einer Beziehung gegenseitig Halt geben können. Dadurch entsteht eine Sicherheit, sich jederzeit auf das Gegenüber verlassen zu können. Dieser sichere Zuspruch führt zu einer vertrauten Entspanntheit, die dem Grundtenor des Bildes entspricht.

Pablo Picasso (1881-1973)

Pablo Ruiz y Picasso wurde in Málaga geboren. Schon als Kind beschäftigte er sich auf Anregung seines Vaters, eines Professors an der Kunstakademie in Barcelona, mit dem Malen. Ab 1896 besuchte Picasso die Kunstschule in Barcelona, danach studierte er in Madrid an der Academia San Fernando. Um die Jahrhundertwende übersiedelte Picasso nach Paris, wo er mit dem Maler Georges Braques den revolutionären Kubismus, in dem Formen und Farben als Zersplitterungen vorherrschen, entwickelte. Die Bildfläche ist dabei in rhythmische Flächen zerkleinert. Eine Folge davon ist, dass Formen in Zeichen aufsplittern und Farben in verschiedene Töne wie Grau, Braun oder Grün. Figuren und Gegenstände lösen sich in geometrische Formen auf, Bildstrukturen werden abstrakter. Picassos künstlerisches Schaffen ist äußerst vielseitig. Er prägte verschiedene moderne Kunststile, arbeitete in den unterschiedlichsten Techniken (Plastik, Collage, Öl, Radierung etc.) und mit zahlreichen Materialien (Holz, Papier, Metall etc.).
Picasso wurde zum Inbegriff des modernen Künstlers im 20. Jh. Seine Arbeiten zählen zu den wertvollsten Kunstwerken. Picasso starb im französischen Mougins bei Cannes. Begraben wurde er im Garten seines Schlosses Vauvenargues.

2. Einsatzmöglichkeiten im RU

Das Bild mit Farben gestalten

- Sch bekommen eine Schwarz-Weiß-Kopie des Bildes von Picasso oder skizzieren das Bild in ihr Heft.
- Sch überlegen, welche Farben sich zur Gestaltung des Bildes eignen. Welche Facetten hat Freundschaft, wie können diese dargestellt werden?
- Müssten sich die Farben unterscheiden, wenn das Bild nicht „L´amitié", sondern „L´amour" hieße? Wenn ja, wie?
- Sch gestalten ein eigenes Bild zum Thema im Stile Picassos.

Clustern

- Sch sammeln in einem Cluster (→ **Methodenkarte**), was für sie zum Thema Freundschaft/Liebe gehört. Dabei wird nicht gesprochen.
- In GA vergleichen Sch ihre Cluster.

Meditation

Für eine meditative Hinwendung eignet sich folgendes Gebet:

Wir
Du und ich,
das ist etwas ganz Besonderes.
Wir müssen nicht unbedingt miteinander reden,
um uns zu verstehen.
Es reicht manchmal,
wenn ich dich spüre.
Wenn ich fühle,
da ist jemand bei mir,
der mich stützt.
Wenn ich weiß,
ich kann mich auf dich verlassen,
egal, wie ich gerade drauf bin.
Du und ich, das ist etwas ganz Besonderes.
Eigentlich ist es doch mit Gott genauso, oder?

Signale der Freundschaft und Liebe erkennen

Im Titelbild ist die freundschaftliche Beziehung durch eine körperliche Zuwendung zum Ausdruck gebracht. Sch sammeln weitere Möglichkeiten, worin sich eine solche Zuneigung ausdrücken kann.

- Woran kann ich erkennen, dass ich von meinen Eltern und Geschwistern geliebt werde?
- Wenn sich Menschen neu kennenlernen: Woran merken sie, dass der andere sie mag oder schätzt?
- An welchen Zeichen erkennt man, wenn ein Junge oder ein Mädchen verliebt ist?

3. Weiterführende Anregung

Texte verstehen und gestalten

 ▶ IDEENSEITE 42

Texte stellen für schwache Leser sehr hohe Anforderungen dar. Um das Textverständnis zu erleichtern, bietet es sich an, mit Bildern zu arbeiten, die eine Rezeption unterstützen. Wenn Sch parallel an Text und Bild arbeiten, ergeben sich möglicherweise unterschiedliche Lesarten/Interpretationen.
Alternative: L gibt ein Bild vor, z.B. L´amitié auf *Titelseite* **39**, und Sch suchen einen passenden Text.

- Zur Förderung der *Informationstechnischen Grundbildung* ist eine Zusammenarbeit mit dem Schwerpunkt Informatik sinnvoll. Sch können ausgewählte Bilder beispielsweise mit einem Bildbearbeitungsprogramm hinsichtlich einer bestimmten Textaussage bearbeiten (z.B. Veränderung der Farbigkeit) und eine digitale Präsentation erarbeiten (z.B. Einfügen der Bilder in ein Präsentationsprogramm, Zusammenspiel von präsentiertem Text und Bild).

- Sch schulen ihre Präsentationskompetenz beim Gedichtvortrag. In Zusammenarbeit mit dem Fach Deutsch können Kriterien für das sinnbetonte Lesen herausgearbeitet werden.
- Die Gestaltung einer Schulbuchseite kann leicht zu einem Projekt ausgeweitet werden. Sch schreiben einen Schulbuchverlag an und erkundigen sich nach den Kriterien für die Gestaltung einer Schulbuchseite; alternativ besorgt L die entsprechenden Informationen beim Schulbuchverlag.

1. Hintergrund

Der Ausschnitt aus einer Jugendzeitschrift **„Ich hasse mich!"** repräsentiert die unter Jugendlichen sehr gerne gelesenen „Dr.-Sommer-Briefe". Der/die Briefschreiber/in wendet sich mit einem Problem an einen Fachmann/eine Fachfrau und erwartet von dort ein Rezept für die Lösung des Problems, das von der Redaktion der Jugendzeitschriften prompt geliefert wird. Ein/e Spezialist/in gibt Auskunft und steht eher mit Rat als mit Tat zur Seite. Ob der als Rezept angegebene Psycho-Trick im gewählten Ausschnitt eine echte Hilfe ist, kann mit Sch problematisiert werden. Denn er birgt zumindest die Gefahr in sich, dass psychisch labile und schwache Persönlichkeiten mit solchen Tricks eher noch weiter frustriert als aufgebaut werden. Jugendliche neigen oft dazu, sich durch den Spiegel der anderen zu sehen, d.h., sie sehen sich selbst so, wie andere sie (vermeintlich) sehen. Das Ziel ist aber, eine eigene Sichtweise von sich selbst zu finden, die, unabhängig vom Einfluss anderer, einen grundsätzlichen Zuspruch an das eigene Ich darstellt. Hier finden sich Parallelen zum Schöpfungsbericht (vgl. unten).

Zum Thema Gott-**Ähnlichkeit** vgl. Ausführungen in *Reli konkret 1 Lehrerkommentar,* S. 54-56. Dort liegt der Schwerpunkt auf der Schöpfungsgeschichte; im Kontext von *Reli konkret 2* wird die aus der theologischen Deutung hervorgehende Gleichwertigkeit aller Individuen fokussiert. Alle Menschen sind nach Gottes Abbild geschaffen – in ihrer Individualität sind alle gleichwertig, besonders und schön. Schönheitsbegriffe, vermeintliche Fehler u.Ä. treten mit diesem Wissen in den Hintergrund.

In dem **Gedicht** von Bertolt Brecht „Morgens und abends zu lesen" wird der Aspekt des Gebrauchtwerdens und Füreinander-da-Seins ironisch gebrochen. Der ersten Strophe wird man positiv gegenüberstehen. In der zweiten Strophe wird die Vorstellung kritisiert, das eigene Leben werde wertvoller und schützenswerter durch die Liebe eines anderen. Hinsichtlich der Intention von *Themenseite* **40-41** ist eine Lesart von Bedeutung, die herausstellt, dass die Voraussetzung für einen verantwortlichen Umgang mit dem anderen der wertschätzende Umgang mit der eigenen Persönlichkeit ist. Das Gefühl des Gebrauchtwerdens geht einher mit einer Verantwortung der eigenen Person gegenüber. Doch die übersteigerte, ironisierende Art und Weise, mit der Brecht einen Regentropfen zur Gefahr werden lässt, deutet an, dass Brecht dafür plädiert, die irrationalen Elemente einer Liebesbeziehung zu überwinden, um sich dem Ideal der Eigenverantwortlichkeit in einer Paarbeziehung anzunähern.

Die Rückenansicht der **Statue des Doryphoros** (griech. = Speerträger) des griechischen Bildhauers Polyklet präsentiert die Vorstellung eines perfekten männlichen Körpers. Polyklet war neben Phidias der größte griechische Bildhauer im 5. Jh. v.Chr. Er verfasste ein Buch mit dem Titel „Kanon über die Proportionen des menschlichen Körpers". Die abgebildete Statue repräsentiert die Inhalte der im Kanon formulierten Lehre. In seinem Werk versuchte Polyklet die Schönheit zu normieren, in harmonisch aufeinander abgestimmte Proportionen zu bringen, sodass er Idealfiguren herausarbeitete. Mit der Erforschung und Visualisierung der Messlattentheorie weist die Archäologie Proportionsverhältnisse in den antiken Plastiken nach, die sich exakt an die von den Künstlern aufgestellten theoretischen Konzepte halten. Die Abbildung der Statue des Doryphoros zeigt das Vermessungswerkzeug: Messstäbe, Messlatten und Greifzirkel. Die genau festgelegten Proportionen der klassischen Bildhauerkunst beeinflussten die bildende Kunst nachhaltig. In der Renaissance wurden sie z.B. von Leonardo da Vinci (1452-1519) wieder aufgegriffen, z.B. in seiner berühmten Proportionsstudie der menschlichen Gestalt (1500).

Der große Lobpreis der Liebe in **1 Kor 13,4-5** steht im Zusammenhang mit den Ausführungen des Apostels über die „Gnadengaben" (1 Kor 12-14). Liebe wird hier als der unvergleichlich höhere Weg, als „Weg weit darüber hinaus" bezeichnet (1 Kor 12,31b); sie ist mehr sogar noch als alle erdenklichen „Gaben", die nach urchristlichem Verständnis als die höchsten Möglichkeiten christlichen Charismatikertums galten. Ekstatische, geistgewirkte Rede – ohne die Liebe sinnlos, nichtiger Lärm; Prophetie, wundertätiger Glaube, Verzicht auf Hab und Gut um der Armen willen, Martyriumsbereitschaft – zu nichts nütze ohne die Liebe (1 Kor 13,1-3).

Es ist mehr als eine poetische Stilform, dass Paulus von der Liebe als Subjekt des Handelns redet, nicht vom liebenden Menschen. Er versteht sie als eine göttliche Macht. Ihr Wirken ist dem, was der Mensch tut, entgegengesetzt und sprengt seine Möglichkeiten. Das Hohelied der Liebe in 1 Kor 13 wird in drei Passagen unterteilt: In VV 1-3 geht es um die Nichtigkeit aller Charismen ohne die Liebe, in VV 4-7 spricht Paulus vom Wesen und Walten der Liebe und VV 8-13 handeln von der Unvergänglichkeit der Liebe. Der Name Christi wird im Text nicht genannt, aber die Liebe, von der Paulus hier spricht, ist die Liebe Gottes, die durch die Hingabe Jesu Christi für die Menschen in unserer Welt wirksam geworden ist. Sie ist die grundlegende Frucht des Geistes, ohne die auch die höchsten Charismen nichts wert sind.

Keith Haring (1958-1990)

Bekannt wurde der US-Amerikaner Keith Haring in den frühen 80er-Jahren durch seine Kreidezeichnungen, die er in der New Yorker U-Bahn mit raschen Strichen auf schwarz überklebte Werbetafeln warf. Bereits 1984 war er in den angesehensten Museen und Galerien der Welt bekannt. Als er 1990 mit nur 32 Jahren an den Folgen von AIDS starb, hatte seine Kunst einen großen, internationalen Kreis von Bewunderern gefunden. Haring erfand eine geistreiche, ausdrucksstarke Formensprache mit leicht wiedererkennbaren Elementen und allgemein verständlichen Symbolen, wie Heiligenschein, Kreuz, Pyramide und Herz, die den Betrachter/die Betrachterin ganz unmittelbar ansprechen.

Dieses kleine Gedicht von Peter Jepsen ist ein Sprachspiel. Eine übertragene Bedeutung wird wörtlich wiedergegeben. Dabei steht die Redensart „jemandem den Kopf verdrehen" in Verbindung mit der auf dem Kopf geschriebenen übertragenen Bedeutung „sich verlieben": (ich) liebe dich. Gedichte sind eine Form, Gefühle zum Ausdruck zu bringen. Was sich nur unzureichend konkret beschreiben lässt, kann mithilfe von Vergleichen und Sprachspielen eine sprachliche Annäherung erfahren.

Eine unerwartet offene Sichtweise der Sexualität bietet der **Brief der Jugendkommission** der Deutschen Bischofskonferenz von 1999. In diesem Text wird vorausgesetzt, dass Jugendliche Erfahrungen mit Sexualität machen, da sie zu den Grundvollzügen des Lebens gehört. Auf dieser Basis, nicht auf dem Totschweigen oder Verleugnen der Realität, kann die Kirche Jugendliche erreichen und ihnen bei der Suche nach Glück und in Krisenzeiten, wenn sie an Grenzen stoßen, zur Seite stehen.

2. Einsatzmöglichkeiten im RU

Das Kapitelthema ausloten
Sch benennen die Themen im Kapitel anhand der Bilder und Texte.

Das eigene Spiegelbild malen
- Sch reflektieren ihre eigenen Schwächen:
  - Was mag ich nicht an mir?
  - Warum mag ich es nicht?
- Sch malen ein Selbstporträt, in dem sie sich mit ihren Schwächen darstellen.
- Sch malen ein Gegenbild mit der Überschrift „Ich finde mich toll".
- Sch diskutieren, ob das Thema „Unzufriedenheit mit sich selbst/dem eigenen Spiegelbild" nur ein „Mädchenthema" ist. Welche unterschiedlichen Kritikpunkte finden Jungen und Mädchen an sich selbst?

Was mich bewegt ...  ▶ IDEENSEITE 42
- Der Leserbrief von Linda spiegelt ein typisches Problem wider. Was sagen Sch zu Lindas Brief?
- Was würden Sch tun, wenn sie die Freundin von Linda wären? Sagen Freundinnen Dinge, die sie nicht meinen, damit keine Verletzungen entstehen?
- Mithilfe von mitgebrachten Jugendzeitschriften werden die Themen aus Leserbriefen aufgelistet. Gibt es ein dominierendes Thema? In GA wählen Sch jeweils ein Thema aus, besprechen es und erarbeiten einen Antwortbrief.

Idealbilder hinterfragen
- Polyklet stellte genaue Messungen über den perfekten Mann an. Sch diskutieren, ob es die ideale Frau bzw. den idealen Mann gibt.
- Welche Vorstellungen haben Sch von der idealen Frau/dem idealen Mann? Sie notieren Stichwörter in einer Tabelle.
- Sch überlegen, in welchem Spannungsverhältnis die Plastik von Polyklet mit dem Ausschnitt aus dem Schöpfungsbericht steht. Wie wurden die Menschen laut Gen 1,26-27 geschaffen?

Dieses kleine Gedicht weiterdichten
- Sch finden weitere Varianten für „dieses kleine Gedicht", z.B.
  dieses kleine Gedicht
  kann dich
  ganz schön durcheinanderbringen
  ich
  liebe dich (verwirbelte Buchstaben)
  etc.

Koh 4,9 auf das eigene Leben beziehen
- Sch finden Parallelsituationen zu Koh 4,9 in ihrem Leben:

- Wann sind sie „hingefallen"?
- Wer hat ihnen aufgeholfen?
- Gab es Situationen, in denen ihnen niemand aufgeholfen hat?

Texte vergleichen

- Sch vergleichen das Gedicht von Bertolt Brecht und den Text „Ich hasse mich". Wo liegt der Unterschied? („Ich hasse mich": Das Angenommensein wird nicht akzeptiert. Im Brecht-Gedicht wird aus dem Angenommensein durch den anderen eine Verantwortung für sich selbst abgeleitet.)
- Sch vergleichen dann das Gedicht und Gen 1,26-27: Inwiefern sind das Brecht-Gedicht und der Schöpfungstext identisch? (Beide enthalten die Aussicht auf Zuspruch durch ein Gegenüber, im Schöpfungsbericht durch Gott und durch die Untrennbarkeit von Mann und Frau, im Gedicht durch die dritte Zeile: „dass er mich braucht").
- Sch überlegen: Wer könnte Wert darauf legen, dass ich acht auf mich gebe? Für wen könnte ich wichtig sein?

Die Position der Kirche kennenlernen

- Sch klären die unbekannten Wörter im Brief der Deutschen Bischofskonferenz: Was sind Grundvollzüge?
- Sch verdeutlichen sich beim Lesen des Briefes der Jugendkommission, dass es sich um ein offizielles Schreiben der katholischen Kirche handelt. Was gesteht „die" Kirche den Jugendlichen da eigentlich zu?
- Wo geraten Jugendliche im Bereich der Sexualität an ihre Grenzen? Warum geraten sie an Grenzen (z.B. Einfluss der Medien)?
- Sch diskutieren den letzten Satz über das Glück und die Grenzen. Welche Grenzen könnten gemeint sein? Bietet die Kirche in Krisensituationen Hilfe an? (Z.B. Telefonseelsorge, Schwangerenberatung, kirchliche Einrichtungen für junge Mütter und ihre Kinder, Kinderkrippen etc.)

- Sch durchforsten die Internetseite der eigenen Diözese auf Angebote in dieser Richtung und knüpfen evtl. Kontakt zu den verantwortlichen Personen. Evtl. können diese für Gespräche in den RU eingeladen werden. Themen könnten z.B. auch natürliche Empfängnisverhütung oder Verarbeitung von Gewalterfahrungen sein.

Den Bibeltext in neue Worte fassen

- Sch lesen 1 Kor 13,4-5 und formulieren die Aussagen über die Liebe so, wie sie es sagen würden.
- Sch schreiben ihre Neufassung in ihr Heft. Wer möchte, trägt sie der Klasse vor.

Ein Bild von der Liebe malen

- Sch betrachten das Bild von Keith Haring und reflektieren die Farbsymbolik (rot, rosa ...). Für welche Facetten von Liebe stehen diese Farben? Gibt es andere Facetten (z.B. enttäuschte Liebe) und welche Farben müssten dann verwendet werden?
- Sch malen im Stil von Keith Haring ein Bild zu einem Aspekt des Gefühls Liebe und wählen selbst, ob dieser positiv oder negativ sein soll.

Den Menschen als Abbild Gottes sehen

- TA: „Gott schuf den Menschen nach seinem Abbild". Sch assoziieren zu diesem Satz. Alle Fragen, Bilder und Assoziationen sind erlaubt.
  L-Impuls: Was bedeutet das, wie stellst du dir das vor?
- Gott ist nicht ein „alter Mann mit weißem Bart", sondern der Hintergrund für jeden Menschen und in jedem Menschen zu entdecken. Daraus folgt auch, dass Gott jeden Menschen, so wie er ist, annimmt. Sch finden Beispiele dafür, dass Gott sich in jedem Menschen widerspiegelt und durch jeden Menschen erfahrbar ist.
- Sch betrachten nebeneinander den Text „Ich hasse mich" und Gen 1,26-27 auf *Themenseite* **40** und benennen das Spannungsverhältnis, in dem sie zueinander stehen.

Ideenseite 42-43

Die Anregungen der *Ideenseite* werden im *Lehrerkommentar* auf folgenden Seiten aufgegriffen:

Graffitis malen: S. 80
Auch du kannst dichten: S. 80
Stärken und Schwächen sehen: S. 68
Texte verstehen und gestalten: S. 62
Symbole der Liebe darstellen: S. 80
Was mich bewegt: S. 64
Szenen entwerfen: S. 80

1. Hintergrund

Erhöhte Selbstreflexion gehört zur Adoleszenz. Die kognitive Entwicklung, biologische Veränderungen und die damit verknüpften neuen sozialen Erwartungen verursachen z.T. die gesteigerte Nachdenklichkeit über sich selbst. Sie ist jedoch kein eindeutig zu bewertendes Phänomen.

Das Thema auf *Deuteseite I* „Meinen Weg finden" nimmt die Tendenz zur gesteigerten Nachdenklichkeit über sich selbst auf und verbindet sie mit den großen Fragen nach Schönheit, Geborgenheit und persönlicher Entwicklung. Die Verknüpfung stellt den verallgemeinerungsfähigen Charakter der Fragen in den Mittelpunkt. Kein/e Jugendliche/r steht mit ihnen alleine da.

Selbstreflexion in der Pubertät

Erhöhte Selbstreflexion „kann einerseits eine genauere Wahrnehmung und Generalisierungsfähigkeit von Merkmalen und Erfahrungen mit der eigenen Person indizieren. Wenn dies der Fall ist, dann ist dies eine wichtige Voraussetzung für eine produktive Persönlichkeitsentwicklung. Die hohe Generalisierungsfähigkeit kann aber auch implizieren, dass vermeintlich negative Merkmale der eigenen Person verallgemeinert werden. Ist dies der Fall, dann ist die psychische Stabilität und das psychische Wohlbefinden negativ tangiert.

Eine erhöhte Selbstreflexion kann aber auch bedeuten, dass Jungen und Mädchen verwirrt sind, dass sie nicht wissen, was mit ihnen los ist, dass sie im Grunde „konfus" sind. Sie haben kein klares und sozial gestütztes Verständnis der Eigenart und des Wertes der eigenen Person. Wenn dies der Fall ist, dann ist auch hier das psychische Wohlbefinden beeinträchtigt. Hohe Selbstzentrierung ist dann mit hoher Depressionsneigung assoziiert" (Fend 112).

Alexej Jawlensky (1864-1941)

Alexej Jawlensky wurde in Russland geboren. Von der orthodoxen Tradition und Liturgie geprägt, faszinierte ihn die Ikonenmalerei. Er begriff, dass für ihn das menschliche Anlitz in besonderer Weise geeignet war, seine religiöse Haltung auszudrücken. Er studierte zunächst in St. Petersburg, kam 1896 nach Deutschland, wo er zum anerkannten Künstler avancierte. Um 1930 erkrankte er an Arthritis deformans. Durch sein Leiden behindert und unter großen Schmerzen, malte er dennoch in seinen letzten Lebensjahren bedeutende Werke. Nahezu gelähmt stellte er 1937 seine letzten Bilder her. Alexej Jawlensky starb in Wiesbaden.

Alexej Jawlensky, „Symphonie in Rosa", 1929

Das Bild stellt in klaren, geometrischen Formen einen menschlichen Kopf dar. Die wesentlichen Merkmale (Augen, Mund, Nase) sind lediglich durch Linien, Quadrate oder einen Halbkreis angedeutet. Der Künstler arbeitet mit einer starken Farbigkeit, die dem Bild einen starken Ausdruck verleiht. Insgesamt symbolisiert das Nebeneinander von warmen und kalten Farben, von geschwungenen und geraden Linien die Ambivalenz einer menschlichen Persönlichkeit. Vereint wird Positives und Negatives in Charakterzügen und Emotionen. Die klaren Linien könnten eine gefestigte Identität symbolisieren, deren Kennzeichen es ist, sich der eigenen Stärken und Schwächen bewusst zu sein und dadurch Authentizität in Form klarer Persönlichkeits-Konturen zu unterstützen.

Die Autorin des Gedichts **„Die anderen und ich"** beschreibt den facettenreichen Charakter eines Menschen aus der Ich-Perspektive. Deutlich wird im Gedicht das Zusammenspiel zwischen den Aktionen der Umwelt und den Reaktionen des Einzelnen. Das ambivalente Verhalten wird sehr authentisch geschildert.

Die nachfolgenden beiden Texte sind einer Sammlung der Katholischen Jungen Gemeinde entnommen. Sie sind das Ergebnis einer Ausschreibung, die der KJG-Club 1987 für junge Autorinnen und Autoren gestartet hat. Insgesamt wurden 700 Texte eingesandt. In den Texten kommen Fragen und Probleme von Jugendlichen zum Ausdruck. Sie bringen Anliegen und Themen zur Sprache, die nach wie vor aktuell sind. Susanne Lang (damals 18 Jahre alt, Azubi als Physiklaborantin) und Sabine Bösert (damals 17 Jahre alt, Schülerin) sind zwei Jugendliche, die sich an dieser Textausschreibung beteiligt haben.

Der Text **„Viele bewundern dich"** schildert zwei unterschiedliche Perspektiven auf einen Menschen, eine äußere und eine innere. Beschrieben wird ein perfekter Mensch, der in seiner Umwelt gut ankommt. Dieses perfekte Auftreten geht jedoch zulasten der Authentizität. Daher das Urteil der Autorin: Du tust mir leid, weil du zu perfekt bist.

Der Text **„Es gibt Fragen"** schildert die Situation von Jugendlichen auf dem Weg zur eigenen Identität. Kennzeichen dieses Weges sind Unsicherheit, Orientierungslosigkeit und Unruhe. Am Ende des Textes erfolgt ein Verweis auf die Bedeutung von Vorbildern, für die Orientierung bei der Suche nach der eigenen Identität.

Das **Bild** „Die Wendeltreppe" von Petra Lewinger symbolisiert den Lebensweg. Der Blick nach unten eröffnet die Perspektive auf das, was man bereits hinter sich gelassen hat. Der Blick nach oben ist eine Antizipation dessen, was kommen wird.

Nobody is perfect

The Final Countdown. In zwei Stunden geht mein Traum in Erfüllung – der Top-Film seit zwei Wochen im Kino. Doch der Grund meiner Aufregung ist nicht, den einfach supergut aussehenden Hauptdarsteller über die Leinwand hüpfen zu sehen. Nein, es ist Tom und die Vorstellung, ganz nah neben ihm zu sitzen!

Aber bevor es so weit ist, habe ich noch ein paar Hürden zu nehmen: Die erste ist der Kleiderschrank. Ich muss etwas Passendes zum Anziehen finden. Passend!!!

Ich betrachte mich skeptisch im Spiegel. Es muss etwas sein, das zumindest meinen Kugelpopo (um die Worte meines Bruders zu verwenden) kaschiert, besser noch unsichtbar macht. Also ist die erste Hose (rote Kugel) aus dem Rennen und die Jeans (blaue Kugel) auch. Wie wäre es mit dem schwarzen Rock? Macht angeblich schlank. Nach diesem Motto wird auch mein oberes „Stockwerk" ausgestattet.

Kurzer Blick auf die Uhr – nächste Etappe: das Bad. Jetzt ist das Gesicht dran. Oh nein! Erst jetzt seh ich ihn. Stolz in seiner vollen Blüte thront er auf meiner Oberlippe. Berühmt, berüchtigt – der Untergang jeder romantischen Verabredung: ein Pickel. Jetzt nur nicht die Nerven verlieren! Mit Make-up versuche ich das Ungetüm zu verdecken – vergeblich. Dann halt die Augen betonen. Vielleicht sollte ich doch einmal meine Ernährung umstellen? Angeblich soll gesundes Futtern Hautunreinheiten und die ein oder anderen Figur- (welche Figur?) Probleme verscheuchen. Letzte Hürde: Sprint zur Straßenbahn (da schon wieder knapp dran), ohne wirklich ins Schwitzen zu kommen. Puh – geschafft!

So, erst mal zur Ruhe kommen und etwas entspannen. Doch als ich mir gerade den Verlauf des Abends ausmale, werde ich von der großen blonden Schönheit, die zwei Haltestellen später einsteigt, aus meinen Träumen gerissen. Natürlich setzt sie sich neben mich, damit ich auch

aus nächster Nähe ihre schönen, langen, wohlgeformten Beine betrachten kann. Dieses Mädchen scheint perfekt zu sein! Mein bisschen Selbstbewusstsein fängt an sich zu verabschieden und verschwindet irgendwo zwischen der vierten und fünften Haltestelle. An der sechsten steige ich aus.

Tom kommt mir lächelnd entgegen und nimmt meine Hand. Vergessen sind die perfekten Blondine und der Pickel auf der Oberlippe und ich sage mir: Mensch, jetzt mach dich mal locker! Wie war das mit der Natürlichkeit? Sei doch einfach du selber.

Die darauffolgenden zweieinhalb Stunden kann ich nicht mehr so genau wiedergeben. Hat – glaub ich – was mit Trance zu tun. Aber an drei Sachen kann ich mich ganz genau erinnern: an Toms haselnussbraune Augen, das Happy End des Films und dass Tom das Popcorn aus der Hand gefallen ist. So verlegen war er noch viel süßer!

Überglücklich schließe ich die Haustür auf. Ich könnte die ganze Welt umarmen. Auf Wolke sieben schwebe ich ins Bad und als ich in den Spiegel schaue, geht plötzlich die Sonne auf, obwohl es halb elf abends ist. Ich bin nicht mehr dieselbe wie noch vor ein paar Stunden. Und der Spiegel scheint auch kein Spiegel zu sein, eher das Cover eines Frauenmagazins: strahlende, waldhonigbraune Augen, rosiger Teint. Auch der vermeintliche Pickel erinnert mich jetzt eher an ein Schönheitsmal. Es stimmt also doch ...

- ■ Lest die Erzählung gemeinsam. Bildet Mädchen- und Jungengruppen und sprecht über die Erzählung: Wo sind die Gedanken und Verhaltensweisen des Mädchens verständlich? Wo scheinen sie übertrieben?
- ■ Zu welcher Erkenntnis kommt das Mädchen in der Erzählung am Ende des Treffens mit Tom? Schreibt einen Schluss für diese Erzählung. Stellt euch dann eure Texte gegenseitig vor und sprecht darüber.
- ■ Jungen sind anders! – Sind Jungen anders? Verfasst einen Text, in dem ein Junge seine Gedanken, Sorgen, und Hoffnungen vor einer Verabredung mit einem Mädchen beschreibt. Vergleicht eure Ergebnisse.

In den Stufen der **Wendeltreppe** stehen die Wünsche und Vorstellungen der Sch. Diese können sein, eine Lehrstelle zu finden, vom Elternhaus finanziell unabhängig zu sein, eine Beziehung zu haben oder sich größere materielle Dinge leisten zu können etc. Gleichzeitig sind diese Wünsche aber auch mit Sorgen und Nöten verbunden: Werde ich den Schulabschluss schaffen, werde ich die Lehrstelle finden, die meinen Berufsvorstellungen entspricht, werde ich den beruflichen Anforderungen gewachsen sein, werde ich genug verdienen, um meinen Lebensunterhalt und den einer Familie bestreiten zu können?

2. Einsatzmöglichkeiten im RU

Hinter die Fassade blicken

- Ein/e Sch liest den Text „Viele bewundern dich" vor.
- Sch nennen Beispiele von Menschen aus ihrem Umfeld, die scheinbar perfekt sind.
- L weist Sch auf den Schluss hin: „Nur – mir tust du leid ...". Sch erklären diesen Gegensatz. (Der Perfektionismus geht zulasten eines authentischen Auftretens, weil Schwächen zum Menschen dazugehören.) Sie sammeln Stichpunkte zu den Fragen:
  - Warum kann es gut sein, nicht immer perfekt zu sein?
  - Gibt es eine Situation, in der es schön war, nicht perfekt zu sein?
  - Warum kann einem der perfekte Mensch leidtun?
- Sch lesen die Geschichte „Nobody ist perfect" auf **AB 2.3.1, Lehrerkommentar S. 67**, und setzen sie in Beziehung zum Text „Viele bewundern dich".
- Sch schreiben einen Brief an das coole Gegenüber aus dem Gedicht.
- Sch greifen zurück auf Gen 1,26-27 (*Themenseite 40*). Welche Bedeutung hat das Wort „perfekt" im Text von Susanne Lang, welche Bedeutung hätte es im Sinne des Schöpfungsberichts?

Ein Menschenbild

- Sch besprechen das Jawlensky-Bild. Welche Bedeutung könnten die Farben haben?
- Welche Persönlichkeit ist hier dargestellt? Hat sie wohl einen traurigen oder eher einen fröhlichen Grundcharakter? Ist sie eher strukturiert oder chaotisch? Ist der abgebildete Mensch kontaktfreudig oder eher in sich gekehrt?
- Sch malen ein Bild von sich und berücksichtigen dabei den Symbolgehalt verschiedener Farben; Charakterzüge werden im Pinselduktus und in der Malweise festgehalten.
- Die Bilder werden gesammelt und in der Mitte ausgelegt. Sch besprechen ihre Bilder, sie vermuten, welches Bild von wem gemalt wurde, und begründen die Zuordnung.

Stärken und Schwächen sehen

▶ IDEENSEITE 42

- L bespricht mit Sch noch einmal den Zusammenhang zwischen Maltechnik und Charakter, z.B. wie folgt: helle Farben für einen heiteren Charakter, dunklere Farben für einen eher melancholischen Typ. Kräftige Farben für temperamentvolle Charaktertypen, dezente Farben (Pastelltöne) für eher zurückhaltende Persönlichkeiten. Gleiches kann auch zum Pinselduktus besprochen werden: Ein breiter Pinselstrich für eher burschikose Charaktere, feine filigrane Striche für zierliche Sch. Klare Linien stehen für Strukturiertheit und Ordnung, ein lebhafter Pinselduktus symbolisiert Chaos.
- Sch malen Bilder und legen sie anschließend im Kreis aus. Sie ordnen gegenseitig zu, wer welches Bild gemalt hat. Reflexionspunkte können sein: Passt die Darstellung, stimmt Eigenwahrnehmung und Fremdwahrnehmung, ist der Charakter treffend durch das Bild eingefangen?

Wendeltreppe – Treppenstufen – Lebensweg

- Sch legen ihren eigenen Standpunkt auf der Wendeltreppe fest. Blicke ich von oben nach unten oder von unten nach oben? Damit einher geht die Entscheidung, ob der Blick nach vorne, in die Zukunft, oder nach hinten, in die Vergangenheit, geht.
- Sch thematisieren, warum der Blick in die Vergangenheit positiv sein könnte. Was ist positiv, wenn sie an ihre Zukunft denken?
- Sch lesen das Gedicht „wenn ich einmal nicht mehr" auf **AB 2.3.2, Lehrerkommentar S. 69**. Sch schreiben ein Parallelgedicht mit ihren eigenen Wünschen und Vorstellungen.

Beispiel:

Wenn ich einmal nicht mehr
in Berlin wohne,
wo wird es dann sein?
Welche Häuser,
welche Autos
werde ich dann wohl
von meinem Fenster aus sehen?
Was für Menschen werden mich
auf der Straße anrempeln
und mich fragen,
ob ich nicht aufpassen kann?

Wenn ich einmal nicht mehr
zur Schule gehe,
wohin gehe ich dann jeden Tag?
Werde ich eine Lehrstelle haben,
die mir Spaß macht
und bei der ich genug verdiene
oder muss ich etwas tun,
was mir keine Freude mach?
Wenn ich meine Eltern einmal
pflegen muss,
weil ich auch erwachsen geworden bin,
was wird dann?

Parallelgedicht

Was wird sein?

Wenn ich einmal nicht mehr
in dieser Stadt wohne,
wo wird es dann sein?
In was für Wohnungen,
von was für Leuten,
werde ich dann wohl
von meinem Fenster aus sehen?
Was für Menschen werden mich
auf der Straße begrüßen
und mich fragen,
wie es mir geht?

Wenn ich einmal nicht mehr
zur Schule gehe,
wohin gehe ich dann jeden Tag?
Werde ich eine Arbeit haben,
die ich gerne tue oder
fürchte ich mich vor jedem Tag?

Wenn ich meine Eltern einmal
nicht mehr so brauche wie jetzt,
weil ich auch erwachsen geworden bin,
was brauche ich dann?

Wenn einmal alles nicht mehr
so ist, wie es jetzt ist,
wer bin ich dann?

Brigitte Schär

Was wird sein?

Wenn ich einmal nicht mehr
in _____ wohne
wo wird es dann sein?
_____
_____
werde ich dann wohl
von meinem Fenster aus sehen?
Was für Menschen werden mich
auf der Straße _____
und mich fragen,
_____

Wenn ich einmal nicht mehr
zur Schule gehe,
wohin gehe ich dann jeden Tag?
Werde ich _____ haben,
die _____ oder
_____ ?

Wenn ich meine Eltern einmal
_____ ,
weil ich auch erwachsen geworden bin,
was _____ dann?

Wenn einmal alles _____ ,
_____
_____ ?

Wenn einmal alles
anders sein wird,
wie komme ich damit klar?

Sich selbst entdecken

- Sch finden weitere Metaphern für die Suche nach der eigenen Identität (im Text beschrieben als „Erkundungstour auf einen alten Dachboden").
- Die Suche nach dem eigenen Ich gleicht manchmal einem Weg durch ein Labyrinth (Metapher). Sch zeichnen ein Labyrinth in ihr Heft und schreiben Fragen hinein, die ihnen auf dem imaginären Weg durchs Labyrinth begegnen.
- Sch überlegen, wer ihr Vorbild und Wegweiser im Labyrinth sein könnte. Sie ergänzen ihr Labyrinth mit kleinen Wegweisern, auf die sie die Namen von Menschen notieren, die ihnen eine Orientierung/ein Vorbild sind.
- Menschen, die mir verdeutlichen, was ich suche: Sch erkundigen sich unter www.ktf.uni-passau.de/local-heroes über Menschen, die in ihrer Umgebung beispielhaft wirken. Am linken unteren Bildschirmrand wird das Stichwort eingegeben.

Sich selbst annehmen

- Sch klären die Grundaussage des Textes „Die anderen und ich" (vgl. *Lehrerkommentar* S. 66).
  - In PA tauschen sich Sch aus, wem sie offen alle ihre positiven und negativen Seiten zeigen können.
  - Kann ich zu allen meinen Eigenschaften stehen, oder belüge ich mich manchmal selbst?
  - Wer kennt mehr von mir, als ich erlaube?
- Sch sprechen das Gedicht als Rap oder texten einen Rap zu ihren Eigenschaften.

- Sch singen gemeinsam das Lied „Vergiss es nie" (**AB 2.3.3, Lehrerkommentar S. 71**; vgl. *Reli konkret 1*, S. 168).

Was unser Name erzählt

Sch erhalten **AB 2.3.4, Lehrerkommentar S. 72**, und bearbeiten die Aufgaben zu ihrem Vornamen.

Hinter Masken blicken

Sch bearbeiten in PA **AB 2.3.5, Lehrerkommentar S. 73**.

Abhängig sein

- Sch überlegen, inwiefern sie von ihrer Umwelt abhängig sind.
  - Wo lasse ich mich in meinem Verhalten von meinem sozialen Umfeld (Familie, Freunde, L ...) beeinflussen?
  - Wo ist der Einfluss wichtig, wo schadet er mir vielleicht?
- Sch stellen eine Marionette her.
  - Sch zeichnen den Umriss einer Person auf Karton (z.B. **AB 2.3.6, Lehrerkommentar S. 75**, oder selbst gezeichnet). An Armen und Beinen und am Kopf befestigen sie Fäden und binden die Enden an einem einfachen Kreuz aus Pappe oder Holz fest.
  - Sch schreiben nun auf die Marionette, von wem sie abhängig sind. Dabei kann eine Seite für die positiven Abhängigkeiten (z.B. Freund, Freundin), die andere für die negativen Abhängigkeiten (z.B. Anerkennung und Zuspruch) benutzt werden.

Freundschaft finden

Deuteseite II 46-47

1. Hintergrund

Das Gedicht **„Ich will dich heut nicht sehen"** von Bernhard Lins versprachlicht den besonderen Charakter eines Freundschaftsverhältnisses. Dargestellt wird, dass Freundschaft heißt, den anderen bzw. die andere mit seinen bzw. ihren Stärken und Schwächen, mit guter Laune und mit schlechter Laune anzunehmen und sich umgekehrt mit diesen Eigenschaften angenommen zu wissen.
Das Gedicht **„Freundschaft ist eine Tür"** versucht, Freundschaft in einem Vergleich greifbar zu machen. Wie im Gedicht von Bernhard Lins wird herausgestellt, dass der Charakter einer Freundschaft im gemeinsamen Erleben des freundschaftlichen Auf und Ab besteht. Das Fazit des Autors bringt es auf den Punkt: eine Freundschaftstüre bleibt nie verschlossen.

Die **Fotos** auf *Deuteseite II* illustrieren die positiven Seiten von Freundschaft: das gemeinsame Lachen und Spaßhaben, Sich-Unterstützen, gemeinsame Aktivitäten. Ausgewählt sind Darstellungen unterschiedlicher Altersgruppen und Nationalitäten. Anhand dieser Bilder kann mit den Sch thematisiert werden, dass Freundschaft sich nicht auf ein bestimmtes Alter beschränkt. Was fehlt, sind Freundschaftsbilder aus der Altersgruppe der Sch. So wird den Sch die Möglichkeit gegeben, ihre eigenen Freundschaftsbilder mitzubringen. Außerdem fehlen Darstellungen zu den Schattenseiten einer Freundschaft (Meinungsverschiedenheiten).
Die Bilder zeigen, dass Freundschaft auch durch körperliche Nähe gekennzeichnet ist. Häufig vermeiden v.a. Jungen jedoch diese freundschaftlichen Berührungen in der Pubertät, aus Sorge, dass ihnen eine homosexuelle Neigung unterstellt werden könnte. Das

Vergiss es nie

T/M: Paul Janz, dt. Text: Jürgen Werth
© Musik Edition Discoton

1. Ver - giss es nie: Dass du lebst, war kei - ne
Ver - giss es nie: Dass du lebst, war ei - nes

ei - ge - ne I - dee, und dass du at - mest,
an - de - ren I - dee, und dass du at - mest,

kein Ent - schluss von dir. sein Ge - schenk an

dich. Du bist ge - wollt, kein Kind des

Zu - falls, kei - ne Lau - ne der Na - tur, ganz e -

gal, ob du dein Le - bens - lied in Moll singst o - der

Dur. Du bist ein Ge - dan - ke Got - tes, ein ge -

nia - ler noch da - zu. Du bist du,____

das ist der Clou,_____ ja, der

Clou. Ja, du bist du.

2. Vergiss es nie: Niemand denkt und fühlt und handelt so wie du,
und niemand lächelt so, wie du's grad tust.
Vergiss es nie: Niemand sieht den Himmel ganz genau wie du
und niemand hat je, was du weißt, gewusst.

3. Vergiss es nie: Dein Gesicht hat niemand sonst auf dieser Welt
und solche Augen hast alleine du.
Vergiss es nie: Du bist reich, egal, ob mit, ob ohne Geld,
denn du kannst leben! Niemand lebt wie du.

Reli konkret 2
© by Kösel-Verlag

Mein Vorname

Mein Vorname (Rufname) ....

Mein Vorname (Rufname) bedeutet: ....

....

Ursprünglich stammt mein Name aus folgender Sprache: ....

Warum meine Eltern diesen Namen für mich ausgewählt haben: ....

....

Wer hat den Namen vorgeschlagen? ....

Wie ist er/sie auf diesen Namen gekommen? ....

....

Meine weiteren Vornamen (ggf.): ....

Aus welchen Gründen ich sie bekommen habe: ....

....

Verwandte, die den gleichen Vornamen tragen: ....

Mein Namenstag ist am ....

Was ich über meinen Namenspatron weiß: ....

....

....

Berühmte Personen, die den gleichen Namen tragen wie ich: ....

....

....

....

....

....

■ Gestalte auf einer DIN-A5-Karte mit Holzstiften deinen Namen, sodass durch Farben und Formen persönliche Eigenschaften von dir dargestellt sind.

Hinter Masken blicken

- Suche dir eine/n Partner/in, den/die du hinter deine Maske schauen lassen willst. Er/sie soll neben die Maske schreiben, was er/sie dahinter vermutet bzw. wie er/sie meint, dass du wirklich bist. Dabei soll auch deine Religion angesprochen werden.
- Sprecht miteinander über die Einschätzung des Partners/der Partnerin:
  1. Stimmen Selbst- und Fremdwahrnehmung überein?
  2. Wo gibt es gleiche und wo gibt es unterschiedliche Wahrnehmungen?
  3. Fühlst du dich in der Einschätzung deines Partners/deiner Partnerin verstanden?
- Führt die Aufgaben anschließend umgekehrt durch.

Freundefoto auf der Seite kann ein Anlass sein, um einen natürlichen freundschaftlichen Umgang mit dem eigenen Geschlecht zu thematisieren und im Alltag leben zu können.

Der **Sachtext** umreißt den Begriff Freundschaft. Dabei wird deutlich, dass wesentliche Aspekte die gegenseitige bedingungslose Annahme und ein wertschätzender Umgang mit den Stärken und Schwächen des Freundes/der Freundin sind. Eine freundschaftliche Beziehung beinhaltet zudem Verantwortlichkeiten: das Einhalten von kommunikativen Regeln und die Bereitschaft, dem anderen zuzuhören.

2. Einsatzmöglichkeiten im RU

Einladung zum Schreibgespräch

Eine Annäherung an den Begriff Freundschaft wird in einem Schreibgespräch zu den einzelnen Strophen des Gedichts möglich (→ **Methodenkarte** „Ein Schreibgespräch führen"). Der Vorteil dieser Methode liegt darin, dass die Beiträge in der Regel besser durchdacht sind als in der mündlichen Diskussion. Auch weniger redegewandte oder zurückhaltende Sch äußern sich in kurzen Sätzen oder Stichworten.

- L schreibt auf große Papierbögen jeweils eine Strophe des Gedichts auf *Deuteseite* **46**. Sch bilden Gruppen (sechs bis acht Sch). Jede Gruppe bekommt einen Bogen.
- Jede/r Sch wählt einen Stift in einer anderen Farbe und gibt einen Kommentar zum Gedicht ab; es können auch Anmerkungen der Mit-Sch schriftlich kommentiert werden. Sch überlegen in GA, welche Gedanken sie der Klasse mitteilen wollen.
- Abschließend folgt ein UG mit Präsentation der Ergebnisse vor der Klasse. Was verstehen die Sch unter Freundschaft?

Ein Parallelgedicht schreiben

- Sch schreiben ein Parallelgedicht zu „Ich will dich heut nicht sehen" mit den positiven Seiten einer Freundschaft. Das Reimschema muss nicht zwingend eingehalten werden.

Beispiel:

Ich will dich heute sehen
und sag dir ins Gesicht:
Ich will dich heute sehen,
ich mag dich heute besonders gern.

Ich kann dich sehr gut leiden.
Du bist bei mir beliebt.
Mach bitte keine Fliege
auch wenn's mal Ärger gibt.

Ich möchte heut mit dir zusammen sein
und sag dir ins Gesicht:
Ich habe gute Laune.
Ich mag dich, wie du bist.

Ich will dich heute treffen.
Ich weiß, du hörst das gern.
Denn heute kann ich einfach
nur sehr, sehr fröhlich sein.

Hast du mal gute Laune,
dann kann ich das verstehn,
denn spätestens schon morgen
wird's mir genauso gehn.

Fotos zum Thema Freundschaft sammeln

- Sch betrachten gemeinsam die Freundschaftsfotos auf *Deuteseite II* und beschreiben Gemeinsamkeiten/Unterschiede der Fotos.
- Welche Fotos fehlen? Sch fotografieren sich mit ihrer Freundin/ihrem Freund.
- Die Fotos zeigen eine andere Facette von Freundschaft als das Gedicht von Bernhard Lins. Sch arbeiten die beiden Seiten einer Freundschaft heraus: An manchen Tagen dominieren die positiven Freundschaftserlebnisse, andere fordern dazu heraus, auch die Schwächen des/der anderen auszuhalten und anzunehmen.
  - Sch äußern sich zu den Fotos und lesen anschließend den Comic auf *Stellungnahmen* 56.
  - Wie verändert sich das Verhältnis, wenn die Freundschaft nur einseitig ist?
  - Sch erstellen eine Bildfolge: Auf dem ersten Foto wird eine intakte Freundschaftsbeziehung (z.B. Freundschaftspartner umarmen sich und lachen gemeinsam) dargestellt, auf dem zweiten Bild wird die Folge einer einseitigen Freundschaft dargestellt (z.B. Freundschaftspartner wenden sich den Rücken zu, die Miene versteinert).
  - Sch besprechen Freundschaften mit einem großen Altersunterschied. Pflegen sie eine solche Freundschaft? Worin liegen Vorteile, wenn der Freund/die Freundin älter bzw. jünger ist? Was sind die Nachteile?
  - Kann es Freundschaften zwischen Jungen und Mädchen geben? Wo liegen die Chancen? Wann kann eine Freundschaft schwierig werden?
  - Sch stellen eine der genannten Situationen in einem Stegreifspiel dar.

Darum brauche ich Freundschaft

Anhand des Textes „Darum brauche ich deine Freundschaft" von Antoine de Saint-Exupéry auf **AB 2.3.7, Lehrerkommentar S. 77**, kann eine Reflexion über das, was Freundschaft wirklich ausmacht, in der Klasse stattfinden.

- Sch geben in ihren eigenen Worten wieder, was Freundschaft für den Autor bedeutet.
- Was halten Sch von der Aussage Saint-Exupérys, dass sich Freundschaft hauptsächlich dadurch auszeichnet, dass man sich „ungeschminkt" zeigen kann?

Frei - unfrei?

Reli konkret 2
© by Kösel-Verlag

Freundschaft ist …

Sch finden Metaphern zum Thema Freundschaft. Dabei bedenken sie die verschiedenen Aspekte von Freundschaft.

Beispiel:

> Freundschaft ist wie eine Spur,
> die im Sand verschwindet,
> wenn man sie nicht beständig erneuert.
> *Werner Bethmann*

Definitionen von Freundschaft finden

- Sch lesen den Sachtext auf *Deuteseite* **46** und schlagen unbekannte Begriffe im Wörterbuch nach. Sie erklären die Begriffe Wertschätzung, aktives Zuhören (vgl. *Lehrerkommentar* S. 188) und finden Synonyme für die Wörter schätzen, mögen, Zuneigung.

- Sch erstellen einen Stichwortzettel zum Sachtext und definieren Freundschaft anhand ihrer Stichwörter in einem kleinen Redebeitrag. Auf diese Weise trainieren Sch die Arbeitstechnik „einen Stichwortzettel erstellen". Zudem entsteht ein kleiner Präsentationsanlass.

- Sch setzen den Sachtext in Opposition zum Comic auf *Stellungnahmen* **56**. Sch erstellen hierzu ebenfalls einen Stichwortzettel mit dem Thema: Freundschaft ist nicht …

- Sch erstellen unter Beachtung der Kriterien zur Plakatgestaltung ein Regelplakat für eine gelingende Freundschaft (→ **Methodenkarte** „Ein Plakat gestalten").

Für die Liebe eine Sprache finden

Deuteseite III 48-49

1. Hintergrund

Erich Fried (1921-1988)

Erich Fried wurde in Wien geboren und starb in Baden-Baden. Nach dem Einmarsch deutscher Truppen in Wien organisierte der jüdische Gymnasiast eine Widerstandsgruppe. Nachdem sein Vater infolge eines Gestapo-Verhörs verstorben war, ging er ins Exil nach London. Dort begann er zu schreiben. 1941 erschienen erste Prosaskizzen und Gedichte; glühende Bekenntnisse zur Menschenliebe, die zugleich zum politischen Kampf gegen Unterdrückung aufriefen. Fried verstand Literatur als Waffe gegen politische Indifferenz und Unrecht. Vor allem ab den 60er-Jahren griff er aktuelle Ereignisse auf, um sie zu politischer Lyrik zu formen, die entschieden gegen Herrschaft, Unterdrückung und Ausbeutung Partei nimmt (z.B. „und VIETNAM und", 1966). Der Dichter rang um politische wie poetische Wahrheiten, konzentrierte sich dabei auf das Medium Sprache und nutzte Silbentausch, ungewohnte Reihungen, Wortneuschöpfungen und Zeilenbrechungen, um neue Einsichten zu ermöglichen.

Empfindung, die ausgelöst wird, wenn sich der Situation erinnert wird.

Peter Lauster (geb. 1940)

Der Künstler wurde in Stuttgart geboren. Er studierte Psychologie, Philosophie, Kunst und Anthropologie an der Universität in Tübingen.
Nach Beendigung seines Studiums gründete Lauster 1971 eine Praxis für psychologische Diagnostik und Beratung in Köln. Seit dieser Zeit veröffentlicht er psychologische Fachbücher. Darüber hinaus interessiert sich der Sachbuchautor für Fotografie und Malerei. Die meisten Umschläge seiner Bücher wurden nach seinen Entwürfen gefertigt und auch viele Illustrationen zu seinen Büchern realisiert er selbst. Lausters Themenschwerpunkte sind Liebe und Partnerschaft. Ein sehr persönliches und sinnliches Buch ist das Werk mit dem Titel „Flügelschlag der Liebe". Darin äußert Peter Lauster lyrische Gedanken zum Thema Liebe, illustriert mit Aquarellen. Peter Lauster lebt heute in Köln.

Das Gedicht **„Ich weiß nicht, was Liebe ist"** greift das Problem auf, dass sich Emotionen wie die Liebe nicht oder nur schwer in Worte fassen lassen. Fried wählt einen Vergleich und er beschreibt eine Situation, die bestimmte positive Gefühle in ihm auslöst, um die Emotion „Liebe" greifbar zu machen. Diese Situationen sind individuell sehr unterschiedlich. Jeder Mensch assoziiert andere Erlebnisse mit dem Begriff Liebe. Die gemeinsame Basis dieser Erlebnisse ist die positive

Auf dem **Bild** sind zwei Personen abgebildet. Eine der Personen wendet sich dem Bildpartner gleichzeitig zu und von ihm ab. Das Bild ist überwiegend in Brauntönen gehalten. Es zeigt eine Entscheidungssituation für die Liebe und den Partner oder gegen ihn. Die zugewendete Seite ist in transparenter Form gedoppelt. Es scheint, als verändere die liebevolle Zuwendung das Äußere, mache es weicher, während die abgewendete Seite mit einem starken schwarzen Rand versehen ist, der eine harte Kontur erzeugt.

Darum brauche ich deine Freundschaft

Darum, mein Freund, brauche ich so sehr deine Freundschaft.

Zu dir kann ich kommen,

ohne eine Uniform anziehen oder einen Koran hersagen zu müssen;

kein Stück meiner inneren Heimat brauch ich preiszugeben.

In deiner Nähe brauch ich mich nicht zu entschuldigen.

Dein Jasagen zu dem, was ich bin,

hat dich gegen Haltung und Bekenntnis nachsichtig gemacht,

sooft es nötig war.

Ich weiß dir Dank dafür, dass du mich hinnimmst, wie ich bin.

Der christliche Flieger und Dichter Antoine de Saint-Exupéry
zu seinem muslimischen Freund

Ein Gebet in den Himmel schicken

Das Lied **„Lovefool"** der schwedischen Pop-Rock-Gruppe The Cardigans, dessen Refrain auf *Deuteseite 49* abgedruckt ist, hat die Schattenseiten von Liebesbeziehungen zum Thema, nämlich Abhängigkeit, Selbstaufgabe und Selbstverleugnung. Das Auseinandergehen einer Beziehung, das Vergehen der Liebe, kann Menschen, meist vorübergehend, das Selbstwertgefühl rauben. Sch werden durch das Lied angeregt, darüber nachzudenken, dass partnerschaftliche Liebe (und auch Freundschaft) nur „auf Augenhöhe" gelingen kann und dazu v.a. ein gesundes Selbstwertgefühl notwendig ist.

2. Einsatzmöglichkeiten im RU

Ein Gefühl in Worte fassen

- Sch lesen das Gedicht von Erich Fried.
- UG: Warum beschreibt der Autor eine Alltagssituation, um Liebe zu erklären?
- Sch verfassen ein Parallelgedicht und beschreiben das Gefühl der Liebe mit einer Situation, die sie erlebt haben oder sich vorstellen können.
- Sch vergleichen ihre Texte.
- Sch sammeln in einem Cluster (→ **Methodenkarte**) Assoziationen, die im Gedicht im Zusammenhang mit dem Stichwort Liebe angesprochen werden (Sehnsucht, Erinnerung an Situationen und Worte, nachts wach liegen …), und ergänzen eigene Assoziationen.

Gefühle im Bild sprechen lassen

- Sch überlegen, welche Situationen im Bild dargestellt sein könnten. Welche unterschiedlichen Deutungsmöglichkeiten sind möglich? (Sich um den anderen bemühen und seine Zuneigung gewinnen; die Zuneigung des Gegenübers verlieren; Liebe verändert den Menschen, sein Äußeres, sein Wesen …)
- Sch schreiben passend zum Bild verschiedene Dialoge. Themenschwerpunkte können sein: Ich versuche, einem Gegenüber meine Zuneigung zu verdeutlichen.
  Ich bekomme Zuneigung signalisiert – wie kann ich darauf reagieren?
- Sch stellen ein Standbild passend zur linken Figur des Bildes (→ **Methodenkarte** „Ein Standbild stellen"). Beobachtungsschwerpunkt: Wie kann ich meine Gefühle durch entsprechende körperliche Signale ausdrücken.
  Weiterführung: Sch stellen eine dem Bild entsprechende Plastik aus Ton bzw. Modelliermasse her. Dabei setzen sie die Aspekte „liebevolle Zuwendung" und „ablehnendes Abwenden" gestalterisch um.

Sich zum Narren machen aus Liebe?

- L oder Sch recherchieren (z.B. im Internet) den gesamten Text des Liedes „Lovefool".
  Sch lesen den Liedtext gemeinsam auf Englisch, anschließend erhalten sie die deutsche Übersetzung des Liedes (**AB 2.3.8, Lehrerkommentar S. 79**).
- Im UG tauschen sich Sch aus:
  – Was passiert mit uns, wenn wir uns verlieben?
  – Wie verändert sich für den Liebenden die Sicht der Dinge?
  – Macht Liebe hilflos, sind wir wirklich bereit, alles zu akzeptieren?
  – Ist das wirklich Liebe?

Liebe ist … Erkundungen im Schreibgespräch

- Eine Annäherung an den Begriff „Liebe" wird in einem Schreibgespräch zu Zitaten bekannter Persönlichkeiten möglich (→ **Methodenkarte** „Ein Schreibgespräch führen").
  – L schreibt auf große Papierbögen jeweils eines der Zitate (s.u.). In GA (je vier bis sechs Sch) setzen sich Sch um ein Blatt.
  – Jede/r Sch wählt einen Stift in einer anderen Far-

Liebe ist erst dann Liebe,
wenn keine Gegenliebe erwartet wird.
Antoine de Saint-Exupéry

Liebe ist
den anderen so zu nehmen,
wie er ist.
K. Grove

Einen Menschen lieben
heißt einwilligen
mit ihm alt zu werden.
Albert Camus

Liebe, die nicht Tat wird,
ist keine Liebe.
Ricarda Huch

Gegen große Vorzüge eines anderen
gibt es kein Rettungsmittel als die Liebe.
Johann Wolfgang von Goethe

Ein Irrtum, welcher sehr verbreitet
und manchen Jüngling irreleitet,
ist der, dass Liebe eine Sache,
die immer nur Vergnügen mache.
Wilhelm Busch

Lovefool

Liebling, ich fürchte, wir haben ein
Problem.
Du liebst mich nicht mehr, das weiß ich,
und vielleicht gibt es gar nichts,
das ich tun kann,
um dich wieder dazu zu bringen.

Mama sagt mir, ich solle mich nicht
grämen,
dass ich mir lieber einen anderen Mann
nehmen solle,
einen Mann, der mich auch wirklich ver-
dient.
Aber ich denke, der bist Du.
Darum weine ich, bete ich und bettle ich:

Lieb mich, lieb mich.
Sag, dass du mich liebst.
Betör mich, betör mich.
Halte mich weiter zum Narren.
Lieb mich, lieb mich.
Tu so, als ob du mich liebst.
Verlass mich, verlass mich.
Aber sag wenigstens, dass du mich
brauchst.
Darum weine ich und bettle ich:
Lieb mich, lieb mich.
Sag, dass du mich liebst.
Verlass mich, verlass mich.
Aber sag wenigstens, dass du mich
brauchst.
Außer aus dir mache ich
mir aus keinem anderen etwas.

In der letzten Zeit habe
ich verzweifelt gegrübelt,
habe nachts wach gelegen und mich
gefragt,
was ich anders hätte machen können,
um dich halten zu können.
Der Verstand wird nicht zu einer Lösung
führen.
Ich werde in Verwirrung enden.
Es ist mir gleich, ob du mich wirklich
magst,
solange du nur bleibst.

Darum weine ich, bete ich und bettle ich:
Lieb mich, lieb mich …

Nichts als Du.

Lieb mich, lieb mich.
Sag, dass du mich liebst.
Betör mich, betör mich.
Halte mich weiter zum Narren.
Lieb mich, lieb mich.

Ich weiß, dass du mich brauchst.
Außer aus dir mache ich
mir aus keinem anderen etwas.

Aus dem Englisch übertragen
nach „Lovefool", The Cardigans

be und gibt einen Kommentar zu dem Zitat ab; es können auch Anmerkungen der Mit-Sch schriftlich kommentiert werden.

- Sch überlegen in GA, welche Gedanken sie der gesamten Klasse mitteilen wollen.
- Abschließend präsentieren Sch ihre Ergebnisse in der Klasse und besprechen im UG: Was verstehen Sch unter Liebe?
- Sch arbeiten im UG den Unterschied zwischen „Verliebtheit" und „Liebe" heraus.
- Sch finden Vergleiche und Metaphern: Verliebtheit ist ..., Liebe ist ...

Graffitis malen  IDEENSEITE 42

Die Graffitis sollten im Freien gestalten werden (Verschmutzungsproblem weniger groß, Frischluftzufuhr gewährleistet).

Sch thematisieren, dass in der Kunst die eigene Identität für andere Menschen sichtbar gemacht werden kann (z.B. in der Malweise).

- L zeigt Abbildung (s.u.) eines Graffitos und bespricht mit den Sch gemeinsam wesentliche Charakteristika.
Sch gestalten ein Liebes-Graffito.
- *Alternative:* Sch gestalten ein Graffito für ihren Freund/ihre Freundin.

Symbole der Liebe darstellen  IDEENSEITE 42

- Sch sammeln z.B. in Zeitschriften Symbole der Liebe/der Freundschaft und erstellen eine Collage.
- Gibt es ungewöhnliche Symbole für die Liebe?

Auch du kannst dichten ... ▶ IDEENSEITE 42

- Sch bearbeiten AA wie auf *Ideenseite* **42** beschrieben (→ **Methodenkarte** „Ein Rondellgedicht verfassen", „Ein Haiku dichten").
Beispiel für ein Haiku:

Liebe
rosa Wolkentanz
Schmetterling in meinem Bauch
Chaos des Gefühls

Beispiel für ein Rondellgedicht:

Ich habe mich zum ersten Mal verliebt.
Plötzlich fühle ich mich ganz leicht.
Ich möchte am liebsten laut singen.
Ich habe mich zum ersten Mal verliebt.
Ich möchte mein Glück in die Welt hinausschreien.
Alles duftet nach Liebe.
Ich habe mich zum ersten Mal verliebt.

Szenen entwerfen ▶ IDEENSEITE 43

Eine Alternative zur Darstellung in einem Comic kann das Erstellen eines Drehbuchs sein.
Die wesentlichen Spalten in einem Drehbuch sind:

Zeit	Bild	Kameraeinstellung	Dialoge	Bemerkungen

Mit Enttäuschungen umgehen   Deuteseite IV 50-51

1. Hintergrund

Enttäuschungen sind Teil unseres Lebens. Dennoch fällt es vielen Menschen zunehmend schwer, Enttäuschungen zu überwinden, weil sie verlernt haben, realistische Erwartungen zu haben. Unsere Gesellschaft setzt auf Siegertypen: Erfolg macht attraktiv. Wir setzen uns für unseren Erfolg ein, mit aller Kraft und unserer ganzen Energie. Verlierer sind nicht gefragt. Sieger stehen im Mittelpunkt. Um Verlierer machen wir lieber einen großen Bogen, sie passen nicht in unser Denkmuster.

Gerade in der Pubertät sind die Jugendlichen sehr sensibel, sie streben nach Bestätigung und Bejahung. Umso wichtiger ist es, ihnen Möglichkeiten an die Hand zu geben, damit umzugehen, wenn dieser Zuspruch versagt wird und sie mit Ablehnung konfrontiert werden.
Der **Text** auf *Deuteseite* **50** thematisiert eine solche Situation. Besonders schwer ist es für Jugendliche, wenn ihre Gefühle nicht erwidert werden. Das Symbol des gebrochenen Steinherzens und die Überschrift lassen vermuten, dass die Geschichte kein gutes Ende nehmen wird.

Der Text hat ein offenes Ende, das es den Sch ermöglicht, sich unterschiedliche Enttäuschungssituationen auszudenken.

Das **Lied** „Schick dein Gebet" lädt Sch ein, sich mit ihrer Orientierungslosigkeit, ihren negativen Gefühlen und ihrer Hoffnungslosigkeit im Gebet an Gott zu wenden, und verweist auf das bedingungslose Angenommensein durch Gott.

Enttäuschte Gefühle können v.a. in der Phase des Erwachsenwerdens zu einer existenziellen Krise führen. Manchmal können Jugendliche nicht mit einer vertrauten Person sprechen, ihr „Herz ausschütten" und sich Rat holen, sei es aus Scham oder Angst vor weiteren Enttäuschungen o.Ä. Eine Möglichkeit, Gesprächspartner zu finden, ist z.B. die bundesweite Telefonseelsorge. Sie steht rund um die Uhr zur Verfügung und ist kostenlos. Informationen über das bundesweite Krisentelefon können auch im Internet auf www.sorgentreff.de/krisentelefon.html eingeholt werden.

Hinweis: L kann untenstehenden Kasten als Flyer kopieren und ggf. zur Information an betroffene Sch weitergeben.

2. Einsatzmöglichkeiten im RU

Enttäuschungen erleben

- Sch denken sich mögliche Schlüsse aus und setzen sie in einem szenischen Spiel um.

- Sch erstellen eine Foto-Story. Zur Schlussszene machen Sch verschiedene Fotos.
- Sch denken sich eigene Enttäuschungsgeschichten aus und schreiben diese auf.
- Sch schreiben einen Trost-Brief an Pia, in dem sie von einer eigenen Enttäuschung berichten (Liebe Pia, mir ging das auch schon einmal so. Damals ...).

Mit Enttäuschungen umgehen

- Sch sprechen darüber, was nach der Enttäuschung passieren könnte (Anruf bei der Freundin, Tagebucheintrag).
- Sch recherchieren im Internet Beratungsstellen in ihrer Region.
- Sch erstellen eine Mindmap (→ **Methodenkarte**) und reflektieren, welche Personen als Ansprechpartner geeignet sind. Mit welchen Problemen wende ich mich an welche Menschen? Was vertraue ich der Freundin/dem Beratungs-L an? Was würde ich den jeweiligen Personen nicht anvertrauen und warum?
- Sch schreiben ein eigenes Gebet; dieses wird symbolisch auf eine Brieftaube aufgeklebt (**AB 2.3.9, Lehrerkommentar S. 77**).
- Sch gestalten aus den Brieftauben ein Mobile. Wenn ein/e Sch das Gebet privat halten möchte, klebt er/sie eine zweite Brieftaube auf die beschriftete Seite.

Bundesweite Telefonseelsorge

rund um die Uhr, 24h, kostenlos
Die Telefonnummer für einen
katholischen Ansprechpartner ist
0800/111 0 222 (ev. 0800/111 0 111).

Spezielle Angebote für Kinder und Jugendliche:

Kinder- und Jugendnotdienst
Im Internet: www.sorgentreff.de

**Die Nummer gegen Kummer
– das Kinder- und Jugendtelefon**

Themen, die du dort mit neutralen Ansprechpartnern besprechen kannst, sind z.B.:
- Probleme in der Schule
- Probleme mit den Eltern
- Liebeskummer

- persönliche Entscheidungen
- Suchtprobleme
- Essstörungen

Adressen von lokalen Beratungsstellen findest du im Internet unter dem Stichwort „Jugendberatungsstelle".

Die Elemente der *Besinnungsseite* können zu Beginn bzw. zum Abschluss der Unterrichtsstunde, in meditativen Einheiten, in (Schul-)Gottesdiensten oder zur kreativen Gestaltung etc. eingesetzt werden.

Die LIEBEn Medien

1. Hintergrund

Medienprojekt

In den Alltag vieler Kinder, Jugendlicher und junger Erwachsener sind Medien ganz selbstverständlich integriert; junge Menschen kennen i.d.R. wenig Vorbehalte gegenüber neuen Medienangeboten und nehmen sie in ihre Erlebnis-, Gestaltungs- und Informationswelt auf. „Medien erfüllen (…) emotionale, kreative und informative Funktionen für die Jugend" (Maier 20). So sind es vor allem die Massenmedien, die den Jugendlichen auf der Suche nach der eigenen Identität wichtige Tipps zur Gestaltung der eigenen Persönlichkeit anbieten. „Diese bestehen aber nicht nur aus Inhalten, sondern auch aus Absichten der Gestalter, die auf bestimmte Wirkungen zielen" (Maier 14). Gleichzeitig nutzen die Medien die Orientierungslosigkeit, die während der Pubertät durch die emotionalen und körperlichen Reifeprozesse entsteht. Sie suggerieren Jugendlichen, Orientierungslinien in einer sich ständig ändernden Welt zu bieten, selbst wenn diese dem tatsächlichen Entwicklungsstand widersprechen und von daher mit neuen Konflikten für die Jugendlichen verbunden sein können. Umso schwieriger gestaltet sich der kritische Umgang mit den transportierten Informationen und Wertvorstellungen innerhalb des Unterrichts. Dass Medien beeinflussen, gilt innerhalb der Forschung als unumstritten. Demgegenüber kann nicht davon ausgegangen werden, dass über diesen Einfluss im sozialen Umfeld der Sch ausreichend kritisch reflektiert wird. Daher kommt der Schule deutlicher denn je der Auftrag zu, Sch zu einem mündigen Umgang mit Medien anzuleiten.

Laut aktuellen Studien steht mittlerweile in nahezu jedem Haushalt mit 12- bis 19-jährigen Kindern mindestens ein Computer und 96% der Jugendlichen nutzen diesen mindestens einmal im Monat. Etwa zwei Drittel der Jugendlichen besitzen selbst einen Computer (vgl. JIM-Studie 2007). Im World Wide Web zu kommunizieren, über Foren Information, Gedanken und Erfahrungen auszutauschen, selbst Webseiten zu kreieren, ein mehr oder weniger öffentliches Tagebuch (= Weblog oder kurz Blog) zu führen, sog. „Inhalte" auszutauschen, d.h. (oft im Graubereich des Urheberrechtes) Musik, Filme, Fotos down- oder upzuloaden – all diese Aktivitäten sind für Jugendliche, zumal für diejenigen

aus den sog. „bildungsnahen" Schichten, ein selbstverständlicher Teil der Freizeitgestaltung und ein Weg, ihren Interessen und Bedürfnissen nachzugehen. So sind sie auf eine Art und Weise, die Erwachsenen oft fremd und unverständlich ist, Teil einer Welt, zu der diese keinen oder nur begrenzten Zugang haben. V.a. haben Jugendliche oft weniger Scheu und Vorbehalte, das relativ junge Medium zu nutzen. Dadurch besteht in diesem Bereich oft ein großer Wissens- und Erfahrungsvorsprung gegenüber Erwachsenen, der die Medienerziehung, auch in der Schule, zu einer schwierigen Aufgabe macht. Das Fach *Informationstechnische Grundbildung* ist in dieser Hinsicht ein wichtiger Anknüpfungspunkt zwischen Schule und Privatleben der Sch. Aber L sollten versuchen, die „neuen Techniken" gerade auch in den RU zu integrieren, denn „über Medien erhalten Sch einen Zugang zur Welt und damit zu den großen Fragen nach Identität und Ziel, nach dem Woher und Wohin, im Medium selbst bzw. in der Wahl des Mediums und dessen Ausgestaltung verhalten sie sich dazu …" (Wenzel 23, → **Methodenkarte** „Einen Podcast aufnehmen").

Fotokunst

In einer Zeit, in der die fortschreitende Digitalisierung es leichtmacht, ohne großen Aufwand eine Flut von Bildern und Fotos zu erzeugen, sind die Sehgewohnheiten der Sch darauf ausgerichtet, komplexe Bilder rasch auf den oberflächlichen Aussagegehalt zu reduzieren und diesen unter Ausblendung scheinbar unwichtiger Details zu erfassen. Gleichzeitig führt dieser Wandel der Sehgewohnheiten dazu, dass den Sch der Blick für das Besondere im einfachen Bild abhandenkommt. Sch müssen oft wieder zu einem solch vertieften Blick angeleitet werden. Dabei geht es einerseits darum, sich mit der – auch manipulativen – Wirkung digital gewonnener Bilder auseinanderzusetzen, zum anderen soll das Symbolverständnis geschult werden, indem im scheinbar Alltäglichen und Selbstverständlichen der metaphorische Gehalt erkannt wird und benannt werden kann.

Weiterhin nimmt der Umgang mit den digital erzeugten Bildern einen immer größeren Stellenwert ein. Der Umgang mit Fotos scheint etwas Selbstverständliches. Gleichzeitig ist die Fotografie, ebenso wie die Malerei, ein künstlerisches Ausdrucksmittel.

Alle Aspekte zusammengenommen, wird deutlich, dass die Fotokunst eine Schnittmenge darstellt zwischen der Forderung nach bewusster Wahrnehmung, der Berücksichtigung der vorhandenen oder auszubildenden medialen Erfahrungen der Sch, der Schulung des Symbolverständnisses und der Möglichkeit, ästhetische Ausdrucksmittel zu erproben.

Es gibt viele einfache Formen und Gegenstände, die, ins rechte Licht gerückt, zu ausdrucksstarken Kunstwerken mit religiösem Symbolgehalt werden können. John Hedgecoe, ein ehemaliger Professor für Fotografie, sagt, die Kunst der Fotografie bestehe in der bewussten Auswahl, denn es gebe viele Arten, ein Bild aufzunehmen (vgl. Hedgecoe 6). Der Projektvorschlag zur Fotokunst trägt einem experimentellen Gedanken Rechnung und regt an, die unterschiedliche Wirkung von Motiven, Beleuchtungseinstellungen, Aufnahmewinkeln etc. im praktischen Tun zu erproben, um sich im Sinne der oben genannten Intention intensiv mit den Gegenständen des Alltages auseinanderzusetzen.

📖 Literatur s. *Lehrerkommentar* S. 83

2. Einsatzmöglichkeit im RU

Medien verstehen
Zu Beginn der Arbeit an *Projektseite* **54-55** ist eine kursorische Einführung in Medientheorie sinnvoll.

- Sch erhalten **AB 2.3.10, Lehrerkommentar S. 84**, und lesen es abschnittsweise.
- Sch stellen zunächst Verständnisfragen zum ersten Schaubild und erklären es mit eigenen Worten.
- Im zweiten Abschnitt werden Beispiele für das Sender/Empfänger-Modell angeführt. Sch überlegen, welche Beispiele es noch gibt.
- Anschließend bearbeiten Sch das AB gemäß der AA.

Da hört die Freundschaft auf

1. Hintergrund

Der **Comic** von Chris Bronne stellt ein einseitiges Freundschaftsverhältnis dar. Obwohl allerlei Gefahren zu überwinden sind, bevor das bestellte Essen beim „Freund" abgeliefert werden kann, erfährt der „Dienstleister" hierfür keinen Dank. Der Beschenkte bringt eine zusätzliche Forderung hervor: Und wo sind meine Pommes? Diese Darstellung kann dem Sachtext auf *Deuteseite* **46** gegenübergestellt werden.

2. Einsatzmöglichkeiten im RU

Über ungleiche Freundschaften nachdenken
- Sch betrachten den Comic auf *Stellungnahmen* **56**, erinnern sich an die Freundschafts-Fotos auf *Deuteseite* **46** und die Frage, wie einseitige Freundschaft zu sehen ist.
- Sch besprechen, ob es Situationen gibt, in denen Ungleichheit in einer Freundschaft akzeptabel ist, wenn der/die eine mehr Zuwendung und Unterstützung braucht, als er/sie geben kann (z.B. bei Krankheit, familiären Problemen etc.).
  - Könnten Sch ein Ungleichgewicht aushalten oder würden sie sich lieber gleich zurückziehen?
  - Unter welchen Bedingungen könnten sie sich darauf einlassen?

Als Künstler/in die Liebe sehen
- Sch bearbeiten AA 2 auf *Stellungnahmen* **56** und wählen eine Ausdrucksform aus, in der sie das Thema Liebe künstlerisch bearbeiten möchten.
- Allein, in PA oder GA gestalten sie z.B. Collagen, zeichnen Comics, malen Bilder, komponieren und texten ein Lied/einen Rap, drehen einen kurzen Videofilm, machen Fotos oder einen Podcast (→ **Methodenkarte**) oder ein Theaterstück etc. zu den Aspekten von Freundschaft und Liebe, die ihnen am wichtigsten erscheinen.

Literatur

Projektseite 54-55
Hedgecoe, John, Neue Fotoschule, Augsburg 1999
JIM-Studie 2007, www.mpfs.de; Die Studie informiert seit 1998 jährlich über den Umgang von Jugendlichen mit Medien. Sie steht als pdf-Dateien zum Download bereit.
Maier, Wolfgang, Grundkurs Medienpädagogik, Mediendidaktik. Ein Studien- und Arbeitsbuch, Weinheim/Basel 1998
Schönfelder, Kirsten, Kunst mit der Digitalkamera, Kempen 2007
Wenzel, Frank, Mit Podcasts arbeiten. Ein Plädoyer, in: Religionsunterricht heute 1/2008, S. 20-24.

Deuteseite I 44-45
Fend, Helmut, Die Entdeckung des Selbst und die Verarbeitung der Pubertät. Entwicklungspsychologie der Adoleszenz in der Moderne, Bd. III, Bern 1994

Medien werden gemacht

Medien sind Vermittler. Sie können technische Geräte sein wie etwa Fernseher, Computer, DVD-Rekorder, CD-Player, Radio, aber auch Gedrucktes wie Bücher, Tageszeitungen, Zeitschriften und Plakate. Medien vermitteln uns Meinungen, Bilder, Eindrücke, indem wir ein Gerät einschalten oder Gedrucktes lesen. Was wir dann sehen, hören oder lesen ist von Menschen gemacht, die wir meist nicht kennen. Wir wissen nicht alles über ihre Absichten.

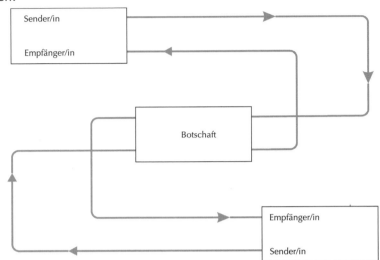

Sie wollen uns zum Beispiel unterhalten, informieren, die Wirklichkeit erklären, Freude bereiten, Angst machen, beeinflussen, uns Geld abnehmen oder selbst welches verdienen. Manche Absichten sind klar zu erkennen: Wir wissen, dass die Werbung uns Produkte verkaufen will. Manchmal wissen wir nicht so genau, was gemeint ist: Nachrichten, Talkshows, Reportagen geben vor, uns über die Wirklichkeit zu informieren. Tun sie das immer? Oft ist die wirkliche Absicht verdeckt. Wir stellen auch selten Fragen danach und lassen uns, ohne dass wir es richtig spüren, durch die Medien beeinflussen.

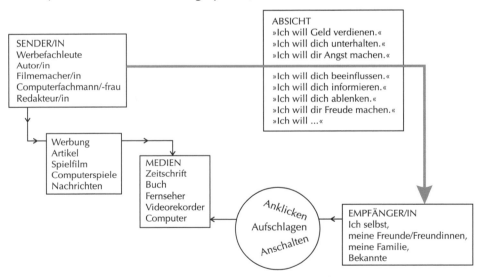

- Auf diesem Arbeitsblatt findest du ein einfaches Schema, wie Medien gemacht werden. Ordne die Lovestory auf *Projektseite* **54** in dieses Schema ein.
- Bringt ein Heft eines Jugendmagazins mit, das ihr selbst auswählt und das ihr öfter lest. Geht ein Heft in Partnerarbeit systematisch von vorne nach hinten durch. Schreibt auf, welche Seiten sich mit dem Thema Liebe und Sexualität befassen, als Bild oder Text oder Werbung. Nun nehmt ihr euch drei dieser Artikel vor und ordnet sie in das Schema, wie Medien gemacht werden, ein. Überlegt euch dabei, ob es noch versteckte Absichten gibt und wie echt der Artikel auf euch wirkt.
- Macht eine Umfrage in eurem Bekanntenkreis/Familie/Klasse, warum so viele Menschen Geschichten und Bilder über die Liebe zu Recht gerne lesen und anschauen.

$\overset{\text{4}}{\text{Gottes Gegenwart}}$ erfahren

Kompetenzen und Inhalte im Bildungsplan (Baden-Württemberg 2004)

HAUPT- UND WERKREALSCHULE	REALSCHULE
Kompetenzen	
Die Schülerinnen und Schüler ... **3. Bibel und Tradition** ... kennen zentrale Texte aus dem AT und dem NT (Erzählungen zum Leben Jesu); ... können den Begriff Evangelium erläutern; ... wissen um die Bedeutung der Bibel und im Besonderen um die vier Evangelien für die Gestaltung des alltäglichen Lebens der Christen; **4. Die Frage nach Gott** ... kennen Beispiele, wie Menschen von Gott in Bildern und Symbolen sprechen, und können diese deuten; ... erfahren an Lebensbildern, dass Christen sich an Gott wenden und aus dieser Gottesbeziehung Kraft schöpfen; **5. Jesus der Christus** ... kennen die Lebenswelt und den Lebensweg des Jesus von Nazaret in Grundzügen; ... wissen um die Beziehung Jesu zu Gott Vater; ... kennen Heilungsgeschichten und Gleichnisse Jesu und wissen, dass in Jesu Worten und Taten das Reich Gottes erfahrbar wird; ... wissen, dass sie aufgefordert sind, ihr Leben am Lebensmodell und an der Botschaft Jesu Christi zu orientieren; **6. Kirche, die Kirchen und das Werk des Geistes Gottes** ... verstehen anhand ausgewählter Beispiele, dass Christen Weltgestaltung und Weltverantwortung gemeinschaftlich wahrnehmen.	Die Schülerinnen und Schüler ... **3. Bibel und Tradition** ... kennen aus dem NT Begegnungsgeschichten von Jesus Christus, Heilungswundergeschichten und ethische Weisungen; **4. Die Frage nach Gott** ... wissen, dass Gott besonders auf der Seite der Schwachen und Unterdrückten steht; ... kennen biblische Texte, die von Hoffnung und Heil künden; **5. Jesus der Christus** ... wissen, dass die Menschen durch Jesus Christus die Güte und Menschenliebe Gottes erfahren haben; ... kennen Lebensgeschichten von Menschen, die Jesus Christus nachfolgen und anderen in ihren Nöten beistehen.
Inhalte	
Erwachsen werden – meine Zukunft - Meine Vorstellungen, Wünsche und Hoffnungen vom Leben **An Gott glauben – mit Gott leben** - Ganzheitliche Zugänge zum Glauben – Stille, Gebet, Meditation	**Jesus von Nazaret – die Nähe des Reiches Gottes erfahren** - Der Jude Jesus und seine Botschaft Mk 1,14-15 - Die Botschaft vom Reich Gottes in Gleichnissen Mt 13,45-46 - Wie Jesus Menschen begegnet Lk 13,10-13

Das Kapitel im Schulbuch

Im vierten Kapitel geht es um Erfahrungen von Gottes Nähe im Leben der Menschen. „Wie spüre ich, dass Gott in meinem Leben wirkt?" Von vielen Zeugnissen und vielleicht auch aus der eigenen Biografie wissen wir, das Wirken Gottes kann in ganz alltäglichen Situationen erfahren werden, es kann aber auch eine mystische Erfahrung sein, bei der die Nähe Gottes individuell spürbar wird. Eine mystische Erfahrung ist ein Geschenk.

Mit dem Blick auf die Verkündigung der Evangelisten in der Bibel erkennen Sch, dass sie nicht von abstrakten Wahrheiten erzählen, sondern anschaulich von Gottes Handeln an den Menschen, vom Reich Gottes und vom Heil, das durch Jesus in die Welt kam. Jesus selbst bietet in seiner Botschaft und in seinem Tun keine Belehrung über das Reich Gottes für Auserwählte, sondern vermittelt den einfachen Leuten seiner Zeit, dass es bei jedem einzelnen Menschen beginnt, und zwar bereits hier auf Erden. Wo Not gewendet wird, wächst das Reich Gottes und es wird ein Stück Himmel sichtbar und fühlbar. Man kann sagen: Es beginnt der „Himmel auf Erden". Jesus enthüllt in Gleichniserzählungen die Wirklichkeit des Reiches Gottes, indem er sich in seinen Geschichten alltäglicher, gut verständlicher Motive bedient. Die Hörer spüren: Das Reich Gottes ist kein Gedankenmodell, sondern Gottes Wirklichkeit. Anliegen des Kapitels ist es, Sch verständlich zu machen, dass Menschen durch Jesu Worte und Taten spürten, was das Reich Gottes ist. Für christliche Lebensgestaltung ist es hilfreich zu wissen, dass mit Jesus das Reich Gottes angefangen hat, da durch ihn die Menschenliebe Gottes sichtbar wurde.

Das Bild auf *Titelseite* **57** von René Magritte regt zu Assoziationen über den Zusammenhang zwischen alltäglichem Leben und Himmel auf Erden an.

Themenseite **58-59** umreißt unterschiedliche Teilaspekte des Themas. Einerseits stößt sie die Auseinandersetzung mit dem Spannungsfeld „Traum und Wirklichkeit vom Reich Gottes" an. Andererseits macht sie auf die Arbeit der Evangelisten aufmerksam und stellt eine erste wichtige Botschaft der Evangelien vor.

Ideenseite **60-61** bietet Sch praktische Arbeitsformen und Gestaltungsideen an, um für die verschiedenen Aspekte des Themas sensibel zu werden, sie selbst zeitgemäß ins Wort zu bringen oder zu gestalten.

Deuteseite I **62-63** initiiert mit kurzen Bildgeschichten Interesse an der Entstehung von Reich-Gottes-Geschichten und richtet den Blick auf ein konkretes Gleichnis. Das Lied nimmt die Thematik des Gleichnisses auf, führt es jedoch weiter, indem es das Leben und Wirken Jesu ins Heute transferiert.

Auf *Infoseite* **64-65** lernen Sch den Evangelisten Lukas und die Entstehung der Evangelien kennen. In dem fiktiven, durch Informationen gestützten Interview erarbeiten Sch Fachwissen zu diesem Entstehungsprozess und erfahren von den dahinter stehenden Hoffnungen der Menschen zur Zeit Jesu.

Auf *Deuteseite II* **66-67** lernen Sch die Heilungswundergeschichte von der gekrümmten Frau in Wort und Bild kennen. Durch Einfühlungsübungen und gestaltpädagogische Methoden der Bildbetrachtung soll für Sch nachvollziehbar werden, dass der Traum vom Reich Gottes auf Erden real werden kann.

Deuteseite III **68-69** führt Sch in zahlreiche Gleichnisse Jesu ein und zeigt an ihnen die Vielschichtigkeit der Botschaft der Evangelien. Das Vaterunser, das Gebet, das von Jesus selbst kommt und die Beziehung Jesu zu Gott, dem Vater, offenbart, ist eine wichtige Ergänzung zu den Gleichnissen, denn es macht bewusst, dass wir Gott immer wieder um das Kommen seines Reiches in unsere Realität bitten sollen.

Besinnungsseite **70-71** regt Sch durch die Geschichte der beiden Mönche an, sich mit der Vorstellung auseinanderzusetzen, dass das Reich Gottes schon hier und jetzt und in ihrer eigenen Lebenswelt Wirklichkeit werden könnte. Die Radierung von Thomas Zacharias deutet an, dass die Erfahrung der Gegenwart Gottes in der Welt im Buch der Offenbarung eine Grundlage hat.

Projektseite **72-73** bietet mehrere Möglichkeiten zu projektartigem Arbeiten auf verschiedenen Ebenen an. Sch beschäftigen sich am Beispiel von Ruth Pfau damit, wie ein Stück Himmel bereits auf Erden realisiert werden kann. Eine andere Möglichkeit bietet das Lernen an Modellen (*local heroes*) und die Beschäftigung mit Vorbildern aus dem Alltag. Sch sollen dadurch zu eigenem Handeln gestärkt und motiviert werden.

Das Gedicht von Kurt Marti auf *Stellungnahmen* **74** fasst auf ungewöhnliche Weise den Lebensweg und die Botschaft Jesu zusammen. Außerdem beschreibt das Gedicht, wie Jesus wirkte und den Menschen seiner Zeit die Gegenwart des Reiches Gottes erfahrbar machte.

Verknüpfungen mit anderen Kapiteln im Schulbuch

HS

Kap. 8: Mitfühlen, mitleiden, mithelfen

Verknüpfungen mit anderen Fächern

HS

ER: Dimension Bibel; Dimension Jesus Christus; Themenfeld „Gerechtigkeit": Jesus verkündet das Reich Gottes; Gleichnisse und Wundergeschichten
D: 2. Schreiben; 3. Lesen/Umgang mit Texten
E: 3. Umgang mit Texten
MSG: 4. Künste; 5. Spiel

IT: 1. Selbstständiges Lernen und Arbeiten mit informationstechnischen Werkzeugen: verschiedene elektronische Quellen zur Informationsbeschaffung nutzen

RS
ER: Dimension Bibel, Dimension Jesus Christus, Themenfeld „Mit der Bibel arbeiten"; Themenfeld „Jesus verkündet das Reich Gottes"
D: 2. Schreiben; 3. Lesen/Umgang mit Texten und Medien; 4. Sprachbewusstsein entwickeln

E: 3. Umgang mit Texten
Musik: 1. Musik machen – singen, sprechen und musizieren
BK: 2. Erleben und darstellen: Gefühle, Traum und Fantasie; 4. Kommunikation und kulturelles Bewusstsein: Gegenwartskunst und Kunstgeschichte; Arbeitsbereiche: Farbe und Grafik, Wahrnehmungsschulung, Interaktionen, Medien
IT: 1. Arbeiten und Lernen mit informationstechnischen Werkzeugen

---

Gottes Gegenwart erfahren   Titelseite 57

1. Hintergrund

Die Überschrift „Gottes Gegenwart erfahren" weist auf das „Lernziel" des Kapitels hin, sensibel dafür zu werden, wie Gott im Leben des/der Einzelnen und in der jeweiligen Zeit wirken kann. Das Bild von Magritte regt an, sich mit der Sehnsucht vieler Menschen nach dem „Himmel auf Erden" auseinanderzusetzen.

> **René Magritte (1897-1967)**
> Der Maler René Magritte wurde in Lessines in Belgien geboren und studierte von 1918 bis 1922 in Brüssel an der Académie Royale des Beaux-Arts. Zunächst war er gezwungen, seinen Lebensunterhalt u.a. als Tapetendesigner und Plakatmaler zu bestreiten, bis er sich durch die finanzielle Unterstützung einer Galerie ausschließlich der Kunst widmen konnte. 1927 hatte er mit vorwiegend abstrakten Bildern seine erste Einzelausstellung. Zwischen 1927 und 1930 wandte er sich dem Surrealismus zu, auch Collagen, Fotografien und Wandgemälde gehören zu seinen Werken. Er zählt neben Salvador Dalí und Max Ernst zu den wichtigsten Surrealisten des 20. Jh.

René Magritte, „Gift", 1939
Das Bild zeigt eine zum/r Betrachter/in hin geöffnete Tür. Durch den Türspalt hindurch ist eine Strandlandschaft zu erkennen, die sich aus Sandstrand, Meer und Himmel zusammensetzt. Die Tür mit Türstock ist eingelassen in eine mittelbraune Wand, die zwei Drittel der Bildfläche ausfüllt. An die untere Wandseite grenzen eine dunkelbraun gemaserte, quer laufende Bodenleiste und perspektivisch auf die Mauer ausgerichtete Bodenpaneelen. Dadurch entsteht im Vordergrund des Bildes der Eindruck eines Zimmers. Magritte kombiniert hier Elemente, mit denen der/die Betrachter/in „Draußen" und „Drinnen" verbindet, in völlig neuer Weise: Erstens nimmt die Tür im oberen Feld die Farbe des Himmels vom Hintergrund (Strand-

landschaft) auf und verläuft sich nach unten in die Farbe der braunen Maserung des Innenraums. Proportional zur Wandkomposition ist die obere Türfläche zu zwei Dritteln in der Himmelsfarbe gestaltet. Zweitens tritt zwischen Türstock/Wand und geöffnete Tür eine weiße Wolke. Die Wolke ist losgelöst vom dahinterliegenden Himmel. Die Verfremdungsabsicht Magrittes äußert sich ferner im angedeuteten Lichteinfall: Wie von einem Scheinwerfer wird von draußen die Tür beleuchtet, während die dahinterliegende Landschaft ohne Licht-Schatten-Wurf flächig gemalt ist. Auch der Innenraum leuchtet hell. Doch die schwebende Wolke, das deutet ihr Schatten an, wird von anderswoher angestrahlt als Boden und Wand. Die drei Elemente Licht, Tür und Wolke verfestigen den Eindruck von abgegrenztem Innen- und Außenraum. Beide scheinen miteinander verbunden. Doch es ist nur ein Bild, ein Fantasiebild, nicht die Wirklichkeit. Magritte sprengt mit diesem Bild übliche Sehgewohnheiten und Bedeutungstheorien. Er spielt mit der Frage, ob wir das (= vorgestellte Bild), was wir sehen, tatsächlich (= gleich der Wirklichkeit) sehen und wie wir dazu kommen, etwas anders als die Wirklichkeit sehen zu wollen.
Das Bild kann Anlass sein, um Türen für das Andere, Unerwartete und Überraschende, Irritierende zu öffnen, um dem Himmlischen Einlass zu gewähren. Durch diese Bereitschaft werden neue und bisher ungeahnte Dimensionen des Lebens aufgedeckt, gesehen und erfahren.

2. Einsatzmöglichkeiten im RU

Anregungen zur Bildannäherung
- Sch erstellen eine Liste der im Bild verwendeten Farben und schreiben die Gefühle auf, die sie mit diesem Bild verbinden.
- Sch tauschen sich darüber aus, in welchen Farben sie ihr Lieblingszimmer gestalten würden. In welchen Farben würden sie sich eher unwohl fühlen?

- Sch erfinden eine kleine Geschichte zu dem Bild. Was könnte geschehen sein? Wer könnte in diesem Raum wohnen?
- Sch überlegen: Ist der Raum ein sicherer Ort oder möchtest du lieber nicht darin wohnen? Kennst du ähnliche Situationen in deinem Leben?

Bezug zum Kapitelthema herstellen

- L schreibt das Kapitelthema „Gottes Gegenwart erfahren" auf ein großes Blatt (DIN A3) und lässt jede/n Sch einen Satz, der ihr/ihm dazu einfällt, dazuschreiben.
- Sch stellen einen Bezug zwischen dem Bild und dem Kapitelthema her und beginnen mit dem Satz

„Ich vermute, dass ..." z.B. ... die Wolke ein Zeichen für den Himmel ist, der den braunen Raum, d.h. unsere Welt, erhellen und freundlicher gestalten möchte; ... die Wolke auch Schatten auf die Erde wirft und deswegen nicht nur Fröhliches mit sich bringt; ... der Maler ein Träumer mit einer großen Fantasie war; usw.

Bild: Vorher – nachher

- Sch malen ein Bild, wie es vor Eintritt der Wolke im braunen Raum ausgesehen haben mag.
- Anschließend malen sie ein Bild im Stil von Magritte, wie es danach aussehen könnte.

1. Hintergrund

Themenseite **58-59** beschäftigt sich einerseits mit der Spannung zwischen dem „schon eingetroffen" und der Sehnsucht nach dem Reich Gottes. Andererseits macht sie bewusst, wie die Überlieferung der Frohen Botschaft begonnen hat, und eröffnet durch die sog. Seligpreisung aus dem Matthäus-Evangelium den Zugang zu dem, was Reich Gottes auf Erden sein kann. Bei den **Traumwolken** auf *Themenseite* **58** geht es um eine Differenzierung unserer Rede von Träumen. Da gibt es den von Jugendlichen dieses Alters sehr häufig geträumten *Tag-Traum* von der Freiheit aus allen Fesseln des häufig als langweilig und nicht zufriedenstellend erlebten Alltags. Oder den *Wunsch* nach einer Freundin, einem Freund. *Tag-Träume* sind Fantasien, Wunschträume, die, unabhängig vom Realitätsgehalt, mit der Lebenswelt des/der Träumenden zusammenhängen. Im Gegensatz dazu sind die Nachtträume eines Menschen nur indirekt und durch Interpretation mit dem Leben des/der Träumenden verknüpft und sind nicht in seinem/ihrem Einflussbereich.
Die *Verheißung* des Menschen Jesus, die mehr ist als ein Traum, nämlich eine Ankündigung der Verwirklichung eines Traumes, ein Versprechen des Reiches Gottes. Die Verheißung, das Versprechen wird durch die haltende, zärtliche Hand verstärkt, die Hilfe, Zuverlässigkeit und Vertrauen verdeutlichen möchte.
Wie ein Stachel ist der Spruch „Träume sind Schäume" zwischen die einzelnen Traum-Wolken getrieben, ein Stachel, der zum Nachdenken darüber anregen möchte, ob es sich bei Träumen tatsächlich nur um „Schäume" handelt oder eben um mehr. An dieser Stelle sei auf die vielen Träume im AT und NT verwiesen, die wesentliche Entscheidungen und Ereignisse vorbereiteten und begleiteten (z.B. 1 Sam 3,1-21; Apg 10,9-36). Auch die Psychologie hat die Bedeutsamkeit von Träumen erkannt, sowohl unter dem Aspekt der Verarbeitung von Ereignissen als auch der Realisierung anstehender Entscheidungen.
In der **Bildgeschichte** werden zunächst vordergründig Tag- und Nachttraum gegenübergestellt. Beide Träume beinhalten den Wunsch nach einer heileren, friedvolleren Welt. Mit der letzten Sprechblase ist jedoch eine unausgesprochene Aufforderung über den Traum hinaus verbunden: die Umsetzung dieses Traumes und damit verbunden das Erstaunen desjenigen, der diesen Traum nur in der Nacht zu träumen gewagt hat. Wünsche, die in Tag- und Nachtträumen auftauchen, sind folglich durchaus realisierbar, frei nach dem Spruch: Träume nicht dein Leben, lebe deinen Traum.
Die **Zeitungen** verweisen darauf, dass Nachrichten heute in den Zeitungen veröffentlicht und bekannt gemacht werden, und dienen dem Transfer in die Lebenswelt der Sch. Sie sollen dadurch gleich zu Beginn des Kapitels auf unterschiedliche Überlieferungsarten im Laufe der Zeit aufmerksam gemacht werden und überlegen, auf welchem Wege uns heute die Nachricht von der Frohen Botschaft erreichen kann.

Das hebräische Wort „*aschére*" steht für „Heil, Wohl", womit all das beinhaltet ist, was zu einem erfüllten und glücklichen Leben gehört. Diese Formel war allgemein bekannt. Es handelt sich dabei um eine übliche Preisungsformel, die bereits am Anfang des ersten Psalms im AT zu finden ist (Ps 1,1 „Heil dem Manne, ..."). Im Deutschen wird dieses *aschére* meist mit „selig" übersetzt.

Die Seligpreisungen im Matthäus-Evangelium
Das große Anliegen des Matthäus-Evangeliums ist es zu zeigen, dass die Geschichte des Volkes Gottes im

Weißt du, wovon ich träume?

Seligpreisung – aktuell

Selig, die über sich selbst lachen können,
denn sie werden immer genug Spaß haben.

Selig, die fähig sind, sich zu entspannen und zu
schlafen,
denn sie werden erholt sein.

Selig, die zuhören und ruhig sein können,
denn sie werden dabei etwas lernen.

Selig, die sich selbst nicht zu wichtig nehmen,
denn sie werden von ihren Mitmenschen geschätzt
werden.

Selig seid ihr, wenn ihr die kleinen Dinge ernst und
die ernsten Dinge ruhig ansehen könnt, denn ihr
werdet im Leben weit kommen.

Selig, die aufmerksam gegenüber ihren Mitmenschen sind,
denn sie werden Freude schenken und erhalten.

Selig seid ihr, wenn ihr euch für Schwache einsetzt,
denn dadurch zeigt ihr wahre Stärke.

Selig sind die, die kein böses Gesicht machen,
sondern lächeln,
denn ihr Leben wird hell sein wie die Sonne.

Selig seid ihr, wenn ihr das Verhalten der anderen
immer mit Wohlwollen interpretiert, auch wenn
alles dagegen spricht,
denn ihr werdet dadurch das Böse in das Gute
verwandeln.

Selig, die zuerst nachdenken, bevor sie reden und
handeln,
denn sie werden eine Menge Dummheiten
vermeiden.

Selig seid ihr, die ihr verzeiht,
denn dadurch schafft ihr Frieden und ein frohes
Zusammenleben.

Selig sind die, die sich für andere, selbst unter
Spott und Lebensgefahr, einsetzen,
denn sie werden das ewige Leben bekommen.

Selig sind die, die in einem Konflikt den ersten
Schritt machen,
denn sie sind die wahren Sieger.

Selig, ...

Alten Bund in das Werk Jesu einmündet. Dass Jesus in der Darstellung des Matthäus-Evangeliums zu dieser Rede auf den Berg steigt, ist nicht zufällig, sondern eine vom Evangelisten bewusst gewählte Szenerie. Die Verkündigung soll mit der Übergabe der Zehn Gebote an Mose auf dem Berg Horeb parallel gesetzt werden. Somit wird deutlich: Jesus verkündet das „Neue Gesetz". Am deutlichsten wird diese Gegenüberstellung in den sogenannten „Antithesen" der Bergpredigt (vgl. Mt 5,21-48). Dort gibt Jesus Beispiele, wie die Gebote so erfüllt werden können, dass ihr ursprünglicher Sinn wieder zur Geltung kommt.

Während bei dem Evangelisten Lukas die Seligpreisungen die Sprache des direkten Zuspruchs („ihr, die ihr jetzt weint") sprechen, überwiegt bei Matthäus der Charakter der Erzählung von einem großen Traum, deren Zeitform die Zukunft ist („Weinende werden lachen"). Die Seligpreisungen, wie sie im Matthäustext erscheinen, gehen als Formeln zwar auf Jesus zurück, sind jedoch Texte, die schon mehrere Jahrzehnte in der Urkirche an die tatsächliche Situation angepasst und weitergegeben worden waren. Mit denen, die auf dem Berg „zu Jesus treten", entwirft Matthäus seinen Traum von der sich später entwickelnden Kirche. In der Zusammenstellung von Einzelstücken stützt sich die Bergpredigt auf die beiden Hauptquellen Q und Matthäus-Sondergut. Mit „Sondergut" werden jene Stoffe bezeichnet, die ausschließlich ein Evangelist überliefert. Er hat sie vermutlich im eigenen Gemeindeumfeld gefunden. Darüber hinaus hat er noch Passagen herangezogen, die im Markus-Evangelium verstreut stehen.

2. Einsatzmöglichkeiten im RU

Träume und Wünsche benennen

- Sch gestalten in GA ein Plakat (DIN A2 oder größer) mit „Traumwolken", in die sie in kurzen Worten ihre Träume und Wunschvorstellungen schreiben. Wer möchte, kann auch Symbole für diese Träume oder Bilder malen.
- Welche Umstände oder Hindernisse stehen der Verwirklichung ihrer Träume im Wege? Sch malen oder schreiben diese an die passenden Stellen auf dem Plakat.
- Sch erhalten in kleinen Gruppen ein Seifenblasenspiel. Reihum überlegt sich jede/r einen Wunsch und schickt ihn in Gedanken oder ausgesprochen mit den Seifenblasen in den Himmel.
- Sch tauschen sich darüber aus, wie sie schon einmal einen Traum realisieren konnten bzw. wie ein Traum „geplatzt" ist wie eine Seifenblase.
- Sch sammeln Redewendungen, Sprichwörter und Sprachbilder, in denen „Traum", „Wunsch", „Himmel", „Hoffnung" etc. vorkommen.

Eine, die ihnen besonders gefällt, schreiben sie schön in ihr Heft und gestalten sie farbig oder mit Bildern.

Weißt du, wovon ich träume?

- Sch malen und/oder schreiben die Bildergeschichte auf *Themenseite 58* weiter.
- Sch erhalten die Bildergeschichte mit leeren Sprechblasen auf **AB 2.4.1, Lehrerkommentar S. 89**, und schreiben ihre eigenen Träume und Visionen in die Blasen.
- Sch denken sich eine Zukunftsvision aus, die zur Bildergeschichte passt. Was könnten die Figuren in 100 Jahren sagen?
  Alternative: Sch, die gerne zeichnen und malen, können, statt die Sprechblasen auszufüllen, selbst eine Geschichte entwerfen mit sich selbst und wichtigen Personen aus ihrem Leben als Figuren. Zu jeder Figur notieren sie deren Träume und Visionen.

Tageszeitung herstellen

Nachdem Sch die Zeitungsausgaben auf *Themenseite 59* betrachtet und den kurzen Artikel gelesen haben, überlegen sie selbst, welches Ereignis der letzten Tage aus ihrem Leben bzw. dem Schulleben das Wirken und die Gegenwart Gottes andeutet und in ihrer Tageszeitung veröffentlicht werden sollte.

- Sch schreiben kurze Meldung aus ihrem Umfeld.
- Anschließend gestalten oder kopieren sie in GA den Kopf der aktuellen Tageszeitung ihres Wohn- oder Schulortes auf ein DIN-A3-Blatt. Alle Sch der Gruppe kleben ihren Artikel auf das Blatt und gestalten so eine Zeitungsseite. Könnten Bilder zugefügt werden?
  Alternative: Sch können auch Meldungen aus Zeitungen ausschneiden und auf das Plakat kleben.
- Alle Blätter zusammen ergeben eine Klassentageszeitung, die ausgelegt werden kann.

Die Seligpreisungen fortschreiben/Selig sind  IDEENSEITE 60

Die Verheißung einer veränderten, glücklichen Welt ist unerschöpflich. Immer neue Worte können dafür gefunden werden. Die Seligpreisungen bieten an, mit den Sch eine „Alphabetisierung in der Sprache der Hoffnung" zu betreiben und die eigene Ausdrucksfähigkeit zu erweitern.

- Neben dem Text auf *Themenseite 59* und den Sch-Texten (vgl. AA „Selig sind", *Ideenseite 60*) lesen Sch die „modernen" Seligpreisungen auf **AB 2.4.2, Lehrerkommentar S. 89**. Sch überlegen sich weitere Seligpreisungen.
- Sch vergleichen die Grafik „Wie du mir, so ich dir" (**AB 2.4.3, Lehrerkommentar S. 91**) mit dem Bibeltext der Seligpreisungen (Mt 5,3-10).

Wie du mir, so ich dir

Seligpreisung als Lückentext

Selig, die _____ sind vor Gott,
denn ihnen gehört das Himmelreich.

Selig die Trauernden,
denn sie werden _____ werden.

Selig, die _____,
denn sie werden das Land erben.

Selig, die hungern und dürsten nach der
Gerechtigkeit,
denn sie werden _____ werden.

Selig die _____,
denn sie werden Erbarmen finden.

Selig, die ein reines Herz haben,
denn sie werden _____ schauen.

Selig, die _____,
denn sie werden Kinder Gottes genannt
werden.

Selig, die um der Gerechtigkeit willen
verfolgt werden, denn ihnen gehört
_____

Selig seid ihr, wenn ihr um meinetwillen
_____ und _____ und
auf alle mögliche Weise _____
werdet.
Freut euch und jubelt: euer _____
im Himmel wird groß sein.

Erläuterung zum Bild:

Zwei Kinder/Jugendliche kämpfen gegeneinander und beschimpfen sich. Um sie herum sind zwei Schlangen, die sich jeweils in das Schwanzende beißen (Urschlange *Uroboros* symbolisiert den ewigen Kreislauf). Als nicht zu durchbrechender Kreis schließen sie die beiden Kämpfenden ein.

Solange beide sich bekämpfen und beschimpfen, gibt es aus diesem „Teufelskreis" kein Entrinnen. Erst wenn eine/r nachgibt und nicht mehr länger nach der Überschrift „Wie du mir, so ich dir" handelt, wird der Automatismus durchbrochen, kann es zu einer Lösung des Konfliktes kommen.

Die Feststellungen der Seligpreisungen (z.B. „Selig, die keine Gewalt anwenden" oder „Selig, die Frieden stiften") bieten die einzig sinnvollen, wenngleich auch verrückt wirkenden Lösungen zur Beendigung des Teufelskreises der Gewalt an. Innerhalb eines Streites oder Konfliktes hilft oft nur ein völlig unerwartetes und „verrücktes" Verhalten.

- Sch malen die Grafik im Sinne der Seligpreisungen neu. Was geschieht mit dem Kreis und den Kämpfenden? (Der Kreis öffnet sich durch das Verhalten der sich Versöhnenden.)
- Sch übersetzen verschiedene Seligpreisungssätze in Ich-Form („Selig bin ich, wenn ...").
- Sch ergänzen den Seligpreisungstext auf **AB 2.4.4, Lehrerkommentar S. 91**, und vergleichen ihn mit dem Original. Aus den Sch-Texten fügen Sch einen gemeinsamen Text für die Klasse zusammen und hängen diesen im Klassenzimmer auf.

Ein Gedicht zu den Seligpreisungen schreiben

- Sch lesen das Gedicht von Martin Gutl „Endlich einer, der sagt ..." auf **AB 2.4.5, Lehrerkommentar S. 93**, und vergleichen es mit den biblischen Seligpreisungen (Mt 5,3-10). Was ist gleich, was wurde erweitert?
- Sch verfassen ein eigenes Gedicht mit den Anfangsworten „Unglücklich" oder „Arm dran" als Gegentext zu den Seligpreisungen. Besprechen!

Ideenseite 60-61

Die Anregungen der *Ideenseite* werden im *Lehrerkommentar* auf folgenden Seiten besprochen:
Meinen Traum vom Leben finden: S. 110
„Himmel auf Erden": S. 110
Selig sind ...: S. 90
Meine persönliche Überlieferung weitergeben: S. 94
Die Bibel ist nicht vom Himmel gefallen: S. 96

Wichtiges weitergeben vom Reich Gottes   Deuteseite I 62-63

1. Hintergrund

Am Beispiel eines Fahrradunfalles zeigt die **Bildgeschichte** auf *Deuteseite* **62**, wie verschieden ein Vorgang/Sachverhalt wiedergegeben werden kann. Je nach Perspektive des/der Erzählenden und Verwendungszweck werden unterschiedliche Schwerpunkte herausgehoben und mit der je eigenen Deutungsweise verknüpft. Sch können so die verschiedenen Gattungen wie Predigt, Bericht und Erlebniserzählung herausarbeiten (Zusammenarbeit mit dem Fach Deutsch!). Von dieser Bildgeschichte aus kann der Übergang zu dem Bild eines Evangelisten hergestellt werden, der über seine Textauswahl und seine Adressaten nachdenkt. Er muss aus den überlieferten Berichten und Zeugnissen auswählen.

In diesem Zusammenhang ermöglicht das Lexikonstichwort Evangelium/Evangelist (*Lexikon* **148**), Sch in den selbstständigen Gebrauch des Lexikons einzuführen.

Je nachdem, wie ausührlich die Entstehung und Eigenart der Evangelien im RU behandelt werden soll, lassen sich mithilfe der Lexikonstichworte Markus, Matthäus, Lukas, Johannes die unterschiedlichen Schwerpunkte und Adressatenkreise der Evangelisten erarbeiten und z.B. in einem Tafelbild zusammentragen.

Das **Gleichnis vom Festmahl** (Lk 14,15-24) ist eine fiktive Erzählung Jesu aus dem Alltag, die politische und soziale Strukturen seiner Zeit beschreibt.

Ein König veranstaltet ein Festmahl und lädt angesehene Leute ein, die Ackerland besitzen und Handelsgeschäfte betreiben – also Männer der örtlichen Oberschicht. Diese geladenen Gäste sagen jedoch ab mit Ausreden, die den Gastgeber kränken. Danach lädt der Hausherr Arme, Obdachlose ein, die seiner Einladung

Endlich einer, ...

Endlich einer, der sagt:
Selig die Armen!
und nicht:
Wer Geld hat, ist glücklich!

Endlich einer, der sagt:
Liebe deine Feinde!
und nicht:
Nieder mit den Konkurrenten!

Endlich einer, der sagt:
Selig, wenn man euch verfolgt!
und nicht:
Passt euch jeder Lage an!

Endlich einer, der sagt:
Wer an mich glaubt, wird leben
in Ewigkeit!
und nicht:
was tot ist, ist tot.

Martin Gutl

Die Entstehung der Evangelien

Ein Reporter hat den Evangelisten Lukas zur Entstehung seines Evangeliums befragt.
Jetzt kannst zu zeigen, ob du die Antworten des Lukas verstanden hast.
Schreibe die Abkürzung Mt, Mk, Lk und S (S = Sondergut) so in die leeren Felder,
dass die Zeichnung stimmt.

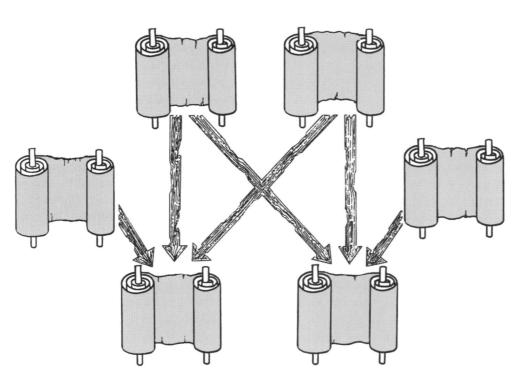

folgen. Um das Gleichnis zu verstehen, ist es hilfreich, die beiden vorausgehenden Verse Lk 14,12-14 mit in Betracht zu ziehen. In diesem Vorspann macht Jesus deutlich, was er mit der neuen Mahlgemeinschaft meint: Nicht nur die Reichen sollen eingeladen werden, sondern v.a. die Bedürftigen. Große Festmähler waren zur Zeit Jesu ein wichtiges Thema. „Die Gastmähler Jesu mit Sünderinnen und Sündern und den Armen, die neue Mahlpraxis wohlhabender Menschen, die Jesus nachfolgen, und die Mahlpraxis der christlichen Gemeinden, zu der die christliche Eucharistie gehört, bedeuten Speisung der Hungrigen, Verwirklichung von Solidarität innerhalb des Volkes Gottes" (Schottroff 2005).

Jesus macht mit diesem Gleichnis deutlich, dass die üblichen Gastmähler zum Ort der Solidarität mit Armen und Unterprivilegierten gemacht werden sollen, damit die Gastgeber zu Geschwistern der Armen werden und so das Festmahl als Beginn des Reiches Gottes für Arm und Reich erfahrbar wird (z.B. Lk 15,1-2). Später, in den Anfängen der Kirche, haben die Mahlgemeinschaften eine grundlegende Bedeutung für das Zusammenleben der christlichen Gemeinden.

Das Gleichnis ist also nicht als Kette von Metaphern zu lesen (z.B. Gastgeber = Gott), sondern als Beispielgeschichte aus dem konkreten Leben, wo der Hausherr seine Türen zunächst nicht für die Armen und Bedürftigen öffnet. Das Gleichnis vom Festmahl kritisiert ihn und seinesgleichen und nötigt die Zuhörer, ihre eigene Mahlpraxis zu überdenken. Jesus zeigt an diesem Beispiel den Weg zum Reich Gottes, zu einer Mahlgemeinschaft von Reichen und Armen, die ebenfalls ein Recht darauf haben, an der Schöpfung, der Nahrung und der Gesundheit Anteil zu haben. In diesem Sinne ist das Gleichnis höchst aktuell für die Gesellschaftsstrukturen unserer Zeit und Welt.

Das **Lied** greift das Thema des Festmahls als Sinnbild für das Reich Gottes auf.

2. Einsatzmöglichkeiten im RU

Bildgeschichte mit verschiedenen Texten
Nachdem Sch die Bildgeschichte betrachtet und den dazugehörigen Text gelesen haben, bieten sich folgende Möglichkeiten:
- Sch lassen weitere Personen (Mutter, Arzt usw.) zu diesem Fahrradunfall erzählen.
- Sch erfinden eine andere Situation, die sie wieder von verschiedenen Personen kommentieren lassen.
- Sch spielen ein Ereignis (z.B. Party mit Ruhestörung), das aus verschiedenen Blickwinkeln weitererzählt wird.

▶ IDEENSEITE 61

Meine persönliche Überlieferung weitergeben
Sch stellen ein entscheidendes Ereignis ihres Lebens und daraus gewonnene Einsichten dar, die etwas über sie als Persönlichkeit zeigen.
Vorbereitung: Mögliche Erzählperspektiven (Eltern, Großeltern, Freund/in, Lehrer/in, Jugendleiter/in etc.) und Gattungen (Warnung, Ratschlag, Hoffnungsgeschichte, Bericht, Lied) zusammentragen und für alle sichtbar notieren (TA, Plakat).

Meine Lieblingsgeschichte aus dem NT
Die Evangelisten recherchierten längere Zeit, ehe sie ihre Evangelien abfassen konnten. Dabei ging es für sie um die wesentlichen Erlebnisse aus dem Leben Jesu, die sie jeweils für ihre Leser-Gemeinde aufschreiben wollten.
- Sch spielen/erzählen/malen eine Geschichte aus dem Leben Jesu, die ihnen besonders gefällt, und stellen sie der Klasse vor.
- Welche Geschichten müssten nach Ansicht der Sch auf jeden Fall in einer Sammlung enthalten sein?

Zum Essen einladen
- Sch stellen sich vor, sie laden zum Essen ein, und stellen eine Gästeliste zusammen.
  - Wen laden sie in jedem Fall ein? Welche Gäste sind nicht willkommen?
  - Sind auch Mit-Sch dabei, die nicht so „angesagt" sind?
- Sch gestalten die Einladung.
- Sch überlegen, was es für sie bedeutet, eingeladen zu werden. Zu welchen Einladungen gehen sie gerne, bei wem sagen sie ab?

Eingeladen zum Fest des Glaubens
- Sch schreiben aus dem Lied stichwortartig Charakteristika der Menschen heraus, die zum Fest des Glaubens eingeladen sind.
- Welche Eigenschaften würden auf sie selbst zutreffen?

Collage gestalten
- In GA schneiden Sch aus Zeitungen, Prospekten etc. Bilder aus und kleben die Bilder zu einer Festmahlgemeinschaft zusammen. Wie sieht der Raum aus, in dem das Essen stattfindet? Welche Leute sind eingeladen?
- Sch stellen ihre Collagen aus und vergleichen.
- Würde ein Satz aus dem Gleichnis vom Festmahl (Lk 14,12-24) oder aus dem Lied „Eingeladen zum Fest des Glaubens" dazupassen? Sch gestalten den Satz, der sie am meisten anspricht, dazu.

1. Hintergrund

Die *Infoseite* bietet Hintergrundwissen zur Entstehung der Evangelien.

Über die vier Evangelisten und ihre Werke können sich Sch in selbstständiger Arbeit im *Lexikon* des Schulbuches informieren, ebenso über den Begriff „Neues Testament". Durch ein fiktives **Interview** werden Sch an die Erarbeitung der drei Stufen der Überlieferung und an die Beziehung der Evangelisten untereinander herangeführt.

Entstehung der Evangelien

In dem fiktiven „Interview mit dem Evangelisten Lukas" sind neuere Erkenntnisse der Exegese zur Entstehung der ntl. Schriften verarbeitet.

Man kann annehmen, dass die ersten Christen recht bald nach dem Tode und der Auferstehung Jesu, schon ab den 40er-Jahren, anfingen, Erinnerungen an Jesu Worte und Taten aufzuschreiben und zu sammeln: Jesusworte, Gleichnis- und Wundererzählungen, Erzählungen von der Passion und der Auferstehung Jesu. So konnten die Erinnerungen an die Ursprungssituation des Glaubens gesichert werden. Zu den ersten Schriften des NT zählt aber nicht das etwa im Jahre 70 entstandene Markus-Evangelium, sondern einige Briefe des Apostels Paulus. Der erste davon stammt aus dem Jahre 50 oder 51. Paulus schrieb ihn (mit Silvanus und Thimotheus) von Korinth aus an die Gemeinde von Thessalonich (1 Thess).

In die vier kanonischen Evangelien gingen also bereits schriftlich fixierte Überlieferungen ein. Lange Zeit galten die vier Evangelien als Werk von herausragenden Persönlichkeiten des entstehenden Christentums: der Apostel Matthäus und Johannes, Markus als Sekretär des Petrus und Lukas als Reisegefährte des Paulus. Die exegetische Forschung geht aber heute davon aus, dass die Evangelisten keine Augen- und Ohrenzeugen des Lebens Jesu waren, sondern profilierte Theologen, die mit dem reichhaltigen Material sorgfältig und auf je besondere Weise umgingen. Sie waren Sammler der Tradition und Ausleger der Überlieferungen. Sie waren eingebunden in die theologischen Reflexionen von konkreten Christengemeinden in ihrer Zeit und hatten diese im Blick ihrer Verkündigung. Als Entstehungszeit kann man für Mk etwa das Jahr 70, für Mt und Lk ungefähr um 80 und für Joh, das jüngste der vier kanonischen Evangelien, um 90 annehmen. Die ersten drei Evangelien gelten als die synoptischen Evangelien, weil sie nach der „Zwei-Quellen-Theorie" neben der Markusüberlieferung noch eine weitere miteinander übereinstimmende Quelle von Jesusworten verarbeitet haben.

Der Verfasser des Lukas-Evangeliums ist ein hellenistisch gebildeter Heidenchrist gewesen, der Palästina nicht aus eigener Anschauung gekannt hat und wenig Sinn für die Probleme von Judenchristen entwickelt hat. Bei seinen Lesern setzt er eine Vertrautheit mit der griechischen Übersetzung des AT voraus. Es ist durchaus möglich, dass dieser Lukas hieß, wenn er aber in der kirchlichen Tradition als Mitarbeiter des Paulus ausgewiesen wird, dann steckt dahinter das Bestreben, das Evangelium möglichst nahe an die Zeit der Apostel anzusiedeln. In Legenden wird er sogar aus diesem Grund als einer der 70 Jünger Jesu oder als der namentlich nicht genannte zweite Jünger auf dem Weg nach Emmaus bezeichnet.

Dem Evangelisten standen neben Markus und der Logienquelle noch umfangreiche schriftliche und mündliche Überlieferungen als Sondergut zur Verfügung: 550 der 1150 Verse. Zu diesem Sondergut zählen u.a. die Kindheitsgeschichten, einige Gleichnisse und Abschnitte der Passionserzählungen. Die eigenständige Redaktionsarbeit des gebildeten Evangelisten kann man an stilistischen Glättungen und Veranschaulichungen, Auslassungen von anstößigen Aussagen (Tadel des Simon bei Mk 8,33), an der Betonung der Barmherzigkeit Gottes und seiner Zuwendung zu den Sündern erkennen.

Durch die Aussagen in den **Sprechblasen** (*Infoseite* **65**) werden Sch konkret mit typischen Lesern des Lukas-Evangeliums bekannt gemacht: Sündern, Schwachen, Frauen und Kindern, Armen und Kranken.

2. Einsatzmöglichkeiten im RU

Wanted: Die vier Evangelisten

Über die vier Evangelisten und ihre Arbeit wird im *Lexikon* einiges berichtet.

- Sch verfassen für jeden einzelnen Evangelisten einen Wanted-Zettel mit den wichtigsten Informationen, z.B. Name, Symbol, Geburtsland, Sprache, Abfassungszeit seines Werkes usw.
- Ratespiel: Wer bin ich? Ein/e Sch spielt einen bestimmten Evangelisten und erzählt über sich, während der Rest der Klasse errät, um welchen Evangelisten es sich handelt.

Das NT als Bücherschrank

In *Reli konkret 1 Lehrerkommentar* findet sich in Kap. 4 „Die Bibel erkunden" bereits ein Impuls, der Sch näherbringen soll, dass das NT aus verschiedenen Büchern besteht. Es bietet sich an, auf das **AB 1.4.4, Lehrerkommentar S. 93**, zurückzugreifen

und die unbeschrifteten Bücher des Schrankes zu beschriften.
Alternative: Sch bauen ein Holzregal und basteln und beschriften die einzelnen Bücher aus Holzklötzchen oder beklebten Streichholzschachteln (Kooperation mit *MSG*).

Das NT als Reim
Die Reihenfolge der Bücher im NT lässt sich leicht lernen, wenn Abkürzungen verwendet werden.
Mt, Mk, Lk, Joh, die Apg und die Offb lernen Sch als einrahmende Bücher kennen. Die nachfolgenden Briefe lassen sich auf folgende Weise lernen:
RoKoKoGalEphPhilKolThessThessTimTimTitPhlHeb.
Die Abkürzungen sind gut im Rap-Rhythmus zu sprechen und dann leicht einzuprägen.

Bild-Detektive
- Frage an die Sch zur Abbildung im Interview mit dem Evangelisten Lukas: Welche Materialien verwendete der Evangelist zur Erstellung seines Evangeliums? (Feder, Schriftrollen)
- Welche Gegenstände auf der Abbildung gab es zur damaligen Zeit nicht? (Mikrofon, Kassettenrekorder, Baseballmütze)

Die Entstehung der Evangelien nachvollziehen
Nach der Bearbeitung des Interviews mit dem Evangelisten Lukas erhalten Sch **AB 2.4.6, Lehrerkommentar S. 93**, und beschriften die einzelnen Schriftrollen richtig.

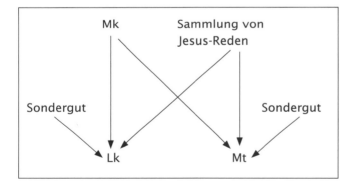

Die drei Stufen der Überlieferung
Sch füllen nach dem Lesen des Interviews das **AB 2.4.7, Lehrerkommentar S. 97**, zu den drei Stufen der Überlieferung richtig aus.

Die Bibel ist nicht vom Himmel gefallen
▶ IDEENSEITE 61

Die Handstudie Dürers ist in vielerlei Hinsicht deutbar:
- als eine aus dem Nichts kommende Hand, die das Buch als etwas Kostbares trägt und hält.
- als eine Verbindung von Überirdischem (Hand Gottes oder Jesu) und Irdischem (Buch).
- als eine ergänzende Provokation zu der dazugehörigen Überschrift.
- Sch beschreiben das Bild (Hand hält vorsichtig ein geöffnetes Buch, Hand und Buch kommen aus dem Nichts, Geschriebenes ist in dem Buch nur angedeutet).
- Sch formulieren Fragen an das Bild (z.B. „Wie kommt das Buch in die Hand?", „Wer hält das Buch?", „Wer hat es geschrieben?"), die um eine auf Karton aufgeklebte Kopie des Bildes im Klassenzimmer aufgehängt werden können.
- Sch stellen einen Bezug zwischen dem Bild und dem nebenstehenden Text her. Nach dem Lesen des Textes können sie mit dem Satz beginnen „Ich weiß jetzt, dass ..."
  ... das Buch die Bibel ist.
  ... die Texte im Laufe vieler Jahre entstanden und aufgeschrieben worden sind.
  ... die Evangelien unterschiedliche Geschichten enthalten.
  ... mit Jesus das Reich Gottes begonnen hat.
  ... Gott (Symbol Hand) der Ursprung der Bibel ist, sie jedoch nicht geschrieben hat.

Hoffnungsgeschichte für verschiedene Menschen
Infoseite 65 lässt Adressat/innen eines biblischen Textes selbst zu Wort kommen.
- Sch lesen die Sprechblasen und finden heraus, welche Leser/innen des späteren Evangeliums sich hier äußern.
- Sch wählen eine andere biblische Reich-Gottes-Geschichte aus und formulieren aus Sicht der Adressaten analoge Aussagen.
- Sch kleben die Aussagen ebenfalls in Sprechblasen auf einen Karton, gestalten entsprechende Traumblasen und kleben sie dazu.

Die drei Stufen der Überlieferung

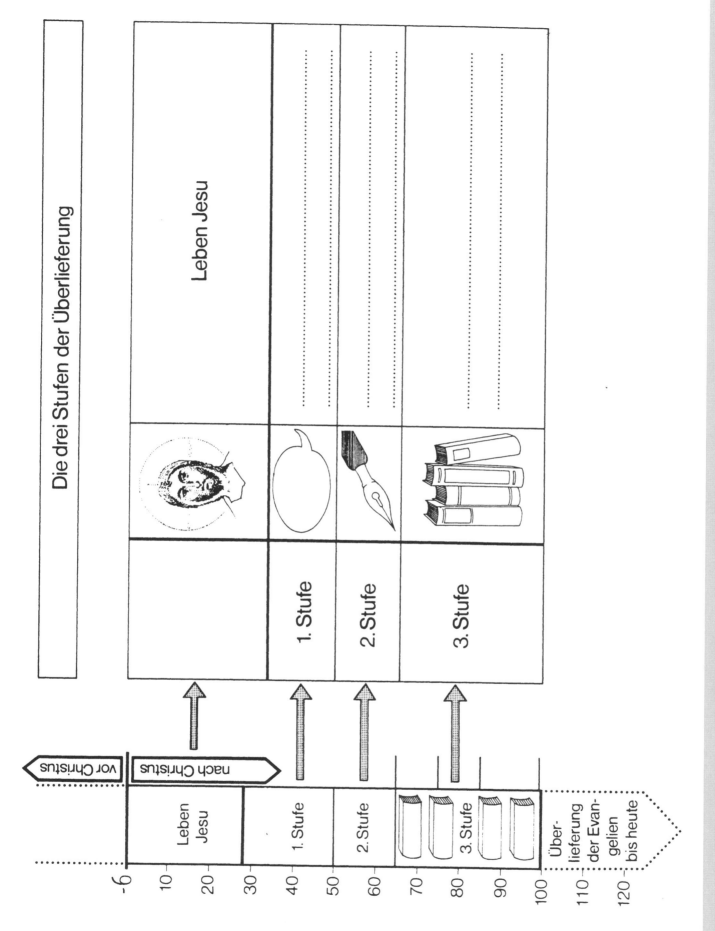

		Leben Jesu
1. Stufe		
2. Stufe		
3. Stufe		

vor Christus

nach Christus

Leben Jesu	1. Stufe	2. Stufe	3. Stufe	Über-lieferung der Evan-gelien bis heute

-6
10
20
30
40
50
60
70
80
90
100
110
120

1. Hintergrund

Die Erfahrung der Gegenwart Gottes im Leben der Menschen wird durch die Heilungsgeschichte der gekrümmten Frau deutlich.

Die *Deuteseite* **66** bietet den biblischen Text Lk 13,10-13 an sowie Einfühlungsübungen zum Thema „gekrümmt oder verkrümmt sein". Auf *Deuteseite* **67** zeigt das Bild aus dem Evangeliar Ottos III. wie Jesus die gekrümmte Frau heilt. Mit diesem Gleichnis und der Bilddarstellung können Sch erspüren, was es bedeutet, dass mit Jesus das Reich Gottes angefangen hat.

Das Wunder von der Heilung der gekrümmten Frau

Die Wunder Jesu lassen sich in fünf Gruppen untergliedern: Krankenheilungen, Exorzismen, Speisewunder, Naturwunder und Totenauferweckungen.

Wundergeschichten haben stets mehrere Intentionen, sie geben nicht einfach Geschehenes wieder, sondern belehren (z.B. veranschaulichen die Macht des Bösen), bekennen (z.B. dass Jesus der Herr über chaotische Mächte ist), verheißen (z.B. dass das Reich Gottes von der Herrschaft des Bösen befreit) und weisen an (z.B. „Geht hin und heilt ebenso!"). Folglich wollen sie Einsichten vermitteln, die Bedeutung Jesu herausstellen, Hoffnung wecken und die Menschen zum Handeln auffordern.

In der Perikope **Lk 13,10-13** geht es um die Heilung einer gekrümmten Frau. Das Leiden der Frau wird – wie so oft bei damals noch unerklärbaren (z.B. psychischen) Krankheiten – auf einen Dämon zurückgeführt, sie wird jedoch nicht ausdrücklich als „Besessene" bezeichnet und ihre Heilung erfolgt auch nicht durch Austreibung eines Dämons. Nach jüdischer Auffassung ist es das Wesen des Menschen im Unterschied zu sonstigen Lebewesen, dass er aufrecht geht. Durch die Krankheit ist das Menschsein der Frau infrage gestellt. Sie kann nicht nach oben sehen, also auch nicht zu Gott aufblicken, und sie kann keinem Gegenüber direkt in die Augen schauen und so mit ihm in Beziehung treten. Der „böse Geist", der als Ursache für die Krankheit genannt wird, ist zu verstehen als etwas, was die Frau beugt oder unterdrückt.

Die Kranke bittet Jesus nicht um Heilung, wie viele andere es getan haben. Jesus selbst ergreift die Initiative, wendet sich ihr zu und heilt sie mit der gewohnten Geste der Handauflegung von ihrem Leiden. Er richtet sie wieder auf, er gibt ihr ihre menschliche Würde wieder.

Damit fordert er den Widerspruch der anwesenden Pharisäer heraus (Lk 13,14-17). Nach ihrer Lehre war es am Sabbat nur bei bestehender Lebensgefahr erlaubt, einem Menschen ärztliche Hilfe zu leisten. In ihren Augen hat daher Jesus durch seine „Arbeit" den Sabbat entheiligt. Durch sein provokatives Handeln macht Jesus diesen Sabbat zu einem Tag, an dem ein Mensch seine ursprüngliche Gestalt und Würde zurückbekommt.

Bei einigen Pharisäern musste es wohl auch Anstoß erregen, dass Jesus die Frau zur Heilung in der Synagoge in den Bereich der Männer holte und die Frau nach ihrer Heilung Gott in der Synagoge pries, was eigentlich nur Männern vorbehalten war.

Beachtenswert innerhalb dieses Streitgespräches ist, dass Jesus der Frau einen Ehrentitel zuerkennt, nämlich „Tochter Abrahams". Ihr gilt daher der Segen und das Heil, das Abraham für alle Menschen verheißen wurde. Hier wird die Hochschätzung Jesu gegenüber den Frauen deutlich. Damit setzte er sich ab von jeglicher sozialer und religiöser Ausgrenzung von Frauen, die es in manchen Richtungen des damaligen Judentums gegeben hat. Zu Jesu Schülerkreis gehörten entsprechend auch Frauen, darunter solche, die er zuvor „von bösen Geistern und von Krankheiten geheilt hatte" (Lk 8,2f.).

Der Abschluss der Heilungserzählung (13,17) zeigt, dass die Gegner Jesu im Streitgespräch nichts erwidern konnten, dass sich jedoch das jüdische Volk über Jesu Tun und Handeln freute, weil es darin Gott selbst am Werk sah (vgl. Lk 9,43a). Wer sich von Jesus befreien und erlösen lässt, wird frei zur Verehrung Gottes, zur Nächstenliebe und zu einem freudigen, offenen Leben vor Gott, dem Reich Gottes. Die Wundergeschichte möchte folglich das Reich Gottes veranschaulichen, zur Umkehr aufrufen, verdeutlichen, wer Jesus ist, und die christliche Gemeinde zu einer heilenden Lebenspraxis motivieren.

Nach dem Streitgespräch bricht die Heilungsgeschichte ab. Für die Sch eröffnet dieses offene Ende die Chance, durch Überlegung und Einfühlungsübungen weitere Umstände für das Gekrümmtsein der Frau herauszufinden, aber auch die realistischen Schwierigkeiten eines geheilten Menschen mit sich und seiner Umwelt nachzuvollziehen.

Heilung der gekrümmten Frau (Lk 13,10-13), Evangeliar Ottos III., Reichenau, um 1000

Typisch für fast alle Bilder dieses Evangeliars ist ihre Zweiteilung in eine linke und rechte Personengruppe, die sich aufeinander zubewegen – in diesem Bild fein säuberlich getrennt in eine Frauen- und in eine Männergruppe, die von den jeweiligen Hauptpersonen angeführt werden – links die Gekrümmte und rechts Christus mit dem Kreuznimbus, hinter ihm zwei Apos-

Das Evangeliar Ottos III. ist einer der Höhepunkte der ottonischen Buchmalerei aus dem Bodensee-kloster Reichenau. Ein Evangeliar enthält den Text aller vier Evangelien vollständig und ist mit prächtigen Bildern ausgestattet. Otto III. hat es nach heutigem Erkenntnisstand für sich persönlich in Auftrag gegeben. Die Bildgestaltung erinnert formal an die spätantike und byzantinische Ikonografie. Es kann davon ausgegangen werden, dass die Buchilluminationen in Beratung mit den Kapellanen und Theologen Ottos konzipiert worden sind. Die malenden Mönche hingegen blieben im Hintergrund, weshalb wir im Zusammenhang mit mittelalterlicher Buchmalerei nie auf Künstlernamen stoßen. Typisch für die byzantinische Malweise war die Zweidimensionalität der Bilder. Das Geschehen spielt sich nicht in einer räumlichen Perspektive ab, sondern in der Fläche. Auch auf raumfüllende Landschaftselemente wird verzichtet, um dadurch eine bestimmte Wirkung zu erzielen. Die goldenen leeren Flächen zwischen den Figuren müssen wir uns im Original als Blattgold vorstellen, das bei jeder Bewegung der Buchseite funkelt und dadurch das Bild zu einem funkelnden Kraftfeld macht, im übertragenen Sinne auch zu einem geistigen Spannungsfeld, das zwischen den dargestellten Personen hin- und herströmt.

Die dargestellte Szene ist Teil einer größeren Architektur. Das Bild gehört zu einer zweistöckigen Darstellung mit zwei Bildern in einem Rundbogen, der von einem rechteckigen verzierten Rahmen eingefasst ist. Es hat somit die Form eines romanischen Fensters oder Torbogens. Die Bilder dieses Buches sollten die Vorstellung von Monumentalarchitektur vermitteln. Jedes der Bilder zeigt das enge Ineinandergreifen von Ottos demütiger Frömmigkeit und seinem herrscherlichen Ausdruckswillen.

tel. Die beiden Hauptfiguren sind mit Mänteln in den Farben bekleidet, wie sie auch Herrscher tragen. Christus trägt auf diesem Bild den herrscherlichen Purpur, den man schon in der Antike kannte. Grün ist die Farbe der Hoffnung, denn das grüne Holz ist Zeichen des jungen Lebens in der Natur (vgl. auch Lk 23,31). Die gekrümmte Frau ist in dem Augenblick, in dem sie auf Jesus zugeht, bereits mit dem Gewand der Hoffnung bekleidet; dem tut selbst ihr Buckel auf dem Rücken keinen Abbruch mehr. Sie wirkt trotz ihres körperlichen Gebrechens vornehm. Es ist, als müsste die Frau nur noch mit ihren Füßen ein kleines Hügelchen überwinden, bis sie mit Jesus zusammentrifft und alle Last von ihr genommen wird. Das kleine Hügelchen in der Mitte der Bodenformation hat für das Bild auch

architektonische Funktion. Es unterstreicht zusätzlich die Zweiteilung des Bildes in eine linke und rechte Hälfte.

Dass noch andere Frauen mit der Gekrümmten mitgezogen wären, sagt die Bibel zwar nicht – in Lk 13,10-13 sitzt die Frau in oder vor der Synagoge, in der Jesus lehrte, nur von den Jüngern kann man annehmen, dass sie mit Jesus mitgezogen sind –, aber es geht hier nicht um eine getreue Abbildung des Bibeltextes, sondern um die Dramaturgie dieses Bildes. Die beiden Gruppen, deren Figuren jeweils dicht aneinander zur Bildmitte drängen, verfolgen mit konzentrierten und intensiven Blicken das Geschehen und üben so einen suggestiven Druck auf die Szenerie aus. Damit helfen sie gleichzeitig dem Betrachter, auch seinen Blick ins Bildzentrum zu lenken. Was gibt es dort zu sehen? Nichts! Doch entsteht dort ein unsichtbares, aber höchst geladenes Spannungsfeld im Irgendwo zwischen den segnenden Händen Jesu, den bittend ausgestreckten Händen der Frau und einem flatternden Gewandzipfel. Die Hände mit ihren überlangen Fingern und dieses Mantelstück erscheinen wie elektrisiert von einer unsichtbaren, aber höchst wirksamen Kraft. Wenn man sich dann das funkelnde Blattgold dazu vorstellt, wird man Zeuge eines sich jetzt vollziehenden Geschehens. In dieses Energiefeld tritt die Frau ein und der Betrachter kann dabei zuschauen. Das ist wie Kino im Mittelalter. Was sich für uns Heutige, die wir uns mit einer papierenen Kopie zufriedengeben müssen, recht statisch ausnimmt, ist im Original ein bewegtes Bild, eine unmittelbare Partizipation am Heilsgeschehen – geradezu ein Sakrament.

Und genau als solches müssen wir uns dieses mittelalterliche Buch vorstellen: als einen heiligen Gegenstand, ein Symbol für Christus. Es wurde im Gottesdienst in geschlossenem Zustand in einer Prozession feierlich zum Altar getragen und dem Volk dann mit einer aufgeschlagenen Buchseite präsentiert. Vielleicht wurde dabei so mancher Mühselige und Beladene selber von dem Kraftfeld berührt, das offensichtlich von einem solchen Bild ausging, da nach damaliger Vorstellung im Abbild das Urbild wirksam war. Dass solche Bücher bzw. Bilder nicht einem ästhetischen Interesse dienten, sondern eine primär liturgische Funktion hatten, ist offensichtlich; sie waren nicht Kunstgegenstand, sondern Kultgegenstand.

2. Einsatzmöglichkeiten im RU

Gekrümmt sein und aufgerichtet werden

Gekrümmt sein und aufgerichtet werden sind zwei Erfahrungen im Leben eines Menschen, die Sch vielleicht selbst schon gemacht haben.

- Sch lesen den biblischen Text zunächst als Ganzes und dann mit verteilten Rollen.

- Indem sie die Heilung pantomimisch darstellen, intensivieren Sch die Eindrücklichkeit der Geschichte. Entweder nehmen alle Sch gleichzeitig die Körperhaltung der gekrümmten Frau beim Lesen des Textes ein oder nur einzelne Sch.

Gedanken einer/eines Gekrümmten

- Sch überlegen, welche Gedanken sich die gekrümmte Frau machen könnte.
- Sch lesen den Text noch einmal still für sich oder laut gemeinsam und versuchen, diese Gedanken auf sich selbst und eine Situation zu übertragen, in der sie sich „gekrümmt" haben oder „verkrümmt" waren.
- Sch schreiben ihre Gedanken zu „gekrümmt sein" als Stichworte oder auch als Gedicht in ihr Heft.

Gedanken einer/eines Geheilten

- Sch versetzen sich in die Frau nach ihrer Heilung.
- Sie schreiben die Gedanken der Geheilten als Stichworte oder als Gedicht in schön gestalteter Form neben die Gedanken zu „gekrümmt sein".

Sich ein Bild aneignen

- Sch betrachten das Bild auf *Deuteseite* **67** (→ **Methodenkarte** „Ein Bild erleben" oder „Ein Bild erschließen").
- *Alternative:* Sch probieren eine leibbezogene Bildbetrachtung aus.
  - Das Bild wird als Folie an die Wand projiziert.
  - Sch nehmen ihren rechten Zeigefinger und ziehen Konturen der Personen auf dem Bild nach.
  - Sch benützen ihren Zeigefinger als Gravurstift und ihre linke Handfläche als Silberplatte. Der Finger graviert das Bild in die linke Handfläche.

Ein Bild nachstellen

Sch stellen ein Standbild zum Bild auf *Deuteseite* **67** (→ **Methodenkarte** „Ein Standbild stellen") und äußern Gedanken und Gefühle dabei.
- Gekrümmte Frau: Niedergebeugt, mit dem Blick zum Boden, kleingemacht, die Hände hoffnungsvoll Jesus entgegengestreckt.
- Frauen und Jünger: Neugierig, kritisch, die Hände vor der Brust oder gar nicht sichtbar.
- Jesus: Der Gekrümmten zugewandt, richtet seine rechte Hand auf sie, um zu heilen etc.

Die Heilungsgeschichte in Farben umsetzen

- Sch erhalten **AB 2.4.8, Lehrerkommentar S. 101**.
- L liest den Text nach Lk 13,10-13 abschnittsweise vor.
- Sch malen auf dem AB das Kästchen neben dem jeweiligen Satz mit der Farbe aus, die ihnen spontan zum Text einfällt.
- Sch übertragen die Farben auf die Umrisszeichnung.

- Sch setzen sich im Kreis zusammen und stellen ihre Bilder vor, vergleichen und äußern spontan, was ihnen auffällt.

„Ich" in der Heilungsgeschichte

Biblische Rettungsgeschichten haben manchmal die Struktur eines Klage- oder Rettungspsalmes mit drei charakteristischen Strophen:
- „Ich ...": Ausbreitung der Not in der Klage.
- „Du aber ...": Hinwendung zu Gott, der als hilfreich beschrieben wird.
- „Darum, Herr, ...": Folgerung aus dieser Zuversicht als Bitte an Gott oder nach der Rettung als Lobpreis.
- Sch schreiben einen Rettungspsalm aus Sicht der Geheilten nach dieser Struktur.

Es geht noch weiter ...

- Sch überlegen in GA, wie die Geschichte der geheilten, ehemals gekrümmten Frau weitergehen könnte.
  In kurzen Szenen (→ **Methodenkarte** „Ein Rollenspiel spielen") präsentieren sie ihre Fortsetzung den Mit-Sch.
- Mit **AB 2.4.9, Lehrerkommentar S. 103**, erhalten Sch eine mögliche Fortsetzung von Lk 13,10-13.
  Sch lesen die Geschichte und versetzen sich in die Lage der Geheilten und deren Mitmenschen, auf die sich die Heilung in unterschiedlicher Weise auswirkt und die mit der neuen Situation zurechtkommen müssen. Folgende Impulse können für die Vertiefung hilfreich sein:
  Rahel, die geheilte Frau: Überlege dir, was sich nach deiner Heilung nun ändert. Was kannst du tun, was vorher nicht ging? Welche Forderungen stellst du an deinen Mann, deine Schwiegermutter und deine Nachbarinnen? Was möchtest du nun nicht mehr? Welche Vor- und Nachteile hat die Heilung für dich?
  Samuel, Rahels Mann: Deine Frau war 18 Jahre lang gekrümmt und bucklig. Sie schlief im Ziegenstall, war lästig und nur für einfache Arbeiten gerade gut genug. Freust du dich über ihre Heilung? Welche Vor- und Nachteile hat die Heilung für dich?
  Rebekka, die Schwiegermutter: Deine Schwiegertochter war 18 Jahre lang bucklig. Nun geht sie plötzlich aufrecht. Überlege dir, welche Aufgaben sie nun nicht mehr machen möchte, womit sie nicht mehr zufrieden ist, was sie neu kann. Freust du dich über ihre Heilung?
  Rut, eine Nachbarin: Deine Nachbarin Rahel, die dir nie in die Augen sehen konnte, weil sie einen Buckel hatte, kann nun plötzlich aufrecht gehen. Überlege dir, was nun plötzlich anders ist.
- Sch lassen die einzelnen Figuren sprechen (vgl. AA) oder stellen die Reaktionen in GA in einem kurzen Rollenspiel oder szenischen Spiel dar.

Jesus richtet auf

Text nach Lk 13,10-13	Farbe
Am Sabbat lehrt Jesus in einer Synagoge. Dort sitzt eine Frau, die seit achtzehn Jahren krank ist, weil sie von einem Dämon geplagt wird.	
Ihr Rücken ist verkrümmt, und sie kann nicht mehr aufrecht gehen.	
Als Jesus sie sieht, ruft er sie zu sich	
und sagt: Frau, du bist von deinem Leiden erlöst.	
Und er legt ihr die Hände auf.	
Im gleichen Augenblick richtet sie sich auf und preist Gott.	

1. Hintergrund

Auf *Deuteseite III* lernen Sch verschiedene Gleichnisse aus der Verkündigung Jesu kennen und beschäftigen sich mit dem Vaterunser, dem gemeinsamen Gebet aller Christen, das Jesus die Jünger gelehrt hat und in dem sie um das Kommen des Reiches Gottes bitten.

Gleichnisse

Welch ein herausragender Erzähler Jesus war, wird vor allem durch seine Gleichnisse erkennbar. Sie gehören zur Weltliteratur. Mit seinen Gleichnissen zeigt Jesus, dass er möglichst alle Menschen erreichen will, um sie davon zu überzeugen, dass das Reich Gottes nahe ist, dass jetzt die Zeit der Entscheidung ist. Seine Gleichnisse knüpfen an alltägliche Erfahrungen an und enthalten dann oft Irritationen oder Überraschungen, um neue Zusammenhänge zu erschließen, neue Gesichtspunkte zu eröffnen, die das Wahrnehmen, Denken und Handeln der Zuhörenden verändern wollen, mit dem Ziel, sich auf die neue und andere Wirklichkeit des Reiches Gottes einzulassen. Die Gleichnisse wollen keine „Lehre" sein, sondern Einladung und Einweisung in das Leben der Gottesherrschaft mit seinen Visionen. Wer sich darauf einlässt, kann seine Wirklichkeit und sein Leben in einen größeren Horizont rücken: ins Licht der Gottesherrschaft. Mit den lebensnahen Beispielen, den nachvollziehbaren Vorbildern und vor allem mit den farbigen Bildworten knüpft Jesus an die Realitäten des Lebens und an die Erfahrungswelt der (damaligen) Menschen an und weckt so auch Emotionen, um Menschen zu öffnen für das Neue der Gottesherrschaft. Falsch wäre es, Gleichnisse nicht als Bilder zu lesen, sondern als Beschreibung Gottes im Maßstab 1:1. Jesus beachtet auch hierbei das Bilderverbot. Im bildhaften Vergleich wird etwas von göttlicher Wirklichkeit aufgewiesen. Eine Gleichsetzung der Personen in Gleichnissen mit Gott vermeidet Jesus bewusst, obwohl durch sie und die Bilder sehr viel erfahren werden kann über die Sicht Jesu von der kommenden Herrschaft Gottes.

Den heutigen Hörern und Lesern wird es nicht grundsätzlich anders gehen als den ursprünglichen Adressaten, den ersten Zuhörern oder den ersten Lesern der Evangelien, obwohl diese die Bilder ihrer Alltagswelt besser verstanden haben: Gleichnisse können sehr unterschiedlich gehört werden. Sie legen ja nicht auf eine einzige „richtige" Deutung fest, sondern sie wollen immer wieder auf überraschende Weise auffordern, das Leben und die Wirklichkeit neu zu sehen und die Aktualität dieser Sichtweise zu überprüfen.

Wer sich auf die Botschaft der Gleichnisse einlässt, der oder die begibt sich schon jetzt in eine neue Wirklichkeit, die durch Jesus uns nahe gekommen ist.
Um diese Wirkung zu erzielen, bedienen sich die meisten Gleichnisse einer metaphorischen Sprache (von griech. *metaphora* = Übertragung), durch die irritierende oder überraschende Zusammenhänge hergestellt werden. Metaphern eröffnen ein Spektrum an möglichen Bedeutungen und fordern zur Interpretation und zu kreativen Deutungsprozessen heraus.

Die Botschaft der Gleichnisse Jesu

Mt 13,45-46: Es gibt eine einmalige Gelegenheit, das eigene Heil zu erwerben. Diese Gelegenheit bietet sich allen Menschen und es gilt, diese entschlossen, mit ganzem Einsatz zu nutzen.
Lk 6,47-49: Das Gleichnis aus der Arbeitswelt (Hausbau) weist darauf hin, dass das Reich Gottes unmittelbar vor der Türe steht und jeder dafür vorbereitet sein und sich bewusst machen sollte, worauf er sein Leben gebaut hat.
Mt 25,14-30: Das Reich Gottes braucht den vollen Einsatz von jeder/jedem. Wer für das Reich Gottes nicht alles einsetzt, wird nicht in das Reich Gottes eingehen.
Lk 15,8-9: In diesem Gleichnis wird die große Freude eines Menschen geschildert, der etwas Verlorenes, das ihm wichtig ist, wiederfindet. So ist es mit dem Reich Gottes, glücklich der, der es wiederfindet, wenn er es verloren hat.
Lk 15,11-32: Das ist die neue Wirklichkeit des Gottesreiches: Gott ist gütig und hat Mitleid mit den Sündern. Er ermöglicht Umkehr/Heimkehr in die Gemeinschaft mit sich, ja er ersehnt sie und freut sich darüber.
Mt 18,23-35: Im Reich Gottes gilt der Standpunkt der Gesetzesgerechtigkeit nicht mehr, es gilt vielmehr die neue Ordnung der Barmherzigkeit Gottes.
Mt 20,1-16: Wenn Gottes Herrschaft anbricht, gilt nicht mehr die starre Abrechnung nach Leistung und Lohn, der neue Maßstab ist die Güte Gottes, die alle menschliche Leistung erst ermöglicht.
Lk 13,6-9: Die Gnadenzeit, die mit Jesus angebrochen ist, dauert noch an. Umkehr, Glaube und Einsatz für das Reich Gottes aber stehen noch aus. Deshalb: Nützt das Heilsangebot Gottes, bevor es zu spät ist.

Die Bitte um das Kommen des Gottesreiches: Das Vaterunser

In den Evangelien finden sich verschiedene Überlieferungen vom sog. Vaterunser: in Mt 6,9-13 die ausführlichste, in Lk 11,22ff eine knappere und zusätzlich noch eine Kurzfassung in Mk 11,25: „Und wenn ihr beten wollt und ihr habt einem etwas vorzuwerfen, dann

Eine Frau lernt den aufrechten Gang

Lk 13,17b: „Das ganze Volk aber freute sich über all die großen Taten, die er vollbrachte." Freute sich? Alle??

Sie ging nach Hause. Sie ging langsam, denn sie verlor immer wieder ihr Gleichgewicht und musste sich an den Wänden der Häuser abstützen. „Ist sie betrunken?", fragte eine Frau diejenigen, die mit ihr gingen. „Nein", sagten diese, „Rahel hat nur Schwierigkeiten mit dem aufrechten Gang. Achtzehn Jahre ... das ist eine lange Zeit. Da muss man sich eben erst umgewöhnen." „Warum gehst du dann nicht erst einmal so wie immer?", fragte die Nachbarin Rut sie, „dann gehst du sicher. Und schneller vorwärts kommst du auch!"

„Aber ich bin doch geheilt!", rief Rahel, „verstehst du nicht? Ich bin geheilt, geheilt!" „Ja, ja – das seh' ich ja", murmelte Rut und verschwand wieder im Haus.

Als die geheilte Rahel am Haus angekommen war, empfing sie ihre Schwiegermutter Rebekka. „Gesegnet bist du Rahel!", sagte sie und „Der Herr hat Großes an dir getan!". Rahel war verwirrt. Sie hörte die freundlichen Worte, doch hatte sie ihrer Schwiegermutter in die Augen gesehen, und was sie da sah, passte nicht zu den Worten. „Bisher habe ich mich immer auf die Worte verlassen", dachte sie, „ihre Augen habe ich nie gesehen."

„Das Essen ist fertig", sagte die Schwiegermutter. Rahel sah, wie ihr Mann Samuel sich schweigend neben Judith setzte, die Schwiegermutter setzte sich gegenüber. Als Rahel sich neben sie setzte, suchte sie ihren Teller. „Ach, entschuldige", rief die Schwiegermutter, „ich hab ihn ganz in Gedanken wie immer auf die Erde gestellt. Du hast ja nie ... achtzehn Jahre, das ist eine lange Zeit!" Sie holte den Teller. Schweigend wurde gegessen. „Ich bin müde und mir ist schwindelig", seufzte Rahel. „Dann leg dich ein wenig hin!" Ihr Mann sprach sie zum ersten Mal an. Sie stand auf und ging zu ihrem Zimmer. Mit dem Kopf stieß sie an den Türbalken. „Das wird dir noch öfter passieren", rief Judith, „du musst dich eben erst umgewöhnen!"

Tief gebeugt ging sie zu ihrem Bett, warf sich auf die Kissen und weinte. Dann drehte sie sich um und ließ ihre Hände unruhig die Zimmerdecke entlangwandern. Sie stand auf, ging tief gebückt zur Tür.

Im Wohnraum richtete sie sich erleichtert auf. Die andern saßen noch am Tisch. „Es geht nicht mehr so", sagte sie, „ich kann nicht mehr in diesem Ziegenstall schlafen. Mir kommt förmlich die Decke auf den Kopf!"

„Wie stellst du dir das vor?", fragte ihr Mann, „wir haben kein anderes Zimmer für dich. Es hat gereicht, achtzehn Jahre lang. Und jetzt auf einmal ..."

Helmut Siegel

Setze die Gedanken und Gefühle folgender Menschen in Worte um.

Rahel: _____

Samuel: _____

Rebekka: _____

Rut: _____

vergebt ihm, damit auch euer Vater im Himmel euch eure Verfehlungen vergibt."

Die Matthäus-Fassung ist für Sch die vertrauteste, an ihr orientiert sich die liturgische Praxis der Kirche seit frühester Zeit, in der Eucharistiefeier, in der Tauffeier und in der privaten und gemeinsamen Gebetspraxis. Die Vater-Anrede (*abba* = lieber Vater) verweist auf die persönliche, ja zärtliche und familiäre Nähe Jesu zu Gott, dem Vater. In dieser Anrede wird etwas von Jesu Gottesbild erkennbar: Liebe, Zärtlichkeit und Geborgenheit einerseits und Anerkennung seiner Autorität anderseits schließen sich darin aus. In dieses persönliche Gottesverhältnis werden nach dem Wunsch Jesu die Jünger und schließlich alle mit einbezogen, die sich diesem Gebet Jesu anschließen. Jesus ermutigt dazu, Gott als Vater im Himmel anzurufen und ihm als Grund unseres Daseins zu vertrauen. Mit der Ortsbezeichnung „im Himmel" verbindet der Anfang des Gebets die familiäre Nähe mit der Transzendenz Gottes. Mit der Anrede greift Jesus auf jüdische Traditionen des Betens zurück. Die Anrede *„abi"* (mein Vater) oder *„abenu"* (unser Vater) ist in jüdischen Gebeten belegt, kaum aber das jesuanische *„abba"*. Hier zeigen sich die Verwurzelung Jesu im Judentum und zugleich eigene jesuanische Akzentsetzungen. Es wäre falsch, in der Anrede eine bewusste Abkehr Jesu von der jüdischen Gebetstradition zu sehen.

Die darauffolgenden Bitten stellen zuerst den Kern der Botschaft Jesu in den Vordergrund: das Kommen des Reiches. Die damit in Zusammenhang gebrachte Heiligung des Gottesnamens stellt eine Verbindung her zur Anrede: Gott möge sich in seiner Herrschaft als der väterlich Gütige erweisen. Dass es eine göttliche Herrschaft ist, unterstreicht sehr deutlich die nur bei Mt überlieferte Anfügung „wie im Himmel so auf der Erde". Der Gott, dessen universales Reich kommen soll und dessen Namen geheiligt werden soll, wird als Vater angerufen. In den Gleichnissen kann man dann mehr dazu lesen, wie dieser Vater handelt: z.B. im Gleichnis von den beiden Söhnen (Lk 15,11ff) oder als einer, der seine Sonne aufgehen lässt über Bösen und Guten und es regnen lässt über Gerechte und Ungerechte (Lk 6,35). In den Gleichnissen und in den Wundererzählungen zeigt sich besonders deutlich die wohltuende Herrschaft Gottes und in der Bergpredigt (Mt 5,3-12), wem in besonderer Weise Gottes Reich versprochen wird und Heil zugerufen wird.

Die zweite Bittreihe wendet sich explizit irdischen Bedürfnissen zu, konzentriert in der Brotbitte. Mt und Lk betonen auf unterschiedliche Weise die Konstanz der Zuwendung Gottes: „Gib uns heute das Brot, das wir brauchen" (Mt 6,11) bzw. „Gib uns täglich das Brot, das wir brauchen" (Lk 11,3). Wenn den Jüngerinnen und Jüngern aufgetragen wird, um das „tägliche Brot" zu bitten, dann werden ihre Alltagssorgen mit dem „Willen Gottes" und dem Kommen des

Reiches verbunden. Die alltäglichen Nöte stehen somit für Jesus in der Nähe der Erfahrbarkeit von Gottes Herrschaft. Die Nähe des Reiches Gottes zeigt sich dort, wo Feinde geliebt, Brote und Fisch geteilt, Hungernde gesättigt, Besessene geheilt, Aussätzige berührt werden usw. Die Botschaft und die Praxis Jesu verdeutlichen, was Nähe des Reiches Gottes für die Menschen bedeutet.

Sowohl Mt als auch Lk verbinden die Vergebungsbitte mit der Selbstverpflichtung zu vergeben. Vergeben wird in diesem wichtigsten Gebet aller Christen als die herausragende „Pflicht" hervorgehoben, als ein Hinweis darauf, was christliche Existenz kennzeichnen soll. Hier verdichtet sich, was Christen zur Erfahrbarkeit des Reiches Gottes im Hier und Jetzt schon beitragen können, auch, wenn das Kommen als Werk Gottes noch aussteht: Vergebung gewähren. Vor dieser Verpflichtung aber steht die vertrauensvolle Bitte um Vergebung der Schuld durch Gott, seine Vergebungsbereitschaft ist ein Geschenk, will ansteckend sein und zeigt seine Menschenfreundlichkeit.

Der Abschluss klingt fast wie ein Aufschrei: Gott möge uns Menschen nicht in Versuchung bringen und uns vor dem in dieser Welt so mächtigen Bösen erretten. Nur er kann von dem Bösen befreien, das in und durch Menschen wirksam wird und das sich als verderbende Macht des Bösen immer wieder in dieser Welt erweist. In dem Ruf nach Erlösung klingt die Sehnsucht nach dem Kommen des Reiches Gottes an.

Die für den liturgischen Kontext und die Gebetspraxis angefügte Doxologie als Lobpreis verstärkt den Ausblick auf die eschatologische Wirklichkeit des Reiches Gottes. Die Formel „Denn dein ist die Kraft und die Herrlichkeit" ist für den Beter eine preisende Antwort auf das Heilshandeln Gottes. Diese Formel ist im Lauf des 2. Jh. an den biblischen Text angefügt worden. Sie verweist auch darauf, wie Bitten und Loben im Gebet zusammengehören. Das Glück des Menschen und die Ehre Gottes gehören zusammen.

Das Vaterunser kann zu Recht als Grundgebet der Christen angesehen werden, in dem eine Kurzformel des Glaubens enthalten ist. In der vertrauenden Hinwendung zum Gott Jesu als unserem Vater antworten Menschen lobend und bittend auf die von Gott mit ihnen begonnene Geschichte und wünschen sich die neue Welt des kommenden Reiches Gottes.

2. Einsatzmöglichkeiten im RU

Begriffe klären
- Sch schlagen die Begriffe Evangelium und Gleichnis im *Lexikon* nach.
- Sch schreiben kurze Definitionen in Stichworten auf.
- Sch erklären die Begriffe ihren Mit-Sch.

Die Botschaft der Gleichnisse Jesu

- ■ Lies das Gleichnis in der Bibel nach. Was erfährst du über das Reich Gottes? Schreibe es in Stichworten in die linke Tabellenspalte.
- ■ Male in die rechte Tabellenspalte die Person/den Gegenstand, mit der/dem Jesus seine Botschaft ausdrückt.

Mt 13,45-46:	
Lk 6,47-49:	
Mt 25,14-30:	
Lk 15,8-9:	
Lk 15,11-32:	
Mt 18,23-35:	
Mt 20,1-16:	
Lk 13,6-9:	

Bibliolog

- L wählt ein Gleichnis von *Deuteseite III* aus.
- L erlebt mit Sch die Szenen und Rollen der biblischen Erzählung als Bibliolog nach (→ **Methodenkarte** „Bibliolog").
- Weitere kreative Methoden eignen sich zur Weiterführung, z.B. Gedicht schreiben, Satz gestalten, Bild malen etc.

Die Botschaft der Gleichnisse darstellen

- Sch erhalten **AB 2.4.10, Lehrerkommentar S. 105**, bilden Gruppen und wählen pro Gruppe eines der Gleichnisse aus.
- Sie lesen das Gleichnis in der Bibel nach und bearbeiten es gemäß AA.
- Sch stellen ein Standbild (→ **Methodenkarte**) zu ihrem Gleichnis.
- Sch wählen ein Gleichnis aus und schreiben es in EA weiter.

Vater und Mutter unser

- Sch erhalten **AB 2.4.11, Lehrerkommentar S. 107**, mit dem Text des Vaterunsers aus der Bibel in gerechter Sprache.

- Sch lesen als Paare Verse des Originaltextes im Wechsel mit der Interpretation.
- Könnte diese Version beim nächsten ökumenischen Schulgottesdienst vorgetragen werden?

📖 Literatur s. *Lehrerkommentar* S. 112

Auf der ganzen Welt beten

- Sch lesen auf **AB 2.4.11, Lehrerkommentar S. 107**, das Vaterunser in englischer Sprache. Sie recherchieren, z.B. im Internet auf www.credobox.de/vateruns, weitere Fassungen, z.B. auf Französisch, Lateinisch etc.
- Sch überlegen, welche Beziehung Jesus zu Gott hatte, wenn er den Menschen dieses Gebet gegeben hat.
- Sch tragen verschiedene Fassungen laut vor. Wie klingt das Vaterunser jeweils?
- Könnte eine Version im nächsten Schulgottesdienst mit allen Sch gebetet werden? Was müsste dazu vorbereitet werden?

Besinnungsseite 70-71

Die Elemente der *Besinnungsseite* können zu Beginn bzw. zum Abschluss einer Unterrichtsstunde, in meditativen Einheiten, in (Schul-)Gottesdiensten oder zur kreativen Gestaltung etc. eingesetzt werden.

1. Hintergrund

Wo ist das Reich Gottes? Ist die Suche nach dem Reich Gottes örtlich zu verstehen? Die Mönche der **Legende** auf *Besinnungsseite* **70** kommen am Schluss ihrer Weltreise zu der Erkenntnis, dass das Reich Gottes bei jedem einzelnen Menschen beginnt, und zwar bereits hier auf der Erde. Es handelt sich folglich nicht um einen rein auf das Jenseits beschränkten Zustand oder gar Ort. Dort, wo das „Not-Wendende" getan wird, wächst das Reich Gottes.

Thomas Zacharias, „Ich komme bald", um 1992

Botschaften, die an die Wand gesprayt werden, begegnen uns im Alltag so oft, dass wir sie kaum noch bewusst wahrnehmen. Irgendjemand hat mit ungelenker, krakeliger Schrift etwas von sich gegeben, was nur einen Einzigen bzw. eine Einzige etwas angeht, die restliche Menschheit lässt es kalt. „Gaby, ich liebe dich!", war z.B. einmal auf einer Autobahnunterführung in

Thomas Zacharias (geb. 1930)

Der Künstler war Professor für Kunsterziehung an der Kunstakademie in München. Bekannt wurde er durch die „24 Farbholzschnitte zur Bibel", deren Erstdrucke bis heute im Foyer der Katholischen Akademie in München hängen. 1992 erschienen die „121 Radierungen zur Bibel" für die evangelische Auswahlbibel der Deutschen Bibelgesellschaft. Diesem Zyklus ist die Radierung „Ich komme bald" entnommen. Die Bibelbilder von Zacharias sind keine narrativen Nachgestaltungen einzelner Perikopen, sondern abstrahierende Gedankenbilder, die über die unmittelbare Textgestalt hinaus eine theologisch-hermeneutische Funktion anstreben. „Ich suchte in der Schrift nach Metaphern und Anstößen für autonome Bilder, die parallel zum Text stehen. Sie bedeuten etwas im Hinblick auf ihn und darüber hinaus." (Zacharias)

der Nähe von Stuttgart zu lesen, unter der Tausende von Autos dahinbrausten. Lesen können diesen Satz zwar alle, wirklich entschlüsseln können ihn nur die zwei, die eine Vorgeschichte miteinander haben. Für alle anderen ist er eine Verschandelung öffentlicher Bauwerke. Dieses sich aus der Anonymität heraus mit

Das Gebet des Herrn

So also betet.

Du, Gott, bist uns Vater und Mutter im
Himmel,

dein Name werde geheiligt.

Deine gerechte Welt komme.

Dein Wille geschehe,

wie im Himmel, so auf der Erde.

Das Brot, das wir brauchen,

gib uns heute.

Erlass uns unsere Schulden,

wie auch wir denen vergeben,

die uns etwas schuldig sind.

Führe uns nicht zum Verrat an dir,

sondern löse uns aus dem Bösen.

Bibel in gerechter Sprache Mt 6,9-13

Our Father in Heaven

hallowed be your name

your kingdom come,

your will be done,

on earth as in Heaven.

Give us today our daily bread.

Forgive us our sins

as we forgive those who sin against us.

Save us from the time of trial

and deliver us from evil.

For the kingdom, the power, and the glory

are yours now and for ever.

Amen.

Vaterunser der anglikanischen Kirche

Da berühren sich Himmel und Erde

T: Thomas Lambach/M: Christoph Lehmann
© tvd-verlag, Düsseldorf

1. Wo Men-schen sich ver-ges-sen, die We-ge ver-las-sen und neu be-gin-nen, ganz
neu, da be-rüh-ren sich Him-mel und Er-de, dass Frie-den wer-de un-ter uns,
da be-rüh-ren sich Him-mel und Er-de, dass Frie-den wer-de un-ter uns.___

2. Wo Menschen sich verschenken,
   die Liebe bedenken,
   und neu beginnen, ganz neu,
   da berühren sich Himmel und Erde ...

3. Wo Menschen sich verbünden,
   den Hass überwinden,
   und neu beginnen, ganz neu,
   da berühren sich Himmel und Erde ...

einer Botschaft bei jemand Bestimmtem in Erinnerung rufen, hat der Künstler in der Radierung aufgegriffen: „Ich komme bald." Verstanden wird diese Schrift nur von dem, für den vorher schon etwas „gelaufen" ist. Ein anderer wird sie kaum registrieren. Je nachdem, wie die Vorgeschichte ist, kann der Satz als Drohung – „ich werde dich schon noch kriegen, du kommst mir nicht aus" – oder als Verheißung – „freue dich, denn bald bin ich bei dir und wir sind glücklich vereint" – verstanden werden. Die Bedeutung hängt von der Art der Beziehung ab, die zwischen dem Sender und dem Empfänger besteht. Nur die beiden, die die Botschaft etwas angeht, kennen ihre semantische Tiefenstruktur. Alle anderen können nur ihre Oberflächenstruktur erfassen. Angesprochen ist, wer sich angesprochen fühlt, d.h., wer aus seinem Lebenskontext heraus das Gekrakel entschlüsseln kann.

Thomas Zacharias hat mit dieser Radierung einen Satz aus der Offenbarung des Johannes aufgegriffen. Im 22. und zugleich letzten Kapitel erscheint diese Botschaft insgesamt dreimal, in den Versen 7, 12 und 20. Als letzter Vers bildet er die Schlussbotschaft des Buches und des NT sowie der gesamten Bibel überhaupt. Auch hier verhält es sich so, wie mit der Graffitischrift an der Autobahnbrücke: Nur wer eine Vorgeschichte mit dem Schreiber hat, weiß sie richtig zu deuten. Nur Einzelne können die Schrift am Weg entziffern und sie für sich als Verheißung deuten, die da heißt: „Es wird nichts mehr geben, was der Fluch Gottes trifft" (22,3). „Siehe, ich komme bald. Selig, wer an den prophetischen Worten dieses Buches festhält" (22,7). „Siehe, ich komme bald, und mit mir bringe ich den Lohn, und ich werde jedem geben, was seinem Werk entspricht" (22,12). Und schließlich die Schlussbekräftigung: „Ja, ich komme bald" (22,20).

Ein Liebesgestammel zuallerletzt! Weiterer Worte bedarf es nicht. Wer hören bzw. lesen kann, der lese! Wer es nicht kann, wird gleichgültig daran vorbeiziehen. Wer dieses fast leere und unscheinbare Bild eine Weile betrachtet, für den nimmt der kleine schwarze Klecks am unteren Bildrand plötzlich Gestalt an. Ein winziger, zusammengekauerter Mensch kristallisiert sich da heraus. Plötzlich weitet sich die Hauswand zum Firmament, auf dem die Schrift nun riesengroß erscheint. Wie ein großer Segen steht sie jetzt am Himmel über der kleinen Gestalt. Hat durch die Anonymität hindurch ein einziges kleines Menschenwesen die Botschaft bereits auf sich gemünzt oder bleibt sie ihm verborgen, weil es den Blick nicht weiten kann? Das bleibt in diesem Bild unentschieden. Erst wenn der einzelne Mensch erkennt: Ich bin ja gemeint!, und die Antwort gibt: „Amen. Komm, Herr Jesus!" (22,20), hat die Bibel, die wir „Offenbarung Gottes" nennen, ihr letztes Wort gesprochen. Persönlicher und inniger könnte sie nicht enden.

2. Einsatzmöglichkeiten im RU

Die Legende veranschaulichen
Sch haben unterschiedliche Möglichkeiten, die Legende mit selbst gemalten Bildern zu illustrieren, z.B.
– indem sie diese Bilder auf normales Papier malen,
– eine Diareihe auf Glasdias oder mit Butterbrotpapier bespannten Dias herstellen,
– einzelne Abschnitte der Legende (z.B. „sie durchwanderten die Welt") mit zusätzlichen Bildern ausschmücken (z.B. kamen sie dabei in eine große Stadt ...).

Einen Bezug zum Titelbild herstellen
■ Sch betrachten das Bild *Titelseite* **57** noch einmal und setzen es in Bezug zur Legende. Was fällt mir nun an dem Bild auf? (Raum evtl. Klosterzelle; der Himmel, angedeutet durch die Wolke, beginnt an dem Ort, wo wir wohnen usw.)
■ Sch beschriften die Teile des Bildes (z.B. Türe als Klostertüre usw.).

Wo das Reich Gottes beginnt
■ Sch erhalten **AB 2.4.12, Lehrerkommentar S. 107**, und singen gemeinsam das Lied „Da berühren sich Himmel und Erde".
■ Sch schreiben aus dem Liedtext heraus, wo der Himmel auf Erden beginnt.
■ Sch dichten weitere Strophen zum Lied.

Sich der Radierung nähern
■ Sch betrachten in Stille die Radierung auf *Besinnungsseite* **71**. Leise wird meditative Musik dazu gespielt.
■ Sch schreiben auf ein Blatt, das sie neben das Bild legen, die Gedanken, die ihnen dazu kommen.
■ Wer möchte, darf am Ende der Übung seine Gedanken vorlesen.

Das Bild in Schritten entdecken
■ L zeigt nur die ersten beiden Worte: „Ich komme." Sch äußern sich dazu.
■ Danach deckt L „bald" auf. Sch kommentieren und beobachten Schriftart und Richtung.
■ Ganzes Bild wird gezeigt. Sch entdecken und beschreiben Menschen. Sch äußern sich zum ganzen Bild.
■ Sch schlagen in der Bibel Offb 22,20 auf und lesen laut vor. Sch äußern Gedanken, Ideen und Vermutungen zu diesem letzten Satz in der Bibel.
■ Sch gestalten diesen Satz selbst schön auf ein weißes Blatt.

Steckbrief von Ruth Pfau

Geburtsjahr und -ort: _____

Ordenseintritt: _____

Name des Ordens: _____

Beginn und Ort der ersten Lepra-Arbeit: _____

Lebensaufgabe: _____

Auszeichnungen: _____

1. Schreibe den Traum von Ruth Pfau in die Traumwolke.
2. Notiere in die Hand, wie sie ihren Traum verwirklicht.
3. Schreibe in das Herz, woher Ruth Pfau ihre Überzeugung nimmt.
4. Welche Ermutigung (siehe Zitat) spricht Ruth Pfau jeder und jedem von uns persönlich zu?
   Schreibe diese in die Sprechblase.

Meine „verrückten" Taten, die für andere Menschen gut sind:

_____

_____

_____

Raum füllen
- Sch erhalten Zacharias-Radierung als Schwarz-Weiß-Kopie (auf DIN A4 vergrößert).
- Sch füllen leeren Raum und schreiben hinein, was ihnen wichtig ist.

Gebet schreiben
- Sch fühlen sich in den Menschen am Bildrand ein. Sie schreiben das, was sie der Zusage Gottes antworten wollen, als Gebet auf ein Blatt und gestalten es schön.

Projektseite 72–73

1. Hintergrund

Ruth Pfau (geb. 1929)
Der in Leipzig Geborenen standen sämtliche Karrieren offen. Sie entschied sich jedoch für die „verrückteste" Möglichkeit und ging als Ordensfrau in eines der ärmsten Länder der Welt, nach Pakistan, um dort die Lepra zu bekämpfen. Ruth Pfau – eine Frau, durch die für viele Menschen das Reich Gottes bereits auf Erden spürbar wurde. Ihr unkonventioneller, entschiedener Einsatz für ein Ziel, einen Schatz, kann sie für Jugendliche gerade dieser Altersstufe attraktiv machen, aber auch zur Herausforderung werden.

Prophetinnen und Propheten unserer Zeit
Das Konzept der „Local Heroes" (vgl. *Lehrerkommentar* S. 56) zeigt Möglichkeiten für christliches Handeln und Tun auf, wo Himmel und Erde sich berühren können, wo für Menschen das Reich Gottes beginnt. Auf *Projektseite* 73 liegt der Schwerpunkt darauf, dass die Jugendlichen Vorbilder vor Ort kennenlernen, d.h., Sch arbeiten sich von der Fremdorientierung auf die Eigenverantwortung hin. Es ist wichtig, dass junge Menschen zunächst vorbildliches Verhalten, Einstehen für andere und Helfen in ihrem Umfeld erleben und dann in Projekten, soweit möglich, einüben und reflektieren.

2. Einsatzmöglichkeiten im RU

Ruth Pfau: Ärztin, Nonne und Powerfrau
In mehreren Schritten nähern sich Sch dieser außergewöhnlichen Frau:
Sch füllen den Steckbrief **AB 2.4.13, Lehrerkommentar S. 109**, mit den wichtigsten Informationen über Ruth Pfau aus.

Local heroes
Sch wählen eine Person aus ihrem Umfeld anhand der Charakteristika des **AB 2.4.14, Lehrerkommentar S. 111**, aus und bereiten eine entsprechende Präsentation vor.

Meinen Traum vom Leben finden ▶ IDEENSEITE 60
Der AA ist in *Reli konkret* ausführlich beschrieben.

„Himmel auf Erden" ▶ IDEENSEITE 60
Der AA ist in *Reli konkret* ausführlich beschrieben.

Jesus

Stellungnahmen 74

1. Hintergrund

Das **Gedicht** „Jesus" stammt von dem bekannten christlichen Lyriker und reformierten Schweizer Dichterpfarrer Kurt Marti (*1920). Es wurde erstmals 1980 in dem Gedichtband „Abendland" veröffentlicht.
In insgesamt neun Strophen wird der Lebenslauf Jesu knapp zusammengefasst. Auf *Stellungnahmen* 74 sind nur die ersten sechs Strophen abgedruckt, die für den Kompetenzerwerb im Rahmen des Kapitelthemas „Gottes Gegenwart erfahren" relevant sind. Jede Strophe hat ihren Schwerpunkt:
1. Wanderprediger, 2. Zuwendung zu den Benachteiligten, 3. Anbruch des Reiches Gottes auf Erden, 4. Anwalt der Schwachen, 5. Auf dem Weg nach Jerusalem, 6. Passion, Sterben und Auferweckung.
In prägnanter, lyrischer Sprache, ungereimt und in durchgängiger Kleinschreibung zeigt Marti auf, dass Christentum im Gefolge Jesu kein frommes Highlight ist, sondern ein mühsamer Weg durch Verkrustungen und gesellschaftliche Gegebenheiten. Aus der Erinnerung an Jesus kann für die Christen heute die Kraft erwachsen, die Welt im Bereich der eigenen Möglichkeiten in seinem Namen und nach seinem Vorbild zu gestalten.
Die weiteren Strophen lauten:

Gesucht werden: LOCAL HEROES

Eigenschaften:
- Sie sind Menschen aus unserer Mitte. Menschen unserer Zeit. Menschen „wie du und ich".
- Sie sind Menschen aus unserem „Nah-Bereich", wir können ihnen begegnen.
- Sie leben und handeln aus dem Glauben nach dem Vorbild Jesu. Andere sind ihnen nicht egal. Sie rechnen ihr Tun und ihre Zeit nicht mit Geld auf.
- Das, was die local heroes tun, motiviert andere, ähnlich zu handeln.
- Local heroes machen auch Fehler und es gelingt ihnen nicht alles.
- Trotzdem können local heroes bewundert und nachgeahmt werden.

Wer kennt solche Personen???

■ Überlegt in kleinen Gruppen, welche Personen, die ihr kennt oder von denen ihr gehört habt, local heroes sind.

_____

_____

_____

■ Wo könnt ihr euch über diese Person informieren?

_____

_____

_____

■ Gestaltet ein Plakat über diese Person oder ladet sie zu euch in die Klasse ein.

7. Vom mühsamen Weiterleben in den Kirchen
anstatt sich verstummt zu verziehen ins bessere jenseits
brach er von neuem auf in das grausame diesseits
zum langen marsch durch die viellabyrinthe
der völker der kirchen und unserer unheilsgeschichte

8. Verstummt, verborgen oder vor neuem Leben?
oft wandelt uns jetzt die furcht an er könnte
sich lang schon verirrt und verlaufen haben
entmutigt verschollen für immer vielleicht - oder bricht er
noch einmal (wie einst an ostern) den bann?

9. Orientierung für Menschen heute
und also erzählen wir weiter von ihm
die geschichten seiner rebellischen liebe
die uns aufwecken vom täglichen tod –
und vor uns bleibt: was möglich wär' noch.

2. Einsatzmöglichkeit im RU

Strophen umschreiben

- Sch wählen in PA eine Strophe aus und überlegen, wofür sich Jesus heute konkret eingesetzt hätte, wie und wo er in heutiger Zeit aufgetreten wäre.
- Sch aktualisieren die Strophen und schreiben sie auf.
- Strophen werden ausgelegt. Die Reihenfolge soll besprochen und ausprobiert werden. Die einzelnen Teile werden auf einen Bogen Tonpapier aufgeklebt. Das neue Gedicht kann im Klassenzimmer aufgehängt werden.

Literatur und Materialien

Übergreifend

Gniosdorsch, Iris, Anregungen zur Bildannäherung, in: KatBl 132 (2007) 297-299
Lange, Günter, Kunst zur Bibel, München 1988
Niehl, Franz W./Thömmes, Arthur, 212 Methoden für den Religionsunterricht, München ⁹2008
Nowak, Jutta, Die Gleichnisse in der Jesus-Verkündigung, in: Das Reich Gottes ist da! Gleichnisse Jesu, hg.v. IRP Freiburg 2003
Rendle, Ludwig (Hg.), Ganzheitliche Methoden im Religionsunterricht, NA, München 2007
Rienecker, Fritz/Maier, Gerhard, Lexikon zur Bibel, Regensburg 1994
Themenheft „GottesReich", Bibel und Kirche H. 2/2007 (62. Jg.), Katholisches Bibelwerk, Stuttgart 2007

Deuteseite I 62-63

Knoch, Otto, Wer Ohren hat, der höre. Die Botschaft der Gleichnisse Jesu, Stuttgart 1993
Nörtersheuser, Hans-Walter/Schumacher, Christian, Gleichnisse aus dem NT im RU, in: Das Reich Gottes ist schon mitten unter euch! Gleichnisse im NT, hg.v. IRP Freiburg 2005
Schottroff, Luise, Die Gleichnisse Jesu, Gütersloh 2005
Schottroff, Luise, Sehen lernen. Die Gleichnisse Jesu, Marburg 2007
Themenheft „Die Gleichnisse Jesu", Bibel und Kirche H. 2/2008 (63. Jg.), Katholisches Bibelwerk, Stuttgart 2008

Infoseite 64-65

Quesnel, Michel, Literarische Quellen über das Leben Jesu, in: Jesus. Quellen, Gerüchte, Fakten, Welt und Umwelt der Bibel, 10 (4/1998)

Deuteseite II 66-67

Höfer, Albert, Gottes Wege mit den Menschen. Ein gestaltpädagogisches Bibelwerkbuch, München 1993
Höfer, Albert, Ins Leben kommen. Ein gestaltpädagogisches Bibelwerkbuch, München 1995
Nörtersheuser, Hans-Walter/Schuhmacher, Christian, Heilungswunder-Erzählungen aus dem NT, in: Er richtet auf und heilt, 1. Teil, hg.v. IRP Freiburg 2002

Deuteseite III 68-69

Bail, Ulrike (Hg.), Bibel in gerechter Sprache, Gütersloh 2006
Jaschke, Helmut, Gott Vater? Wiederentdeckung eines zerstörten Symbols, Mainz 1997
Knoch, Otto, Wer Ohren hat, der höre, a.a.O.
van Meegen, Sven, Auf der Suche nach dem Sinn des Lebens, in: Notizblock 42/2007
Ratzinger, Joseph, Benedikt XVI., Jesus von Nazaret, Freiburg 2007
Schneider, Gerhard, „Das Gebet des Herrn" und das Vaterunser der Kirche, in: Das Vaterunser – Gebet unseres Lebens, hg.v. IRP Freiburg 2005
Theis, Joachim, Das Vaterunser, in: Franz W. Niehl (Hg.), Leben lernen mit der Bibel. Der Textkommentar zu „Meine Schulbibel", München 2003, 188-193

Besinnungsseite 70-71

Fendrich, Herbert, Hoffnungsbilder. Gottes letztes Wort, in: KatBl 125 (1999), 28

Stellungnahmen 74

Langenhorst, Georg, Gedichte zur Bibel. Texte – Interpretationen – Methoden, München 2001

5 Das Judentum erkunden

Kompetenzen und Inhalte im Bildungsplan (Baden-Württemberg 2004)

HAUPT- UND WERKREALSCHULE	REALSCHULE
Kompetenzen	
Die Schülerinnen und Schüler ... **7. Religionen und Weltanschauung** ... kennen wesentliche Elemente des Judentums und wissen um seine besondere Bedeutung für das Christentum in Geschichte und Gegenwart; ... wissen, dass Achtung und Toleranz gegenüber Andersgläubigen für ein verständnisvolles Zusammenleben wichtig sind.	Die Schülerinnen und Schüler ... **7. Religionen und Weltanschauung** ... wissen, dass die Juden im Glauben die älteren Geschwister der Christen sind; ... kennen wesentliche Elemente des jüdischen Glaubens; ... kennen wichtige Stationen der Geschichte des jüdischen Volkes; ... können Vorurteile gegenüber Juden wahrnehmen; ... entwickeln eine respektvolle Haltung gegenüber den Juden.
Inhalte	
Religionen in der Welt – Menschen gehören verschiedenen Religionen an: Christentum – Judentum – Gemeinsamkeiten und Unterschiede von Christentum und Judentum – Die gemeinsame Verantwortung der Religionen für Gerechtigkeit, Frieden und Bewahrung der Schöpfung	**Jesus von Nazaret – die Nähe des Reiches Gottes erfahren** – Der Jude Jesus und seine Botschaft **Die Juden – unsere älteren Geschwister im Glauben** – Fest der Befreiung – die Feier des Exodus an Pessach, Ex 13,17-14,31; 15,20-21 – Sabbat – Gabe Gottes an sein Volk – Sch'ma Israel, Dtn 6,4-9 – Gemeinsamkeiten von Judentum und Christentum

Das Kapitel im Schulbuch

Die drei Religionen Judentum, Christentum und Islam stehen in einem besonderen Verhältnis zueinander: Als monotheistische Religionen verbindet sie der Glaube an den einen Gott. Außerdem vereint sie die „Kindschaft Abrahams", deshalb nennt man sie auch die abrahamitischen Religionen. Die UE will Sch an die älteste der drei Religionen, das Judentum, heranführen. Dabei sollen verschiedene Sensibilisierungs- und Lernprozesse initiiert werden: die Begegnung mit der jüdischen Lebenswelt und Glaubenspraxis, die Entdeckung von Spuren des Jüdischen in der Umgebung und das Wissen um die gemeinsame Schriftgrundlage sowie das Judesein Jesu. Schließlich sollen das Gemeinsame und das Unterscheidende des Christentums und der jüdischen Religion als wertvoll erkannt werden.

Im Zeichen der Förderung des interkulturellen und interreligiösen Dialogs stellt die Beschäftigung mit dem Judentum im katholischen RU in theologischer und historischer Perspektive eine der vorrangigen Aufgaben dar.

Die *Titelseite* **75** trifft mit Chagalls „Rabbi mit Torarolle" einen zentralen Aspekt jüdischer Religiosität: Das Festhalten an und die Liebe zur Tora, zum Gesetz, besser: zur Weisung. Jüdische Symbolik und Gebetskleidung sensibilisieren für die Frage, was lebendige Religiosität für Juden bedeutet.

Themenseite **76-77** macht zum einen auf Spuren des Jüdischen in unmittelbarer geografischer Nähe und im weiteren lebensweltlichen Kontext der Sch aufmerksam, zum anderen aber auch auf die fremde Lebens- und Glaubenswirklichkeit der Juden.

Ideenseite **78-79** bietet vielfältige Anregungen, sich forschend, spielerisch, gestaltend und unter Nutzung verschiedener Medien selbst auf den Weg zu machen, etwas über das Judentum, seine Inhalte, seine Geschichte und Wirkungsgeschichte zu erfahren und jüdische Persönlichkeiten und den kulturellen Kontext Israels kennenzulernen.

Infoseite I **80-81** macht mit dem für jüdisches Selbstverständnis entscheidenden Pessachfest, seiner Tradition und Symbolik bekannt und motiviert dazu, durch die Nutzung neuer Medien etwas über die jüdischen Feste im Jahreskreis und ihre Bräuche zu erfahren.

Auf *Deuteseite I* **82-83** wird mit der Bar Mizwa ein Initiationsritus vorgestellt, den jüdische Jugendliche im Alter der Sch vollziehen, und Hintergrund und Ausgestaltung der wöchentlichen Sabbatfeier erläutert. Sch werden motiviert, über das Sabbatgebot nachzudenken.

Deuteseite II **84-85** thematisiert die enge Verbundenheit des Christentums mit dem Judentum und führt in die heiligen Schriften des Judentums (und des Christentums!) ein. Die Seiten machen deutlich, dass der Gott Jesu Christi der eine Gott beider Religionen ist und dass Jesus selbst Jude war.

Infoseite II **86-87** macht bewusst, dass der jüdisch-christliche Dialog nicht nur über die Feststellung von Gemeinsamkeiten, sondern notwendig auch über die Unterschiede und die historische Hypothek des Antijudaismus und Antisemitismus verlaufen muss.

Die Doppelseite macht die lange und oft leidvolle Geschichte im Verhältnis von Judentum und Christentum bewusst. Antijudaismus und Antisemitismus sind eine schwere historische Hypothek für den jüdisch-christlichen Dialog. Erklärungen der Kirche und Organisationen weisen in die Zukunft und auf einen wünschenswerten Weg zu einem geschwisterlichen Verhältnis beider Religionen.

Besinnungsseite **88-89** bietet drei Friedenslieder aus Israel an, die Sch z.T. bekannt sein dürften. Sch können sich intensiver mit dem wichtigsten jüdischen Gebet (Sch'ma Jisrael) und der hebräischen Schrift auseinandersetzen.

Projektseite **90-91** motiviert, die Spuren der jüdischen Geschichte bzw. des jüdischen Lebens in der Öffentlichkeit und im Alltag zu entdecken und dadurch aktiv die Religion besser kennenzulernen. Auch die Recherche zu Organisationen, die die jüdisch-christliche Aussöhnung zum Ziel haben, kann Sch die jüdische Kultur und jüdisches Leben heute in Deutschland näherbringen. In einer selbst gestalteten Infobroschüre zum Judentum sammeln und präsentieren Sch ihr erworbenes Wissen.

In den *Stellungnahmen* **92** haben Sch die Möglichkeit, ihr Wissen über das Judentum zu rekapitulieren und es auf andere Gruppen bzw. Minderheiten in der Gesellschaft zu transferieren.

Verknüpfungen mit anderen Kapiteln im Schulbuch

Kap. 2: Von Prophetinnen und Propheten lernen

Verknüpfungen mit anderen Fächern

ER thematisiert das Judentum bereits in Klasse 6. In Klasse 7 bietet sich eine Kooperation im Rahmen des Themenfeldes „Weltreligionen unserer Nachbarn" (HS) bzw. im Rahmen des Themenfeldes „Judentum" (RS) an.

Ethik: Dimension „Religionen und Weltanschauungen" (HS)

Deutsch: Förderung von Kompetenzen in den Bereichen Kommunikation, Sprechen, Schreiben und Umgang mit Texten und Medien: das Jiddische, evtl. auch in Verbindung mit Redensarten (Sprachbewusstsein entwickeln) und Internet-Nutzung, sowie die Lektüre eines Jugendbuchs (Texte und Medien nutzen)

MSG: Kooperation bei Bildbetrachtungen und eigenen Gestaltungen, bei der Präsentationsschulung und bei Museums- und Ausstellungsbesuchen sowie deren Dokumentation, aber auch beim Singen von jüdischen Liedern

---

Das Judentum erkunden   Titelseite 75

1. Hintergrund

Marc Chagall (1887-1985)
Zum Künstler s. *Lehrerkommentar* S. 40

Marc Chagall, „Rabbi mit Torarolle", o.J.
Das Titelbild führt anschaulich in jüdische Religiosität ein. Es zeigt einen Rabbiner, der eine Torarolle hingebungsvoll umarmt. Ein Rabbiner (von hebr. „Rabbi" = Mein Lehrer/Meister) ist ein Gelehrter, der als Kenner und Ausleger der Tora orientierende und seelsorgerliche Funktion in der jüdischen Gemeinde hat.

Während im Bild ein kräftiges Blau, die typische Chagall-Farbe für Ruhe, Wahrheit, Treue und tiefen Glauben, vorherrscht, das bis in die Augenlider des Rabbis reicht, sticht die Schriftrolle in der Bildmitte durch ihr leuchtendes Rot, die Farbe von passionierter Liebe und Leiden, hervor. Sie ist, ebenso wie der rechts davon zu sehende Toraschrein, mit dem Davidstern (einem Hexagramm, das durch seine zwei verschlungenen Dreiecke als Verbindung der sicht- und unsichtbaren Welt gedeutet werden kann) geschmückt. Der Davidstern ist das wichtigste jüdische Symbol, ein (oft missbrauchtes) Erkennungszeichen der Juden und zugleich Emblem des Staates Israel. Auf dem Toraschrein im Bild ziert der Davidstern den blauen Vorhang mit goldenen Fransen. Hinter diesem wird die Torarolle aufbewahrt. Den Schrein zieren außerdem die Gesetzestafeln, die von einem himmlischen Wesen gehalten werden.

Der Rabbi trägt die jüdische Gebetskleidung: den Tallit (Gebetsmantel) und die Tefillin (Gebetsriemen mit Kapseln, in denen mit Ex 13,16 und Dtn 6,8; 11,18 beschriebene Pergamentstreifen liegen). Sie werden beim (Morgen-) Gebet an Stirn und Arm (im Bild nicht sichtbar) angelegt. Versunken schmiegt sich der Rabbi mit dem Kopf, an dem die Schläfenlocken orthodoxer Juden angedeutet sind, an die Torarolle, eine sogenannte Sefer-Tora, d.h. Gesetzesrolle, die für den Gebrauch im Gottesdienst bestimmt ist. Tora kann zwar auch mit „Gesetz" übersetzt werden, meint aber nach jüdischem Verständnis eher „Lehre" oder „Weisung". Sie enthält den Pentateuch, die fünf Bücher Mose, die im Laufe eines Jahres in der Synagoge vorgelesen werden.

Die Haltung des Rabbis zeugt von einer besonderen Vertrautheit, ja Liebe zur Weisung Gottes, die z.B. auch am „Tag der Gesetzesfreude" (hebr.: *Simchat Tora*), wenn der letzte Abschnitt der Schrift gelesen und die Lesung am nächsten Tag von Neuem beginnt, zum Ausdruck kommt. Der Rabbi liest die Tora nicht – er meditiert sie, ja verschmilzt fast mit ihr. Die Torarolle in der Mitte wird also mehrfach umrahmt: vom Kopf, von den Händen und dem Herzen des Rabbis, der so – stellvertretend für alle gläubigen Juden – die Verbundenheit seines ganzen Menschseins mit der Weisung zeigt. Sie wird umhüllt von dem Gebetsmantel des Rabbis, was nicht nur der Tradition entspricht, sondern auch die Heiligkeit der Schrift ehrfürchtig würdigt und ihr Schutz gibt. Vom alles umhüllenden Blau, das das „Himmlische" des Raums und die Treue zum Bund zwischen Gott und seinem Volk wiedergibt, wird sie schließlich ebenso umrahmt wie von der Synagoge, angedeutet durch das Fenstergitter und den Schrein, die als Lebens- und Glaubenszentrum der jüdischen Gemeinde ein Ort ist, in dem Gebet, Kontemplation, Begegnung mit Gott in besonderer Weise und anders als in der Welt draußen möglich ist.

2. Einsatzmöglichkeit im RU

Das Bild in seinen Teilen beschreiben

- L zeigt Bild am OHP. Durch schrittweises Aufdecken der einzelnen Bildelemente lenkt L die Bildbetrachtung der Sch.
  Reihenfolge: Torarolle, Toraschrein, Gitter, Hände und unterer Teil des Bildes, Kopf des Rabbis.
- Sch beschreiben und deuten, was sie sehen.
- Sch beschreiben Gesamtwirkung des Bildes (Farben, Struktur, Aussage) und bringen evtl. vorhandenes Vorwissen über das Judentum ein.
- Sch erhalten **AB 2.5.1, Lehrerkommentar S. 117**, und lesen die Begriffe in Lexika oder im Internet nach, beschriften das Bild und füllen die Textfelder aus.

Themenseite 76-77

1. Hintergrund

Spuren jüdischen Lebens und Glaubens entdecken

1. Zugang durch Personen: Sch erfahren das Judentum in der Regel nicht als lebendige Religionsgemeinschaft. Dafür gibt es meist zu wenige Begegnungsmöglichkeiten. Dabei erfolgt das Kennenlernen der Religion dort am nachhaltigsten, wo Begegnungen mit jüdischen Menschen gelingen. Wo immer die Möglichkeiten gegeben sind, sollten sie gesucht werden! Die *Themenseite* **76-77** stellt Personen vor, die geeignet sind, das Interesse und die Neugierde der Sch zu wecken: Steven Spielberg, Barbra Streisand (in ihrer Filmrolle als Yentl) und Anne Frank. Durch ihre Lebensbilder sollen Sch Kontakt mit dem Judentum bekommen. Gleichzeitig lernen Sch, dass es unterschiedliche Grade der Anbindung an die jüdische Religion gibt und die jüdische Volkszugehörigkeit anders als bei Christen eine große Rolle spielt.

2. Vorwissen wachrufen: Aus der Grundschulzeit bringen Sch biblisches Grundwissen mit (z.B. Josefs-Geschichte, Exodus, Paschafest, Zehn Gebote), das es in Erinnerung zu rufen gilt. Sch werden aufhorchen, wenn sie hören, dass die ihnen bekannte Form der Zehn Gebote in der Bibel nicht zu finden ist und diese im AT und auch in der jüdischen Tradition nicht die Bezeichnung „Zehn Gebote" tragen. Das Judentum und die Bibel sprechen vom „Dekalog" (griech.: *„deka"* = zehn und *„logoi"* = Worte), dem „Zehnwort". Für das Judentum war und ist der Dekalog (Ex 20,1-7 und Dtn 5,6-21) vor allem Wegweisung und Heilsbotschaft und nicht ein autoritärer Pflichtenkatalog, zu dem er in der christlichen Lehre oftmals geworden ist.

3. Begegnungen mit dem Judentum erkennen: Außer durch biblisches Vorwissen aus Schule und Katechese, bekannte Menschen jüdischen Glaubens und persönliche Begegnungen tritt das Judentum vor allem durch Zeitungsberichte, Filme, Denkmäler, Friedhöfe, Gebäude, Sprache an Sch heran. Den wenigsten wird bewusst sein, dass sie hier Zeugnissen des Judentums begegnen. Die Vielgestaltigkeit der Spuren jüdischen Lebens in unserer Kultur ist aber in hervorragender Art und Weise dazu geeignet, das Interesse der Sch für diese Religion zu wecken.

4. Regionale Bezüge herstellen: Die *Themenseite* will anregen, dass sich Sch dieser Spurensuche stellen und sie vor Ort vertiefen. Denn „jede Schule bewegt sich in einem Umfeld, das voller konkreter Materialien steckt, bunter, farbiger, eindrucksvoller als es je ein Schulbuch wiedergeben kann" (Halbfas).

Die Beschäftigung mit Zeugnissen jüdischen Lebens in der Region verdeutlicht Sch, dass das Judentum im Heimatort zu Hause war oder zu Hause ist. Sch sehen, dass hier Juden und Jüdinnen in der Nachbarschaft gelebt, gearbeitet, gebetet, sich gefreut und gelitten haben, gequält und umgebracht worden sind.

Ein RU, der nicht nur die kognitive Seite des Themas behandeln will, sondern dem es darum geht, Offenheit, Achtung und Verständnis gegenüber dem Judentum anzubahnen, ist auf einen lebensgeschichtlichen und lebendigen Bezug geradezu angewiesen. Halbfas hat dies in seinem Konzept der Regionalen Religionsdidaktik ausführlich erläutert:

„Ein Schulunterricht, der seine Sch nicht mit objektivem Wissen konfrontieren will, also zu einem Wissen, zu dem die meisten keinen persönlichen Bezug aufnehmen, sodass es auch nicht zu einwurzelnden Lernprozessen kommt, ist zwangsläufig auf Inhalte angewiesen, zu denen Sch in lebensgeschichtlichen Beziehungen stehen. Ein solcher Unterricht wird stets die Regionalität seiner Schüler in den didaktischen Ansatz mit hineinzunehmen haben."

5. Hellhörig werden für die Sprache: Eine weitere Schnittstelle zur jüdischen Kultur und Geschichte ist die Sprache. In der deutschen und der jüdischen Sprache lässt sich die lange Zeit des Zusammenlebens anschaulich verfolgen. Die deutsche Sprache hat eine ganze Reihe von Wörtern aus dem Hebräischen aufgenommen. Einige Beispiele:

„Schmiere stehen": (hebr. *schmira* = Wache stehen), „Pleite" machen (hebr. *plejta* = Flucht) oder „Moos" (hebr. *ma'oth* = kleine Münzen). Auch „großkotzig" stammt aus dem Jiddischen: kozn (hebr. *katzin* = Rich-

ter/Fürst). Der „Gutbetuchte" stammt aus hebr. *betuach* (= sicher) oder „Beisl" aus hebr. *beth* (= Haus). Das „Kaff" kommt aus dem Hebräischen: *kfar* (= Dorf). „Hals und Beinbruch" stammt aus dem hebräischen Glückwunsch: *hazlacha* (= Erfolg) und *beracha* (= Segen).

Weitere Beispiele sind „Knast" (hebr. *knas* = Strafe), „dufte" (hebr. tow = gut), „meschugge" (hebr. *meshugah* = verrückt), „Mischpoche/Mischpoke" (hebr. *mishpachah* = Familie), „Maloche" (hebr. *malakha* = Arbeit, Werk), „eine Macke haben" (hebr. *maka* = Schlag).

Die Sprache der Juden, soweit sie nicht das Hebräische war, hat umgekehrt sehr viel mehr von der Sprache der deutschen Bevölkerungsmehrheit aufgenommen. Bis zur Schoah sprach die große Mehrheit der osteuropäischen Juden „jiddisch". Jiddisch ist das mittelhochdeutsche Wort für Jüdisch. Um das Jahr 1900 sprachen mehr als sieben Millionen Menschen diese Sprache. Sie war bis in unsere Gegenwart die wichtigste Verkehrs- und Literatursprache der Juden. Heute ist Jiddisch eine vom Aussterben bedrohte Sprache.

Judentum in Baden-Württemberg

Vor der Vernichtung des jüdischen Lebens durch die Nationalsozialisten lebten allein in Baden ca. 24000 Juden in über 122 Gemeinden. Nach dem Fall des Eisernen Vorhangs stieg die Zahl der jüdischen Gemeinden aufgrund der jüdischen Zuwanderer aus den osteuropäischen Staaten. In Baden-Württemberg gibt es inzwischen wieder israelitische Gemeinden in Bad Mergentheim, Hechingen, Heidenheim, Heilbronn, Reutlingen, Schwäbisch Hall, Stuttgart, Tuttlingen, Ulm, Weingarten, Baden-Baden, Emmendingen, Freiburg, Heidelberg, Karlsruhe, Konstanz, Lörrach, Mannheim, Pforzheim und Rottweil/Villingen-Schwenningen. Diese haben ingesamt zzt. etwa 8200 Mitglieder.

Es gibt also viele Gelegenheiten, regionale Bezüge im RU herzustellen. Über Gemeindeleben, Aktivitäten und jüdische Vereine, das religiöse Leben und die Geschichte der Juden in der Region geben z.B. die Internetauftritte der Gemeinden Auskunft, die über die jeweiligen Dachverbände der Gemeinden in Baden (www.irg-baden.de) und Württemberg (www.irgw.de) zu finden sind.

Auf *Themenseite* **76** ist u.re. ein Foto vom Innenraum der neuen Synagoge in Heidelberg zu sehen, die 1994 eingeweiht wurde. Zum Aufbau einer Synagoge vgl. *Lehrerkommentar S. 144.*

Das Foto u.re. auf *Themenseite* **77** zeigt den Bischof der Diözese Rottenburg-Stuttgart Gebhard Fürst bei einem Besuch der sog. Halle der Namen in der Holocaust-Gedenkstätte Yad Vashem in Jerusalem. Es verweist auch auf die Haltung der christlichen Kirchen

Marc Chagall: „Rabbi mit Torarolle"

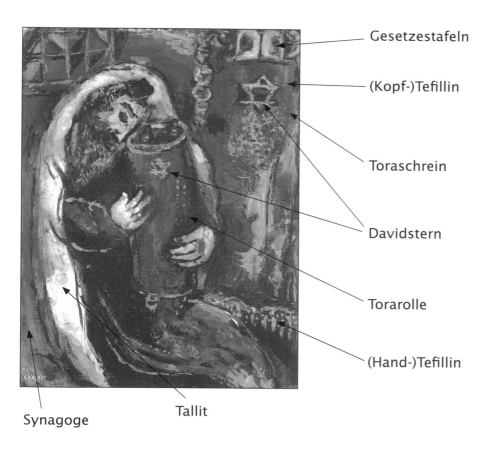

Gesetzestafeln

(Kopf-)Tefillin

Toraschrein

Davidstern

Torarolle

(Hand-)Tefillin

Synagoge

Tallit

Marc Chagall: _____
_____
_____
_____
_____

Was ich durch das Bild lerne ... _____
_____
_____
_____
_____

während des nationalsozialistischen Regimes und die Aufarbeitung des jüdisch-christlichen Verhältnisses seit 1945 (vgl. *Infoseite II*).

Yad Vashem

hebr.: Denkmal, Name; vgl. Jes 56,5: „Ihnen allen errichte ich in meinem Haus und in meinen Mauern ein Denkmal, ich gebe ihnen einen Namen, der mehr wert ist als Söhne und Töchter: Einen ewigen Namen gebe ich ihnen, der niemals ausgetilgt wird."

Yad Vashem ist die Gedenkstätte des Staates Israel für die sechs Millionen Opfer der Schoah (*hebr.:* Unheil, große Katastrophe), wie die Juden den Holocaust nennen. Sie wurde 1953 durch einen Beschluss der Knesset eingerichtet. Ihre wichtigste Aufgabe ist es, das Andenken an jeden einzelnen Juden zu bewahren, der in den KZ, Arbeits- und Vernichtungslagern der Nationalsozialisten sein Leben verloren hat, und das Vermächtnis des Holocaust den kommenden Generationen weiterzugeben.

Yad Vashem beinhaltet neben einem Dokumentations- und Fotoarchiv, einer Ausstellung und einer Bibliothek die „Halle der Namen" mit über zwei Millionen Gedenkblättern an jüdische Männer, Frauen und Kinder. Die Gedenkblätter bewahren die Namen und kurze Biografien der Opfer. Oft sind diese Angaben von Verwandten, Freunden oder Überlebenden die einzigen Erinnerungen an die Ermordeten. In der Kuppel der Halle der Namen sind etwa 600 Fotos von jüdischen Menschen und Teile von Gedenkblättern angebracht, um zumindest einem Teil der Holocaust-Opfer auch ein Gesicht zu geben. Die Sammlung der Gedenkblätter ist seit 2004 auch online zugänglich. Auf www.yadvashem.org kann man die bisher erfassten ca. zwei Millionen Namen und Gedenkblätter nachlesen.

Auf dem Gelände der Gedenkstätte befindet sich auch die „Allee der Gerechten unter den Völkern". Ein/e Gerechte/r unter den Völkern ist eine nichtjüdische Person, die unter Gefahr für das eigene Leben, ohne Gegenleistung zu erwarten das Leben von Juden während der nationalsozialistischen Diktatur gerettet hat. Für jede/n der mittlerweile über 20 000 Gerechten aus 42 Nationen gibt es eine Namensplakette, für einige von ihnen wurden auch Bäume gepflanzt. Oskar Schindler z.B., dessen Rettungstat der Film „Schindlers Liste" schildert, wurde dieser Ehrentitel verliehen.

Anne Frank (1929-1945)

Anneliese Marie Frank wurde 1929 als Tochter jüdischer Eltern in Frankfurt geboren. Die Familie Frank gehörte dem Reformjudentum an, die Kinder, Anne und ihre ältere Schwester Margot, wuchsen mit katholischen, protestantischen und jüdischen Freunden und Freundinnen auf. Als der Vater, der Kaufmann war, die Möglichkeit bekam, seine Geschäfte in Amsterdam weiterzuführen, exilierte die Familie 1933 wegen der zunehmenden Verfolgung durch die Nationalsozialisten nach Amsterdam, wo sie bis zum Kriegsbeginn unbehelligt lebte. Als nach dem deutschen Einmarsch im Jahr 1940 auch in den Niederlanden die Judenverfolgung einsetzte und bedrohliche Ausmaße annahm, beschlossen die Franks abzutauchen, um der Deportation zu entgehen. Gemeinsam mit der jüdischen Familie van Pels und Fritz Pfeffer, der mit einer Christin verheiratet war, bezogen sie 1942 ein ca. 50m² kleines Versteck im Hinterhaus eines Bürogebäudes in der Prinsengracht 263. Sie hatten wenige Menschen ins Vertrauen gezogen, die sie mit Nahrung versorgten und für sie den Kontakt zur Außenwelt hielten. In dem Versteck lebten sie bis zu ihrer Entdeckung am 4. August 1944 nach der Denunziation durch eine bis heute nicht sicher identifizierte Person. Alle Personen, die sich im Versteck befunden hatten, wurden zunächst in ein Durchgangslager gebracht, dann in verschiedene Konzentrationslager deportiert, Anne und ihre Schwester nach Bergen-Belsen. Dort starb Anne, kurz vor der Befreiung des Lagers durch die britische Armee, im März 1945 an Typhus.

Anne führte im Versteck ein Tagebuch, in dem sie auf Holländisch einer imaginären Freundin Kitty ihre Gedanken und Gefühle anvertraute und das Leben der Untergetauchten schilderte. Das Tagebuch war in der Enge des Verstecks auch ein Ventil für zwischenmenschliche Spannungen und die drängenden Gefühle eines jungen Mädchens in der Pubertät. Die Aufzeichnungen in Heften und auf einzelnen Blättern wurden von einer der Helferinnen nach der Deportation gefunden und aufbewahrt, ursprünglich mit dem Gedanken, sie nach der Rückkehr an Anne zurückzugeben. Annes Vater, der als einziger der in der Prinsengracht Versteckten den Holocaust überlebte, entschloss sich, das Tagebuch seiner ermordeten Tochter zu veröffentlichen und ihr Andenken als Symbolfigur für die Opfer des Genozids und gegen den Rassenhass zu wahren. Er gründete zusammen mit seiner zweiten Frau, die er im KZ kennengelernt hatte, die Anne-Frank-Stiftung.

Kurzporträts bekannter jüdischer Menschen

Wer war Anne Frank?

Das Tagebuch von Anne Frank ist inzwischen in über 50 Sprachen übersetzt worden und wird als eines der wichtigsten Dokumente der Judenverfolgung unter dem Nationalsozialismus gewertet.

 Literatur s. *Lehrerkommentar* S. 146

2. Einsatzmöglichkeiten im RU

Bilder betrachten

Bei der ersten Betrachtung der *Themenseite* empfiehlt sich folgende Vorgehensweise:

- Sch betrachten die Seite in EA:
  - Was kenne ich? Was erkenne ich wieder?
  - Das ist mir rätselhaft:
  - Mich würde interessieren, ...
- Anschließend tauschen Sch die Ergebnisse aus und ordnen die Fragen nach Häufigkeit. Je nachdem, ob arbeitsteilig in GA oder mit der Gesamtklasse gearbeitet wird, wenden Sch sich einem oder mehreren Themenschwerpunkten zu.
- Ziel der Arbeit mit der *Themenseite* ist es, in einem ersten Schritt zu motivieren, Bekanntes auszusprechen und Unbekanntes in Fragen zu formulieren. Je nach Klassensituation und Interesse wird das gewählte Thema vertieft.

Jüdische Zeitrechnung kennenlernen

Auf dem Plakat sind zwei orthodoxe Juden zu sehen. Darunter befindet sich ein Hinweis auf die jüdische Zeitrechnung.

- *Impulsfrage:* Was ist des Rätsels Lösung? Im *Lexikon* **153** unter dem Stichwort ‚jüdische Zeitrechnung' finden Sch dazu Näheres.
- Sch erproben die Umrechnung an einigen Beispielen: Ihr Geburtsjahr in jüdischer Zeitrechnung? Das kommende Jahr? Das Jahr ihres Schulabschlusses?

Die Mesusa kennenlernen

- Sch lesen das „Sch'ma Israel" (Dtn 6,4-9) auf *Besinnungsseite* **89**. Dabei erfahren sie von L, dass sich dieses Gebet auf Pergament geschrieben in der Mesusa an den Türpfosten jüdischer Häuser befindet.
- Anschließend schlagen sie Mt 22,38-40 nach. Sie schreiben die Verse ins Heft: den atl. Teil von rechts nach links, den ntl. von links nach rechts.
- UG über die gemeinsame Basis von Judentum und Christentum.

Man muss sich erinnern

- Sch lesen das Zitat des Rabbiners A. Hertzberg, das ein Grundmotiv des Themenbereichs aufgreift.

- Sch überlegen, was Hertzberg mit diesem Ausspruch ausdrücken wollte.
- Sie fügen die Frage „Oder wie sie heute leben?" an und denken nach, wo heute lebendige jüdische Kultur sichtbar ist.
- Wie würden sie die Fragen beantworten?
- Vielleicht haben Sch jüdische Freunde, Verwandte, Mit-Sch oder L, die bereit sind, über ihre Religion, ihren Glauben und ihr Leben als Juden im heutigen Deutschland zu erzählen? Sch fertigen mit den Informationen ggf. ein Porträt dieser Menschen an.

Israel erkunden ▶ IDEENSEITE 78

- Sch können auch über Pfarrgemeinden und Organisationen, z.B. die Aktion Sühnezeichen, Menschen kennenlernen, die Israel bereist oder dort gelebt haben, und können diese in den RU einladen. Zuvor sammeln sie ihre Fragen über das Judentum und Israel.
- Aus ihren Notizen, Fotos, Dias, Prospekten und Materialien aus Büchern und dem Internet stellen Sch ggf. einen Vortrag, eine Computer-Präsentation oder eine Ausstellung zusammen.

Stars und Persönlichkeiten befragen ▶ IDEENSEITE 78

- Sch erhalten **AB 2.5.2, Lehrerkommentar S. 119**, und tragen Informationen über Steven Spielberg, Albert Einstein, Scarlett Johansson und Anne Frank in GA oder als vorbereitende HA zusammen. Dabei nehmen sie das Lexikon oder Internet zuhilfe. Das Kurzporträt wird nach folgenden Punkten gegliedert: a) Kurze Lebens- oder Berufsbeschreibung, b) Einstellung zur jüdischen Religion, c) Beschreibung dessen, was diese Person interessant macht.
- Sch stellen ihre Ergebnisse der Klasse in Form von Kurzporträts (→ **Methodenkarte** „Einen Vortrag halten") vor. **AB 2.5.2, Lehrerkommentar S. 119**, dient als Zusammenfassung und Hefteintrag.
- Sch finden ggf. noch weitere bekannte jüdische Menschen und stellen diese vor, z.B. Sarah Jessica Parker, Daniel Radcliff, Adam Sandler etc.

Wer war Anne Frank?

Sch erstellen ein Kurzporträt. Nähere Information finden sie in Lexika oder im Internet.
Alternative: L-Info

Jüdische (Film-)Personen oder gefilmtes jüdisches Milieu erinnern

Sch überlegen, welche Spielfilme o.Ä., in denen jüdisches Milieu gezeigt wird, sie kennen.

- Musical Anatevka: Der Originaltitel „Fiddler on the Roof" spielt auf Chagall an, bei dem der Geiger ein wiederkehrendes Motiv ostjüdischen Lebens ist.

Jiddischer Sprache auf die Spur kommen

Barras
bedeppert
beschummeln
dufte
Ganove
Kaff
Kittchen
kläffen
Kluft
Macke
Massel
meschugge
mies
Mischpoke
mogeln

Moos
Pinke
pleite
Ramsch
Reibach
schachern
Schlamassel
schnorren
schofel
Schussel
Stuss
Tohuwabohu
vermasseln
zocken

Kennst du die Bedeutung?

Spiegel wünscht sich eine besser informierte Jugend

Zentralrat beklagt mangelndes Wissen junger Leute über Leben und Kultur der Juden in Deutschland

Frankfurt/Main (AP) – Die Jugend in Deutschland sollte nach Auffassung des Zentralrats der Juden in Deutschland intensiver über jüdisches Leben informiert werden. Vorsitzender Paul Spiegel sagte in einem am Mittwoch veröffentlichten Interview mit der Zeitschrift „Tribüne", dies sei in den vergangenen Jahrzehnten im Unterricht etwas versäumt worden.

Junge Menschen verbänden mit dem Judentum „Holocaust, Mord und Auschwitz", sagte Spiegel. Allenfalls wüssten sie noch, dass es eine jüdische Religion gebe, „und dann fangen sie an, auf Unterschiede zu reagieren". Die Jugend sei aber nicht über die Geschichte der Juden vor 1933 und ihren Anteil an der gesellschaftlichen und kulturellen Entwicklung Deutschlands informiert. Er sehe jedoch ein Interesse junger Leute an diesen Themen.

„Insbesondere die wieder gestellte Schuldfrage muss endlich klar und unmissverständlich beantwortet werden", sagt Spiegel. Die Nachkriegsgenerationen trügen keine Schuld. Aus dem Wissen um die Vergangenheit heraus seien sie aber dafür verantwortlich, dass sich solche Verbrechen nie wiederholen. Dabei dürften die Jugendlichen jedoch nicht überfordert werden.

Spiegel bezeichnete es als ein Wunder, dass die jüdische Gemeinde in Deutschland nun die drittgrößte in Westeuropa sei. Er rechne damit, dass wegen der Zahl der ausreisewilligen Juden in der Ex-Sowjetunion in drei bis vier Jahren etwa 120.000 Juden in Deutschland leben werden. Für die jüdische Gemeinschaft sei diese Zuwanderung jedoch die größte Herausforderung seit 1945. Finanzielle Fragen seien noch nicht geklärt. Derzeit werde mit verschiedenen Landesregierungen über eine Anpassung der Staatsverträge gesprochen. Spiegel sagte: „Es gibt überall positive Signale."

21. Februar 2001

Verdienstkreuz für Spielberg

Berlin (KNA) – Bundespräsident Roman Herzog hat dem amerikanischen Filmproduzenten Steven Spielberg das Große Verdienstkreuz mit Stern des Verdienstordens der Bundesrepublik Deutschland überreicht. Spielberg habe mit seinem Film „Schindlers Liste" neue Maßstäbe für den Umgang mit dem sensiblen Thema Holocaust gesetzt, sagte Herzog im Schloß Bellevue in Berlin. Der Film habe gezeigt, daß die persönliche Verantwortung des einzelnen niemals erlösche und er zum Handeln verpflichtet sei.

- Yentl: Die Jüdin Barbra Streisand spielt eine Jüdin, die sich als Mann verkleidet, um die Tora studieren zu dürfen.
- Independence Day: Ein Jude rettet die Welt vor den Außerirdischen.
- Sanfte Augen lügen nicht: Eine New Yorker Polizistin verliebt sich in einen chassidischen Juden.
- Schindlers Liste: Filmbiografie über Oskar Schindler, der Hunderten Juden das Leben rettete, indem er sie als Arbeiter engagierte.
- Kalmans Geheimnis: Eine Studentin arbeitet in einer orthodoxen jüdischen Familie, bis ein tragischer Unfall ihr Leben für immer verändert.

Die Bedeutung jiddischer Wörter finden
- Sch erhalten **AB 2.5.3, Lehrerkommentar S. 121**, und ergänzen die deutsche Bedeutung der jiddischen Wörter zunächst in EA.
- Sie tauschen sich in PA aus und vervollständigen ihre Liste. Wer kannte die meisten Wörter? Klären der offengebliebenen Wortbedeutungen im Plenum.

Sprache zum Klingen bringen/„Hine matov" ▶ **BESINNUNGSSEITE 89**

Wie faszinierend und schön die hebräische Sprache ist, lässt sich beim Singen des Liedes „Hine matov" erleben. Der Text von Ps 133,1 ist ein Wallfahrtslied Davids und ein Lob auf die brüderliche Eintracht (Übersetzung s. *Besinnungsseite* **89**).
- Sch lesen den Liedtext (Ps 133,1) mehrfach, bis sie ihn korrekt aussprechen können.
- Sch schreiben den Psalm groß unter ihre Aufzeichnungen zum Kapitel.
- Sch proben beide Liedteile einzeln, singen dann das Lied im Ganzen und versuchen schließlich den Kanon (ggf. das Lied vorher anhören, z.B. bei www.youtube.com).

Das ist doch nicht ganz koscher!
Im Bericht „Koscher reisen" ist neben jüdischen Kultureinrichtungen auch von koscheren Restaurants die Rede. Die jüdischen Speisevorschriften spielen eine wichtige Rolle im Judentum. Mithilfe von **AB 2.5.4, Lehrerkommentar S. 123**, erarbeiten Sch diese in EA oder PA und diskutieren gemeinsam. Dabei können folgende Impulse hilfreich sein:
- Einen koscheren Ernährungsplan für einen Tag erstellen.
- Diskutiert die Probleme gläubiger Juden in Deutschland bzgl. koscherer Nahrungsmittel.
- Die Speisevorschriften bedeuten in der Hitze des Orients einen gewissen Schutz vor Krankheiten. Welchen „Vorteil" hatte das jüdische Volk dadurch in seiner Vergangenheit im Vergleich zu anderen Völkern?

Das Zehnwort besprechen
- Sch lesen Ex 20,1-11. L erläutert, dass das, was wir gemeinhin als „Gebote" bezeichnen, für die Israeliten Folgen, Reaktionen auf die vorausgegangene Befreiungserfahrung waren („du wirst ...").
- Je zwei Sch erhalten eine Weisung und besprechen für sich,
  - was sie bedeutet,
  - welche Folgen sie für die und den Einzelnen
  - und für die Gemeinschaft hat.
- Zusammentragen im Plenum.

3. Weiterführende Anregung

Eine Gedenkstätte besuchen
- L wählt (evtl. unter Beteiligung der Sch) eine Gedenkstätte in der Nähe bzw. näheren Umgebung aus (vgl. *Lehrerkommentar S. 143*).
- Sch bereiten sich auf den Besuch (z.B. im Rahmen einer Klassenfahrt oder als Unterrichtsgang) vor. Je nach Art der Gedenkstätte erarbeiten sie, ggf. in GA, z.B.
  - einen Fragenkatalog für eine Führung
  - einen Handzettel mit historischen Fakten zu der Gedenkstätte
  - Fragen für kurze Interviews mit Passanten (ggf. Antworten mit einem Mobiltelefon oder mp3-Gerät aufnehmen)
    Alternative: Fragebogen zum Verteilen und Ausfüllen
  - eine kurze Andacht mit einem Gebet, einem Lied, Fürbitten etc.
    Sie besprechen auch Verhaltensregeln für den Besuch.
- Zur Nachbereitung des Besuchs tragen Sch im UG ihre Eindrücke zusammen.
  - Was hat dich berührt?
  - Was hast du Neues/Interessantes erfahren?
- Falls Interviews gemacht wurden, spielen Sch die

Koscheres Essen

Krabbencocktail, Schweinshaxe mit Kartoffelpüree und danach ein großer Becher Eiskrem ...
Ein solches Menü würden strenggläubige Juden nicht anrühren. Nicht etwa, weil es ihnen nicht
schmeckte oder alle sehr gesundheits- und figurbewusst lebten, sondern weil diese Mahlzeiten
ihren religiösen Speisevorschriften (Kashruth) widersprechen. Sie sind nach ihrer Auffassung
nicht koscher, das heißt, sie sind „unrein", also zum Verzehr nicht geeignet. Es gibt eine ganze
Menge Speisegebote und -verbote, die alle auf die Hebräische Bibel (AT) zurückgehen.
Grundlegend sind aber die folgenden drei Regeln:

Lev 11,3 _____ **1**
_____

Warum ist also Schweinefleisch nicht koscher?
_____

Welche Tiere dürfen außerdem verzehrt werden und was ist dabei zu beachten?
Lev 11,9:
_____

_____

Gen 9,4: _____ **2**
_____

In **Lev 17,14** findest du die Begründung: _____
_____

Ex 23,19: Das ... _____ **3**
_____

Deshalb werden Speisen aus den beiden Zutaten _____ und _____
nicht zusammen zubereitet und verzehrt. Das bedeutet auch, dass es für beides eigene Töpfe,
Geschirr und Bestecke gibt, die nicht verwechselt werden dürfen.
Es gibt auch „neutrale" Speisen, wie z.B. Gemüse, die zu beiden Lebensmittelsorten gegessen
werden dürfen.
Wer die Speisevorschriften einhalten will, muss also schon beim Einkaufen, beim Kochen, beim
Essen und auch beim Spülen ganz schön aufpassen. Aber stell dir vor, du kenntest es nicht
anders. Für Tora-gläubige Juden sind diese Dinge ganz normal. Sie glauben, dass sie ihren
Körper auf diese Weise rein und heilig halten können und müssen, denn der Körper ist
menschlich und zugleich von Gottes Geist erfüllt. Daher darf er nicht „verunreinigt" werden.

Stelle ein dreigängiges Menü zusammen, das eine orthodoxe jüdische Familie sich
schmecken lassen könnte.

(evtl. bearbeiteten) Ergebnisse vor oder erstellen aus den Antworten eine Plakatwand.

- Aus Fotos, die während des Besuchs von L oder Sch gemacht wurden, stellen Sch eine Dokumentation oder eine kleine Ausstellung mit Erläuterungen zusammen und stellen diese im Klassenzimmer oder im Schulhaus aus.

📖 Literatur s. *Lehrerkommentar* S. 146

Folgende Impulse der *Ideenseite* werden im *Lehrerkommentar* weitergeführt:

Stars und Persönlichkeiten befragen: S. 120
Radio hören: S. 134
Israel erkunden: S. 120
Menschen jüdischen Glaubens einladen: S. 134
Erklärungen finden: S. 140
Den Chanukka-Kreisel drehen: S. 126
Interviews führen: S.138
Jesus als Juden erkennen: S. 136

Religiöse Feste und Bräuche

1. Hintergrund

Was Menschen feiern, warum und wie sie ihre Feste begehen, gibt einen guten Einblick in Kulturen und Religionen. Deshalb wird auf *Infoseite I* dem Festkalender und exemplarisch dem Pessach als einem – auch für das Christentum – bedeutungsvollen Fest besondere Aufmerksamkeit geschenkt.

Das jüdische Jahr hat normalerweise zwölf Monate, im Schaltjahr wird ein 13. Monat eingeschoben. Nach Ex 12,2 soll der erste Monat des Jahres der sein, in dem Pessach – also der Auszug aus Ägypten – gefeiert wird. In biblischer Zeit wurde daher der Jahresanfang im Monat Nissan mit dem Pessach gefeiert. Aus dieser Zeit stammt die Zählung der Monate. Die Erschaffung der Welt erfolgte nach jüdischer Tradition dagegen im siebten Monat Tischri. Ausgehend von diesem Termin werden seit jeher die Jahre gezählt. Als „Neujahrstag" hat sich der 1. Tischri jedoch erst im 11. Jh. n.Chr. durchgesetzt. So erklärt sich, dass „Rosch-ha-Schana", das jüdische Neujahrsfest, im siebten Monat gefeiert wird.

Religiöse Feste

Zum *Neujahrsfest (Rosch-ha-Schana)* im September/ Oktober wird die Posaune aus dem Horn eines Widders oder Bocks (*Schofar*) u.a. in Erinnerung an die Offenbarung am Sinai (Ex 19,19) geblasen. Der Schofar mahnt zur Besinnung auf die eigenen Sünden und der „Tag des Gedenkens" leitet die insgesamt zehn Bußtage ein, an deren Ende *Jom Kippur* steht, der große Versöhnungstag. An Neujahr wünschen sich die Juden, dass sie „zu einem guten Jahr eingeschrieben werden" (in das Buch des Lebens, in dem die Gerechten stehen), und essen in der Hoffnung auf ein „süßes, mildes" Jahr einen in Honig getauchten Apfel.

Jom Kippur ist der strengste Fastentag, d.h. dass weder gegessen noch getrunken wird, aber auch, dass die Körperpflege ausbleibt und statt Schuhen nur Filzpantoffeln getragen werden, um sich ganz auf sein geistiges Sein zu konzentrieren. Früher wurde ein Ziegenbock in die Wüste geschickt, um für die Sünden des Volkes zu sterben („Sündenbock", Lev 16,5-11).

Vom 15. bis 21. Tag des Monats Tischri wird das *Laubhütten-/Erntedankfest (Sukkot)* gefeiert. In Erinnerung an die Zeit der Wüstenwanderung, als die Israeliten noch nicht sesshaft waren, und an die generelle „Unbehaustheit" der Menschen, errichten und wohnen/ feiern die Juden sieben Tage in Laubhütten ohne festes Dach. Sie feiern zugleich ein Dankfest zum Abschluss der Ernte und der Weinlese. Symbol für dieses Fest ist ein Feststrauß aus Zweigen bzw. die Frucht von vier verschiedenen Bäumen: Palme, Myrte, Bachweide und Etrog, eine Zitrusfrucht.

Am 24. Tag des Tischri ist das *Fest der Torafreude (Simchat Tora)*, an dem der letzte Abschnitt der Tora im Jahr gelesen wird, bevor die Lesung wieder von vorne beginnt. Nach der Lesung tragen die Vorleser die Torarollen mit Gesang und Tanz durch die Synagoge. Die Kinder erhalten Süßigkeiten.

Das *Lichterfest (Chanukka)* im Dezember (25. Kislev, zeitgleich mit dem Weihnachtsfest) wird als Erinnerung an die Reinigung und Wiedererrichtung des Tempels (1 Makk 4,59) begangen. (Im Monat Aw wird der

Zerstörung des Tempels gedacht.) Am achtarmigen Chanukka-Leuchter (eine besondere Menora) wird in der Synagoge an acht aufeinanderfolgenden Tagen je ein Licht angezündet (vgl. christlicher Adventskranz). Auch zu Hause steht ein Chanukka-Leuchter im Fenster.

Im Monat Schewat wird das „Neujahrfest der Bäume" (Tu Be'Schewat) gefeiert, an dem Sch bei der Bewaldung Israels helfen und Setzlinge pflanzen. Es gibt Spiele, Lieder und Süßigkeiten.

Purim wird, wie unser Fasching, mit Musik, Tanz und Verkleidung gefeiert. Ursprünglich verkleideten sich die Menschen als biblische Figuren aus dem Buch Ester, denn das Purimfest geht zurück auf die Geschichte der Rettung der Juden vor der Ermordung auf Befehl des Persers Haman, die im Buch Ester beschrieben wird. Haman waren die Juden, die sich zwar der persischen Lebensweise anpassten – sich „maskierten" –, letztlich jedoch nicht unterordnen wollten, ein Dorn im Auge. Er beschloss, so die Erzählung, die Vernichtung des jüdischen Volkes in Persien und legte den Tag dafür durch das Los (hebr.: pur) fest. Ester, eine Jüdin, die persische Königin wurde (historisch nicht belegt), rettete ihr Volk durch Fürsprache beim persischen König Artaxerxes. Haman wurde hingerichtet. Die Juden sollten fortan den Tag feiern, an dem sie von ihren Feinden befreit wurden, den 14. bzw. 15. Adar (Februar/März). Purim ist ein fröhliches Fest. Auch in der Synagoge geht es nicht ganz so ernst zu. Es wird das Buch Ester gelesen und immer, wenn der Name Hamans auftaucht, lärmen die anwesenden Kinder mit Rasseln o.Ä., um ihn „auszubuhen".

Im Frühling (14.-21. Nissan) wird Pessach (= Vorüberschreiten), das bedeutendste Fest, gefeiert. Wenn Christen an Ostern die Auferstehung Jesu Christi feiern, gedenken Juden des Exodus, der Befreiung aus der Knechtschaft Ägyptens (Ex 12,1-13,16). Nach Ex 12,12f. schickte Gott die letzte der zehn Plagen, jeden Erstgeborenen der Ägypter zu erschlagen, verschonte sein Volk jedoch, das zum Zeichen des „Vorüberschreitens" Lammblut an die Türstöcke strich. In das Fest integriert ist das Fest der ungesäuerten Brote (Chag Hamatzot), das symbolisch für den schnellen Aufbruch in Ägypten steht, denn es blieb beim Exodus keine Zeit, den Teig durchsäuern zu lassen. Zum ungesäuerten Brot werden ein (schnell gebratenes) Pessachlamm (bei dem kein Knochen gebrochen werden darf) und Bitterkräuter, die an die bittere Gefangenschaft erinnern, verzehrt. Auch das Fest der ersten Früchte (16. Nissan) wurde in den Erinnerungszusammenhang gestellt, an dem die erste geerntete Getreidegarbe (wie ursprünglich der Erstling von Rind und Kleinvieh an Pessach) Gott dargebracht wurde. Insbesondere am Sederabend des Pessach, an dem jeder sein Festgewand trägt und Haus und Tisch (mit dem symbolischen Sederteller, Erklärungen s. Infoseite 80) festlich

hergerichtet sind, wird der Befreiung aus der Knechtschaft gedacht. An diesem Abend werden vier Gläser Wein getrunken, weil das Ziel des Auszugs in Ex 6,6ff. vierfach beschrieben wird. Ein gefülltes Glas steht für den Propheten Elija bereit, der einst den Tag der Erlösung ankündigen soll (Mal 3,23) und – vielleicht – an diesem besonderen Tag eintrifft. Daher wird während der Zeremonie auch einen Moment lang die Tür geöffnet. Nach dem Segen über den Wein (Kiddusch) trinken alle, wobei sie ein „Zu-Tisch-Liegen" andeuten (nur Freie durften dies, keine Sklaven) und der Hausherr verteilt die Zutaten des Sedertellers. Juden in der Diaspora sprechen an diesem Abend ihre Hoffnung aus: „Dieses Jahr hier, nächstes Jahr in Israel. Dieses Jahr Knechte, nächstes Jahr freie Menschen." Die Anwesenden haben eine Pessach-Haggada (Textsammlung) vor sich. Das jüngste Kind stellt stellvertretend für alle die Fragen der Haggada auf Hebräisch. Sie werden vom Vater mit den Aussagen aus Ex 13,8, Ex 12,17-20, Ex 12,8.12.21-27 beantwortet. Dieses ritualisierte Gespräch hat die Funktion, die Tradition des Festes in Ehren zu halten und an die nächste Generation weiterzugeben, auf dass stets die Erinnerung an die Leiden der Knechtschaft des Gottesvolkes und seine Errettung bewahrt werde. Es ist zugleich ein „Ja" zu dem Bund, den Gott mit seinem Volk geschlossen hat, und Ausdruck der Hoffnung, in ähnlichen Situationen von Unterdrückung und Not von Gott gerettet zu werden. Anschließend werden die beiden Hallel-Psalmen (112 und 113) gesungen, Sederzutaten und der Wein in bestimmten Abständen verkostet und die Hände rituell gewaschen, bevor die Mahlzeit auf den Tisch kommt. Als „Nachspeise" wird ein zuvor abgebrochenes Stück Matzen gegessen in Erinnerung an das Fleisch des Pessachopfers, das nicht mehr dargebracht wird.

Auch in der christlichen Karwoche und am Osterfest gibt es eigene (regional unterschiedliche) Bräuche und Speisen. Ostereier als Zeichen der Fruchtbarkeit sind bekannt, häufig gibt es auch Osterbrot und frische Kräuter kommen im Frühjahr wieder öfter auf den Tisch bzw. dienen als Dekoration für die Osterkörbchen. Mitunter wird am Gründonnerstag (eigentlich Grein-/Wein-Donnerstag) etwas Grünes und am Karfreitag Fisch (kein Fleisch) gegessen.

50 Tage nach Pessach feiern die Juden das Wochenfest (Schawuot), zeitgleich mit dem christlichen Pfingstfest im Monat Siwan (Mai/Juni). Das Fest erinnert an den Empfang der Zehn Gebote (Ex 19 und 20 werden gelesen); zugleich werden Weizen- und Früchteernte gefeiert. Synagoge und Haus sind an diesem Tag mit Blumen geschmückt.

Neben den religiösen jüdischen Festen soll noch die Feier zur Staatsgründung Israels (5. Ijar = 14. Mai 1948) erwähnt werden. Sie ist ein Fest der Freiheit für die Juden, die nach Jahrhunderten wieder einen eigenen Staat bilden konnten. Die Gründung des Staates

Israel stärkte das Sicherheitsgefühl des Israelis nach 1945. Die heutige politische Lage in der Region ist kompliziert und für Sch der Jgst. 7/8 noch nicht fassbar. Deshalb sollte das schwierige Verhältnis von Israel und den Palästinensern in diesem Rahmen nicht weiter thematisiert werden. Der Bildungsplan sieht dieses Thema für die Klassen 9 und 10 vor.

2. Einsatzmöglichkeiten im RU

Jüdische Feste erforschen

- Sch besuchen die Internetadresse, die auf *Infoseite 81* angegeben ist, und erarbeiten die jüdischen Feste anhand des interaktiven Festkreises (Arbeit im Computerraum).
  Alternative: Sch erarbeiten selbstständig einen Monat als HA.
  Hinweis: L sollte sich die Internetseite zur Vorbereitung unbedingt ansehen! Für die Arbeit der Sch sind v.a. die Monate Kislew, Schewat, Adar, Nissan und Siwan geeignet. Die Monate Cheschwan, Tewet und Tammus sind nicht verlinkt; die anderen zu anspruchsvoll oder wenig motivierend für Sch der Jgst. 7/8.
- Sch wählen den Monat Siwan aus und recherchieren in GA zum jüdischen Gesetzesverständnis (zu empfehlen ist der Link „Schawu'oth mit Bina, Beni und Chagai"). Sch tauschen im UG ihre Ergebnisse aus.
- Auf die gleiche Art bearbeiten Sch in GA die Monate Schewat und Adar (Feste? Hintergründe? Bräuche?).
- Auch das Pessachfest erarbeiten sie in GA und nach Schwerpunkten aufgeteilt (z.B. zehn Plagen, Opferverständnis, Speisegesetze etc.).
  Sch spielen zum Abschluss die Spiele auf www.hagalil.com/kinder/kidz/index.html.

Jüdischen Festtagskalender beschriften

- Sch erhalten **AB 2.5.5, Lehrerkommentar S. 127**), lesen die Monatsbezeichnungen und deuten die Symbole (z.T. Wiederholung).
- Sch beschriften die Pfeile mithilfe des Internetlinks oder L-Tipps.
  Lösung: (ab Tischri im Uhrzeigersinn) Sukkot/Laubhüttenfest, Neujahrsfest, Versöhnungsfest, Fest der Torafreude, Chanukka/Lichterfest, Neujahr der Bäume, Purim, Fest der ungesäuerten Brote, Pessach, Feier zur Staatsgründung Israels, Schawuot, Gedenktag der Zerstörung des Tempels.

Vergleiche anstellen

- Sch lernen über die Symbole auf *Infoseite 80* und die Geschichte (**AB 2.5.6, Lehrerkommentar S. 128**) das Pessachfest kennen.
  Sch lesen die Geschichte bis Zeile 39 und reorganisieren ihre Kenntnisse zum Exodus. Der Abschnitt

bis Zeile 80 enthält weitere Information zum Pessachfest. Ab Zeile 98 sind Gemeinsamkeiten von Judentum und Christentum angesprochen und Sch machen sich Gedanken über den Zusammenhang der Religionen.
Sch sammeln Infos über das Pessachfest aus dem Text (Bedeutung, Bräuche, Symbole) und stellen sie in einer Tabelle zusammen. Sie recherchieren auch zum Osterfest (Bedeutung, Bräuche, Symbole), notieren die Informationen in einer zweiten Spalte den Notizen zum Pessachfest gegenüber und ergänzen sie ggf. durch Abbildungen und Erläuterungen.

Brot schmecken und über seine Bedeutung nachdenken

L besorgt Matzen (in gut sortierten Feinkostabteilungen in Supermärkten, koscheren Lebensmittelgeschäft oder im Versandhandel). Sch bringen je ein Stück Brot mit.
Sch probieren davon ein Stück und vergleichen es mit dem Geschmack von Matzen. Sie tauschen sich über den unterschiedlichen Brotgeschmack aus und denken gemeinsam über die Bedeutung von Brot nach.

📖 Literatur s. *Lehrerkommentar* S. 146

Den Hintergrund erschließen

- Sch lesen Ex 12,1–15,21 (vgl. AA *Infoseite 80*) kapitelweise (zwei- bis dreimal) und notieren jeweils (in PA/GA) drei zentrale Sätze dazu (Textreduktion zur Schulung der Textarbeit).
- Sch beantworten gemeinsam die ritualisierten Fragen und diskutieren diese Tradition (auch im Vergleich mit christlichen Traditionen).
- Sch besprechen, warum das Fest einen so hohen Stellenwert hat, die Begriffe „Befreiung" und „Erlösung" (auch unter Einbeziehung der Tabelle zu Impuls „Vergleiche anstellen") und sprechen über die Erfahrung von Befreiung heute.

Den Chanukka-Kreisel drehen
▶ IDEENSEITE 79

- Sch basteln nach Anleitung **AB 2.5.7, Lehrerkommentar S. 129**, den Kreisel und spielen das Spiel in Gruppen.
  - Sch bringen Nüsse für den Einsatz mit.
  - Ideal ist, wenn das Thema im Advent behandelt wird.
- Sch erfahren über die Legende, warum der Chanukka-Leuchter acht Arme hat.

Der jüdische Festtagskalender

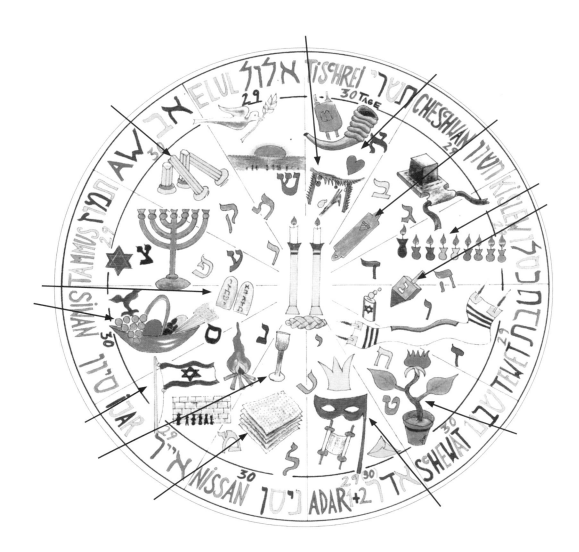

Beschrifte den Festkreis richtig mit folgenden Festen:

Chanukka/Lichterfest, Feier zur Staatsgründung Israels, Fest der Torafreude, Fest der ungesäuerten Brote, Gedenktag der Zerstörung des Tempels, Neujahr der Bäume, Pessach, Purim, Schawuot, Rosch-ha-Schana/Neujahrsfest, Sukkot/Laubhüttenfest, Versöhnungsfest

Hilfe findest du z.B. unter www.hagalil.com/Judentum/feiertage/chagim.htm.

Mona und die Matze

Etwas über eine Woche nach ihrem letzten Ausflug rief Joel Schwarz bei Mona an. Er hatte Fotos von Daniels Bar Mizwa mitgebracht und lud sie ein, sich die Aufnahmen in den nächsten Tagen bei
5 ihm anzusehen. Mona freute sich über dieses Angebot und versprach vorbeizuschauen. Es dämmerte schon, als sie zwei Tage später an seiner Tür klingelte.

„Du kommst genau richtig", freute sich der alte
10 Herr. „Wir haben gerade den Abendbrottisch gedeckt. Hast du Lust, mit uns zu essen?" Mona war etwas unentschlossen. Sie wusste nicht so genau, ob sie stören würde. Aber Joel Schwarz hatte bereits einen Teller und Besteck aus der Küche ge-
15 holt und lud Mona ein, sich zu ihnen an den Tisch zu setzen.

„Möchtest du etwas von dem Matzebrei probieren?", fragte Channah. In der ihr eigenen Art legte sie Mona, ohne die Antwort abzuwarten, eine Por-
20 tion auf den Teller. „Was ist das?", fragte Mona neugierig. „Das ist eine Pessachspezialität. Sie besteht aus zerkrümelter Matze, Milch und Ei. Du kannst sie entweder so oder mit Zucker bestreut essen." Mona kostete vorsichtig. Es sah überhaupt
25 nicht wie Brei aus, eher wie ein Brätling und schmeckte ganz gut. „Was ist das für eine Spezialität?", fragte sie weiter.

„Diese Woche feiern wir Pessach", begann Joel Schwarz seine Erklärung. „Du erinnerst dich doch
30 sicher noch an die Geschichte von Moses oder Mosche, wie wir ihn nennen, und den Auszug aus Ägypten." Mona nickte mit vollem Mund. „Mosche hatte vom Ewigen, gelobt sei er, den Auftrag erhalten, unser Volk aus Ägypten herauszuführen
35 und in das Land zu bringen, das den Stammvätern Awraham, Jizchak und Jaakow von ihm verheißen wurde. Mosche ging zu Pharao, dem Herrscher über Ägypten, und bat ihn, die Israeliten ziehen zu lassen. Aber Pharao brauchte dieses Volk, denn
40 sie waren Bauarbeiter für seine Paläste und die Pyramiden. Deshalb schickte Gott die zehn Plagen. Erst nach dem Tod der Erstgeborenen erlaubte Pharao uns, Ägypten zu verlassen. Da das Volk Israel in aller Eile aufbrach, hatte es keine Zeit mehr,
45 den Sauerteig gären zu lassen, und so wurde der ungesäuerte Teig verbacken.
Zur Erinnerung an dieses Ereignis feiern wir das Pessachfest. Es dauert acht Tage. In dieser Zeit essen wir nichts Gesäuertes und auch nichts, was
50 sauer werden oder gären könnte. Anstelle von gesäuertem Brot essen wir Matzen. Du siehst sie hier auf dem Teller." „Und ich habe gedacht, ihr seid auf Diät und das ist so eine Art Knäckebrot."
„Nein", lachte jetzt Channah. „Zu Pessach Diät zu
55 machen, ist fast unmöglich. Es gibt so viele gute Sachen, die man zu Pessach isst, dass ich meistens nach Pessach eine Diät machen muss, um die Pfunde wieder loszuwerden."
„Und wie feiert ihr dieses Pessachfest?", wollte
60 Mona weiter wissen.

„Die ersten und letzten beiden Tage der Pessachwoche sind hohe Feiertage. Das bedeutet, dass wir an diesen Tagen nicht arbeiten und in der Synagoge ein besonderer Gottesdienst abgehalten
65 wird. Am ersten Pessachabend, dem Erew Pessach, lesen wir während eines Festmahles die Pessach-Haggada, eine Sammlung von Gebeten, Liedern, Erzählungen über den Auszug aus Ägypten und Interpretationen dieser Texte von berühmten
70 Rabbinern. Nach einer festen Ordnung werden ganz bestimmte Speisen verzehrt, die uns an die Knechtschaft unseres Volkes in Ägypten und unsere Befreiung erinnern sollen. Außerhalb Israels, in der Golah, wird diese Zeremonie am zweiten
75 Abend wiederholt. Es ist üblich, zum Sederabend Gäste, auch Fremde einzuladen. Wir sollen uns immer daran erinnern, dass wir Fremde waren in Ägypten und wie schlecht es uns deshalb dort ging. Der Fremde genießt im Judentum einen be-
80 sonderen Schutz."
„Weißt du, dass es zu Pessach einen ähnlichen Brauch wie das Eiersuchen zu Ostern gibt?", ließ sich Channah vernehmen. Ihr Mann schaute sie erstaunt an. „Was meinst du damit?", wollte er wis-
85 sen. „Unsere Kinder suchen keine Eier, aber dafür den Afikoman." „Du hast recht", stimmte ihr Joel Schwarz zu. „Während des Sederabends werden drei Matzen gesegnet. Die mittlere wird in zwei Stücke geteilt und ein Teil davon versteckt. Bevor
90 nach dem Hauptgericht die Haggada weitergelesen wird, müssen die Kinder dieses fehlende Teil des Afikoman, so heißt diese besondere Matze, finden. Ohne sie kann in der Zeremonie nicht fortgefahren werden. Es ist Brauch, dass derjenige,
95 der ihn findet, im Tausch dafür ein Geschenk erhält. Deshalb sind natürlich alle Kinder wild darauf, dieses Stück Matze zu finden."
„Gibt es noch mehr Ähnlichkeiten zwischen Pessach und Ostern?" Mona war hellhörig geworden.
100 Ihre Religionslehrerin hatte vor einiger Zeit erzählt, dass das Christentum aus dem Judentum entstanden sei und vieles von dieser Religion übernommen habe.
„Als du mir zum Erntedankfest in deiner Kirche
105 dein Lieblingsbild, das vom letzten Abendmahl, gezeigt hast, da habe ich versprochen, dir ein Buch mit Bildern über das letzte Abendmahl zu zeigen." Joel Schwarz war aufgestanden und hatte einen dicken Bildband aus dem Regal genommen.
110 Viele verschiedene Abbildungen des letzten Abendmahls aus unterschiedlichen Epochen waren da gesammelt worden. Einige ähnelten dem Bild in ihrer Kirche. Manche sahen auch ganz anders aus.
115 Joel Schwarz zog ein weiteres Buch aus dem Regal. „Das ist der Nachdruck einer Haggada aus dem 18. Jahrhundert. Schau mal, dieses Bild ähnelt deinem Lieblingsbild in der Kirche. Nur dass hier nicht Jesus mit seinen Jüngern um einen Tisch
120 sitzt, sondern ein Mann mit seiner Familie und seinen Gästen, die den Sederabend begehen. Es könnte durchaus sein, dass Jesus mit seinen Jüngern Pessach gefeiert hat. Schließlich war er Jude."

Naomi Staszewski

Der Chanukka-Kreisel

Wenn der Chanukka-Leuchter brennt, wird mindestens eine halbe Stunde lang nicht gearbeitet – aber dafür gespielt, z.B. mit diesem Kreisel, bei dem man Nüsse gewinnen kann. Die Buchstaben bedeuten übrigens Nes Gadol haja scham, d.h. „Ein großes Wunder geschah dort". Wisst ihr, warum?

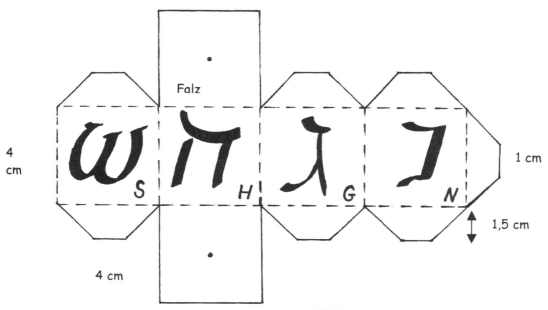

Falz

4 cm

1 cm

1,5 cm

4 cm

S H G N

Bastelanleitung

Schneide den Kreisel aus Karton aus, falze ihn an den Strichellinien und klebe die Teile zusammen. Stecke durch die Löcher einen Zahnstocher – und schon kann's losgehen!

Spielanleitung

2-4 Spieler erhalten je 12 Nüsse und zahlen je 1 Nuss ein. Beim Kreiseldrehen gilt die Seite, die oben zu liegen kommt. Wer hat am Schluss die meisten Nüsse?

N Nichts! Keine Nuss
G Gut! 2 Nüsse
H Hälfte! 1 Nuss
S Setzen! 2 Nüsse einzahlen

Der Chanukka-Leuchter hat acht Arme, also einen Arm mehr als die Menora. Richtig, eigentlich sind es neun, aber die Kerze oder Öllampe in der Mitte wird nicht mitgezählt, weil sie „der Diener des Lichtes" ist, an dem alle anderen Kerzen entzündet werden. Es ist überliefert, dass in dem geschändeten Tempel nur ein einziger Ölkrug mit koscherem Öl zum Anzünden der Menora heil geblieben war. Das hätte aber nur für einen Tag gereicht, während die Bereitung von neuem Öl sieben Tage gedauert hätte. Natürlich sollte das Licht im Tempel immer brennen ... Auf wunderbare Weise reichte der Brennstoff für genau acht Tage, sodass in der Zwischenzeit auch das neue Öl fertig werden konnte. Seitdem gibt es den achtarmigen Leuchter, an dem innerhalb von acht Tagen jeden Tag eine Lampe oder Kerze mehr entzündet wird.

1. Hintergrund

Im Judentum gilt Lernen nicht nur als Ideal, sondern als religiöse Pflicht. Was in den jeweiligen Lebensabschnitten zu lernen ist, steht u.a. in einem Zusatz zum Mischna-Traktat Abot (5,21). Bereits im Alter von fünf Jahren sollen Kinder zur Bibel, mit zehn an die Mischna (Teil des Talmud) herangeführt werden. 13-jährig sollten sie sich mit den Geboten und ab 15 Jahren mit dem Talmud (enthält Mischna und Gemara, lehrhafte und erzählende, ursprünglich mündlich überlieferte Texte, die als Offenbarung gelten) beschäftigen.

Die erste Initiation ist die Beschneidung der männlichen Babys am 8. Tag als Zeichen des Bundes (vgl. Gen 17). Sie werden an der Vorhaut beschnitten, um sie von der „Verstocktheit" zu trennen. Auf *Deuteseite* **82** wird die **Bar Mizwa** als ein religiös-initiatorisches Ereignis jüdischer Jungen in den Blick genommen. Wer *Bar Mizwa* (= Sohn des Gebotes) wird, verpflichtet sich auf die Einhaltung der religiösen Gesetze und gilt in diesem Sinne als erwachsen, was in dem Satz jedes Vaters eines Bar Mizwa zum Ausdruck kommt: „Dank sei dem, der mich von der Verantwortung für dieses Kind befreit hat!" Darin drückt sich einerseits Erleichterung über die Entbindung von väterlichen Pflichten (in religiöser Hinsicht) aus, andererseits Anerkennung des Status, den der eigene Sohn nun besitzt. Wer am ersten Sabbat nach dem 13. Geburtstag zum ersten Mal in der Synagoge (im heutigen Jerusalem häufig an der Klagemauer) aus der Tora vorgelesen hat, gilt als volles Mitglied der Gemeinde und zählt zu den zehn Männern, die mindestens bei einem Gottesdienst in der Synagoge anwesend sein müssen (*hebr.*: minjan). Meistens lesen die Bar Mizwa den letzten Abschnitt in der Wochenperikope oder Prophetenlesung. Mit dem Tag der Bar-Mizwa-Feier endet zwar der offizielle Religionsunterricht, doch beginnt nun die Verpflichtung, selbstständig die Tora zu studieren. Die Gesetzestreue wird von den Juden nicht als lästige Pflicht empfunden, vielmehr wird das Gesetz positiv als Geschenk Gottes verstanden. Alle Gesetze sind wichtig und einzuhalten, da sie von Gott gegeben sind. Diese Orthopraxie ist das Wichtigste der Religion, nicht ein formuliertes Credo.

Ab der Bar-Mizwa-Feier trägt ein gläubiger Jude zum Gebet immer *Tefillin*, *Tallit* und *Kippa*. Als „Merkzeichen zwischen den Augen" und am Handgelenk werden die Gebetsriemen angebracht, allerdings nur tagsüber zum Gebet, v.a. am Morgen. Die Lederkapseln enthalten Pergamentstreifen, die mit den vier Versen aus Ex 13,9.16 und Dtn 6,8; 11,18 beschriftet sind. Am linken Arm wird die Kapsel so befestigt, dass sie zum Herzen zeigt, worin das Wort „eingeschrieben" sein soll. Die Kopftefillin sitzt in der Mitte des oberen Haaransatzes (Rand der vorderen Hirnschale – zwischen den Augen) sozusagen im Zentrum des Geistes. Der Gebetsmantel (*Tallit*) wird zum Gebet in Synagoge und Haus getragen; er bedeckt Kopf und Schultern als Zeichen der Ehrfurcht vor Gott und des „inneren Rückzugs" im Gebet. An den vier Enden des Tallit sind die sog. *Zizit* (= Schaufäden) befestigt, eine ständige Erinnerung an Gottes Gebote. Sie sind neben Tefillin und Mesusa (enthält das „Sch'ma Israel" und ist am Türpfosten angebracht) das dritte Zeichen, mit dem Juden ihre Verbundenheit mit Gott ausdrücken. Das Tragen der *Kippa* (flaches Käppchen, das in der Synagoge, auf dem Friedhof und bei der häuslichen Sabbatfeier, von älteren Juden sogar ständig getragen wird) entspricht der Tradition und ist ein Zeichen der Ehrfurcht vor Gott.

Dass es im traditionellen Judentum eine klassische Rollenverteilung gibt, zeigt sich u.a. daran, dass es für Mädchen entweder keinen oder einen längst nicht so wichtig genommenen Festakt gibt wie für Jungen. Sie werden aufgrund ihrer Entwicklung bereits mit zwölf Jahren *Bat Mizwa* (= Tochter des Gebotes), dürfen allerdings nur in reformierten bzw. liberal-progressiven Gemeinden aus der Tora vorlesen. Frauen nehmen im jüdischen Gottesdienst ansonsten nicht aktiv teil und sitzen in einem separaten Raum oder auf einer Empore. Die Bat-Mizwa-Feier hat eher säkularen Charakter und wird meist in einem Restaurant gefeiert. Die religiösen Pflichten der Mädchen und Frauen sind der Tradition nach vorrangig in Haus und Familie angesiedelt.

Von allen jüdischen Feiertagen ist der **Sabbat** der bedeutsamste: Als einziger Tag der Woche hat er einen Namen, während alle anderen Tage einfach durchgezählt werden. Allwöchentlich wird die „Königin" oder „Braut" ehrenvoll begrüßt. Wie der christliche Sonntag geht der Sabbat auf die erste Schöpfungserzählung und das dritte Gebot zurück: So wie Gott am siebten Tag der Schöpfung ruhte, soll auch der Mensch an einem Tag der Woche die Arbeit unterlassen. Dieser Tag dient jedoch nicht nur der Erholung von Mensch und Tier, sondern ist auch ein Tag, an dem der Mensch innehält, sich dem Torastudium und damit in besonderer Weise Gott zuwendet. Er wird als Vorwegnahme der messianischen Zeit, des „ewigen Sabbats", verstanden. Um allen Menschen die Sabbatfeier zu ermöglichen, werden Alleinstehende häufig in Familien eingeladen. Wie alle jüdischen Feiertage (und die gesamte Zeitrechnung) beginnt der Sabbat am Vorabend des Samstags mit dem Sonnenuntergang. Bis zu diesem Zeitpunkt muss alles vorbereitet sein: das Essen

Jüdische Gebetskleidung

Hast du dir gemerkt, was Daniel zu seiner Bar Mizwa trägt?
In Ex 13,1-16 und Dtn 6,4-9 erfährst du, warum Juden diese Gebetskleidung tragen, und mithilfe eines Lexikons oder der Informationen, die du unter www.payer.de/judentum/jud505.htm findest, kannst du die Darstellungen beschriften.

Als Thomas abends nach Hause kommt, erzählt er seinen Eltern von dem Fest ...

für den Abend, den folgenden Morgen und Nachmittag, der Hausputz und die Körperpflege. Nachdem die Frau die Sabbatkerzen (zwei Kerzen in zwei Leuchtern) entzündet und einen Segen darüber gesprochen hat, geht die Familie (oder zumindest die Männer) festlich gekleidet in die Synagoge. Im Gottesdienst werden die Psalmen 95-99 und 29 gesungen. Nach dem Gottesdienst wünschen sich die Juden *„Gut Schabbes"*. Wieder im Haus, segnen die Eltern die Kinder und der Hausvater rezitiert „das Lob der Hausfrau" (Spr 31,10ff.). Vor dem festlichen Abendessen spricht er den *Kiddusch*, den Segen über den Wein. Auf dem Tisch liegen die zwei *Challot* (Singular: *Challa*), zwei weiße Brote, die an das Manna in der Wüste erinnern, das die Israeliten am sechsten Tag nach der Flucht aus Ägypten in doppelter Menge vorfanden (Ex 16,15ff.). Daneben steht ein Salztöpfchen, ein Zeichen des Bundes (Num 18,19). Vor dem Essen kreist der Weinbecher unter den Anwesenden, der Hausvater segnet die Challot, wäscht rituell die Hände, bricht das Brot und gibt allen ein Stück davon, das sie zusammen mit etwas Salz essen. Das Singen von Psalm 126 beschließt die reichhaltige Mahlzeit. Am Morgen des Sabbats wird wiederum Gottesdienst gefeiert, Kiddusch und ein Schluck Wein folgen. Zwischen den Mahlzeiten beschäftigen sich die Menschen mit dem Torastudium, Spaziergängen und Ausruhen. Sobald drei Sterne am Himmel stehen, wird der Sabbat mit einem Segen (*Hawdala*), Wein und aromatischen Kräutern, die an den Wohlgeruch des Sabbats erinnern sollen, verabschiedet. Am Sabbat wird alles unterlassen, was mit Arbeit zu tun hat: kochen und jede Hausarbeit, weite Märsche, Feuer entzünden, Auto fahren usw. Deshalb wurde Jesus von den Pharisäern angegriffen, als seine Jünger am Sabbat Ähren rupften (Mk 2,23f.). Jesu Antwort, dass der Sabbat für die Menschen da sei und nicht umgekehrt (Mk 2,27), gilt jedoch auch für gläubige Juden.

Christen feiern den **Sonntag** in Erinnerung an die Auferstehung Jesu Christi. Weltweit zeigt sich jedoch, dass Christen zum einen immer seltener sonntags zur Kirche gehen, zum anderen sich aber auch ihre Einstellung zur Sonntagsruhe sehr verändert hat. Bestenfalls ist der Sonntag zum „Familientag" geworden, an dem Zeit für gemeinsame Gespräche, Mahlzeiten, Ausflüge, Spiele usw. ist. Beides trifft sicher auch für die Erfahrung vieler Sch zu. Allerdings setzen immer mehr Menschen die normale Arbeitswoche zu Hause „in Ruhe" fort. Trotz grundgesetzlicher Verankerung als „Tag der Arbeitsruhe und der seelischen Erhebung" gibt es seit der Neuregelung des Arbeitszeitrechtes (1994) und des Ladenschlussgesetzes (1996) in Deutschland immer mehr Ausnahmegenehmigungen für Ladenöffnungen am Sonntag, denn Kaufen wird heute als Freizeitvergnügen deklariert. In einer gemeinsamen Erklärung des Rates der EKD und der Deutschen Bischofskonferenz vom 16.09.1999 („Menschen brauchen den Sonntag") treten die Kirchen gemeinsam für den Schutz der jüdisch-christlichen Tradition ein (und damit für die Arbeitnehmerinnen und Arbeitnehmer, die am Sonntag Dienst tun müssen). Die EKD hat daraufhin eine Kampagne gestartet, die nicht moralisierend wirken will, sondern dazu aufruft, nachzudenken, wie sich diese Veränderung auf lange Sicht auf die und den Einzelnen und auf unsere Gesellschaft auswirken wird (vgl. dazu www.ekd.de/sonntagsruhe.de).

2. Einsatzmöglichkeiten im RU

Bar Mizwa als wichtiges Fest im Leben eines Juden kennenlernen

- Sch lesen die Geschichte auf *Deuteseite* **82** und überlegen, welche Bedeutung dieses Fest hat. Vielleicht sind diese Fragen hilfreich: Wie fühlt sich Daniel? Was geht wohl in Thomas vor?
- Sch überlegen, warum Juden Gebetskleidung tragen, und vergleichen sie mit (religiös motivierten) Kleidungsstücken und Schmuck in anderen Kulturen und Religionen (Kopftuch islamischer Frauen, Turban, christliche Priester-, Bischofs- und Ordenskleidung, Medaillons, Tätowierungen usw.). Sie erhalten **AB 2.5.8, Lehrerkommentar S. 131**, und festigen ihr Wissen aus dem Text auf *Deuteseite* **82**. In eigenen Worten schreiben sie in die Sprechblase, was sie, respektive Thomas, über die Gebetskleidung gelernt haben.
- Sch diskutieren die Worte des Vaters.
- Sch recherchieren über die Bat Mizwa und vergleichen die Rolle von Mädchen und Frauen im Juden- und Christentum.

Jüdische Sabbattraditionen kennenlernen

- Sch lesen den Text auf *Deuteseite* **83** und erfahren, welche Regeln gläubige Juden am Sabbat einhalten und warum sie dies tun.
- Sch sprechen darüber, was nach jüdischem Verständnis Arbeit bedeutet, nennen Beispiele und tauschen aus, wie dies auf sie wirkt.
- Sch notieren einige Beispiele (oder TA: Am Sabbat arbeiten die Juden nicht, d.h. ... Der Sabbat ist ein Freuden- und Ruhetag, an dem sie ...).
- Sch lernen, dass das Sabbatgebot (3. Gebot) auf die biblische Schöpfungserzählung zurückgeht, und ergänzen dies im Heft (oder TA).

Über den Stellenwert des Sabbatgebots nachdenken

- Sch diskutieren, wie wichtig das Sabbatgebot im Vergleich mit anderen ist (und nennen dabei die anderen Gebote).

Der Sabbat

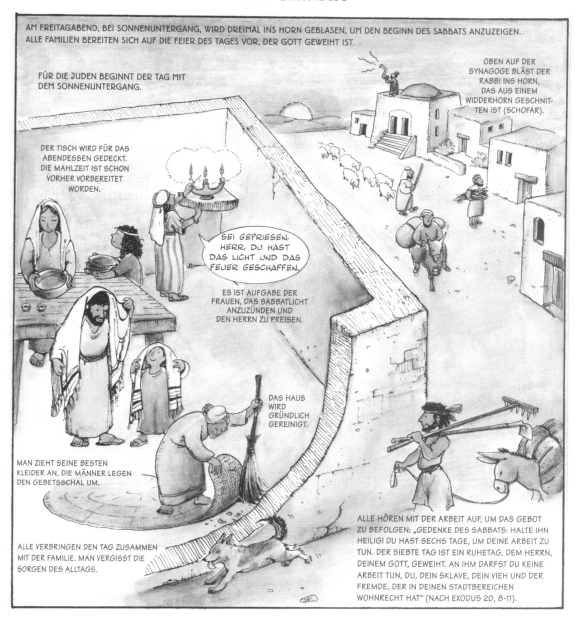

Die Mahlzeit am Freitagabend

Das Familienoberhaupt erhebt einen Becher mit Wein und segnet den Sabbat. Während der Mahlzeit wird gesungen und gebetet. Auf dem Tisch befinden sich neben den verschiedenen Speisen immer auch zwei ganze Brote und unvermischter Wein. Die Feier in der Synagoge ist ein weiterer wichtiger Bestandteil des Sabbats.

Die Sabbatfreude ist so groß, dass man versucht den Tag hinauszuziehen, indem man später isst. Wenn am Himmel die ersten drei Sterne erscheinen, feiert die Familie das Ende des Sabbats; sie bittet den Herrn, die Arbeit der neuen Woche zu segnen.

Wenn man den Sabbat streng einhält, kann das zu Schwierigkeiten, auch finanzieller Art, führen. Manche Leute versuchen deshalb insgeheim zu arbeiten. Um alle Leute zu ermutigen, nicht zu arbeiten, und um die Riten zu vereinheitlichen, hat man im Lauf der Jahrhunderte Regeln und Vorschriften erlassen, über die sich die Gelehrten manchmal sehr lebhaft streiten. Selbst Jesus, der mit seinen Jüngern immer den Sabbat gefeiert hat, hat in die Debatte eingegriffen, um dem Sabbat seine grundlegende Bedeutung wiederzugeben: „Der Sabbat ist für den Menschen da, nicht der Mensch für den Sabbat" *(Mk 2,27)*.

- Sch lesen ergänzend Dtn 6,4-5 und Mt 22,38-40 und überlegen, inwiefern dort das Sabbatgebot inbegriffen ist.

Sabbatriten kennenlernen/ ▶ IDEENSEITE 78
Radio hören

- Sch betrachten und lesen **AB 2.5.9, Lehrerkommentar S. 133**, und erhalten von L Zusatzinfos.
- Sch erzählen davon, welche Sonntagstraditionen es bei ihnen gibt, was also den Sonntag und evtl. den Samstagabend vom Rest der Woche unterscheidet.
- Ein/e Sch nimmt eine Radiosendung (vgl. *Ideenseite 78*) auf und stellt einen Teil davon im RU vor.

Sabbat und Sonntag vergleichen

- Sch werden durch das Sprichwort „Es ist nicht alle Tage Sonntag" zum Vergleich motiviert und bearbeiten **AB 2.5.10, Lehrerkommentar S. 135** (oben);
  - Sch können sich für die Beantwortung einer Frage entscheiden oder zwei Fragen kombinieren.
  - Welche religiöse Bedeutung und Traditionen hat der Sonntag? Sch vergleichen ihre Ergebnisse.

Zum Thema Sonntagsruhe diskutieren

- Sch interpretieren die Plakate auf **AB 2.5.10, Lehrerkommentar S. 135** (evtl. auf Folie vergrößert zeigen).
- Sch überlegen, welche Argumente für und gegen eine Lockerung des Arbeitszeit- und Ladenschlussgesetzes sprechen.
- Sch führen ein Streitgespräch zwischen Arbeitgebern und Kirchenvertretern (→ **Methodenkarte** „Ein Rollenspiel spielen"; Diskussion in zwei Gruppen vorbereiten). Evtl. Moderatorenteam vorsehen.

3. Weiterführende Anregungen

Menschen jüdischen ▶ IDEENSEITE 78
Glaubens einladen

- Sch verfassen gemeinsam einen Einladungsbrief und laden eine Expertin bzw. einen Experten zum Gespräch ein.
  Evtl. gibt es in der Schule oder in der Nähe jüdische Mit-Sch oder Eltern/Gemeindemitglieder, die bereit sind, in den RU zu kommen und Fragen zu beantworten. (L führt ein Vorgespräch!)
- Sch bereiten einen Fragenkatalog vor.
- Sch besuchen evtl. ein koscheres Lebensmittelgeschäft und kaufen Kekse aus der Klassenkasse zum Anbieten.

Das Gespräch könnte auch gemeinsam mit der ev. Religionsgruppe stattfinden.

Einen Synagogengottesdienst miterleben

- Sobald Sch Grundkenntnisse des Judentums erworben haben und sie Interesse daran haben, können sie einen Gottesdienst in einer Synagoge besuchen. L nimmt Kontakt mit einem Vertreter/einer Vertreterin der jüdischen Gemeinde auf und erkundigt sich, wann ein Gottesdienst stattfindet.
  Außer am Sabbat und an Feiertagen finden, v.a. in orthodoxen und konservativen Gemeinden, regelmäßige Gottesdienste am Morgen (*Schacharit*), Nachmittag (*Mincha*) und Abend (*Maarvi*) statt. In kleineren Gemeinden werden oft nur zwei- oder dreimal wöchentlich Gottesdienste gehalten.
- Sch lernen die Synagoge vor dem Gottesdienstbesuch kennen, z.B. durch eine Besichtigung, und bereiten Fragen an den Vertreter/die Vertreterin vor.
- Sch besprechen vorher Verhaltensregeln für den Besuch der Synagoge und des Gottesdienstes.

In der Wurzel miteinander verbunden — Deuteseite II 84-85

1. Hintergrund

Die Verbindung von Judentum und Christentum besteht im Glauben an den einen Gott und in der gemeinsamen Heiligen Schrift, die in der christlichen Bibel die Schriften des AT umfasst. Auch die Person Jesu verbindet die beiden Religionen. Jesus war Jude, doch unterscheiden sich die Religionen in der Bedeutung, die sie ihm jeweils zugeschrieben haben.
Die Bezeichnung Tora wird zwar im Allgemeinen für die hebräische Bibel (AT) verwendet, neben dieser schriftlichen Tora kennen die Juden jedoch auch eine mündliche, die später in *Mischna*, *Talmud* und *Midraschim* (Exegese vor und nach der Zeitenwende) schriftlich fixiert wurde. Die schriftliche Tora enthält den

Pentateuch (ebenfalls Tora genannt), die Propheten (*Nevi'im*) und die Schriften (*Ketuvim*), die etwas anders angeordnet werden als in der Einheitsübersetzung. Die Anfangsbuchstaben dieser Teile ergeben das Kunstwort *Tanach*. Nach jüdischer Auffassung wurde Mose am Sinai jedoch nicht nur die schriftliche, sondern auch die mündliche Tora (Auslegung des *Tanach*) von Gott offenbart. Beide Teile besitzen also die gleiche Geltung. Da sie aber zum Teil konträre Aussagen enthalten, sind sie stets dialektisch aufeinander zu beziehen. So ist die Auslegung ein unabgeschlossener Prozess, was die eindeutige Festlegung auf eine Wahrheit unmöglich macht. Ab ca. 200 n.Chr. wurden die mündlichen Überlieferungen der rabbinischen Lehre in der sog. Mischna gesammelt (sechs Bände: Ackerbau,

Sabbat und Sonntag

... Yakov sah auf die Uhr: „Nun sind sogar schon 15 Minuten vergangen, ich hätte längst den Wasserkocher anstellen können ...

Jetzt habe ich so viel von unseren Verhaltensweisen am Sabbat gesprochen. Das muss für Nichtjuden etwas eigenartig wirken, nicht wahr? Oder gibt es Ähnlichkeiten mit dem christlichen Sonntag in Deutschland? Was machen Sie sonntags?"

Ich überlegte ein Weilchen, schließlich wollte ich Yakov wenigstens eine seiner Fragen beantworten ...

_____

_____

_____

_____

_____

_____

_____

Die evangelische und die katholische Kirche in Deutschland haben gemeinsam eine Erklärung abgegeben, die sich mit der Sonntagsruhe befasst. Darin äußern sie ihre Besorgnis darüber, dass der Sonntag mehr und mehr zum Werktag wird.

Betrachte die Plakate, die aus der Aktion hervorgingen.
Welche Bedenken haben die Kirchen wohl angeführt?
Wie könnten sie diese begründet haben?

Feste, Ehe, Zivil- und Strafrecht, Tempelkult und Nahrung, Reinheit). Die sog. *Gemara* umfasst die Gelehrtendiskussionen, die in den Jahren 220-500 n.Chr. über die Mischna geführt wurden. Mischna und Gemara bilden zusammen den Talmud (heutige Ausgaben enthalten außerdem Marginalien, die sog. *Tosafot*). Im Talmud finden sich zwei Hauptordnungen bei den Texten: *Halacha* (Regeln für das religiöse und weltliche Leben) und *Aggada* (Erzählendes, Sprichwörter). Weil der Talmud neben der Tora solch hohe Bedeutung hat, spricht man auch vom talmudischen Judentum.

Es kann nicht oft genug betont werden, dass Jesus Jude war und sicher keine Abspaltung vom Judentum und Neugründung einer Religionsgemeinschaft beabsichtigte. Er lebte seinen Glauben und das war der jüdische. Eine wertende Gegenüberstellung des atl. „Auge um Auge, Zahn um Zahn" und des Gebotes Jesu „Liebe deinen Nächsten wie dich selbst" kann nur aus Böswilligkeit oder Unkenntnis gemacht werden, zumal schon der Talmud gegen Blutrache argumentiert. Die sog. „Toledot Jeshu"-Literatur, die in Form von Legenden die Evangelientexte verunglimpft, war ein Versuch, in Zeiten der Kreuzzüge von jüdischer Seite gegen die christlichen Unterdrücker zu polemisieren. Vor allem seit Gründung des Staates Israel (1948) gibt es jüdische Publikationen über Jesus mit positiven Absichten. Die heutige jüdische Theologie anerkennt in Jesus einen Rabbi, Propheten und religiös motivierten Kämpfer, der für soziale und glaubensreformerische Ideen eintritt. In jüdische Kategorien ist er nicht ganz einzuordnen. Das schließt jedoch nicht seine Anerkennung als Messias ein, da sich nach jüdischer Argumentation durch sein Auftreten weder der Weltfrieden eingestellt noch Israel in das verheißene Land zurückgeführt oder der dritte Tempel erbaut wurde. Die Vorstellungen eines Gottessohnes und der Trinität sind Juden gänzlich fremd. So ist Jesus ein Märtyrer des jüdischen Glaubens, der den Sühnetod gestorben ist, allerdings nicht stellvertretend für alle Menschen, da die Erfüllung der Tora allen Juden aufgetragen ist.

2. Einsatzmöglichkeiten im RU

Bestand und Bedeutung der Heiligen Schriften der Juden kennenlernen

- Sch nehmen über den TA „Altes Testament – Neues Testament" und die Frage, welche die Heilige Schrift der Juden und welche die der Christen ist, wahr, dass beide Teile die eine Bibel der Christen bilden und dass das NT suggerieren könnte, das AT sei durch das NT abgelöst worden. Die Bezeichnung „Hebräische Bibel/Testament" könnte daher angemessener sein (TA).

- Sch lesen mit verteilten Rollen den Dialog auf *Deuteseite 84* und erschließen (ggf. zusätzliche L-Infos) das Schema „Die heiligen Schriften der Juden" (evtl. wird zusätzlich für die fünf Bücher Mose die Bezeichnung „Pentateuch" eingeführt). Sch übertragen das Schema in ihr Heft.
- Sch ergänzen die heiligen Schriften der Christen (Griechische Bibel/NT), fügen eine Klammer AT – NT hinzu und erfahren, dass es auch bei den Katholiken eine weitere Autorität, nämlich die Tradition (Lehre der katholischen Kirche), gibt.
Mögliche Lösung:

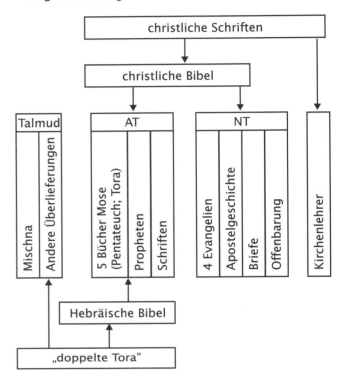

Bilder vergleichen
- Sch sehen sich das Christusmosaik an, nehmen den Segensgestus (L-Info) wahr, der auf die Heilige Schrift gerichtet ist, und vergleichen die Darstellung mit dem Bild von Chagall auf *Titelseite 75*.
- Sch nehmen wahr, dass es sich in beiden Bildern um dieselbe Schrift handelt, und thematisieren evtl. die liebende Umarmung einerseits und die weniger emotionale Haltung andererseits.

Jesus als Juden erkennen ▶ IDEENSEITE 79
- Sch lesen die Bibelzitate auf *Deuteseite 85* unter der Fragestellung, welche Aussagen von Christen und Juden gleich, ähnlich oder unterschiedlich verstanden werden können.
- Sch tragen im Wechsel die Punkte „Wusstest du eigentlich ..." vor, schlagen einige Textstellen zur Verdeutlichung nach und nehmen zu ausgewählten Punkten Stellung (z.B. „Dass Jesus zwölf jüdische

Der Ölbaum – ein Bild für das Verhältnis von Christen und Juden

Euch, den Heiden, sage ich: Gerade als Apostel der Heiden preise ich meinen Dienst, weil ich hoffe, die Angehörigen meines Volkes eifersüchtig zu machen und wenigstens einige von ihnen zu retten. [...] Ist nicht die Erstlingsgabe vom Teig heilig, so ist es auch der ganze Teig; ist die Wurzel heilig, so sind es auch die Zweige. Wenn aber einige Zweige herausgebrochen wurden und wenn du als Zweig vom wilden Ölbaum in den edlen Ölbaum eingepfropft wurdest und damit Anteil erhieltest an der Kraft seiner Wurzel, so erhebe dich nicht über die anderen Zweige. Wenn du es aber tust, sollst du wissen: Nicht du trägst die Wurzel, sondern die Wurzel trägt dich. Nun wirst du sagen: Die Zweige wurden doch herausgebrochen, damit ich eingepfropft werde. Gewiss, sie wurden herausgebrochen, weil sie nicht glaubten. Du aber stehst an ihrer Stelle, weil du glaubst. Sei daher nicht überheblich, sondern fürchte dich! Hat Gott die Zweige, die von Natur zum edlen Baum gehören, nicht verschont, so wird er auch dich nicht verschonen. Erkenne die Güte Gottes und seine Strenge! Die Strenge gegen jene, die gefallen sind, Gottes Güte aber gegen dich, sofern du in seiner Güte bleibst; sonst wirst auch du herausgehauen werden. Ebenso werden auch jene, wenn sie nicht am Unglauben festhalten, wieder eingepfropft werden; denn Gott hat die Macht, sie wieder einzupfropfen. Wenn du aus dem von Natur wilden Ölbaum herausgehauen und gegen die Natur in den edlen Ölbaum eingepfropft wurdest, dann werden erst recht sie als die von Natur zugehörigen Zweige ihrem eigenen Ölbaum wieder eingepfropft werden.
Röm 11,13-24

Der Apostel Paulus beschreibt in seinem Brief an die Römer das Verhältnis von Christen und Juden in einem Bild: Zweige eines Ölbaums wurden in einen edlen Ölbaum eingepfropft.

■ Zeichne die eingepfropften Zweige in das Bild oben ein und beschrifte den Baum so, dass das Verhältnis von Christen und Juden deutlich wird.

Jünger hatte, ist wichtig zu wissen, weil er keine neue Religion gründen, sondern etwas im Judentum bewegen wollte.").

Das jüdisch-christliche Verhältnis im Bild darstellen

Sch lesen Röm 11,13-24, klären Verständnisfragen im UG und füllen **AB 2.5.11, Lehrerkommentar S. 137**, in PA aus.

Sch unterstreichen vorher im Text, welche Stellen sie darstellen wollen, sie müssen nicht alle Aussagen übernehmen (*Hinweis:* auf Zweige und Wurzeln achten, auch den bestehenden Ölbaum beschriften).

Chassidische Geschichten und Evangelientexte vergleichen

Sch erarbeiten in arbeitsteiliger PA/GA die jeweilige Kernaussage der Mk-Texte und der Erzählungen (**AB 2.5.12, Lehrerkommentar S. 139**).

- Sch schreiben die von beiden Textsorten gestützte These in die Sprechblasen.
- Sch lesen im Plenum die drei Geschichten vor, geben den Inhalt des Mk-Textes wieder und stellen ihre Ergebnisse vor.

- Sch finden im Plenum geeignete Formulierungen, die alle übertragen.

3. Weiterführende Anregung

Interviews führen/ Wandzeitung gestalten

▶ IDEENSEITE 79

- Sch interviewen Mit-Sch, L, Eltern, Bekannte und/ oder Leute auf der Straße, Mitglieder der Kirchengemeinde zum Thema Juden/Judentum.
- Sch besprechen im RU vorher, was sie fragen und wen sie wie ansprechen wollen (ggf. Aufnahmegeräte, Mobiltelefon, mp3-Gerät etc. mitbringen).
- Sch werten in GA Interviews aus und gestalten Plakate (evtl. Vorkenntnisse integrieren/Schwerpunkte setzen) für eine Ausstellung.
- Falls Sch Tonaufnahmen gemacht haben, bekommen sie zur Auswertung häusliche Mehrzeit (= keine andere HA), noch besser: Sch arbeiten daran an einem Projekttag (evtl. auch arbeitsteilig in Verbindung mit anderen Projektangeboten aus der UE).

Der schwierige gemeinsame Weg
Infoseite II 86-87

1. Hintergrund

Zur Zeit Jesu versuchte die römische Herrschaft eine Integration der Juden in ihre Gesellschaft und sah daher Sonderregelungen für Juden bei der Ausübung ihrer Staatsbürgerpflichten mit Rücksicht auf ihre Religion vor (z.B. Sabbatheiligung, begrenzte eigene Rechtsprechung, weitgehende Befreiung vom Militärdienst). Das Ziel, einen unabhängigen jüdischen Staat zu errichten, motivierte dennoch zu Volksaufständen, u.a. um das Jahr 70 n.Chr. (Zerstörung des zweiten Tempels). Nach Scheitern des Bar-Kochba-Aufstands (135 n.Chr.) wurden die Juden jedoch aus Palästina vertrieben.
Seit 380 n.Chr. war das Christentum Staatsreligion im Römischen Reich. Vor allem mit Bezug auf judenfeindliche Tendenzen im NT wurden den Juden ihr „falscher Gesetzesglaube", „Verstockung" wegen der Nichtannahme Jesu als Messias und die Schuld an dessen Tod („Gottesmord") vorgeworfen. Damit wurde der Verlust ihrer Sonderstellung als Gottesvolk und das Selbstverständnis der christlichen Kirche als „neues Israel" begründet. Auf die Aufhebung von Privilegien folgten unter Justinian I. (527-565) bedeutende rechtliche Einschränkungen und sonstige Diskriminierungen wegen Proselytenfurcht.
Während der Kreuzzüge zur Befreiung des Heiligen

Landes (Beginn des ersten Kreuzzuges: 1096, Ende des dritten: 1192) kam es in Palästina und Europa zu furchtbaren Judenverfolgungen, die durch die Ideologie, im „Heiligen Krieg" die Welt zu christianisieren, motiviert waren. Nach dem Zusammenbruch des Römischen Reiches hatten sich v.a. am Rhein (Köln, Mainz, Worms, Speyer) viele Juden angesiedelt, die – in eigenen Vierteln – friedlich mit den christlichen Nachbarn zusammenlebten und sich sogar stark assimilierten. Der Antijudaismus (= theologisch begründeter Judenhass) verbreitete sich jedoch während der Kreuzzüge und der Inquisition. Er nahm so groteske Formen an, wie den Vorwurf des Kinderraubs und „Ritualmordes" (wegen Unverständnis gegenüber der Beschneidung) oder des Hostienfrevels. Man gab den Juden sogar die Schuld an der Pest: Angeblich hatten sie die Brunnen vergiftet.
Die Reformation erbrachte keinerlei Verbesserung der Situation (vgl. Luthers Polemik, z.B.: „Von den Juden und ihren Lügen", 1543). Neben die o.g. „religiös" motivierten Vorwürfe trat die wirtschaftlich-soziale Diffamierung der Juden als „Wucherer", die die Christen „aussaugten". Es folgten Vertreibungen und Zwangsgettoisierung.
Die Aufklärung brachte für die intellektuellen Juden eine gewisse Besserung („Hofjuden"). Aufgeklärte Geister argumentierten mit der Vernunft gegen religiöse

Jüdisches und Christliches

Ein berühmter jüdischer Gelehrter, Martin Buber (1878-1965), hat viele kleine Geschichten osteuropäischer Juden aufgeschrieben, die vorher nur mündlich überliefert wurden. Wenn du die Geschichten und dann die angegebenen Evangelientexte liest, kannst du herausfinden, dass jüdische und christliche Auffassungen sich oft entsprechen. Schreibe die Kernaussagen in die Sprechblasen.

Der Stolze und der Demütige

Der Rabbi Abraham von Apta kam einst in die Stadt, da bewarben sich zwei Männer um die Gunst, ihn beherbergen zu dürfen. Beide führten die Wirtschaft mit frommer Sorgfalt, beide Häuser waren geräumig und wohlversehen. Aber um den einen spann sich ein schlimmes Gerücht von Buhlschaft und sündigem Treiben; er selber wusste, dass er schwach war, und dachte gering von seinem Wert. Den andern hingegen konnte kein Mensch in der Gemeinde irgendeines Übels bezichtigen; er schritt stattlich und stolz in seiner Makellosigkeit einher. Der Rabbi wählte das Haus dessen, von dem die arge Rede ging. Als er nach dem Grund seiner Wahl befragt wurde, antwortete er: „Vom Hochmütigen spricht Gott: ‚Ich und er können nicht zusammen in der Welt verweilen.' Und wenn der Heilige, gesegnet sei Er, bei ihm keinen Platz hat, wie sollte ich ihn haben? Dagegen heißt es in der Tora:
‚... er wohnt bei ihnen inmitten ihrer Unreinheiten.' Und wenn Gott da Herberge nimmt, wie sollte ich es nicht?"

Mk 2,13-17
_____
_____
_____
_____
_____
_____

Das Mittel

Ein gelehrter und kargherziger Mann redete Rabbi Abraham von Stretyn an: „Es heißt, Ihr gäbet den Leuten heimlich Heilmittel und Eure Mittel seien wirksam. Gebt mir denn eins, um Furcht Gottes zu erlangen!"

„Für Furcht Gottes", sagt da Rabbi Abraham, „weiß ich bei mir kein Mittel. Aber wenn ihr wollt, könnt ihr eins für Liebe Gottes erhalten."

„Das ist mir noch erwünschter", rief jener, „gebt es nur her!"

„Das Mittel", antwortete der Zaddik, „ist Liebe zu den Menschen."

Mk 12,28-34
_____
_____
_____
_____
_____
_____

Gottes Wohnung

„Wo wohnt Gott?" Mit dieser Frage überraschte der Rabbi Menachem von Kotzk einige gelehrte Männer, die bei ihm zu Gast waren. Sie lachten über ihn: „Wie redet Ihr! Ist doch die Welt seiner Herrlichkeit voll!"
Er aber beantwortete die eigene Frage: „Gott wohnt, wo man ihn einlässt."

Mk 11,22-25
_____
_____
_____
_____
_____
_____

Feindschaft (vgl. Lessings „Nathan der Weise", 1779). Die Französische Revolution (1789) verbesserte die Situation der Juden, mit Waterloo (1815) verloren sie jedoch ihre Bürgerrechte schon wieder. Erst die Reichsgründung (1871) ermöglichte den Juden in Deutschland die völlige Emanzipation.

Unter Nutzung der noch immer vorhandenen negativen Klischees entstand bereits nach knapp zehn Jahren eine „wissenschaftlich" legitimierte Agitation gegen die wirtschaftlich erfolgreichen Juden in der aufkommenden Industriegesellschaft. Die Argumentation rührte nun nicht nur aus dem Antijudaismus, sondern auch aus dem Antisemitismus, ein Begriff des Journalisten Wilhelm Maar (1819-1904), und behandelte nun die „Judenfrage" als „Rassenfrage". Die Vereinigung von Antijudaismus-Klischees, Antisemitismus (gespeist aus sozialdarwinistischen Ideen) und überzogenem Nationalismus konnte in wirtschaftlich schwieriger Lage und unter einem charismatischen Führer zu dem Schreckensereignis des letzten Jahrhunderts schlechthin führen – dem Holocaust.

Ein besonderes Zeichen mit Blick auf den jüdisch-christlichen Dialog setzte zu Beginn der Fastenzeit im „Jubiläumsjahr" 2000 Papst Johannes Paul II. Seine Vergebungsbitte an die Juden wurde von dem Dokument der internationalen päpstlichen Theologenkommission „Erinnern und Versöhnen. Die Kirche und die Verfehlungen in ihrer Vergangenheit" unterstützt. Im Pontifikalgottesdienst beteten der Papst und Vertreter der römischen Kurie für das Gedächtnis der historischen Leiden des jüdischen Volkes, dem Volk des Bundes, und um die Einsicht, dass von Menschen der Kirche im Eintreten für die Wahrheit Methoden verwandt wurden, die dem Evangelium widersprechen. Im Gebet gedachte der Papst des Verkündigungsauftrags der Kinder Abrahams und äußerte seine Betrübnis über Zuwiderhandlungen, bei denen Menschen Leid zugefügt wurde. Dafür bat er im Namen der Kirche um Entschuldigung und versprach den Einsatz für die Brüderlichkeit zwischen Christen und Juden.

Der Stellenwert und die Ernsthaftigkeit dieser Erklärung muss ebenso wie der unermüdliche Einsatz des Papstes für die Verständigung der Kulturen und Religionen in der langen Zeit seines Pontifikats positiv veranschlagt werden. Mancher hätte jedoch auf das deutlichere Eingeständnis gehofft, dass der kirchlich-theologische Antijudaismus den Weg für den Antisemitismus mitbereitet hat.

Das **Relief** zeigt den Triumphzug der Römer, die die Menora des Salomonischen Tempels (sie stand dort mit der Bundeslade im Allerheiligsten) als Kriegstrophäe nach Rom bringen. Die Darstellung ist Bestandteil des Titusbogens auf dem Forum Romanum. Der Verbleib des Leuchters selbst ist ungeklärt. Seit 1948 dient die Menora als offizielles Emblem des Staates Israel.

Das **Foto** *Infoseite* 87 zeigt Papst Johannes Paul II. bei seinem Israelbesuch im Jahr 2000 vor der Klagemauer, der Westmauer des zweiten Tempels, der 70 n.Chr. zerstört wurde. An der Mauer gibt es einen von Besuchern abgeschirmten Gebetsbezirk mit Männer- und Frauenteil, an dem neben den traditionellen Gebeten auch persönliche Bitt- und Dankgebete vorgetragen oder auf Zettel geschrieben in die Mauerritzen gesteckt werden; heute finden dort auch Bar-Mizwa Feiern statt (vgl. *Lehrerkommentar* S. 130).

2. Einsatzmöglichkeiten im RU

Erklärungen finden  ▶ IDEENSEITE 78

Wer die Gegenwart verstehen will, muss die Vergangenheit kennen. Dieser Satz gilt grundsätzlich für jedes Volk, jede Religion und jede Person. In der Begegnung mit Juden gewinnt er besonders an Dringlichkeit.

- Sch recherchieren entsprechend AA im Lexikon, in Büchern oder im Internet, was an den auf *Ideenseite* **78** genannten Daten geschehen ist. Weitere Daten können, je nach Kenntnisstand der Sch, eingefügt werden.
  - 1933 – 30. Januar: sog. Machtergreifung Adolf Hitlers
  - 1935 – 15. September: Nürnberger Rassengesetze
  - 1938 – 9. November: Reichspogromnacht („Kristallnacht"), Ausgeh- und Berufsverbot für Juden, Kennzeichnungspflicht
  - ab 1939 – Enteignung und Deportation
  - 1942 – 20. Januar: Wannseekonferenz
  - 1945 – 8. Mai: Ende des Zweiten Weltkrieges
  - 1989 – Fall der Mauer, Abkommen mit den GUS über die Aufnahme von Juden

Jüdische Geschichte kennenlernen

- Sch beschäftigen sich mit der Entfremdung der jüdischen und der christlichen Religion bis hin zu Antijudaismus und Antisemitismus im Mittelalter und unter dem Nationalsozialismus.
- Sch sammeln an der Tafel Gründe, die zur Entzweiung der Religionen führten, sowie Stationen der jüdischen Geschichte. (Zwei Stationen lernen Sch über die Fotos und L-Info kennen.)
- Sch vertiefen die Kenntnisse durch eigene Recherchen in der häuslichen oder schulischen Bibliothek bzw. im Internet und stellen vor, was sie beeindruckt hat.

Judenfeindliche Klischees wahrnehmen und entkräften

- Sch sehen die Abbildung des Wegkreuzes (**AB 2.5.13, Lehrerkommentar S. 141**) als Folie projiziert und interpretieren die Darstellung auf Grundlage ihrer Kenntnisse der Passionsgeschichte.

Antisemitismus und Volksfrömmigkeit

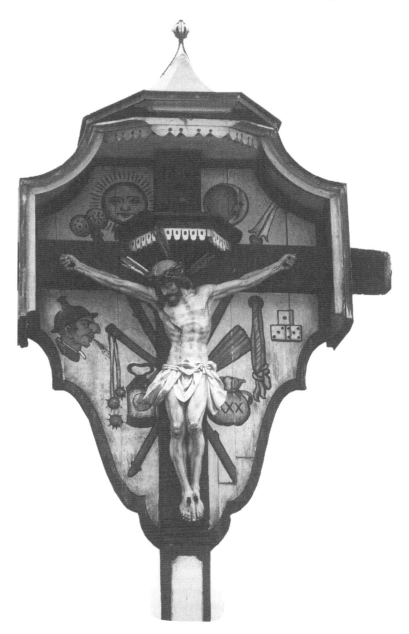

Wegkreuz bei Bietingen in der Nähe von Meßkirch (Baden-Württemberg)

Anmerkung: Das Wegkreuz zeigt die rassistische Karikatur eines Juden. Dieser wird durch eine Hakennase und den „Judenhelm", ein seit dem Mittelalter auf Bildern verwendetes Erkennungs-merkmal, dargestellt.

Die Aussage des Wegkreuzes beinhaltet zweierlei: Zum einen wird die Verhöhnung Jesu durch „die" Juden drastisch dargestellt. Zum anderen wird aber auch „den" Juden die unmittelbare Schuld am Kreuzestod Jesu in die Schuhe geschoben, da der fratzenhafte Kopf mit den Folter-instrumenten sowie einem Geldsack, der den Judaslohn enthält, und den Würfeln, mit denen um Jesu Gewand gespielt wurde, in Zusammenhang gebracht wird. Bei dieser Darstellung wird jedoch missachtet, dass das Todesurteil von der römischen Besatzungsmacht ausgesprochen und vollstreckt wurde und nicht von den Juden.

- Sch werden aufmerksam für die typische Darstellung von Juden, verknüpfen die Information mit ihren biblischen Vorkenntnissen („Wer war schuld an Jesu Tod?") und erhalten so Einblick in die (auch kirchliche) Tradition des Judenhasses.
- Sch bedenken im UG die Gefahren von Klischees auch an anderen bildlichen und sprachlichen Beispielen (z.B.: Karikaturen, Äußerungen: Deutsche sind übergenau, Polen klauen, Türken stinken, Arbeitslose ruhen sich auf unseren Steuergeldern aus usw.).

Über Verantwortung nachdenken

Sch lesen den Abschnitt „Unsere Verantwortung für die Zukunft" auf *Infoseite* **87** und stellen Überlegungen an, was getan werden kann (kirchlich, staatlich, von jedem einzelnen Menschen), damit es nie wieder zu Judenverfolgungen kommt, und was für ein friedliches Zusammenleben der Menschen unternommen werden kann.

3. Weiterführende Anregungen

Einen Projekttag durchführen

- Sch schlagen einen schulweiten Projekttag vor, in dem es um interkulturelle und interreligiöse Verständigung geht.
  Sch (ggf. auch Eltern, L) präsentieren Unterrichtsergebnisse, bieten Essen an, musizieren, zeigen Bilder und einen Film, führen Gespräche, spielen Theater usw.
- Fach- und evtl. jahrgangsübergreifend arbeiten Sch an Einzelprojekten zum Thema: „Verständigung/Verantwortung" o.Ä.

Zeichen des Friedens entdecken

- Sch überlegen, was Einzelne und Institutionen tun könnten, um positive Zeichen für Versöhnung und mehr Verständigung zwischen Christen und Juden zu setzen.
- Sch sammeln eigene Ideen und Beispiele, die sie in Literatur und Internet finden bzw. bei Interviews und bereits gemachten Recherchen gefunden haben.
- Sch recherchieren Beispiele für Versöhnungsarbeit aus dem staatlich unterstützten und kirchlichen Bereich, z.B. Aktion Sühnezeichen etc. Sie stellen sich gegenseitig die gefundenen Initiativen vor.

Ein Friedenslied singen und tanzen   ▶ BESINNUNGSSEITEN 88

- Sch lernen Text und (einfache) Melodie des Liedes Hevenu shalom alejchem kennen und singen es gemeinsam, bis es alle können.
  Beim zweiten Einsatz singen Sch den deutschen Text: „Wir bringen Frieden für alle".
- Sch tanzen zum Lied im Kreis mit und halten sich dabei an den Händen.
  Schrittfolge im Takt der Musik:
  rechts Seitschritt, links hinten kreuzen, rechts Seitschritt, links Kick über rechts, links stellen, rechts Kick über links, rechts stellen; ab links hinten kreuzen wiederholen.
- Sch beginnen langsam und beschleunigen Gesang und Tanz.

Hinweis: Bewegung tut Sch gut; falls Tanzen und Anfassen jedoch von Sch abgelehnt werden, werden sie nicht dazu gezwungen (evtl. einen Mädchen-/einen Jungenkreis vorschlagen oder nur Freiwillige tanzen lassen, während die anderen singen).

Die Elemente der *Besinnungsseite* können zu Beginn bzw. zum Abschluss einer Unterrichtsstunde, in meditativen Einheiten, in (Schul-)Gottesdiensten oder zur kreativen Gestaltung etc. eingesetzt werden.

1. Hintergrund

Eine wichtige Rolle im Verständigungsprozess zwischen Christen und Juden spielt die Vielfalt des musikalischen Ausdrucks (Vokal- und Instrumentalmusik), der je nach regionaler Herkunft (Böhmen, Spanien, Arabien) und Funktion (Liturgie, Volkslied u.a.) in der jüdischen Kultur seit jeher eine zentrale Rolle spielt und ureigene Züge trägt. Vielfach beruhen die Liedtexte auf biblischen Texten. Tänze sind dabei als ein zentrales ethnisches (Diaspora/Ghetto-Situation), religiöses wie familiäres Bindeglied. Sie werden u.a. als „israelische Tänze" auf dem Markt angeboten. Zumeist sind es Gruppentänze voller Rhythmus und Leben (Inhalt) und gut für junge Leute geeignet.

2. Einsatzmöglichkeiten im RU

Lied: „Höre Israel" singen

Auch in Zusammenarbeit mit dem Musikunterricht und für Schulgottesdienste verwendbar: der zweistimmige Satz „Höre Israel" für Schulchor und Schulgottesdienst, in: Hubertus Halbfas, Religionsbuch für das 5./6. Schuljahr, Düsseldorf, S. 42.

„Hava nagila" tanzen

Dieses Lied repräsentiert die Musik Israels wie kaum ein anderes. Es ist der wohl am weitesten verbreitete Tanz Israels und ein Ausdruck von Lebensbejahung und Lebensfreude.

Die Musik ist chassidisch und stammt von Abraham Zvi Idelsohn. Der Text stammt aus dem AT: „Auf, jubelt und freut euch, auf, singt, erhebt euch, ihr Brüder, mit fröhlichem Herzen" (Jes 12,3).

Das Lied ist sehr bekannt. Zur Erinnerung können Sch (und L) es z.B. auf www.youtube.com anhören.

Tanzbeschreibung:
Aufstellung: geschlossener Frontkreis
Fassung: V-Position oder T-Position
Takt: 4/4 Takt, Schrittfolge bezieht sich auf Tanzrichtung
Zählzeit: Schrittfolge: wird während des ganzen Tanzes wiederholt:
Seitwärtsschritt nach links – rechts kreuzt hinter links – Seitwärtsschritt nach links – linkes Bein federt nach, dabei schwingt das rechte Bein vor das linke – Seitwärtsschritt nach rechts – rechtes Bein federt nach, dabei schwingt das linke Bein vor das rechte.

Synagoge besuchen/Broschüre gestalten   Projektseite 90-91

1. Hintergrund

Die örtlichen Gegebenheiten bezüglich der vergangenen oder gegenwärtigen jüdischen Kultur sind sehr unterschiedlich. *Projektseite* **90** zeigt eine Gedenktafel für eine Synagoge, ein Mahnmal, Straßennamen, eine Briefmarke mit einem Porträt Edith Steins und eine alte Ausgabe des Tagebuchs von Anne Frank (vgl. *Lehrerkommentar* S. 118).

In Baden-Württemberg gibt es zahlreiche **Gedenkstätten** in ehemaligen KZ und Arbeitslagern. Auf jüdischen Friedhöfen, in Synagogen und öffentlichen Plätzen wird vielerorts mit Dokumentationen, Gedenkpfaden und Gedenktafeln (Pflastersteine/„Stolpersteine") der Juden gedacht, die in Baden-Württemberg lebten und deren Leben und Kultur vernichtet wurden. Einen Überblick über alle Gedenkstätten bietet die Dokumentation „Gedenkstätten für die Opfer des Nationalsozialismus" von der Bundeszentrale für politische Bildung. Der Besuch einer Gedenkstätte am Ort oder in der Region, z.B. im Rahmen einer Klassenfahrt, kann Sch den Zugang zum Thema erleichtern und sie sensibilisieren.

📖 Literatur s. *Lehrerkommentar* S. 148

Hinweis: Es ist wichtig, Sch bei der Auseinandersetzung mit dem Thema Judenverfolgung und auf der Suche nach Material zu begleiten und nicht alleinzulassen. Während neuzeitliche Stiche und Schriften eher distanziert betrachtet werden können, haben die Fotos und Textdokumente der Judenvernichtung im 20. Jh. u.U. eine starke, verstörende und tiefgehende Wirkung und können Sch dieser Altersstufe emotional überfordern. Da Sch mit der Informationsflut der gefundenen Berichte und Bilder nur bedingt umgehen können, sollte die Suche nicht zu sehr ins Detail gehen. Im Fach Geschichte wird der Holocaust erst in Jgst. 9/10 angesprochen. Deshalb sollte sich der RU

Gedenkstätten in Baden-Württemberg. Die Karte verzeichnet größere Gedenkstätten (▼) an Orten ehemaliger Konzentrationslager und Friedhöfe (■) für KZ-Opfer, Kriegsgefangene und Zwangsarbeiter u.Ä. Zahlreiche weitere Gedenkstätten, Mahnmale und Informationstafeln sind aus Platzgründen nicht eingetragen. Eine detaillierte Übersicht bietet die Dokumentation „Gedenkstätten für die Opfer des Nationalsozialismus" der Bundeszentrale für politische Bildung (bpb; vgl. Literatur S. 148).

hier darauf beschränken, die Gefühle der Hilflosigkeit und Trauer, Unverständnis und Wut aufzufangen, und behutsam an das Thema heranzuführen. Z.B. in der Beschäftigung mit dem Leben Anne Franks (vgl. *Lehrerkommentar* S. 118) erhalten Sch einen Zugang zu der Thematik, indem sie ein Individuum kennenlernen und nicht nur nackte, „seelenlose" Zahlen und Fakten.

ein Ort des Studiums und Lernens als auch eine Stät-
te des Gebets. Im Gegensatz dazu hielt man den
Tempel in Jerusalem für das Haus Gottes. Man
glaubte, Gott wohne auf eine ganz reale Weise im
Allerheiligsten, dem innersten sakralen Bezirk des
Tempels, und in den Tempelhöfen wurden ihm dreimal täglich Opfer dargebracht. Seit der Zerstörung
des Tempels im Jahre 70 n.Chr. ist bei den Juden die
Opferpraxis erloschen. Stattdessen wird Gott der
Gottesdienst durch regelmäßiges Gebet und gele-
gentliches Fasten dargebracht.

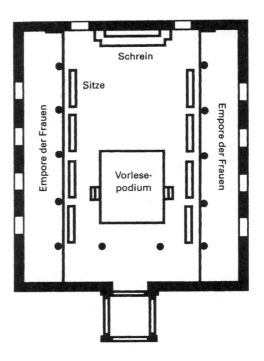

In der herkömmlichen Synagoge steht beherrschend im
Zentrum das Vorlesepodium. Die Sitze sind vorwiegend
beidseitig angeordnet, mit der Blickrichtung zur Mitte.
Die Säulen tragen die Frauenempore.

Die Einteilung des Synagogengebäudes zeigt deutlich
seine Verwendung. Im Mittelpunkt der Aufmerksamkeit steht die Lade, ein großer, zuweilen reich ver-
zierter Schrank, der die Gesetzesrollen enthält. Die
Lade befindet sich an der Stelle des Gebäudes, die am
nächsten in Richtung der heiligen Stadt Jerusalem
liegt. Die Gesetzesrollen sind von Hand geschrieben
und enthalten den Text des Pentateuchs, also der ersten fünf Bücher der hebräischen Heiligen Schrift. Aus
ihnen wird beim Morgengottesdienst jeweils so viel
vorgelesen, dass alljährlich der gesamte Text zum Vortrag kommt. Im räumlichen Mittelpunkt des Gebäudes
ist das Podium (*Bima*), von dem aus der Gottesdienst
geleitet wird. Jeder jüdische Mann (und bei den Nicht-
Orthodoxen auch jede Frau) kann den ganzen liturgischen Dienst oder Teile davon leiten; einzelne Ge-
meindemitglieder werden formell aufgerufen, um aus

Synagogenbau

Der Baustil von Synagogen orientierte sich oft am jeweiligen Zeitgeschmack. So wurden im Mittelalter die
Synagogen Europas oft im romanischen oder gotischen Stil errichtet. Im Polen des 17. und 18. Jh.
handelte es sich bei den Synagogen oft um einfache
hölzerne Gebäude mit Ziegeldach. Im 19. Jh. wurden
in wohlhabenden Judengemeinden großartige Bauwerke im maurischen, ägyptischen, gotischen oder
klassizistischen Stil üblich. In jüngster Zeit kamen vor
allem in den USA moderne, eindrucksvolle Gebäude
auf; ein berühmtes Beispiel ist die von Frank Lloyd
Wright für die Beth-Shalom-Gemeinde von Elkins Park
in Pennsylvania entworfene Synagoge.
Auf Hebräisch heißt die Synagoge *Bet Ha-Knesset*,
„Versammlungshaus", was mehr auf ihre historisch
soziale Funktion als auf ihren religiösen Charakter hin-
weist. Die Jiddisch sprechenden Gemeinden Osteuro-
pas pflegten das Gebäude als „Schul" zu bezeichnen,
also buchstäblich als Schule. Eine Synagoge ist sowohl

den Rollen vorzulesen. In den Synagogen der Orthodoxen und modernen Orthodoxen sind die Sitze für Frauen abseits von den Männern so angeordnet, dass sie ohne Zerstreuung beten können oder die Männer nicht von ihren Gebeten ablenken.

2. Einsatzmöglichkeit im RU

Spuren im Alltag entdecken
- Sch erkunden ihren Ort in einer AG (als Hausaufgabe) oder in der Klasse (als Unterrichtsgang). In vielen größeren Städten gibt es mittlerweile organisierte Stadtführungen zur jüdischen Lokalgeschichte.
- Nähere Informationen sind beim Verkehrsamt erhältlich oder im Internet.

📖 Literatur s. *Lehrerkommentar* S. 148

Dein Christus ein Jude ...   Stellungnahmen 92

1. Hintergrund

Die **Fotos** auf *Stellungnahmen* **92** zeigen eine Szene in einem Café in Jerusalem und einen orthodoxen Juden vor einer Tür in Safed, einer Stadt im Norden Israels. Während der Mann durch seine Kleidung, den Bart und die Schläfenlocken (*hebr.:* peot) eindeutig als Jude zu identifizieren ist, kann man unter den Menschen im Café niemanden nur durch das Aussehen dem Judentum zuordnen. Frauen und Männer sitzen zusammen und unterhalten sich, sie sind „normal" gekleidet und sind ebenso wenig mit einer bestimmten Religion in Verbindung zu bringen, wie Menschen in einem Café in Deutschland. Ein Schluss aus der Auseinandersetzung mit den Fotos kann auch sein, dass es im Judentum, wie im Christentum, Menschen gibt, die ihren Glauben durch ihr Aussehen (Tracht der Ordensleute, Kollar der Priester, Schmuck etc.) nach außen tragen, und solche, die ihren Glauben „privat" leben, oder wieder andere, die nur „auf dem Papier" einer Religionsgemeinschaft angehören.

Der **Satz** der **deutschen Bischöfe** stammt aus einer Erklärung zum 50. Jahrestag der Befreiung des Konzentrationslagers Auschwitz am 25.1.1995 und bringt die heutige Haltung der Kirche und das Ergebnis jahrzehntelanger Aufarbeitung innerhalb der Kirche zum Ausdruck.

Gelesen mit dem nächsten **Zitat** von **Ignatz Bubis** „Der Antisemitismus braucht keine Juden." ergibt sich ein herausforderndes Spannungsfeld. Bubis zielt darauf ab, dass es bei Antisemitismus um eine grundsätzliche Geisteshaltung der Intoleranz geht, nicht nur Juden, sondern allen Andersartigen, Fremden und allem Ungewohnten gegenüber.

Demgegenüber steht der Text einer **Plakataktion** aus den 1990er-Jahren gegen Ausländerfeindlichkeit. Er erinnert daran, dass wir im Alltag dem vermeintlich Fremden in vielfacher Form ganz selbstverständlich begegnen und Menschen verschiedenster Herkunft in Deutschland beheimatet sind. Ein Aspekt der Kampagne ist auch, dass unsere Kultur ohne die Einflüsse aus anderen Kulturen sich nicht zu der entwickelt hätte, die sie heute ist, und dass Einflüsse von außen bereichern und Vorteile bringen können.

2. Einsatzmöglichkeiten im RU

Den Werbespruch diskutieren
- Sch tauschen sich aus, welche Gedanken und Gefühle der Text „Dein Christus ein Jude" auslöst (Erstaunen, Neugier, Ärger ...).
- Sch schreiben den Text weiter: z.B. deine Kleidung ..., deine Musik ..., deine Freunde ...
- Sch gestalten eine Wand in der Schule gegen Fremdenfeindlichkeit.

Bild- und Textarbeiten fortsetzen
- Sch betrachten die beiden Fotos und vergleichen sie miteinander.
- Sch deuten den Satz von Ignatz Bubis „Der Antisemitismus braucht keine Juden".

In Briefkontakt treten
- Sch erhalten **AB 2.5.14, Lehrerkommentar S. 147**, und lesen die Aussagen von Sarah.
- Sie schreiben ihr einen Brief. Hier beispielhaft der Antwortbrief von Tiziana:

„Liebe Sarah!
Ich finde es toll, dass du stolz auf deine Religion bist. Eigentlich denke ich, ist es wichtig, dass du über deine Religion sprichst. Denn wie sollen die anderen Menschen über deine Religion Bescheid wissen, wenn man nicht darüber spricht? Ich habe auch jüdische Freunde. Einer davon hat zu mir gesagt, ich solle es bitte keinem sagen. Ich war verwundert und habe gesagt: „Ich renne doch nicht rum und schreie: Du bist ein Jude!" Aber nachdem ich mit ihm gesprochen habe, habe ich verstanden, dass er Angst hat, und ihm sogar versprochen, es keinem zu sagen. Ich bin auf alle meine Freunde stolz, die jüdisch sind oder einer anderen Religion angehören. Ich glaube nämlich nicht, dass nur der christliche Glaube allein der richtige ist. Andere Religionen sind auch interessant und man sollte sie akzeptieren. Ich finde es auch blöd von den Neo-

nazis, wie die sich aufführen und andere Menschen zerstören. Manche wissen oft nicht, was sie sagen und wie dumm sich das anhört. Vielleicht ist es zu einfach gesagt, aber ich finde es gut, wenn du zu deiner Religion stehst und viel darüber erzählst.

Mach's gut! Ich hoffe, du wirst nicht zu viele Probleme im Leben haben.

Mit freundlichen Grüßen!

Tizi

P.S. Ich heiße Tiziana T., bin katholisch und komme aus Sizilien. Geboren bin ich 1994 und seit 11 Jahren in Deutschland. Ich besuche zur Zeit die 8. Klasse einer Hauptschule.“

Ein Anliegen des Zentralrats der Juden bedenken

Auf dem Arbeitsblatt **AB 2.5.15, Lehrerkommentar S. 121**, beklagt Paul Spiegel, ehemaliger Vorsitzender des Zentralrates der Juden in Deutschland, mangelndes Wissen junger Leute über Leben und Kultur der Juden in Deutschland.

- Ein/e Sch liest den Text der Pressemeldung laut vor.
- In GA erarbeiten Sch die drei zentralen Gedanken von Paul Spiegel. Als Hilfestellung werden drei Punkte genannt:
  1. Was wissen die jungen Leute über das Judentum?
  2. Welche Schuld, welche Verantwortung trägt die junge Generation?
  3. Welche Herausforderung kommt auf die jüdische Gemeinde zu?
- L bespricht die Ergebnisse der Sch in der Klasse. Sch diskutieren bzw. schreiben auf das Blatt, inwieweit die Gedanken neu für sie sind bzw. welche sie kennen, und nehmen dazu Stellung.

Einen Standpunkt beziehen

- Sch beantworten auf einem weißen Blatt Papier folgende Frage: Was hat sich für mich durch diese Unterrichtseinheit verändert (Wissen, Wahrnehmung, Entscheidung)?
- Ihr Blatt werfen sie anonym in eine Schale oder Schuhschachtel. Anschließend liest L die einzelnen „Stimmen“ vor und es wird ein „Stimmungsbild“ ermittelt.
- *Alternative:* PA mit dem Ziel, sich seiner eigenen Einstellung bewusst zu werden: Die Partner/innen sitzen sich gegenüber. Jeweils drei Minuten erzählen sie sich gegenseitig, was sie mit folgenden Satzanfängen assoziieren:
  — Mir war nicht bewusst, ...
  — Mich hat aufgeregt, ...
  — Ich lehne es ab, ...
  — Ich befürchte, ...
  — Ich hoffe, ...
  — Ich habe das Gefühl, ...
  — Mich macht es zuversichtlich, ...
  — Ich möchte noch sagen, ...

Auswertungshilfen: Wie haben wir das Gespräch erlebt? Was war neu, überraschend? Wie offen war das Gespräch? Welcher war der schwierigste Satz, welcher der leichteste?

3. Weiterführende Anregung

Eine Ausstellung konzipieren

Vielleicht entsteht aus der vielfältigen Beschäftigung mit dem zeitgenössischen Judentum eine multimediale Ausstellung in der Schule mit interaktiven Anteilen? Hörproben von jüdischer Lebensweisheit, von Interviews mit Passanten, Mit-Sch, Großeltern; Fotos von jüdischen Spuren im Ort, Zeitungsausschnitte von Themen, die Juden in Deutschland betreffen. Evtl. lässt sich sogar ein Begleitprogramm zur Ausstellung organisieren: ein Liederabend oder Kreistanz-Angebot (Kooperations-Partner gewinnen).

Literatur und Materialien

Übergreifend
Bar-Chen, Eli/Specht, Heike, Warum Schabbat schon am Freitag beginnt, München 2007
Fleischmann, Lea, Schabbat. Das Judentum für Nichtjuden verständlich gemacht, München 1994
Das Judentum, Folien und Texte, hg. vom Religionspädagogischen Seminar der Diözese Regensburg
Gradwohl, Roland, Frag den Rabbi noch einmal. Weitere Streiflichter zum Judentum, Stuttgart 1997
Ders., Grundkurs Judentum, Materialien und Kopiervorlagen für Schule und Gemeinde, Stuttgart 1997
Halbfas, Hubertus, Wurzelwerk – Geschichtliche Dimensionen der Religionsdidaktik, Düsseldorf 1989
Jochum, Herbert u.a., Im Dialog. Kurs Religion für die Sekundarstufe II, Bd. 4: Kirche und Synagoge, hg.v. Gebhard Neumüller, München 1996
Mussner, Franz, Traktat über die Juden, München ²1988
Stemberger, Günter, Jüdische Religion, München ⁴2002, 42-69
Tworuschka, Udo, Judentum, in: ders./Monika Tworuschka, Religionen der Welt, München 1992, 20-27
Internet:
www.talmud.de

Themenseite 76-77
Internet:
www.yadvashem.org

Infoseite I 80-81
Koschere Geschäfte in
  Freiburg: Holly, Nußmannstr. 14, 79098 Freiburg i.Br.
  Konstanz: Nisskoscher, Sigismundstr. 9, 78462 Konstanz
  Stuttgart: Koscher-Laden, Hospitalstr. 36, 70174 Stuttgart
Internet:
www.koscher.net

Deuteseite I 82-83
Fohrer, Georg, Glaube und Leben im Judentum, Heidelberg/ Wiesbaden ²1985

Jüdisches Leben in Deutschland

Heute bin ich froh, eine Jüdin zu sein, und ich bin stolz darauf. Das war nicht immer so. Als ich in die Grundschule ging, war ich das einzige jüdische Kind in der Schule. Alle anderen waren Christen und einige Kinder waren Muslime. Die Kinder in meiner Schulklasse wussten, dass meine Eltern und ich Juden sind. Aber über meinen Glauben wussten sie nicht Bescheid. Dass ich mit meiner Familie anders lebte, wurde mir vor allem in den Zeiten der christlichen Feiertage bewusst. Irgendwie fühlte ich mich darum immer etwas fremd in der Klasse, obwohl ich auch gute Freundinnen hatte. Manchmal schämte ich mich sogar dafür, jüdisch zu sein. Ich wollte aber nie Christin sein. An Weihnachten denke ich mir heute: Wir feiern genauso froh unser Chanukka-Fest und unser Pessach-Fest.

Im Gymnasium erzählte ich anfangs niemandem, dass ich diesen Glauben habe. Ich kannte die Mitschüler noch zu wenig und wusste nicht, wie sie darauf reagieren würden. Heute aber wissen fast alle und vor allem meine Freunde und Freundinnen davon und ich erzähle auch gerne von unseren Festen und davon, was uns wichtig ist. Ich will nicht mehr anders sein. Es macht mir auch Spaß, an Feiertagen in die Synagoge zu den Gottesdiensten zu gehen. Am Sabbat geh ich allerdings nicht so oft hin. Aber in der Familie feiern wir den Beginn des Sabbats am Freitagabend schon. Dass die Gottesdienste der Synagogengemeinde hier in Deutschland ausschließlich auf Hebräisch gehalten werden, das gefällt mir nicht so ganz. Es ist doch so, dass die meisten Menschen hier kein Hebräisch können. Ich denke da vor allem an die vielen in der Gemeinde, die in den letzten Jahren aus Russland zu uns gekommen sind und erst hier anfangen, etwas Hebräisch zu lernen. Vor allem Kinder und Jugendliche gehen wegen dieser schweren Sprache, die sie kaum verstehen, nicht so gerne in die Gottesdienste. Dabei ist es oft lustig, wenn wir im Anschluss noch im Gemeindesaal zusammen bleiben und uns viel erzählen und lachen.

Trotzdem finde ich es richtig, dass auch auf Hebräisch gebetet und gesungen wird. Das verbindet uns mit den Juden auf der ganzen Welt. Ich finde auch gut, dass wir Juden darauf achten, die Sitten und Bräuche einzuhalten. Besonders schön ist es, wenn die Kinder bei Festen den Gemeindesaal schmücken und bei den Feiern etwas vortragen, singen oder tanzen und alle mittanzen und -singen. Wir halten zusammen, weil in Deutschland und in der Welt das Judentum eine kleine Minderheit ist. Hier in Deutschland gibt es ja nur wenige Juden. Fast alle in meinem Umfeld sind Christen.

Mir und meiner Familie macht es oft Sorge, dass es wieder so viele Neonazis und Rechtsradikale gibt. Manchmal habe ich Angst, dass wir als Juden wieder angegriffen und verfolgt werden könnten. Die Furcht kommt bei mir vor allem dann hoch, wenn ich auf der Straße Neonazis sehe. Die können zwar nicht erkennen, dass ich Jüdin bin, weil ich so aussehe wie alle Mädchen hier. Aber mulmig ist mir trotzdem.

Sarah, 16 Jahre

■ Könnt ihr euch in die Situation von „Sarah" hineindenken und herausfinden, was sie auf ihre Religion stolz macht?
■ Eine Jüdin wie „Sarah" hat ihren Bericht mit einem anderen Namen unterschrieben und wollte anonym bleiben. Welche Gründe könnte sie gehabt haben?

Infoseite II 86-87

Ben-Chanan, Yaacov, Juden und Deutsche. Der lange Weg nach Auschwitz, Kassel 1993

Ben-Chorin, Schalom, Judentum und Jesusbild, in: Julius H. Schoeps (Hg.), Neues Lexikon des Judentums, Gütersloh 2000, 400-402

Bernbaum, Israel, Meines Bruders Hüter. Der Holocaust mit den Augen eines Malers gesehen, München ³1995

Jochum, Herbert (Hg.), Ecclesia und Synagoga. Das Judentum in der christlichen Kunst, Ottweiler 1993

Kogon, Eugen/Metz, Johann Baptist, Gott nach Auschwitz. Dimensionen des Massenmordes am jüdischen Volk, Freiburg 1979

Lohfink, Norbert, Der niemals gekündigte Bund. Exegetische Gedanken zum christlich-jüdischen Dialog, Freiburg 1989

Lohrbächer, Albrecht (Hg.), Was Christen vom Judentum lernen können, Freiburg i.Br. 1993, 90-93

Ders., Was Christen vom Judentum lernen können. Anstöße, Materialien, Entwürfe, überarbeitete und aktualisierte Neuausgabe, Stuttgart 2006

Ogan, Bernd/Jahn, Carlo, „Aber Hitler hat doch ...". Sieben Legenden über das „Dritte Reich", hg. vom Pädagogischen Institut der Stadt Nürnberg, Insel Schütt 5, 90317 Nürnberg, Tel. 0911/231-2519

Rendtorff, Rolf/Henrix, Hermann, Die Kirchen und das Judentum. Dokumente von 1945-1985, München 1988

Erklärung über das Verhältnis der Kirche zum Judentum, hg. v. Sekretariat der Deutschen Bischofskonferenz (DBK), Nr. 26, Bonn 1980

„Die Last der Geschichte annehmen". Wort zum Verhältnis von Christen und Juden aus Anlass des 50. Jahrestages der Novemberpogrome 1938, hgv. Sekretariat der DBK, Nr. 43, Bonn 1988

Gerechter Friede, hg.v. Sekretariat der DBK, Nr. 66, Bonn 2000, 102-104

Wistrich, Robert S., Antisemitismus, in: Julius H. Schoeps (Hg.), Neues Lexikon des Judentums, Gütersloh 2000, 60-66

Projektseite 90-91

Friedrich, Volker/Bechtold, Andreas (Hg.), Jüdische Jugend heute in Deutschland. Fotografien und Interviews, Konstanz 2006; Dokumentation zu einem Projekt des Studiengangs Kommunikationsdesign der FH Konstanz unter der Schirmherrschaft des früheren Präsidenten des Zentralrats der Juden in Deutschland Paul Spiegel und seiner Nachfolgerin Charlotte Knobloch sowie des Ministerpräsidenten des Landes Baden-Württemberg, Günther Oettinger

Gedenkstätten für die Opfer des Nationalsozialismus, hg.v. der Bundeszentrale für politische Bildung, Bonn 2003, Baden-Württemberg: 17-108; als CD-ROM Nr. 1805, gegen eine Schutzgebühr von € 4,-- bei der bpb zu bestellen oder als pdf-Dokument direkt abrufbar, www.bpb.de

Herbstrith, Waltraud, Edith Stein, Kevelaer 1987

Dies., Edith Stein – Ein Opfer unserer Zeit, Straßburg 1997

de Vries, Simon Ph., Jüdische Riten und Symbole, Reinbek bei Hamburg ⁸2001, 54-149

Internet:
www.alemannia-judaica.de
www.irg-baden.de
www.irgw.de

6 Schöpfung mitgestalten

Kompetenzen und Inhalte im Bildungsplan (Baden-Württemberg 2004)

HAUPT- UND WERKREALSCHULE	REALSCHULE
Kompetenzen	

Die Schülerinnen und Schüler ... **1. Mensch sein – Mensch werden** ... kennen Grundaussagen der biblischen Schöpfungs-erzählungen und wissen, dass sich daraus die unver-wechselbare Würde – Freiheit, Eigenständigkeit, Gleichwertigkeit – und das unantastbare Lebensrecht aller Menschen ableitet; ... wissen, dass Menschen als Geschöpfe Gottes nach christlichem Verständnis zu einem verantwortlichen Umgang mit sich selbst und anderen berufen sind; ... wissen, dass Geschlechtlichkeit zum ganzen Menschen dazugehört, und können begründen, dass Frau und Mann gleichwertig sind; ... können eine Haltung entwickeln, die die Geschöpflich-keit und Ebenbildlichkeit als Grundlage für Selbstwert-gefühl und Ich-Stärke akzeptiert sowie zu respekt-vollem Umgang mit anderen motiviert; **2. Welt und Verantwortung** ... wissen um verschiedene Deutungen auf Fragen nach Anfang, Weg und Vollendung der Welt und können das Besondere der biblisch-christlichen Botschaft aus-drücken; ... kennen ausgewählte christliche/kirchliche Positionen zu den Bereichen Friedenssicherung, soziale Gerech-tigkeit, Caritas, Verantwortung für die Schöpfung und erfahren deren Umsetzung an einem ausgewählten Lebensmodell oder Handlungsfeld; ... können eine Haltung beschreiben, die die Schöpfung als Geschenk erlebt, achtet und verantwortungsvoll mitgestaltet; **3. Bibel und Tradition** ... kennen zentrale Texte aus dem AT und NT (Schöp-fungstext, Vätergeschichte, Auszugsgeschichte, einen Propheten, einen Psalm, Erzählungen zum Leben Jesu, Ursprungsgeschichten zu christlichen Festen); **4. Die Frage nach Gott** ... kennen biblische Geschichten, die von Gottes Wirken erzählen und Gottesbilder vermitteln; **6. Kirche, die Kirchen und das Werk des Geistes Gottes** ... verstehen anhand ausgewählter Beispiele, dass Chris-ten Weltgestaltung und Weltverantwortung gemein-schaftlich wahrnehmen.	Die Schülerinnen und Schüler ... **1. Mensch sein – Mensch werden** ... kennen die biblische Zusage, dass Gott den Menschen mit seinen Schattenseiten annimmt; **2. Welt und Verantwortung** ... können Regeln ihres Zusammenlebens in Schule, Familie und Freizeit benennen, mit christlichen Maßstäben vergleichen und gemeinsam mit ande-ren hilfreiche Regeln entwickeln; ... sind bereit auf die Stimme ihres Gewissens zu hören und sich an den Weisungen der Bibel zu ori-entieren; **3. Bibel und Tradition** ... können die Botschaft wichtiger biblischer Texte erfassen; ... sind bereit, sich mit den ethischen Weisungen der Bibel auseinander zu setzen; **4. Die Frage nach Gott** ... wissen, dass Gott größer und ganz anders ist, als Menschen ihn beschreiben können; ... wissen, dass Gott durch Menschen zu uns spricht und uns in Menschen begegnet.

Inhalte	
Erwachsen werden – meine Zukunft – Meine Vorstellungen, Wünsche und Hoffnungen vom Leben – In Beruf, Arbeit und Freizeit mein Leben sinnvoll gestalten **Religionen in der Welt** – Die gemeinsame Verantwortung der Religionen für Frieden, Gerechtigkeit und Bewahrung der Schöpfung	**Gewissen – Wonach soll ich mich richten?** – Biblische Weisungen ins Leben: Dekalog, Hauptgebot der Liebe, Goldene Regel und Schöpfungstexte

Das Kapitel im Schulbuch

Wie wertvoll und wichtig die Schöpfung für uns Menschen ist, ist vielen Jugendlichen nicht bewusst. Zwar ist die Thematik in den Medien präsent, allerdings sind die Bilder, die den Jugendlichen vermittelt werden, nicht greifbar, da sie oft nicht ihre Lebensrealität widerspiegeln. Eine wichtige Aufgabe ist es daher, die Jugendlichen in ihrem Umfeld „abzuholen" und „mitzunehmen", um ihnen so einen motivierenden Zugang zum Thema zu ermöglichen und eine nachhaltige Denkweise im Umgang mit der Schöpfung zu vermitteln.

Die Bildübermalung auf der *Titelseite* **93** „Gott erschafft die Welt" aus dem Jahr 1995/98 stammt von Arnulf Rainer und weist auf einen zentralen Aspekt des Kapitels hin: die Vereinbarkeit von religions- und naturwissenschaftlichen Ansichten. Arnulf Rainer verwendete eine mittelalterliche, religiös geprägte Darstellung von der Entstehung der Welt und verknüpfte sie mit moderneren, naturwissenschaftlichen Elementen.

Die *Themenseite* **94-95** weist auf die beiden Schwerpunkte hin. Im Mittelpunkt steht nicht nur die Verantwortung des Menschen für die Schöpfung, die im Kultur-Auftrag der Bibel begründet liegt, sondern auch die Beziehung zwischen Mann und Frau. Aktuelle Schlagzeilen und Zitate verdeutlichen die Aktualität des Themas.

Anregungen finden Sch auf *Ideenseite* **96-97**. Sie fordern die Kreativität der Sch und motivieren Sch, sich kritisch mit dem Thema auseinanderzusetzen.

Die *Infoseite I* **98-99** greift zwei Themen der Schöpfungserzählungen auf, die oft einseitig interpretiert wurden, den Kulturauftrag an den Menschen und das Verhältnis von Mann und Frau im zweiten Schöpfungsbericht.

Mit der Geschichte nach Jean Giono und dem Foto einer Sortieranlage für Altpapier zeigt die *Deuteseite* **100-101**, wie einfach jeder Mensch schöpferisch tätig sein kann. Sie motiviert Sch, dass auch ein kleiner Beitrag zur Bewahrung der Schöpfung beitragen kann.

Die Sachtexte auf *Infoseite II* **102-103** beschäftigen sich aus religions- und aus naturwissenschaftlicher Sicht mit der Entstehung der Erde. Sie verdeutlichen, dass sich die beiden Sichtweisen nicht ausschließen. Unterstützt wird dies durch Bilder und Fotos, die einen Querschnitt der künstlerischen Auseinandersetzung zeigen.

Besinnungsseite **104-105** zeigt Möglichkeiten für religiöse Impulse im Rahmen des Kapitels „Schöpfung mitgestalten" auf. Diese reichen von kreativen Textarbeiten und kreativen Gestaltungsmöglichkeiten bis hin zu Meditationsübungen.

Die zwei Projektideen auf *Projektseite* **106-107** setzen in der Lebenswelt der Sch an. Sie regen zum Nachdenken über das Verhalten von uns Menschen mit der Schöpfung an und rufen eine kritische Reflexion hervor. Die Konfrontation und aktive Auseinandersetzung rückt das Thema bei den Sch ins Bewusstsein.

Texte, Bilder sowie ein Lied regen in den *Stellungnahmen* **108** zum Reflektieren und Weiterdenken an.

Verknüpfungen mit anderen Kapiteln im Schulbuch

Kap. 3: Freundschaft wagen
Kap. 4: Gottes Gegenwart erfahren
Kap. 7: Woran sich orientieren?

Verknüpfungen mit anderen Fächern

HS
ER: Themenfeld „Schöpfung und Verantwortung"
D: 2. Schreiben; 3. Lesen/Umgang mit Texten und Medien
Materie – Natur – Technik (MNT): Leben im Gleichgewicht; Sich entwickeln

RS
ER: Themenfeld „Die Bibel verstehen"
D: 2. Schreiben; 3. Lesen/Umgang mit Texten und Medien
Fächerverbund Naturwissenschaftliches Arbeiten

(NWA): 1. Kompetenzerwerb durch Denk- und Arbeitsweisen (Antworten und Erkenntnisse durch Kooperation und Kommunikation); 2. Kompetenzerwerb durch das Erschließen von Phänomenen, Begriffen und Strukturen (Über die biologische Vielfalt staunen)

Schöpfung mitgestalten — Titelseite 93

1. Hintergrund

Arnulf Rainer (geb. 1929)

Geboren in Baden bei Wien, besuchte Arnulf Rainer 1940 eine nationalsozialistische Erziehungsanstalt, die er 1944 verließ, weil er sich von seinem Kunstlehrer nicht zwingen lassen wollte, naturalistisch zu zeichnen. Das Studium an der Kunstakademie Wien beendete er 1949 schon nach drei Tagen und rang als Autodidakt um eine angemessene künstlerische Form: Nach einer surrealistischen und einer ungegenständlichen, stark gestisch-motorischen Malerei, manchmal auch mit geschlossenen Augen (Kritzelexpressionen und Blindzeichnungen), setzte er sich 1953 intensiv mit Farbe auseinander. Nach einer misslungenen Ausstellung zerstörte er etwa 100 Ölbilder und 30 Plastiken. In dieser Krise begann er mit seinen Übermalungen, die anfangs auf Ablehnung stießen, ihn später aber berühmt machten. Übermalungen nehmen im Werk Arnulf Rainers einen überragenden Platz ein: Seit 1954 übermalt er Vorlagen aus verschiedenen Epochen mit den unterschiedlichsten Motiven. Christusübermalungen, Grünewaldüberarbeitungen, Leonardoüberzeichnungen oder die Bearbeitung von Totenmaskenfotos sind nur einige Beispiele dafür. Die Vielfalt seiner Motive korrespondiert mit der Mannigfaltigkeit seiner Malweisen, die von fließenden Linien über aggressive Durchstreichungen bis hin zu sensiblen Hervorhebungen kleiner Details der Bildvorlage reichen. Von 1995-98 hat er sich mit großer Intensität der Herausforderung gestellt, eine Bibel zu gestalten. Weit mehr als 400 Arbeiten sind dafür entstanden. Sie setzen sich mit zahlreichen Vorlagen von der frühen Buchmalerei bis zur Kunst des 19. Jh. auseinander, darunter befinden sich Arbeiten von Giotto, Fra Angelico, Bilder aus der Tradition romanischer Decken- und gotischer Glasmalerei sowie vor allem Bibelillustrationen von Gustav Doré. Für die Bearbeitung auf einer in der Regel schwarz-weißen Vorlage wandte Rainer die ganze Palette seiner Übermalungstechniken an, vom leichten Überzeichnen bis zum vollständigen Zumalen.

Arnulf Rainer, „Bibelübermalung Gott erschafft die Welt", 1995/98

Die Vorlage, die Rainer übermalt hat, ist eine Miniatur aus einer bible moralisée, die im 13. Jh. in Frankreich entstanden ist. Das Bild zeigt eine Darstellung Gottes als Baumeister, der mit einem Zirkel den Kosmos wie ein Architekt vermisst. Aus dem Chaos erschafft er die Ordnung. Der Zirkel ist Sinnbild für das sich wandelnde Weltbild in der Gotik. Antikes Gedankengut über die Vollkommenheit der geometrischen Figuren Quadrat, Kreis und Dreieck – alle lassen sich mit dem Zirkel konstruieren – gewinnt wieder Einfluss auf Kunst und Architektur. Zur damaligen Zeit war die Form der Erde und die Ausdehnung des Kosmos noch unbekannt. Dennoch stellt der Künstler ein kreisförmiges Gebilde dar, Symbol für die Vollkommenheit und Richtigkeit der göttlichen Ordnung. Gott fungiert als Handwerker, der mit seinen eigenen Händen Neues erschafft. Das Bild trägt im Original die Überschrift „Hier schafft Gott Himmel und Erde, Sonne und Mond und alle Elemente" und weißt so auf die priesterschriftliche Schöpfungserzählung hin. Das Bild befindet sich heute in der Österreichischen Nationalbibliothek in Wien. Auf *Infoseite* **102** ist es im Originalzustand zu sehen. Arnulf Rainer kopiert und vergrößert die Miniatur etwa auf DIN-A4-Größe und übermalt mit Aquarellkreide und schwungvollen Bewegungen die Kreisform, die die Schöpfung darstellt, sodass der Inhalt – Wasser, Land, Sterne und Firmament – nicht mehr zu sehen ist, wie in einem Strudel verschwindet. „Rainers Farbwirbel veranschaulicht die Dynamik dieses Schöpfungsvorganges. An Stelle einer statischen Vorstellung tritt Bewegung, ein Bild, das einen Kern mit Umlaufbahnen zeigt und damit zugleich im Makroskopischen das Planetensystem wie im Mikroskopischen einen Atomkern andeuten kann. Eine dunkle, zarte Linie aus feineren Strichen folgt dem Rücken und Kopf des Schöpfers und schafft so eine Aura um diesen." (Friedel, 38)

2. Einsatzmöglichkeiten im RU

Das Bild von Arnulf Rainer kennenlernen

Sch erschließen schrittweise mithilfe von vorgegebenen Satzanfängen oder Impulsen das Bild.
„Ich sehe …"

„Mir fällt auf, ...“

„Die Person denkt/sagt gerade ...“

„Ich vermute, ...“

„Ich gebe dem Bild die Überschrift ...“

Das Bild übermalen

- Sch erhalten **AB 2.6.1, Lehrerkommentar S. 153**, und gestalten eine eigene Bildübermalung mit ihren eigenen Vorstellungen zur Schöpfung und zur Entstehung der Erde. Widersprüche sind dabei ausdrücklich willkommen. Sie regen zur Diskussion an.
- In einer Vernissage stellt jede/r Künstler/in sein/ihr Werk vor.
- Im anschließenden UG thematisieren Sch die unterschiedlichen Vorstellungen.

Hinweis: Um die Bilder besser betrachten zu können, bietet es sich an, die Vorlage auf DIN A3 zu kopieren.

Psalmen zum Bild gestalten

- Sch lesen die Psalmen auf *Besinnungsseite* **104** (Ps 8 und Ps 104) und weitere Bibeltexte, die Gott als Schöpfer preisen (z.B. Weish 11,20b: „Du hast alles nach Maß, Zahl und Gewicht geordnet ...“, Spr 8,27ff.: „Als er den Himmel baute, war ich dabei, als er den Erdkreis abmaß über den Wassern ... als er die Fundamente der Erde abmaß, da war ich als geliebtes Kind bei ihm“ etc.).
- Sch wählen einen Vers aus den o.g. Texten aus, der ihnen besonders gefällt, schreiben ihn als Überschrift auf ihre Bildübermalung und gestalten ihn schön mit Farben oder Rahmen.

1. Hintergrund

Themenseite **94-95** umreißt das Thema in seiner ganzen Vielfalt. Im Zentrum der Doppelseite steht die **Illustration** „Schöpfung“ von Silke Rehberg.

Die Ausschnitte aus den beiden Schöpfungserzählungen weisen auf die Schwerpunkte des Kapitels hin: den Kultur-Auftrag des Menschen sowie die Beziehung zwischen Mann und Frau. In diesem Zusammenhang ist auch der **Comic** einzuordnen, der den Nutzen der Schöpfung für den Menschen auf eine simple Art und Weise den Sch verdeutlicht.

Dass das Thema die Menschen bewegt und in Zukunft immer stärker bewegen wird, zeigen die aktuellen **Schlagzeilen** und **Zitate**. Gesellschaftsübergreifend äußern sich nicht nur Politiker oder Organisationen, sondern auch die katholische Kirche. Das Zitat von Karl Kardinal Lehmann, dem ehemaligen Vorsitzenden der Deutschen Bischofskonferenz, stammt aus dem Geleitwort einer Schrift der deutschen Bischöfe zum Klimawandel. Die Schrift ist im Internet auf der Seite der Deutschen Bischofskonferenz (www.dbk.de) abrufbar.

Ergänzt wird die Seite von einem **Foto** eines Kraftwerks, das in Verbindung mit der Überschrift der Doppelseite zum Nachdenken anregt. Das Fragezeichen in der Überschrift ist direkt an Sch gerichtet und wirft Fragen auf.

Silke Rehberg (geb. 1963)

Die Malerin und Bildhauerin Silke Rehberg wurde in Ahlen geboren. Als Meisterschülerin von Timm Ulrichs studierte sie u.a. an der Freien Akademie Münster. Sie hat bereits zahlreiche Auszeichnungen für ihr Werk erhalten und ist Mitglied der Deutschen Gesellschaft für christliche Kunst (DG). Heute lebt die Künstlerin in Sendenhorst bei Münster.

Klaus Töpfer (geb. 1938)

Töpfer war von 1987 bis 1994 unter der Regierung Kohl Bundesminister für Umwelt, Naturschutz und Reaktorsicherheit. Von 1998 bis 2006 war er bei den Vereinten Nationen als Exekutivdirektor verantwortlich für deren Umweltprogramm (UNEP).

Al Gore (geb. 1948)

Der US-amerikanische Politiker war von 1993 bis 2001 Vizepräsident unter Bill Clinton. Seit seinem Ausscheiden aus der Politik widmet er sich dem Umweltschutz und weist in seinen Vorträgen, Büchern und Filmen auf die globalen Folgen des rücksichtslosen Umgangs mit der Natur hin. 2007 erhielt er für seinen Einsatz gemeinsam mit dem Weltklimarat (IPCC) den Friedensnobelpreis.

Gott als Baumeister

2. Einsatzmöglichkeiten im RU

Eine Collage gestalten ▶ IDEENSEITE 96

- Sch sammeln zu Hause Zeitungen und Zeitschriften und bringen sie in den RU mit.
- In GA gestalten Sch ein Plakat, das die Wunder, aber auch die Bedrohungen der Schöpfung zeigt. Die Plakate werden im Plenum vorgestellt und im Klassenzimmer aufgehängt.
- *Alternative:* Jede/r Sch gestaltet eine Collage auf einer Doppelseite im Heft.

Ausflug – mal etwas anders ▶ IDEENSEITE 96

Exkursionen und Ausflüge sowie außerschulische Lernorte kommen im Schulalltag häufig zu kurz. Gerade beim Thema „Schöpfung" bietet sich ein „Spaziergang" auf dem Schulgelände oder in direkter Umgebung der Schule an. Sch nehmen in Ruhe ihre Umgebung wahr und sammeln Eindrücke.

- Sch wählen einen Gegenstand aus und nehmen ihn mit, der für sie einen verantwortlichen oder unverantwortlichen Umgang mit der Schöpfung verdeutlicht.
- In einem Sitzkreis stellen Sch ihre Gegenstände vor und begründen ihre Wahl.
- *Weiterführung:* Sch planen eine Ausstellung der Gegenstände. Dafür verfassen sie kurze Texte und Erklärungen zu den Gegenständen.

Stellung beziehen

Sch beziehen in einem Brief zur Überschrift der Doppelseite Stellung.

- In EA formulieren Sch ihre Gedanken in einem Brief. Sie können den Brief auch am Computer ins Reine schreiben.
- In einer „Leserbrief-Ecke" werden die Ergebnisse den Mit-Sch zugänglich gemacht

---

Ideenseite 96/97

Folgende Anregungen der *Ideenseite* werden im *Lehrerkommentar* aufgegriffen:
Eine Collage gestalten: S. 154
Ausflug – mal etwas anders: S. 154
Mein Schöpfungs-ABC: S. 166
Die tun was!: S. 156
An der Schule aktiv werden: S. 156
Kirche und Verantwortung – nachfragen!: S. 160
Der Schöpfung einen Klang geben: S. 160
Eine Umfrage planen, durchführen und auswerten: S. 163

Biblische Sprache erkunden   Infoseite I 98-99

1. Hintergrund

Während in *Reli konkret 1* das Thema Schöpfung im Hinblick auf die Beziehung zwischen Menschen und Gott beleuchtet wurde (vgl. ebd. S. 25-42), liegt der Focus auf *Infoseite I 98-99* auf dem Menschen und seinem Verhältnis zur Schöpfung.
Um die wichtigen Texte über die Schöpfung und den Menschen bzw. die Erschaffung der Frau im heutigen Kontext richtig verstehen zu können, ist es notwendig, die biblische Sprache und ihren zeitgenössischen Kontext in den Blick zu nehmen. *Infoseite 98* und **99** sind parallel aufgebaut: Beide Bibelstellen, die bei wörtlicher Auslegung zu fehlerhaften Interpretationen führen, werden jeweils durch einen **Sachtext** erläutert, der die Begriffe „unterwerfen" und „herrschen" sowie „aus Adams Rippe" herleitet und für Sch verständlich macht. Es wird auch deutlich, dass die Bibel im Schnittpunkt verschiedener Wissenschaften steht (Archäologie, Sprachwissenschaft, Kulturwissenschaft, Theologie etc.), die alle einen Beitrag zum Verständnis der Geschichten im AT leisten.
Für die Interpretation auf *Infoseite 99* spricht auch, dass es in vielen Kulturen den Versuch gibt, die Gleichberechtigung mythisch zu verankern. Im Taoismus bilden das männliche und das weibliche Prinzip (Ying und Yang) eine Einheit. Der griechische Philosoph Platon erzählt in einem Mythos, dass die Menschen ursprünglich Kugelwesen waren. Eine missgünstige Gottheit habe diese Einheit getrennt, sodass von da an die Menschen immer auf der Suche nach ihrem verlorengegangenen Gegenstück seien.
In Gen waren Mann und Frau als gleichwertig gedacht. Erst seit der Erschaffung der Frau ist vom Mann die Rede. Zu Beginn der Schöpfungserzählung erfahren wir zunächst vom Menschen (*adam*). Adam ist im Hebrä-

ischen ein Kollektivbegriff und bezeichnet die Menschen in beiden Geschlechtern. Die Ähnlichkeit mit dem hebräischen Wort Erde (*adamah*) weist auf Ursprung und Bestimmung der Menschen hin. Sie sind der Erde zugeordnet, müssen sie bearbeiten, sie ist ihr natürlicher Lebensraum. Von Mann (*isch*) ist nach der Erschaffung der Frau (*ischa*) die Rede. Die Wortbildung sagt etwas über die enge Bindung von Mann und Frau aus.

Im Gegensatz dazu lässt die erste Schöpfungserzählung keinen Zweifel an der ursprünglichen Idee der Gleichberechtigung. Denn keiner der beiden wurde vor dem anderen erschaffen, keiner bekommt eine „Extrabehandlung". Auf *Themenseite* **95** sind die beiden Verse aus dem ersten Schöpfungsbericht (Gen 1,26-27) abgedruckt.

2. Einsatzmöglichkeiten im RU

Zum Experten werden

Die beiden Sachtexte eignen sich aufgrund ihrer Komplexität zur Textarbeit.

- Sch bilden Gruppen mit jeweils vier Sch und bearbeiten gemeinsam einen der beiden Texte. Damit Sch mit dem Text arbeiten können (evtl. mit der 5-Schritt-Lesemethode, die aus dem Deutschunterricht, 5. Klasse bekannt ist), sollten die Texte kopiert werden. Ein Fremdwörterbuch oder Lexikon kann als Unterstützung der Sch in die Gruppen gegeben werden.
- Sch schreiben die wichtigsten Informationen heraus und erstellen Karteikarten, auf die jeweils nur ein wichtiges Stichwort geschrieben wird. Die Karteikarten werden nun gemeinsam in eine sinnvolle Reihenfolge gebracht.
- In Zweier-Teams erklären sich Sch gegenseitig den Sachtext in eigenen Worten. Beim ersten Durchgang dürfen die eigenen Notizen verwendet werden,

dann sollten nur noch die Karteikarten als Stütze dienen.

- Sch halten ihre Notizen in ihrem Heft fest.

Ein Rollenspiel entwickeln

- Sch lesen den Sachtext *Infoseite* **99** und erarbeiten eine Zusammenfassung der für sie neuen und wichtigen Statements.
- Sch sammeln die gefundenen Aussagen als Zusammenfassung in der Klasse.
- Sch überlegen, wie sie einem älteren Mitglied ihrer Familie (Oma, Opa etc.) den Inhalt des Textes nahebringen könnten.
  In GA (je fünf Sch) erarbeiten sie eine Szene (zwei Enkel, eine Oma, ein Opa, ein/e Moderator/in), die sie im Plenum präsentieren. Die anderen Sch sind Publikum, das sich nach Meldung in die Szene einschalten kann (→ **Methodenkarte** „Ein Rollenspiel spielen").

Schöpfungsszenen nachspielen

- Sch lesen Gen 2,4b-25, um sich die Erzählung von der Entstehung des Menschen wieder ins Gedächtnis zu rufen.
- Sch entwerfen eine der Szenen des Textes und spielen diese nach. Untermalt werden könnte dies durch passende Musik, die von den Sch ausgewählt wird.
- *Weiterführung:* Sch nehmen die Szenen als Kurzfilme auf.

Den Genesis-Text verfremden

- Sch lesen Gen 1,1-2,4b und ordnen den Text mithilfe von L ein.
- Sch verfremden den Text und legen ihn einem Konzernchef in den Mund, z.B. in folgender Weise: „Dann sprach der Boss: Lasst uns Handys machen, als unser Abbild ..."
- Sch diskutieren über ihre Ergebnisse und über die Bedeutung des Wortes „Abbild".

Schöpferisch sein Deuteseite 100-101

1. Hintergrund

Ein unbeschwerter Zugang zum Thema Schöpfung scheint heute nur schwer möglich zu sein. Berichte über Umweltverschmutzung und -zerstörung im Kleinen wie im Großen, Hiobsbotschaften und Katastrophenmeldungen in den täglichen Nachrichten lassen, nicht nur bei Sch, leicht ein Ohnmachtsgefühl und in dessen Folge eine Was-kümmert's-mich-Haltung aufkommen.

Der Gedanke, schöpferisch tätig zu sein, der Zerstörung etwas entgegenzusetzen, kann dagegen für Sch

durchaus mobilisierend wirken, zum Nachdenken und Erkennen eigener Möglichkeiten anregen. Aus einer kleinen Aktion und vergleichsweise „wenig" Engagement, kann, wie die **Erzählung** auf *Deuteseite* **100** zeigt, viel geschaffen werden. Die rein fiktionale Geschichte über den Bauern Elzéard Bouffier zeigt, dass jeder Mensch, gleich welche gesellschaftliche Stellung er hat, fähig ist, mitzuhelfen und die Schöpfung zu erhalten. Jeder kann mit seinen Fähigkeiten klein anfangen und etwas in seinem Lebensumfeld tun. Anfangs unbedeutend, aber vielleicht eines Tages mit großer Wirkung. Im Mittelpunkt der Geschichte stehen die

Bäume. Bäume sehen nicht nur schön aus, sie sind für uns Menschen, für das Weltklima und die Artenvielfalt lebensnotwendig. Sie werden daher oft als Symbol für Wachstum, Schutz und Beständigkeit, das Leben schlechthin gesehen. In der Bibel kommt dem Baum immer wieder eine zentrale Stellung zu.

Der Umgang mit der Schöpfung, z.B. durch das Ansäen, Pflanzen, Pflegen und Ernten von Blumen, Gemüse etc. ist vielen Sch nicht mehr unbedingt vertraut. Hier kann z.B. die Benutzung des Schulgartens für Sch, die zu Hause keinen Garten oder Balkon haben, einen kleinen Ausgleich bieten und einen „Schöpfungs-Erlebnisraum" schaffen. Aber auch in anderen Bereichen können Sch für einen achtsamen Umgang mit der Schöpfung sensibilisiert werden. Darauf verweist das **Foto** *Deuteseite* **101**, das in einer Papiermülltrennungsanlage aufgenommen wurde. Mülltrennung und Recycling von Rohstoffen sind heute ein wichtiger Beitrag, um mit der Schöpfung nachhaltig und achtsam umzugehen, den jede und jeder, auch Sch, leisten kann.

2. Einsatzmöglichkeiten im RU

Die Schöpfung bewahren – ich helfe mit!

- Sch nennen im UG Umweltprobleme, von denen sie z.B. in den Nachrichten gehört oder gelesen haben oder die sie mit eigenen Augen gesehen haben, und sammeln diese in einem TA.
- Anschließend wählen sie zwei Probleme aus, die sie für die drängendsten halten, und beschreiben oder malen sie in die Rahmen auf **AB 2.6.2, Lehrerkommentar S. 157**.
- In GA (jeweils drei Sch) oder PA besprechen sie die Möglichkeiten, die „im Großen" wie „im Kleinen" bestehen, um die ausgewählten Probleme zu lösen. Dabei formulieren Sch eine realistische Maßnahme für sich selbst, um bei der Problemlösung mitzuhelfen.

Die tun was! ▶ IDEENSEITE 96

- Sch sammeln in Zeitungen und Zeitschriften Artikel und Fotos, die zeigen, wie sich Menschen für die Umwelt einsetzen. Auch im Internet können Sch nach Informationen suchen.
- Sch gestalten eine individuelle Heftseite oder in GA eine Wandzeitung, die die anderen informiert.
- Im Anschluss diskutieren die Sch, was sie selbst oder als Klassengemeinschaft für den Umweltschutz tun können.

Bäume entdecken

- Sch lesen die Geschichte auf *Deuteseite* **100** abschnittsweise vor.
- Im UG sammeln sie die verschiedenen Bedeu-

tungen, die Bäume für die Umwelt und den Menschen haben, z.B.
  - „Grüne Lunge" der Erde
  - Wasserspeicherung durch die Wurzeln im Boden
  - Schutz vor Erosion
  - Früchte
  - Holzertrag
  - Schatten spenden etc.
- Sch recherchieren im Internet über die „Bäume des Jahres" der vergangenen Jahre (**AB 2.6.3, Lehrerkommentar S. 158**).
  Alternative: Sch informieren sich auch über andere Bäume. Als Informationsquelle können sie z.B. auch Baumbestimmungsbücher nutzen.
- Mit allen Ergebnissen gestalten Sch Plakate, mit denen sie im Schulhaus oder im Klassenzimmer eine „Baum-Ausstellung" präsentieren.

Einen Lebensbaum gestalten

- Sch erhalten **AB 2.6.4, Lehrerkommentar S. 159**, und überlegen sich, wie dieser Baum „lebendig" werden könnte.
  - Was könnten sie, aber auch unsere Gesellschaft tun, um diesen Baum zum Blühen zu bringen?
  - Welche Faktoren sind verantwortlich, dass der Baum so karg bleibt?
- Sch gestalten ihren Baum mit Zeichnungen und Skizzen, aber auch kurzen Sätzen oder Stichwörtern. Besonderen Wert legen Sch auf die farbliche Gestaltung.

3. Weiterführende Anregungen

Einen Garten mit biblischen Pflanzen anlegen
(Anleitung vgl. *Reli konkret 1 Lehrerkommentar*, S. 54f.)
- Sch legen einen kleinen Garten mit biblischen Pflanzen entweder auf der Fensterbank im Klassenzimmer oder auf dem Schulgelände an.
- Dazu recherchieren Sch in der Bibel nach Pflanzen und notieren, was in der Bibel dazu geschrieben steht (z.B. Num 11,5-9; Jes 55,13; Ez 4,9; Mt 23,23).

An der Schule aktiv werden ▶ IDEENSEITE 97
Verantwortungsvolles und nachhaltiges Handeln im Umgang mit der Schöpfung sollte schon an der Schule eingeübt werden.
- Sch informieren sich bei L, dem Hausmeister und der SMV über die Maßnahmen zum verantwortungsvollen Umgang mit der Umwelt an der Schule und erstellen eine Checkliste.
- Sch überprüfen, ob die Maßnahmen erfolgreich umgesetzt werden und ob diese ausreichen.
- Abschließend überlegen sich Sch Verbesserungsvorschläge, die sie den Verantwortlichen präsentieren.

Die Schöpfung bewahren – ich helfe mit!

Problem	Man könnte ...	Ich werde ...

■ Schreibe oder male in die Rahmen zwei Umweltprobleme, die deiner Meinung nach am drängendsten sind.

■ Notiere in der Tabelle, wie diese Probleme „im Großen" behoben werden könnten. Schreibe auch auf, was du dafür zu tun bereit bist.

Der Baum des Jahres

Um die Bedeutung der Bäume für den Menschen und die Dringlichkeit von deren Schutz zu verdeutlichen, wird seit 1989 jedes Jahr ein Baum zum Baum des Jahres erklärt.

■ Finde im Internet Informationen über den diesjährigen Baum des Jahres: www.baum-des-jahres.de.
■ Erstelle eine kurze Beschreibung. Beachte dabei den Grund für die Auswahl.
■ Suche weitere Beispiele für den Baum des Jahres.

Der Baum des Lebens

Manche sagen, der Mensch sei wie ein Baum: Ein Baum hat Wurzeln, Stamm, Krone, Früchte. Deshalb wurde der Baum zu einem Bild für den Menschen selbst. Auch der Mensch hat und braucht Wurzeln, die Halt geben. Er richtet sich auf und entfaltet sein Leben, er braucht einen Raum und Atmosphäre; Grundwasser und Humus geben ihm die Kraft, von innen her zu wachsen und Früchte zu tragen.

Es ist gut für den Menschen, seinen Kopf in den Wolken zu haben und seine Gedanken zwischen den Adlern wohnen zu lassen. Aber er sollte auch daran denken, dass, je höher der Baum in den Himmel hineinwächst, desto tiefer seine Wurzeln in das Herz von Mutter Erde hineindringen müssen.
Indische Weisheit

Wohl dem Mann, der nicht dem Rat der Frevler folgt, nicht auf dem Weg der Sünder geht, nicht im Kreis der Spötter sitzt, sondern Freude hat an der Weisung des Herrn, über seine Weisung nachsinnt bei Tag und bei Nacht. Er ist wie ein Baum, der an Wasserbächen gepflanzt ist, der zur rechten Zeit seine Frucht bringt und dessen Blätter nicht welken.
Ps 1,1.3

AB 2.6.4

Reli konkret 2
© by Kösel-Verlag

Kirche und Verant-wortung – nachfragen! ▶ IDEENSEITE 97

Beim Thema Schöpfung kann auch der Kontakt zur Pfarrgemeinde gesucht werden.

- Sch überlegen im Unterricht gemeinsam Fragen für ein Interview zum Thema Schöpfung/Umwelt.

- Sch vereinbaren über das Pfarrbüro einen Termin mit den verantwortlichen Personen der Gemeinde.
- Sch dokumentieren das Interview anschließend und machen es den Mit-Sch nach Rücksprache mit den Interviewten zugänglich.

Die Entstehung der Welt erklären Infoseite II 102-103

1. Hintergrund

Infoseite **102-103** zeigt anhand von Bildern und Texten, dass das zu einer bestimmten Zeit vorherrschende Weltbild aufgrund von Wissenszuwachs und veränderten Voraussetzungen einem Wandel unterworfen ist. Kein Weltbild ist für sich genommen falsch oder gar lächerlich, denn es repräsentiert immer den Wissensstand und die Möglichkeiten der Zeitgenossen, sich die Welt und deren Phänomene zu erklären und die existenziellen Fragen der Menschen zu beantworten. Im Rückblick mag es so erscheinen, als folgten die verschiedenen Vorstellungen von der Welt direkt aufeinander, denn wir verbinden mit einem bestimmten geschichtlichen Abschnitt ein bestimmtes Weltbild. Doch die Weltbilder vergangener Epochen wurden stets in einem langsamen Prozess durch ein neues abgelöst. Bis eines als objektiv „falsch" erkannt wurde, vergingen mitunter viele Jahre. Zu jeder Zeit haben Künstler versucht, das jeweils gültige Weltbild zu erfassen und ihren Mitmenschen zu vermitteln. Die erste Darstellung ist die Rekonstruktion eines Bildes aus dem **alten Ägypten**, das die Trennung der Himmelsgöttin Nut und des Erdgottes Geb durch den Luftgott Shu zeigt. Die Personifizierung der Elemente ist typisch für eine mythologische Darstellung von Naturphänomenen.

Die Darstellung **„Gott als Baumeister"** stammt aus einer französischen Bilderbibel (*bible moralisée*), Mitte des 13. Jh. Im 13. und 14. Jh. wird der Schöpfergott oft als Christusfigur dargestellt, die die Welt mit einem Zirkel abmisst. Damit sollte zum Ausdruck gebracht werden, wie Gott dem anfänglichen Chaos die rechte Ordnung (Kosmos) entgegenstellt. Der Maler dieses Bildes hat den Kosmos so dargestellt, wie die Menschen im Mittelalter ihn sich vorstellten. In dem Bild kündigt sich aber auch schon der Beginn der neuen Zeit an, in der die Menschen beginnen, den Kosmos auszumessen und zu berechnen. Der Schöpfer selbst schlägt wie ein Architekt den Zirkel um die Welt. Er hat „alles nach Maß, Zahl und Gewicht geordnet" (Weish 11,20). Er hält die Welt in der Hand und gibt ihr Bewegung. Er ist selbst bewegt; rechter Fuß und Gewandzipfel lassen seine Energie erkennen. Aufmerksamkeit und Zuneigung liegen in Haltung und Blick.

Das Weltbild des modernen Menschen ist im Wesentlichen von den Naturwissenschaften geprägt. Die Aussagen über den Kosmos, dessen Entstehung und die Prognosen über Prozesse, die seit dem „Urknall" immer noch ablaufen, basieren auf unserem momentanen Wissensstand. Der Blick in den Weltraum, wie ihn das **Foto** von Thomas Ruff zeigt, thematisiert die scheinbare „Grenzenlosigkeit" des modernen Weltbildes: Der Mensch ist „nur" ein winziges Teilchen im Kosmos; gleichzeitig sind die kleinsten Teilchen, Atome und Atomkerne, bedeutend für das Verständnis der Welt.

Doch wäre es eben falsch, die heutigen Erkenntnisse über die Welt absolut zu setzen. Ein gesichertes, allumfassendes Wissen über das Wie und Warum der Welt und des Menschen wird es letztlich nicht geben. Im Zitat von Wernher von Braun klingt an, dass auch heute die Wissenschaft allein nicht in der Lage ist, die Welt zu erklären, und dass sich ein naturwissenschaftliches und ein theologisches Weltbild gegenseitig nicht ausschließen, sondern ergänzen.

2. Einsatzmöglichkeiten im RU

Der Schöpfung einen Klang geben ▶ IDEENSEITE 97

In Zusammenarbeit mit dem Musikunterricht können die beiden Schöpfungstexte vertont werden.

- Sch lesen Gen 1,1-2,4a und Gen 2,4b-3,24.
- In GA überlegen sie sich eine passende Vertonung für den Text mit Klängen und Instrumenten.
- Abschließend fügen Sch die Vertonungen zusammen und erhalten ein neues Schöpfungserlebnis.
- *Weiterführung:* Sch nehmen die Vertonung auf und vervielfältigen sie auf CD als Erinnerung.
- *Alternative:* Sch gestalten die Vertonung mit populärer Musik.

Weltbild im Wandel erfahren

- Sch erhalten **AB 2.6.5 (I), Lehrerkommentar S. 161**, und betrachten die Weltbilder.
- Sch erläutern mithilfe von **AB 2.6.5 (II), Lehrerkommentar S. 162**, die Weltbilder und ordnen die Texte den Bildern zu.

Alte und neue Weltbilder (I)

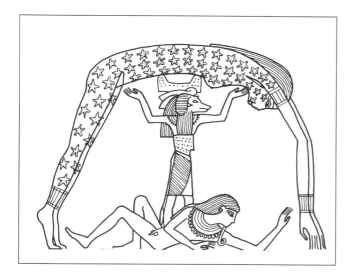

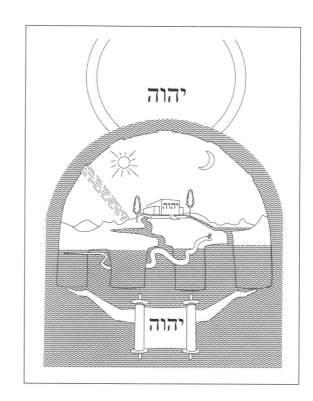

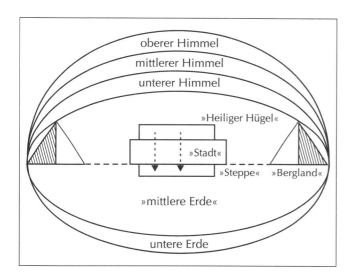

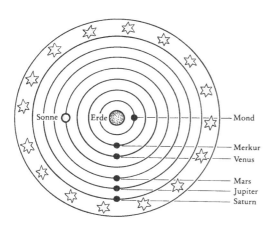

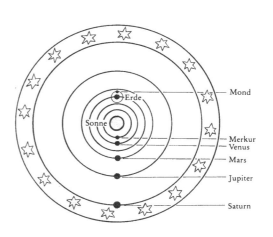

Alte und neue Weltbilder (II)

AB 2.6.5 (II)

Reli konkret 2
© by Kösel-Verlag

1. Das ägyptische Weltbild

Für die Ägypter waren Himmel und Erde, Luftraum und Meer keine Teile der Welt, sondern Gestaltwesen, Götter mit Verstand, Gefühl und eigenem Willen. Ihr Weltbild sah so aus: Shu, der Gott der Lüfte, hebt die Himmelsgöttin Nut empor, deren Körper das sternbesäte Himmelsgewölbe bildet. Der Erdengott Geb liegt am Boden.

2. Das babylonische Weltbild

Im Alten Orient, dem Zweistromland, entstanden keine Bilder von Himmel und Erde. Doch aus Texten kann man erschließen, wie sich die Menschen damals die Erde in etwa vorstellten: oben drei Himmelsschichten, die von den Gebirgen getragen werden; unten verschiedene Erdschichten. Mitten auf der Erde die große Stadt Babylon, die Hauptstadt der Babylonier. In ihr lebt der König, der wie ein Gott verehrt wird.

3. Das ptolemäische Weltbild

Der griechische Philosoph Aristoteles (384-322 v.Chr.) vertrat die Ansicht, die Erde sei der Mittelpunkt der Welt und Gott lenke die Bewegung der Planeten von außen. Der berühmte Astronom Ptolemäus (85-160 n.Chr.) übernahm diese Vorstellung, fügte um 140 n.Chr. seine eigenen Beobachtungen hinzu und entwickelte das geozentrische Weltbild, in dem die Erde das Zentrum der Welt ist. Mond, Merkur, Venus, Mars, Jupiter und Saturn drehen sich mit der Sonne um die Erde.

4. Das kopernikanische Weltbild

Der Domherr Nikolaus Kopernikus (1473-1543) kam aufgrund seiner Beobachtungen und Berechnungen im Jahre 1507 zu dem Ergebnis, dass nicht die Erde, sondern die Sonne das Zentrum des Weltalls sei. Sein Weltbild wird deshalb auch heliozentrisches Weltbild genannt. Diese Auffassung wurde durch die Entdeckung der Planetenbewegungen durch Johannes Kepler (1571-1630), Galileo Galilei (1564-1642) und Isaak Newton (1643-1727) bestätigt.

5. Das altorientalische Weltbild

Die Erde ist eine Scheibe, über die sich als Halbkugel der Himmel wölbt. Dieser ist durch die Gegenwart Gottes, symbolisch dargestellt durch den Gottesnamen, bestimmt. Der göttliche Bereich geht über in den Bereich der Erde. Die Erdscheibe ist umgeben von Wasser und wird von Gott gehalten, dargestellt in den Armen, die von der Tora ausgehen und die Säulen der Erde stützen. Die Allgegenwart Gottes ermöglicht das Leben. Am Himmelsgewölbe sind Sonne und Mond befestigt und sind ebenfalls ein Symbol für die Leben spendende Kraft Gottes. Schleusen im Gewölbe bilden die Verbindung zum Himmelsozean. Der Tempel auf der Erdscheibe zeigt die Gegenwart Gottes auf der Erde. Eine gehörnte Schlange drückt aus, dass die Erde immer von Unheil bedroht ist.

- Sch suchen Material, wie die Welt heute gesehen wird und gestalten mit Bildern und Texten eine Seite in ihrem Heft.

Hinweis: Die übliche Darstellung des altorientalischen Weltbildes ist in entscheidenden Details fehlerhaft, weil sie nicht zeitgenössischen Vorstellungen entspricht, sondern eine moderne Sichtweise wiedergibt. Für die damaligen Menschen war die Welt das Ergebnis von Gottes Wirken. Auch die ständige Bedrohung der Welt und des Menschen war ein fester Bestandteil des Weltbildes. Beides wird in der Darstellung, die sich an einem Entwurf Othmar Keels orientiert, mit dem Gottesnamen und der gehörnten Schlange berücksichtigt.

Ein Naturwissenschaftler und ein Theologe diskutieren

- Sch erhalten **AB 2.6.6, Lehrerkommentar S. 165**, das ein Gespräch zwischen einem Naturwissenschaftler und einem Theologen enthält.
- Zwei Sch lesen mit verteilten Rollen das Gespräch.
- Sch diskutieren über die unterschiedlichen Denkansätze von Naturwissenschaft und Bibel und halten sie schriftlich fest.

Über die Entstehung der Welt philosophieren

- Sch erhalten **AB 2.6.7, Lehrerkommentar S. 167**, mit einem Ausschnitt aus dem Buch „Sofies Welt" von Jostein Gaarder.
- Sch philosophieren in Gruppen über die Entstehung der Welt und halten ihre Ergebnisse in knapper Form fest.
- Die gefundenen Ergebnisse werden auf einem Plakat mit Texten und Bildern untermalt.

Eine Umfrage planen, durchführen und auswerten ▶ IDEENSEITE 97

- Im ersten Schritt überlegen sich Sch weitere Fragen zum Thema „Schöpfung".
- Jede/r Sch versucht, die Fragen zuerst für sich selbst zu beantworten.
- Die Klasse überlegt sich einen Personenkreis, den sie um anonyme Beantwortung der Fragen bittet. *Alternative:* Jede/r Sch überlegt sich Personen, die er/sie befragen möchte.
- Bei der Auswertung des Fragebogens ordnen Sch die Aussagen und versuchen, sie zu deuten.

Besinnungsseite 104-105

Die Elemente der *Besinnungsseite* können zu Beginn bzw. zum Abschluss einer Unterrichtsstunde, in meditativen Einheiten, in (Schul-)Gottesdiensten oder zur kreativen Gestaltung etc. eingesetzt werden.

1. Hintergrund

Psalm 8 und **Psalm 104** sind Loblieder auf die wunderbare Schöpfung Gottes. Beim Psalm 104 geht man davon aus, dass über die Beziehungen Palästinas zu Ägypten auch kulturelle und religiöse Verbindungen eingegangen wurden. So herrschten zwischen den beiden Ländern reger Handel und eine intensive Handelspolitik. Mit dem ägyptischen Gedankengut war man in Israel vertraut. So fließen bei der Beschreibung Jahwes auch Bilder der ägyptischen Kultur und Theologie ein. Die Sonne im Psalm gilt als Geschöpf Jahwes, das der Zeitbestimmung dient. Jahwe wird als Herrscher über die Nacht gesehen. Das Verhältnis zwischen Mensch und Gott ist zurückhaltend. Auf die Taten und Gaben Gottes kann der Mensch nur mit einem täglichen, abhängigkeitsbewussten Lob reagieren.

Durch die Beschäftigung mit den Bibeltexten wird den Sch deutlich, wie aktuell die Schöpfungserzählungen sind. Auch die Menschen damals haben erfahren, dass Welt und Mensch nicht so sind, wie sie sein sollten: Ungerechtigkeit, Krieg, Ausbeutung und Verwüstung

Max Ernst (1891-1976)
Max Ernst wurde in Brühl geboren. Von 1909 bis 1914 studierte er Philosophie, Psychologie und Kunstgeschichte. Bereits während seines Studiums lernte er August Macke, Hans Arp und Robert Delaunay kennen und hatte erste Kontakte mit der expressionistischen Kunst. Während der Jahre des Ersten Weltkrieges, zu dem er sich als Freiwilliger gemeldet hatte, nahm er an einigen Ausstellungen teil, darunter die der avantgardistischen Dadaisten. Anfang der 20er-Jahre bekam er eine erste eigene Ausstellung in Paris, wohin er 1922 übersiedelte und wo er mit dem Kreis der Surrealisten bekannt wurde. In den folgenden Jahren entwickelte er die neuen Techniken der Frottage und Grattage (Durchreibe- und Kratztechnik) und leistete damit einen wichtigen Beitrag zur modernen Kunst. Sein Werk wurde von den Nationalsozialisten verfemt und der Künstler selbst in Frankreich mehrfach interniert, bevor ihm über Spanien und Portugal die Flucht in die USA gelang. In den 50er-Jahren kehrte er nach Frankreich zurück. Dort und auch in der jungen Bundesrepublik wurden ihm in seinem letzten Lebensjahrzehnt zahlreiche Ehrungen zuteil. In der Nacht zu seinem 85. Geburtstag verstarb Ernst in Paris.

der Natur ließen die Menschen über die Schöpfung nachdenken, doch schließlich in ein Lob des Schöpfers einstimmen.

Max Ernst, „Sumpfengel", 1940

Das Bild stellt in relativ monochromer Farbigkeit eine fantastische Landschaft dar. Im Zentrum liegt ein dunkelgrün-blauer See, dessen Wasseroberfläche ganz still und spiegelglatt ist, wie man es bei Gewässern im Moor oft antrifft. Der See ist ringsum umgeben von wilder Vegetation, Bäumen, Sträuchern, Moosen und anderen Pflanzen. In seinem Wasser spiegelt sich die Formation aus Felsen und Bäumen im Hintergrund. Links im Vordergrund löst sich, bei genauem Hinsehen, ein Greifvogel mit zwei Beinpaaren, von denen eines überdimensioniert ist, aus der grün-gelben Wildnis. Er breitet seine Schwingen aus und blickt scheinbar feindselig zu einer Engelsfigur, die in der rechten Bildhälfte am Ufer des Sees sitzt. Der Engel ist einer barocken Engelsgestalt nachempfunden, auch seine Flügel sind weit ausgebreitet. Sein Gesicht erinnert an einen Putto. Doch der düstere Braunton, in dem der Engel gemalt ist, lässt alle Lieblichkeit und Verspieltheit, die die kleinen Engel in der barocken Kunst haben, vermissen. Dieser Engel strahlt etwas Unangenehmes, Bedrohliches aus.

Je länger man die Szene betrachtet, desto „lebendiger" wird sie. Die Strukturen der Formationen im Hintergrund lassen neben Bäumen und Pflanzen auch Hinweise auf Menschen erkennen – ein Kopf im Profil mit geschlossenen Augen, kleine Häuser, die am oberen Rand der Formation wie hingeduckt liegen und auf eine Ansiedlung von Menschen deuten, das „Gebälk" aus Baumstämmen o.ä., das mit dem Kopf verwachsen ist und scheinbar den Blick ins Innere, aber auch den Durchblick auf den weiten, leeren Hintergrund freigibt.

Das Bild hat auf den ersten Blick eine starke, suggestive Wirkung, die zwischen Faszination und Abscheu schwanken kann. Mit seiner traumartigen, surreal-symbolhaft aufgeladenen Atmosphäre kann es beim Betrachter/bei der Betrachterin tiefliegende Schichten des Bewusstseins ansprechen und an Gefühle, Ängste, Ahnungen und Zustände rühren, die im Alltag „gut verschnürt" sind und von der Ratio kontrolliert werden. Der Greifvogel z.B. steht für das „Biest" als uraltes Symbol der Bedrohung, der Gefährdung des Menschen und des Lebens. Diese symbol- und zeichenhafte Darstellung von Urängsten kann gleichzeitig als apokalyptische Vision und als Katharsis verstanden werden. Indem der Maler den Schrecken in der Bildsprache bannt, befreit er den Betrachter/die Betrachterin von der Angst vor dem Dämonischen und der Unergründbarkeit der Natur. In diesem Sinne stellt das Bild nicht nur visuell, mit seiner fantastischen Szenerie, sondern auch auf der Bedeutungsebene eine Analogie zu einem Märchen oder einer Sage dar, der ältesten Form, die Angst vor dem Dämonischen zu bewältigen.

2. Einsatzmöglichkeit im RU

Eine Feier zur Schöpfung gestalten

- Sch suchen Texte, Bilder und Lieder, die sich mit dem Thema „Schöpfung" beschäftigen.
- In GA erarbeiten sie die einzelnen Elemente so, dass Sch gerne zuhören, zuschauen und mitsingen.
- Die Gruppen stellen ihre Ergebnisse während einer Feier vor.

Unsere Erde bewahren	Projektseite 106-107

1. Hintergrund

Gerade in der heutigen Zeit muss es ein Anliegen der Schule und insbesondere des RU sein, den Sch einen nachhaltigen Umgang mit der Schöpfung zu vermitteln. Hierfür ist es sinnvoll, die Sensibilität der Sch im Hinblick auf ihren Alltag und ihre Umwelt vor Ort zu schulen.

Das achtlose Wegwerfen von **Müll** erleben Sch jeden Tag: auf dem Schulweg, im Klassenzimmer, in den Pausen. Zwar sind sie meist von zu Hause gewohnt den Müll richtig zu entsorgen, jedoch bleibt diese Gewohnheit oft auf die eigenen vier Wände begrenzt. Manchmal sind Sch nur stille Betrachter, manchmal sind sie aber auch selbst die Verursacher. Oft sind sie sich nicht bewusst, dass durch das weggeworfene Kaugummipapier oder die zertrampelte Plastikflasche die Schöpfung in Gefahr ist. Es ist die Summe, die die Schöpfung bedroht. Dies soll den Sch deutlich werden. Nur so kann das eigene Verhalten reflektiert werden.

Darüber hinaus muss deutlich werden, dass Müll nicht wertlos ist. Durch Recycling wird nicht nur die Umwelt entlastet, sondern auch die Lebensqualität erhöht. Müll ist also wertvoll, wenn richtig damit umgegangen wird.

Das **Lied** „Eine Hand voll Erde" vermittelt den Sch einen achtsamen und bewahrenden Umgang mit der Schöpfung.

Gott als Baumeister
Schöpfungserzählung oder Evolution?

Es treffen sich ein Theologe (T) und ein Naturwissenschaftler (N) im Café bei einer gemütlichen Tasse Kaffee. Die beiden verstehen sich ganz gut, aber es gibt auch gewisse Themen, über die sie grundsätzlich verschiedene Meinungen haben, z.B. in der Frage über die Entstehung der Welt.

N: Gestern habe ich einen interessanten Artikel in einer Fachzeitschrift gelesen. Dort wurde dargelegt, wie man die Entstehung der Welt wissenschaftlich nachweisen kann.

T: Eure Wissenschaft baut ja nur auf dem Prinzip Zufall auf. Nach dem Urknall ist bei euch alles zufällig entstanden. Meint ihr wirklich, unsere wunderbare Natur wäre durch Zufall entstanden? Betrachtet man aber die wunderbare Ordnung in der Natur, dann ist das wohl eher unwahrscheinlich. Nur Gott kann hinter dieser Ordnung stehen.

N: Aber wir haben Beweise für unsere Theorie. Wir glauben nicht nur aufgrund einer Geschichte in der Bibel. Unsere Kenntnisse beruhen auf genauen Fakten, wie Funde sowie neueste Erkenntnisse in Chemie und Biologie.
(Pause)

T: Die Schöpfungserzählung ist auch nicht mit euren wissenschaftlichen Fakten vergleichbar. Sie wurde ca. 500 v. Chr. geschrieben, als sich das Volk Israel in babylonischer Gefangenschaft befand. Wahrscheinlich haben Priester die Schöpfungserzählung aufgeschrieben. Kannst du dir denken, warum?

N: In der Gefangenschaft ist es dem Volk Israel bestimmt nicht gut ergangen. Die Priester wollten die Leute bestimmt ermutigen.

T: Genau, sie wollten den Leuten sagen, dass hinter dieser Schöpfung, die so wunderbar geordnet ist, etwas Größeres stecken müsste, etwas, das über dem Menschen steht, also Gott. Wenn dieser Gott so mächtig ist, dann kann er sie auch aus dieser Gefangenschaft befreien.

N: Das leuchtet mir ein. Also ist die Schöpfungserzählung kein Bericht über die Entstehung der Welt, sondern ein Lobpreis an den Schöpfer. Gut, dass wir miteinander geredet haben. Wir haben doch tatsächlich verschiedene Sichtweisen bei der Entstehung der Welt. Uns Wissenschaftler interessiert bei unseren Forschungen die Frage, wie die Welt entstanden ist. Wir versuchen, durch Beobachtungen der Natur herauszufinden, nach welchen Gesetzen bestimmte Vorgänge ablaufen, man nennt sie Naturgesetze, z.B. dass ein Apfel immer auf die Erde fällt.

T: Wir Theologen haben andere Fragestellungen. Uns interessiert die Antwort auf die Frage, warum die Welt überhaupt existiert. Der Glaube will den Menschen sagen, dass Gott die Welt erschaffen hat und in ihr wirkt.

N: Viele Forscher glauben auch, dass hinter diesen Naturphänomenen ein Planer stecken muss, jemand, der den menschlichen Geist wesentlich übersteigt. Aber das können wir Naturwissenschaftler natürlich nicht beweisen.

Reli konkret 2
© by Kösel-Verlag

2. Einsatzmöglichkeiten im RU

Grundsätzlich ist eine Verbindung der beiden Projekte zu einer großen Projektidee sinnvoll. Sch erfahren nicht nur am Beispiel von Alltagsmüll, wie unachtsam viele Menschen mit der Schöpfung umgehen, sondern erkennen auch die Wiederverwertbarkeit von scheinbar wertlosen Gegenständen.

Selbstverständlich kann aber auch jedes Projekt einzeln durchgeführt werden. Dies ist dann sinnvoll, wenn nicht genügend Zeit zur Organisation und Durchführung zur Verfügung steht.

Einen Ausstellungskatalog erstellen

Um eine bleibende Erinnerung zu erhalten, können die Skulpturen in einem Katalog dokumentiert werden.

- Sch fotografieren ihre Skulpturen in einer von ihnen ausgewählten Umgebung oder vor einem passenden Hintergrund.

- Zu jeder Skulptur formulieren Sch eine kurze Beschreibung: Wo wurde der Müll gefunden? Was wird durch die Skulptur dargestellt? Etc.
- Fotos und Texte werden digitalisiert und können auf der Homepage der Schule präsentiert werden.
- Zusätzlich kann für jeden Sch eine CD gefertigt werden.
- Selbstverständlich ist auch die Vervielfältigung in Papierform möglich.

Mein Müll – dein Müll – unser Müll

- Sch sammeln in einem festgelegten Zeitraum zu Hause nicht verrottenden Müll und bringen ihn in den RU mit (gespült!).
- In GA untersuchen Sch den Müll und überlegen, wo sie unnötig Müll produziert haben und wie sie sich in Zukunft anders verhalten könnten/sollten. Der Müll kann auch in einer Ausstellung, kommentiert mit Plakaten, in der Schule präsentiert werden.

---

1. Hintergrund

Stellungnahmen **108** fordern dazu auf, Position zu beziehen und über die eigene Rolle und das Verhältnis zur Schöpfung nachzudenken.

Das **indische Sprichwort** soll zum Nachdenken anregen. Bewusst wird mit den Worten „gespielt", um am Ende eine als logisch erscheinende Beziehung zwischen „Geschöpf" und „Schöpfer" herzustellen. Die Bedeutung dieser Beziehung zu greifen, obliegt den individuellen Gedanken des Lesers.

Die **Karikatur** von Horst Haitzinger thematisiert das Generationenproblem im Hinblick auf einen nachhaltigen Umgang mit unserer Erde.

Das **Auge** ist eine Schülerarbeit von Anita Beringer (damals 10. Klasse der Maria-Ward-Realschule in Eichstätt), die im Rahmen des Projekts „2000 Bilder – 2000 Botschaften", das die Akademie für Lehrerfortbildung und Personalführung Dillingen 1999 initiiert hatte, entstanden ist. Die Mehrzahl der Zeichnungen, Gemälde, Fotografien oder Drucke für dieses Projekt ist im Kunstunterricht in der Schule entstanden, ein Teil aber auch in der Freizeit aus persönlicher Motivation heraus. In jedem einzelnen der Bilder, die Kinder und Jugendliche im Alter zwischen sechs und Anfang 20 gestaltet haben, wird ein Stück Persönlichkeit sichtbar, oft witzig, auch naiv, manchmal ernst und anrührend, nie oberflächlich und klischeehaft.

Das **Lied** nach einem afrikanischen Sprichwort bezieht sich auf die Geschichte auf *Deuteseite* **100**. Sie unterstreicht die Aussage der Geschichte, dass jede/r – und meint er/sie auch noch so klein und unbedeutend zu sein – mit seinen/ihren Fähigkeiten im Kleinen etwas bewegen kann, nämlich „das Gesicht der Welt verändern".

> **Horst Haitzinger (geb. 1939)**
> Horst Haitzinger lebt und arbeitet in München. Schon als Student veröffentlichte er 1958 seine ersten Karikaturen. Seit 1963 ist Haitzinger als Karikaturist freiberuflich für viele Zeitungen im In- und Ausland tätig.

2. Einsatzmöglichkeiten im RU

Mein Schöpfungs-ABC  IDEENSEITE 96

- Sch übernehmen von *Ideenseite* **96** das begonnene Schöpfungs-ABC und setzen es fort.
- Im UG, in GA, PA oder EA sammeln Sch zu jedem Buchstaben einen Begriff, der ihnen zum Thema Schöpfung einfällt.
- Das fertige Schöpfungs-ABC gestalten Sch dann auf einem Plakat mit bunten Farben und evtl. Bildern und hängen es im Klassenzimmer auf.

Eine Karikatur weiter denken

- In Bezug auf die Karikatur überlegen Sch, wie ein Gespräch zwischen dem Kind und seinen Eltern ablaufen könnte.
- *Alternative:* Sch stellen dieses Gespräch in einer weiteren Karikatur zeichnerisch dar und schreiben einen kurzen Dialog auf.

Woher kommt die Welt?

Vielleicht sollte sie nachsehen, ob noch mehr gekommen war? Sofie lief zum Tor und hob den grünen Deckel. Sie fuhr zusammen, als sie einen ganz identischen Briefumschlag entdeckte. Sie hatte doch nachgesehen, ob der Briefkasten wirklich leer war, als sie den ersten Brief herausgenommen hatte?

Auch auf diesem Umschlag stand ihr Name. Sie riss ihn auf und zog einen weißen Zettel heraus, der genauso aussah wie der erste.

Woher kommt die Welt?, stand darauf.

Keine Ahnung, dachte Sofie. So was weiß ja wohl niemand! Und trotzdem – Sofie fand diese Frage berechtigt. Zum ersten Mal in ihrem Leben dachte sie, dass es fast unmöglich war, auf einer Welt zu leben, ohne wenigstens zu fragen, woher sie stammte.

Von den geheimnisvollen Briefen war Sofie so schwindlig geworden, dass sie beschloss, sich in die Höhle zu setzen. Die Höhle war Sofies Geheimversteck. Hierhin kam sie nur, wenn sie sehr wütend, sehr traurig oder sehr froh war. Heute war sie verwirrt.

...

„Woher kommt die Welt?"

Nein, das wusste sie wirklich nicht. Sofie wusste natürlich, dass die Welt nur ein kleiner Planet im riesigen Weltraum war. Aber woher kam der Weltraum?

Es war natürlich denkbar, dass der Weltraum immer schon da gewesen war; dann brauchte sie auch keine Antwort auf die Frage zu finden, woher er gekommen war. Aber konnte etwas denn ewig sein? Irgendetwas in ihr protestierte dagegen. Alles, was existiert, muss doch einen Anfang haben. Also musste irgendwann der Weltraum aus etwas anderem entstanden sein. Aber war das möglich? War diese Vorstellung nicht ebenso unmöglich wie die, dass es die Welt immer schon gegeben hatte?

Im Religionsunterricht lernten sie, dass Gott die Welt erschaffen hatte, und Sofie versuchte jetzt, sich damit zufriedenzugeben, dass das trotz allem die beste Lösung für dieses Problem war. Aber dann fing sie wieder an zu denken. Sie konnte gern hinnehmen, dass Gott den Weltraum erschaffen hatte, aber was war mit Gott selber? Hatte er sich selbst aus null und nichts erschaffen? Wieder protestierte etwas in ihr. Obwohl Gott sicher alles Mögliche erschaffen konnte, konnte er sich ja wohl kaum selber schaffen, ehe er ein „Selbst" hatte, mit dem er erschaffen konnte. Und dann gab es nur noch eine Möglichkeit: Gott gab es schon immer. Aber diese Möglichkeit hatte sie doch schon verworfen. Alles, was existierte, musste einen Anfang haben.

„Verflixt!"

Wieder öffnete sie beide Briefumschläge.

„Wer bist du?"

„Woher kommt die Welt?"

Was für gemeine Fragen! Und woher kamen die beiden Briefe? Das war fast genauso geheimnisvoll.

Jostein Gaarder

Literatur und Materialien

Übergreifend

Schöpfung und Evolution, KatBl 133 (2008) Heft 5
Schöpfung – Gabe und Aufgabe, Bibel und Kirche 1/2005
Die Schöpfung, Welt und Umwelt der Bibel, Heft 2 (4/1996)
Zenger, Erich, Einleitung in das AT, Stuttgart 1995

Titelseite 93

Friedel, Helmut (Hg.), Arnulf Rainer. Bibelübermalungen, Ostfildern-Ruit 2000

Themenseite 94-95

Rosenhammer, Claudia, Eine „Stern-Stunde". Wie man das Thema „Schöpfung" in der HS mit einem Blick in die Sterne beginnen kann, in: KatBl 132 (2007) Heft 6, 431-435

Infoseite I 98-99

Niehl, Franz W., Mann und Frau im Garten Eden, in: ders. (Hg.), Leben lernen mit der Bibel. Der Textkommentar zu „Meine Schulbibel", München 2003, 35-38
Ders., Adam und Eva übertreten Gottes Gebot, in: ders. (Hg.), a.a.O., 38-42

Infoseite II 102-103

Helsper, Michael, Zur Rekonstruktion des atl. Weltbildes, in: KatBl 114 (1989) Heft 5, 356-359
Lesch, Harald, Schlagzeilen vom Rand der Wirklichkeit. Eine aufregende Reise durch die Welt der Astrophysik und ihre Erkenntnisse über die Entstehung des Universums, in: KatBl 132 (2007) Heft 6, 399-406
Radlbeck-Ossmann, Regina, Schöpfung! – Der neue Streit um die Evolutionstheorie, in: KatBl 133 (2008), Heft 5, 327-332
Zenger, Erich, Die Schöpfungsgeschichten der Genesis im Kontext des Alten Orients, in: Welt und Umwelt der Bibel, Heft 2 (4/1996)

7 Woran sich orientieren?

Kompetenzen und Inhalte im Bildungsplan (Baden-Württemberg 2004)

HAUPT- UND WERKREALSCHULE	REALSCHULE
Kompetenzen	

Die Schülerinnen und Schüler ...	Die Schülerinnen und Schüler ...
1. Mensch sein – Mensch werden	**1. Mensch sein – Mensch werden**
... wissen um die unverwechselbare Würde – Freiheit, Eigenständigkeit, Gleichwertigkeit – und das unantastbare Lebensrecht aller Menschen;	... kennen die Bedeutung von Freundschaft und gegenseitigem Verständnis im Zusammenleben der Menschen;
... lernen, ihre Stärken und Schwächen wahrzunehmen und einzuschätzen, und entwickeln Möglichkeiten, mit diesen verantwortlich umzugehen;	... wissen, dass jeder Mensch Stärken und Schwächen hat und immer zur Weiterentwicklung fähig ist;
... wissen um Formen, ihrem Inneren Ausdruck zu geben und mit anderen ins Gespräch zu kommen;	... kennen die biblische Zusage, dass Gott den Menschen mit seinen Schattenseiten annimmt;
... erkennen, dass Christen in ihrem Gewissen und im Glauben der Kirche eine Orientierung finden und ihr Handeln vor Gott verantworten müssen;	... kennen Hilfsangebote/Beratungsstellen für Jugendliche in Krisensituationen;
... können eine Haltung entwickeln, die die Geschöpflichkeit und Ebenbildlichkeit als Grundlage für Selbstwertgefühl und Ich-Stärke akzeptiert sowie zu respektvollem Umgang mit anderen motiviert;	... können über eigene Begabungen und Stärken, aber auch über Grenzen und Schwächen miteinander sprechen;
2. Welt und Verantwortung	... sind in der Lage, qualifizierte Hilfe anzunehmen und zu vermitteln (z.B. Streitschlichter, Beratungs-L);
... können in der Auseinandersetzung mit biblischen Weisungen und christlichen Normen Regeln zur eigenen Lebensgestaltung erkennen und bewerten;	**2. Welt und Verantwortung**
3. Bibel und Tradition	... kennen die Zehn Gebote, das Hauptgebot der Liebe und die Goldene Regel;
... wissen um die Bedeutung der Bibel und im Besonderen um die der vier Evangelien für die Gestaltung des alltäglichen Lebens der Christen;	... wissen, dass Menschen scheitern können, ihnen aber auch die Vergebung Gottes und ein Neuanfang zugesagt sind;
5. Jesus der Christus	... kennen Stufen der Gewissensentwicklung und Beispiele mündiger Gewissensentscheidungen;
... wissen, dass sie aufgefordert sind, ihr Leben am Lebensmodell und an der Botschaft Jesu Christi zu orientieren.	... können Regeln ihres Zusammenlebens in Schule, Familie und Freizeit benennen, mit christlichen Maßstäben vergleichen und gemeinsam mit Anderen hilfreiche Regeln entwickeln;
	... können Kommunikationsregeln anwenden, zum Beispiel Verzicht auf Gesprächsblockaden, aktives Zuhören;
	... sind bereit, Konflikte fair auszutragen, ohne Gewalt anzuwenden;
	... sind bereit, auf die Stimme ihres Gewissens zu hören und sich an den Weisungen der Bibel zu orientieren;
	3. Bibel und Tradition
	... kennen aus dem AT die Weisungen des Dekalogs;
	... kennen aus dem NT ethische Weisungen, zum Beispiel das Hauptgebot der Liebe und die Goldene Regel;
	4. Die Frage nach Gott
	... wissen, dass Menschen schuldig werden, ihnen aber die Vergebung Gottes zugesagt und damit ein Neuanfang ermöglicht ist.

HAUPT- UND WERKREALSCHULE	REALSCHULE

Inhalte	
Erwachsen werden – meine Zukunft – Meine Vorstellungen, Wünsche und Hoffnungen vom Leben **Orientierung finden – verantwortlich handeln** – Zusammenleben gestalten – mit Konflikten leben – Orientierung für verantwortliches Handeln – Menschen handeln nach dem Gewissen – Schuld, Versöhnung, Neuanfang	**Gewissen – Wonach soll ich mich richten?** – Mein Gewissen entwickelt sich. – Ich brauche Orientierung. – Biblische Weisungen ins Leben: Dekalog, Hauptgebot der Liebe, Goldene Regel und Schöpfungstexte – Orientierung an Jesus Christus: Gottes-, Selbst-, Nächsten- und Feindesliebe – Schuldig werden und neu anfangen Lk 15,11-32

Das Kapitel im Schulbuch

Die zentrale Frage in diesem Kapitel lautet: Woran kann ich mich orientieren, damit mein Leben gelingt? Dafür sind die Weisungen der Bibel, das Leben und Wort Jesu, das eigene Gewissen, Konfliktfähigkeit und Vergebung sowohl Voraussetzungen als auch Orientierungspunkte.

Das Kapitel stellt bewusst nicht Konflikte ins Zentrum der Betrachtung. Zunächst stehen die Stärkung der Persönlichkeit und die Wahrnehmung von Gemeinschaft im Mittelpunkt. Danach werden Orientierungspunkte aufgezeigt, die sich aus den biblischen Schriften, aber auch aus den persönlichen Erfahrungen und dem sich entwickelnden Gewissen ergeben. Außerdem werden Kommunikationsregeln vorgestellt. Vor dem Hintergrund dieser Orientierungspunkte werden Konfliktfähigkeit und Konfliktbewältigungsstrategien thematisiert.

Auf *Titelseite* **109** wird bereits die zentrale Frage des Kapitels gestellt: Woran sich orientieren? Das Bild soll Sch dazu anregen, eigene Antworten auf diese Frage zu suchen. Farbe und Formen geben eine Richtung vor, ohne Antworten vorweg zu nehmen.

Der über die gesamte Doppelseite verlaufende Weg auf *Themenseite* **110-111** steht für das gelingende Leben. Die flankierenden Texte und Bilder setzen Impulse für eine Auseinandersetzung mit dem Thema. Die Worte mit der Vorsilbe GE-, die den Weg „pflastern", fächern die verschiedenen Aspekte des Kapitels auf und verbinden diese zugleich. Nur das *Gegeneinander* bleibt abseits des Weges.

Auf *Ideenseite* **112-113** werden die Aspekte der vorangegangenen Seite in einer analogen thematischen Struktur aufgegriffen und mit konkreten Unterrichtsideen verknüpft. Bei der Wahrnehmung der eigenen Person und der Gemeinschaft stehen spielerische und erlebnisorientierte Elemente im Mittelpunkt. Weitere Vorschläge greifen beispielhaft Aspekte aus den Themenfeldern des Kapitels auf und verknüpfen diese mit konkreten Aufgabenstellungen.

Deuteseite I **114-115** regt mit einem Text- und einem Bildimpuls dazu an, den eigenen Platz in einer Gemeinschaft zu finden bzw. zu hinterfragen. Der Text beschreibt subjektiv schülernahe Orte und Erlebnisse und regt Sch zu einer eigenen Stellungnahme an. Das abstrakte Bild von Hilla v. Rebay bietet mit seinen unterschiedlichen Farben und Formen, die in Beziehung zueinander stehen, die Möglichkeit einer Übertragung auf die Lebenswelt der Sch.

Deuteseite II **116-117** präsentiert biblische Weisungen aus dem AT und NT ohne erhobenen Zeigefinger. Sie können die Menschen berühren oder, wie im Jesusbild aus dem Egebert-Codex, einen guten Weg aufzeigen. So werden sie zu Weisungen zum Leben.

Infoseite I **118-119** bietet eine Bildergeschichte und Zitate, die illustrieren, was mit Gewissen gemeint ist. Die Informationen zur Entwicklung der moralischen Urteilsfähigkeit verdeutlichen, dass die Gewissensbildung als ein lebenslanger Prozess zu begreifen ist. Die Dilemmageschichte und die Zitate sollen dazu anregen, die eigenen Vorstellungen und die der Mit-Sch zu hinterfragen, zu bestätigen oder weiterzuentwickeln.

Deuteseite III **120-121** zeigt exemplarisch Ursachen von Konflikten und Kommunikationsstörungen auf und regt Sch an, nach eigenen Lösungsstrategien zu suchen. Die Regeln für ein gelingendes Gespräch und erlebnisorientierte AA sensibilisieren und unterstützen Sch.

Infoseite II **122-123** informiert über mögliche Schritte der Versöhnung mit Gott und den Menschen, die sich Christen bieten, wenn das Zusammenleben misslingt.

Projektseite **124-125** greift noch einmal das Thema von *Deuteseite I* auf und erweitert es. Durch die konkrete Planung und Durchführung eines „Wohlfühl-Tages" sollen Sch für die Wünsche und Bedürfnisse ihrer Mit-Sch sensibilisiert werden.

Im Rahmen der *Stellungnahmen* **126** können Sch über den Liedtext von Xavier Naidoo nachdenken, die Entwicklung ihres eigenen sozialen Verhaltens reflektieren und sich ihrer Fortschritte im Gesprächsverhalten bewusst werden.

Verknüpfungen mit anderen Kapiteln im Schulbuch

Kap. 2: Von Prophetinnen und Propheten lernen
Kap. 3: Freundschaft wagen
Kap. 6: Schöpfung mitgestalten

Verknüpfungen mit anderen Fächern

ER: Die formulierten Kompetenzen und Themenfelder stimmen z.T. überein. So ergibt sich die Möglichkeit der konfessionellen Kooperation.
Ethik: 3. Entwicklung ethischer Urteilsfähigkeit und der Bereitschaft zur Übernahme von persönlicher und gesellschaftlicher Verantwortung (Kategorischer Imperativ/„Goldene Regel")

Woran sich orientieren? Titelseite 109

1. Hintergrund

„Wie kann ich in der sich immer schneller verändernden Welt bestehen?", „Woran kann ich mich orientieren?" sind zentrale Fragen von Jugendlichen. Vorgaben von Erwachsenen werden oft abgelehnt, die Orientierung an Gleichaltrigen oder Stars, die sich über allgemeine Konventionen hinwegsetzen, erscheint reizvoller. Aber auch unter Gleichaltrigen kommt es zu Konflikten. Das Bild auf *Titelseite* **109** gibt keine einfachen Antworten, will nicht belehren, indem es den „richtigen" Weg aufzeigt. Es möchte Sch anregen, darüber nachzudenken, was ihnen Orientierung gibt, und zugleich will es die Hoffnung vermitteln, dass Leben gelingen kann.

> **Gelsomina Bassetti (geb. 1953)**
> In Trient/Italien geboren, studierte Gelsomina Bassetti an der Scuola d'Arte „A. Vittoria" in Trient und an der Hochschule für Bildende Künste, Braunschweig. Inzwischen lebt die Künstlerin wieder in ihrer Heimat. Bassetti verbindet in ihren Gemälden, die oft an Skulpturen erinnern, Abstraktion, Symbolismus und Erzählung. So fordert sie den Betrachter auf, einen eigenen Zugang zu ihren Werken zu suchen und letztendlich eine eigene Geschichte in dem Bild und in sich selbst zu finden.

Gelsomina Bassetti, „Doppio" (Doppelt), 2000
Das Titelbild kann die Sch anregen, ihre eigenen Geschichten zu erfinden und zu entdecken. Z.B. Dennis (14): „Der Mann geht durch die Tür ins Himmelreich." Das Gemälde gibt keine eindeutige Richtung vor. Es lässt verschiedene Interpretationen zu, regt mit seiner symbolhaften Sprache an, hinter das Dargestellte zu blicken.
Im Mittelpunkt steht ein Mensch, der von einem unten teilweise offenen Trapez und mehreren konzentrischen Kreisen umgeben ist. Die Kreise erstrecken sich vom Bildrand bis in die hinterste, innerste Dimension des Bildes, vom braunen erdigen Vordergrund bis zu dem in himmlischem Blau und Weiß gestalteten Hintergrund. Inmitten der Kreise steht in hellen Farben ein Mensch, der trotz seiner Strahlkraft auch zerbrechlich und verletzbar wirkt. Der Weg, den die Kreise vorgeben, scheint mit den kurzen, dünnen Beinen kaum zu bewältigen. Und doch durchbricht der Mensch die Kreisform an ihrer intensivsten und dichtesten Stelle. Was gibt ihm die Kraft? Wo findet er Halt?
Aus der Hand wächst scheinbar ein zweiter Kopf hervor. Ist er der Spiegel der eigenen Person, die innere Stimme oder ein kraftspendendes Gegenüber?
Halt findet der Mensch in dem Bild auch in dem hellen, fast goldenen Trapez. Diese zweite, äußerst kostbar erscheinende Form gibt einen Rahmen vor, der die Gestalt im Zentrum hält. Er ist jedoch nicht so starr und unbeweglich, dass er sie gängelt oder verbiegt. Vielmehr scheint sich der Rahmen in seiner schrägen Lage und der Öffnung im linken unteren Eck dem Menschen und seinen Bedürfnissen anzupassen.
In Farb- und Formgebung strömt das Bild somit Optimismus aus, die Zuversicht, dass das Leben gelingen kann, dass alle Menschen trotz ihrer Schwächen und ihrer Zerbrechlichkeit zu Persönlichkeiten reifen können, die ihren Aufgaben gewachsen sind. Der sich verengende Kreis wird nicht zu einem Strudel. Im Bild ist es der Mensch, der mit seiner Strahlkraft im Mittelpunkt steht, der besteht, der Entwicklungen mitbestimmen kann. In der gesamten Darstellung klingen bereits zentrale Themenfelder des Kapitels an, z.B. dass wir Stärke und Orientierung erfahren, wenn wir Begleiter und Gesprächspartner oder unsere innere Stimme und unser Gewissen wahrnehmen.

2. Einsatzmöglichkeiten im RU

Das Bild erschließen
- Sch äußern spontan ihre Eindrücke und Gedanken zum Bild. Dabei kann L z.B. mit folgenden Fragen Impulse setzen:

- Was würde passieren, wenn man das Rechteck entfernte?
- Beschreibe den Rahmen, in dem du dich bewegst.
- Was könnte man mit den Farben noch malen?
- Weshalb wurde die Person in den hellsten Farben des Bildes gemalt?
- Welche Farbe und was könnte hinter der Person sein?
- In welchen Farben würdest du deinen Weg oder Tunnel zeichnen?

- Sch erfinden ein Gespräch zwischen den beiden Köpfen (→ **Methodenkarte** „Ein Rollenspiel spielen", Sprechblasen ...).

Eine Geschichte zum Bild erfinden

- Sch erzählen, wie die Person ins Bild kam.

- Sch beschreiben, was passieren könnte, wenn die Person weiter ins Bild hineingehen würde.

Eine Collage erstellen

- Sch suchen in Zeitschriften, im Internet o.Ä. nach Bildern zur Frage: Woran sich orientieren?
- Aus diesen und evtl. aus selbst gemalten Bildern kleben sie eine Collage. Dabei orientieren sie sich an der Struktur des Titelbildes.

Ein Bild gestalten

- Sch gestalten **AB 2.7.1, Lehrerkommentar S. 173**, mit eigenen Farben.
- Sch erstellen eine Legende, in der sie die Bedeutung der Farben erklären.

Themenseite 110-111

1. Hintergrund

Die *Themenseite* erhält durch den gezeichneten Weg und die Worte mit der Vorsilbe „ge" ihre Struktur und Ausrichtung.
Genial: Sch in der Pubertät bringen das Wort *genial* eher mit Stars und Vorbildern als mit sich selbst in Verbindung. Zusammen mit dem **Gedicht** „Ich", das zum Nachdenken über sich selbst auffordert und dem Leser/der Leserin einen Spiegel vorhält, ist es als Stärkung und Zusage für Sch gedacht, sich selbst liebevoll zu betrachten und wertzuschätzen.
Gemeinsam – Gespräch – Gemeinschaft: Das **Zitat** von Otto Herz aus dem „ABC der guten Schule" bildet sozusagen die Überschrift für die beiden Bildimpulse auf *Themenseite* **110** und das Zitat von Zenon von Kition. Das Foto zeigt Sch bei einer Kletterübung, die sich gegenseitig unterstützen, sich aufeinander verlassen können und so Großes zustande bringen. Die Gesprächsregel von Kition verblüfft durch ihre Einfachheit und Effizienz. Gegenseitiges Vertrauen, Verlässlichkeit und Achtsamkeit sind die Ursache für die im Bild von Keith Haring dargestellte herzliche Verbindung zweier Menschen.

Gemeinschaft erleben durch Abenteuerpädagogik

Die Abenteuerpädagogik ist ein spezieller Ansatz der Erlebnispädagogik, der Erlebnismöglichkeiten schafft, bei denen Sch ihr eigenes Verhalten und ihre Vorstellungen hinterfragen. Durch gegenseitige Annahme und Unterstützung wird eine komplexe Aufgabe bewältigt. Im gemeinsamen Tun müssen Ängste, Unzufriedenheit und Konflikte überwunden werden, um das gemeinsame Ziel zu erreichen.

Jedes Abenteuerspiel endet mit einer Reflexion. Sch üben so, eigenes Verhalten zu hinterfragen und gewonnene Erkenntnisse aus der Spielsituation in Realsituationen zu übertragen.
Sicherlich ist ein Besuch im Hochseilgarten für jede Klasse ein besonderes Erlebnis. Aber auch im Klassenzimmer lassen sich vergleichbare Erfahrungen machen.

Keith Haring (1958-1990)
Zum Künstler s. *Lehrerkommentar* S. 64

Abseits des Weges unter dem Begriff **Gegeneinander** befindet sich, gleichsam als Gegengewicht, ein weiteres Bild von Keith Haring. Das Bild stellt eine Opfer-Person mit erhobenen Händen dar. Der Körper des Opfers wird durch einen gezielten Fußtritt einer aggressiv wirkenden Angreifer-Person durchbohrt. Dieser Tritt hinterlässt ein großes Loch im Opfer. Das Opfer zeigt gegenüber dem Angreifer keinerlei Verteidigungsverhalten; es steht ihm ungeschützt, mit erhobenen Händen gegenüber. Dadurch wirkt die Tat des Angreifers noch brutaler und rücksichtsloser.
Die Brutalität und Aggressivität des Bildes wird durch die grellen und aggressiven Farben Rot und Gelb unterstützt. Die Farben reichen über den Bildrahmen hinaus – Ausdruck dafür, dass das Verhalten des Angreifers und/oder vielleicht auch des Opfers aus dem Rahmen fallen? Dieses Bild spiegelt Konflikterfahrungen vieler Jugendlicher dieses Alters in Schule, Familie und Clique wider.
Neben dem Bild von Haring, findet man einen mahnenden Satz aus 2 Tim, der Sch beinahe in ihrer Sprache anspricht. Er klingt eher wie ein Rat aus einer

Woran sich orientieren?

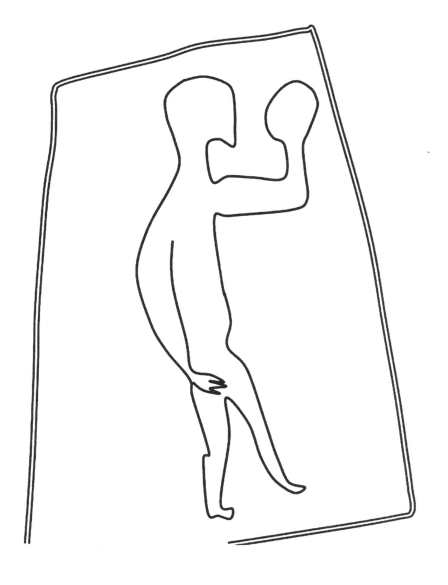

☐ _____
☐ _____
☐ _____
☐ _____
☐ _____
☐ _____

Jugendzeitschrift als ein Zitat aus der Bibel, ist leicht verständlich und kann Sch recht unmittelbar ansprechen.

Eine stilisierte Darstellung der **10 Gebote** steht am Wegrand. Diese sind Weisungen und Wegweiser, die Orientierung geben können (vgl. *Lehrerkommentar* S. 122 und 180ff.)

Einen weiteren Orientierungspunkt kann das **Gewissen** bilden. Das Zeugnis von Alexander Schmorell, sein Abschiedsbrief an die Eltern, geschrieben in der Gewissheit des nahen Todes, macht deutlich, dass Glauben und Gewissen Orientierung geben können.

Die **Karikatur** auf *Themenseite* **109** zeigt einen Menschen mit einem Schild, auf dem ICH steht. Dieser Mensch ist eine Marionette, denn er wird von sechs großen Händen an Marionettenfäden gehalten. Die Karikatur thematisiert die Frage, wie frei der Mensch ist und in welchen Abhängigkeiten er steht. Sch können bei der Betrachtung eigene Erfahrungen mit Abhängigkeiten und dem Wunsch nach Freiheit ansprechen. Darüber hinaus ist jedoch auch danach zu fragen, ob der Mensch überhaupt in absoluter Freiheit und losgelöst von anderen Menschen leben kann.

Alexander Schmorell (1917-1943)

Alexander Schmorell wurde in Orenburg in Russland geboren und übersiedelte nach dem frühen Tod seiner Mutter 1921 mit dem Vater und dem russischen Kindermädchen nach München. Nach dem Abitur wurde er zur Wehrmacht einberufen und nahm als Soldat beim sog. Anschluss Österreichs und beim deutschen Einmarsch in die Tschechoslowakei teil. Nach dem Wehrdienst begann er ein Medizinstudium in Hamburg, das er in München fortsetzte.

Dort hatte er Kontakt zu Mitgliedern der Weißen Rose, einer studentisch geprägten Widerstandsbewegung gegen das nationalsozialistische Regime. Er schloss sich der Gruppe an, nahm an „Graffiti-Aktionen" teil, bei denen er, Hans Scholl und Willi Graf „Nieder mit Hitler" und „Freiheit" auf öffentliche Münchener Gebäude schrieben, und verfasste einige Flugblätter mit, die unter Lebensgefahr verteilt wurden.

Nachdem die Geschwister Hans und Sophie Scholl am 18. Februar 1943 bei einer Flugblattaktion in der Universität gefasst wurden, konnte Alexander Schmorell zunächst fliehen, wurde aber am 24. Februar 1943 nach einer Denunziation doch verhaftet. Im zweiten Prozess gegen die Weiße Rose wurde er am 19. April 1943 vom Volksgerichtshof unter dem Vorsitz von Roland Freisler zum Tode verurteilt und am 13. Juli 1943 hingerichtet.

 Literatur s. *Lehrerkommentar* S. 197

---

2. Einsatzmöglichkeiten im RU

Ein Ich-Gedicht schreiben
- Sch schreiben in Anlehnung an das Gedicht von Jürgen Spohn ein eigenes Ich-Gedicht (**AB 2.7.2, Lehrerkommentar S. 175**).

Das „ABC der guten Schule" ergänzen
- Sch wählen einen Satz aus dem „ABC der guten Schule" aus und gestalten dazu ein Bild.
- Sch verfassen selbst ein „ABC der guten Schule". Jede/r wählt einen Buchstaben aus und gestaltet eine Karte. Buchstaben, die nicht gewählt werden, lassen sich durch die Vorschläge von Otto Herz ergänzen.

 Material s. *Lehrerkommentar* S. 197

Zuhören – ins Gespräch kommen
- Sch versuchen, in einer vorgegebenen Zeit möglichst viel über eine/n Mit-Sch herauszufinden. Evtl. gibt L ein Themenfeld für das Gespräch vor (Abends, Musik, Sport …).
- Sch überlegen, ob weitere Gesprächsregeln nötig sind, um ein Gespräch in der Klasse führen zu können, und halten diese als TA fest.

Alle in einem Boot ▶ IDEENSEITE 112
L präsentiert die Rahmenhandlung vom Untergang der Titanic. Sch erklären sich bereit, die Aufgabe gemeinsam zu lösen. Schwierigkeiten innerhalb der Klasse gehören zum Lernprozess. Sollten Sch die Aufgabe abbrechen wollen, erinnert L an die getroffene Vereinbarung.
- *Variante:* Sch wählen selbst die Größe des „Rettungsbootes".
- Reflexion zum Abschluss:
  - Wie hat die Zusammenarbeit geklappt?
  - Was war gut?
  - Welche Ideen haben weitergeholfen?
  - Was hat nicht so gut funktioniert?
  - Wie lassen sich diese Erfahrungen auf den Alltag übertragen?

 Literatur s. *Lehrerkommentar* S. 197

Ursachen von Konflikten ergründen
- Sch beschreiben die Beziehung der Personen auf den Bildern von Keith Haring.
- Sch zeichnen in GA die beiden Bilder auf Plakate und ergänzen sie durch passende Begriffe. Die Plakate werden vorgestellt, die Auswahl der Wörter begründet.
- Sch diskutieren, welches der beiden Bilder von Haring im Klassenzimmer aufgehängt werden soll.
  - Anschließend reflektieren Sch gemeinsam die Diskussion.
  - Wie sind Sch mit unterschiedlicher Meinung miteinander umgegangen?

Ich

Ich stehe manchmal neben mir
Und sage freundlich du zu mir

Und sag DU bist ... _____

_____

DU bist ... _____

_____

DU bist ... _____

_____

Wut-Interview

Name: _____

1. Was macht dich wütend bzw. was ärgert dich? Nenne drei Ursachen.

  (a) _____

  (b) _____

  (c) _____

2. Was tust du, wenn du auf deine Geschwister oder Mitbewohner/innen

  wütend bist? _____

  Wie reagieren sie? _____

  Was tust du, wenn du auf deine Eltern wütend bist? _____

  Wie reagieren sie? _____

  Was tust du, wenn du auf eine/n Mitschüler/in wütend bist? _____

  Wie reagiert er/sie? _____

  Was tust du, wenn du auf eine/n Lehrer/in wütend bist? _____

  Wie reagiert sie/er? _____

3. Bist du gerne mal wütend?   JA ❑   NEIN ❑

  Warum oder warum nicht? _____

4. Kannst du und darfst du immer Wut zeigen?   JA ❑   NEIN ❑

  Wann kannst du und darfst du keine Wut zeigen? _____

5. Wann ist es deiner Meinung nach richtig und wichtig, wütend zu werden?

_____

Reli konkret 2
© by Kösel-Verlag

- Welche waren die entscheidenden Argumente? Ausgehend von Alltagssituation (z.B. Ein Stift fällt auf den Boden …) beschreiben Sch in PA Szenen, die jeweils mit einem der beiden Bilder von Haring enden (→ **Methodenkarte** „Ein Rollenspiel spielen"). Die Ergebnisse werden verglichen.
- Welche Verhaltensweisen und Aussagen sind typisch für den harmonischen Ausgang?
- Was führt immer wieder zu Konflikten?

2 Tim 2,23

Sch überlegen sich Situationen, zu denen der Hinweis aus 2 Tim passt, und schreiben sie als fiktive Briefe an eine Jugendzeitschrift auf, zeichnen einen Comic oder inszenieren ein Rollenspiel (→ **Methodenkarte**) dazu.

Weisungen zum Leben aktualisieren

■ Sch überlegen, welche Bedeutung die Zehn Gebote für ihr Leben haben.
Welche Gebote kann man heute noch genau so formulieren?
■ Sch formulieren selbst eine mögliche Neufassung der Zehn Gebote für die heutige Zeit.
Beispiel:
1. Lebe nicht für den Augenblick.
2. Achte die anderen.
3. Arbeite nicht zu viel.
4. Ohne deine Eltern gäbe es dich nicht.
5. Denk nach, wie weit du gehen kannst.
6. Hintergehe nicht die Personen, die dir nahe stehen.
7. Nimm nicht das, für das andere hart gearbeitet haben.
8. Verleumde niemanden.
9./10. Nimm nicht das, was schon einem anderen gehört.
■ Sch lesen die Neuformulierungen der Zehn Gebote auf *Themenseite* **77** und überlegen sich in GA kleine Szenen zu jeder Weisung.
■ Jede Gruppe spielt ihre Szene vor; die anderen Sch erraten, welche Weisung dahintersteckt.

Die Marionetten-Karikatur zum Sprechen bringen

■ Nachdem Sch die Karikatur betrachtet und gedeutet haben, versetzen sie sich in die Lage der Marionette: Welche Menschen und welche Maßstäbe beeinflussen mich?
■ Sch überlegen, an welchen Marionettenfäden ihr Leben hängt.
■ Sch erhalten **AB 2.7.3, Lehrerkommentar S. 177**, und schreiben zu den einzelnen Händen, von wem oder was sie abhängen.
- Von welchen „Puppenspielern" seid ihr gern abhängig?
- Welche Marionettenfäden möchtet ihr abschneiden?

Einer, der seinem Gewissen folgte ▶ IDEENSEITE 113

Der AA ist im Schulbuch ausführlich beschrieben.

Viele Erwartungen

Das Bild ohne Titel von Keith Haring symbolisiert die Zerrissenheit, in der sich Jugendliche häufig befinden und die oft die Ursache von Konflikten darstellt.

■ Sch vergegenwärtigen sich die Menschen, mit denen sie zusammenleben und zu denen sie Kontakt haben, wählen einige wichtige aus und notieren in Sprechblasen, welche Erwartungen und Wünsche diese äußern.
- Gibt es übereinstimmende oder differierende Äußerungen von verschiedenen Personen? Sch markieren die übereinstimmenden Äußerungen mit gleicher Farbe.
- Stimmen diese Äußerungen mit der Selbsteinschätzung der Sch überein? Wenn ja, versehen Sch sie mit einem „+", wenn nein, mit einem „-".
- Woher kommen die unterschiedlichen Sichtweisen? Hängt dies mit verschiedenen oder überhöhten Erwartungen, dem Alter, der Sympathie oder dem Verhalten zusammen?
- Wie könnte das „Ich" größer und selbstbewusster, wie könnten die in den Sprechblasen notierten Erwartungen weniger fordernd und unter Umständen freundlicher werden?
■ Wie könnte ein nachfolgendes Bild aussehen? Sch malen eine oder verschiedene Möglichkeiten und stellen ihre Bilder vor.

Ich

Die *Ideenseite* greift in ihrer Gliederung die Struktur von *Themenseite* **110-111** wieder auf (s. Skizze) und gibt Anregungen zur kompetenzorientierten Auseinandersetzung mit den einzelnen Themenfeldern. Die Anregungen der *Ideenseite* werden im *Lehrerkommentar* auf folgenden Seiten besprochen:

Alle in einem Boot: S. 174
Klassenregeln aufstellen: S. 181
Ich entscheide mich so: S. 186
Zumutungen: S. 184
Einer, der seinem Gewissen folgte: S. 176

ICH WIR GEWISSEN
REGELN und GEBOTE
KONFLIKTE

ZUSAMMEN leben

1. Hintergrund

Der Liedtext und das Kunstbild rücken die Frage nach der Stellung des/der Einzelnen in der Gesellschaft in den Fokus der Betrachtung.

Das **Lied** der Gesangsgruppe „Die Prinzen" beschreibt alltägliche Situationen, mit denen der Ich-Erzähler konfrontiert wird. Solchen oder ähnlichen Situationen begegnen auch Sch immer wieder. Auch das beschriebene Gefühl „Dann möchte ich 'ne Bombe sein ..." erscheint menschlich und vertraut. Wo Menschen zusammen leben, kommt es zu Verletzungen, Ärger und Gefühlsausbrüchen. Was sind angemessene Reaktionen auf Provokationen? Wie kann ich mich gegen Unrecht, das ich sehe und erlebe, zur Wehr setzen? Wie kann ich angemessen und mutig handeln, Falsches beim Namen nennen, ohne zu explodieren, aber auch ohne den Ärger in mich hineinzufressen? Welches Verhalten führt zu einem gelingenden Zusammenleben?

Hilla von Rebay (1890-1967)
Hilla von Rebay, 1890 in Straßburg geboren, stand als junge Malerin in engem Kontakt zu Wassily Kandinsky und Rudolf Bauer. 1927 lernte sie in New York Solomon Guggenheim kennen. Während sie ihn malte, überzeugte sie den „Kupferkönig" moderne Kunst zu sammeln. Als Gründungsdirektorin der Solomon R. Guggenheim Foundation in New York baute sie zunächst das „Museum für gegenstandslose Malerei" und verhalf der abstrakten Malerei zum internationalen Durchbruch. In den 40er- und 50er-Jahren war sie maßgeblich am Bau des Guggenheim-Museums durch Frank Lloyd Wright beteiligt. Hilla von Rebay starb 1967 in Green's Farms, Connecticut, USA, und wurde auf eigenen Wunsch in Teningen, Baden-Württemberg, begraben.

Hilla von Rebay, „Purpur-Linien", 1949
Die Künstlerin schrieb über die gegenstandslose Malerei: Sie „bildet keines der uns auf dieser Welt geläufigen Dinge oder Lebewesen ab. Sie will nichts anderes sein als ein schönes, rhythmisch gegliedertes Gebilde aus Farben und Formen, das durch seine Schönheit allein erfreuen soll. Die Proportionen der Leinwand oder des Blattes selbst bestimmen diese Gliederung, die wie ein musikalisches Kunstwerk kontrapunktischen Gesetzen gehorcht ... Sicherlich ist es leicht, aus Farben und Formen ein Ornament oder einfaches Muster zu entwerfen; aber wie sich in der Musik eine Sonate durch Melodie, Rhythmus und Kontrapunkt vom einfachen Ton unterscheidet, den jeder anzuschlagen vermag, so ist es auch in der gegen-standslosen Malerei. Nur dass bei ihr, im Gegensatz zur Musik, das Auge als aufnehmendes Organ angesprochen wird. Mag der Betrachter zunächst einfach sein Gefallen am Spiel der Formen empfinden, so wird er allmählich doch dahin gelangen, auch die läuternden und entspannenden Kräfte eines Bildes zu erfahren ..." (vgl. Danzker u.a. 19).

Rebay lädt zur Betrachtung der Farben und Formen ein. Die Autonomie und die Beziehung der Formen zueinander, die durch die schwarzen und die geschwungenen Linien noch verstärkt wird, lässt eine Übertragung auf das Thema der *Deuteseite I* zu, ja legt sie sogar nahe.

📖 Literatur s. *Lehrerkommentar* S. 197

Figuren zur Selbst- und Fremdwahrnehmung

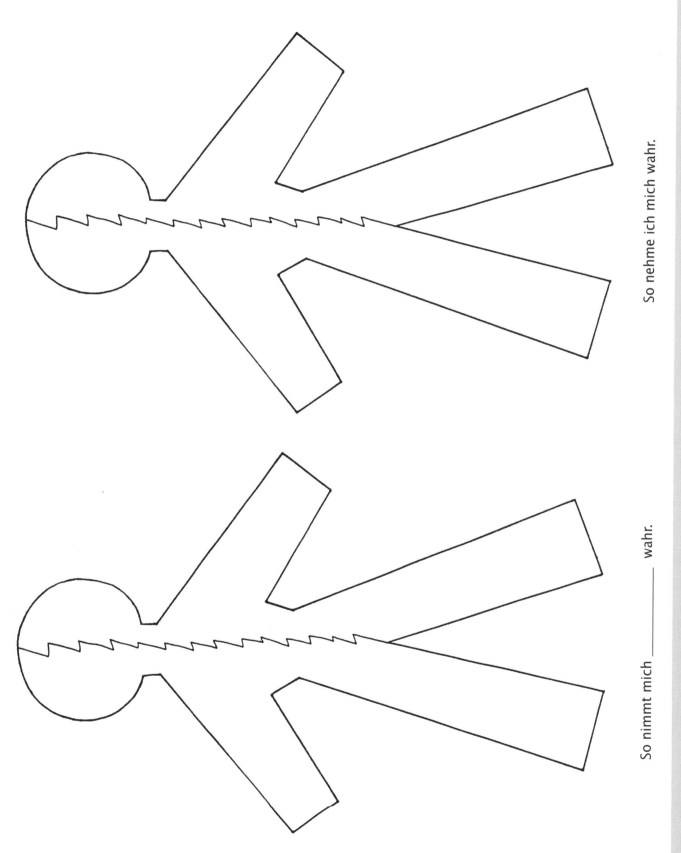

So nehme ich mich wahr.

So nimmt mich _____ wahr.

Reli konkret 2
© by Kösel-Verlag

2. Einsatzmöglichkeiten im RU

Sich einschätzen

- Jede/r Sch erhält **AB 2.7.4, Lehrerkommentar S. 179**.

  In PA schreiben Sch in die linke Hälfte der ersten Figur positive Eigenschaften und Fähigkeiten der oder des Mit-Sch und in die rechte Hälfte negative. Dann tauschen sie die AB und beschriften die zweite Figur mit ihren positiven und negativen Eigenschaften und Fähigkeiten, wie sie diese sehen.
- Anschließend vergleichen Sch die Figuren miteinander. Dabei helfen folgende Fragen:
  - Habe ich die Eigenschaften und Fähigkeiten genauso eingeschätzt wie mein/e Mit-Sch?
  - Wie lässt sich das erklären? (Vorurteile, genaue Wahrnehmung, längeres Kennen usw.)
  - Wenn nicht, welche Begründung gibt es dafür?

Gefühle analysieren

- Sch lesen den Liedtext auf *Deuteseite* **114**. (Ggf. hören sie alternativ eine Aufnahme des Liedes von den „Prinzen" an.) Sie überlegen, ob sie ähnliche Erfahrungen gemacht haben, wie der „Erzähler" des Textes.
  - Wann möchtest du eine Bombe sein?
  - Wie bist du dann?
  - Warum reagierst du auf eine bestimmte Art?
  - Was geht dir dann durch den Kopf?
  - Was hast du in Situationen, in denen Mit-Sch aus der Haut gefahren sind, empfunden?
- In GA suchen Sch eine Situation aus dem Lied aus und denken sich verschiedene Reaktionen darauf aus. Im Rollenspiel (→ **Methodenkarte**) stellen sie diese Situationen dar. Nach der Präsentation analysieren die anderen Sch die Reaktionen und bewerten sie.

- Sch entwickeln Regeln, mit denen ihr Zusammenleben gelingen kann.
  Was können sie in der Klasse tun, wenn andere missachtet, verletzt oder geschlagen werden?

Zusammenleben gestalten

- Sch verstehen die schwarzen Linien als Plan einer Wohnung oder des Schulgebäudes und überlegen:
  - Welche Stimmung herrscht dort vor?
  - In welcher Beziehung stehen die farbigen Flecken zueinander?
- Sch malen das Bild neu. Es soll den Titel „Zusammen leben" erhalten. Sie verwenden ausschließlich die Farben und Formen von Rebay. Sch stellen ihr Bild vor und erklären, weshalb der Titel zu ihrem Bild passt. Dabei gehen sie den Fragen nach:
  - Woran erkennt man eine gute Gemeinschaft?
  - Was sind Kennzeichen für Konflikte?
  - Was kann getan werden, damit diese vermieden werden?
- Sch bringen Musik mit in den RU, die zu dem Bild passt (CD). Die Musikstücke werden ca. 30 Sekunden angespielt. Sch begründen ihre Auswahl.

Regeln finden

- Sch überlegen, welche zehn Regeln notwendig sind, damit das Zusammenleben in unserer Gesellschaft gelingen kann, und notieren diese.
- In Gruppen überlegen sie, welche der zusammengetragenen Regeln überflüssig sind und weggelassen werden können. Jede Gruppe stellt unverzichtbare Regeln vor; die Mit-Sch überprüfen die Ergebnisse der anderen Gruppen.
- Sch vergleichen die Ergebnisse der Gruppen mit den Zehn Geboten der Bibel.
  Welche Gemeinsamkeiten und Unterschiede gibt es? Warum?

Weisungen zum Leben   Deuteseite II 116-117

1. Hintergrund

Auf *Deuteseite II* werden biblische Weisungen aus dem AT und NT gegenübergestellt. Sie weisen den Weg zum Leben, sind gleichsam Fingerzeig Gottes für die Menschen.

Die Neuformulierung der **Zehn Gebote** von Ernst Lange betont, dass der Dekalog Weisungen für ein Leben in Freiheit gibt. Nach jüdischem und christlichem Glauben traut Gott den Menschen Freiheit und Verantwortung zu. Freiheit ist immer relativ und subjektiv empfundene Freiheit. Ethisch ist Freiheit das Recht, die Möglichkeit und Verpflichtung des Menschen zur

Selbstbestimmung und zum Ausdruck seines freien Willens. Sie beschreibt sowohl das Fehlen von Zwängen als auch die Möglichkeit, unter mehreren Optionen wählen zu können, ohne Sanktionen befürchten zu müssen.
Der Ausschnitt aus dem Deckengemälde **„Die Erschaffung Adams"** von Michelangelo in der Sixtinischen Kapelle zeigt den Menschen und seinen Schöpfer als fast gleichberechtigte Partner. Über die Finger springt der göttliche Funke auf Adam über. Die Distanz zwischen den Fingern verdeutlicht das Unterscheidende zwischen Gott und den Menschen. Durch die Nähe kommt die Verbundenheit zwischen Gott und Mensch zum Ausdruck. Gott hat den Menschen

geschaffen, fordert aber auch etwas von ihm. Somit sind die Weisungen Gottes Zusagen und Wegweiser zugleich.

Der Dekalog

Die Zehn Gebote gelten heute oft als eine Urform allgemeiner menschlicher Ethik. Soweit es heute bekannt ist, sind sie aus verschiedenen kleinen Verbotsreihen und Rechtssätzen entstanden. Es erscheint sinnvoll, die Zehn Gebote vom Gottesverständnis her zu begreifen: Ein bis dahin unbekannter Gott macht sich namhaft und erkennbar. Sein Wesen ist es, in die Freiheit zu führen. Gott sorgt sich um die Freiheit des Menschen und appelliert an seine Würde und Selbstachtung.

In der Darstellung aus dem Egbert-Codex auf *Deuteseite* **117** schaut Jesus scheinbar auf die Weisungen aus dem AT zurück und bekräftigt sie förmlich mit dem Fingerzeig auf das Doppelgebot aus dem Lukas-Evangelium. Die Weisungen Jesu betreffen das Leben jedes Einzelnen, seinen Umgang mit dem Nächsten und seine Beziehung zu Gott (**Lk 10,27**). Sie wollen Hilfe und Leitlinie für alle sein, die ihr Leben im Glauben gestalten wollen. Auch die Goldene Regel stellt den Bezug zu den Propheten des Alten Bundes her (**Mt 7,12**). In ihr verdichtet sich die Ethik Jesu auf einen Satz.
Die AA stellen die abgedruckten Texte in Beziehung zu weiterführenden Passagen der Bibel und fordern zu einer vertieften Auseinandersetzung mit den biblischen Texten auf.

2. Einsatzmöglichkeiten im RU

Die Symbolik der Hände erkunden

- Sch machen sich die Fähigkeiten ihrer Hände bewusst:
  - Wann und wo können meine Hände zupacken?
  - Wie können sie weisend sein?
  - Wann zögern sie?
  - Wann erreichen sie etwas?
- Sch zeichnen die Umrisse ihrer eigenen Hände und schreiben hinein, was ihnen besonders wichtig ist.

Das Bild von Michelangelo deuten

- Sch betrachten den Bildausschnitt auf *Deuteseite* **116** und beschreiben ihre Eindrücke (→ **Methodenkarte** „Ein Bild erschließen").
- In einem weiteren Schritt deuten Sch die Haltung der Hände.
- Sch zeichnen die Hände in ihr Heft und beschriften sie mit Sätzen aus den Weisungen zum Leben.

Eine Collage erstellen

- Sch suchen in Zeitschriften, Zeitungen, Prospekten u.Ä. nach Fotos und Bildern, die die Themen „Richtig und falsch verstandene Freiheit", „Sinnvolle und unsinnige Gesetze" sowie „Hilfreiche Gebote" thematisieren.
- Aus dem gefundenen Material kleben sie in GA Collagen und ergänzen diese mit eigenen Gedanken, Stichwörtern und Bildern.

Sich ein Leben ohne Regeln vorstellen

- Sch stellen sich vor, wie unser Leben aussehen würde, wenn alles erlaubt wäre: keine Normen, Regeln, Gesetze, Vorschriften, gesellschaftlichen Zwänge. Zu ihrer Vorstellung malen sie ein Bild.
- Anschließend zeigen Sch sich gegenseitig ihre Bilder (evtl. in PA oder GA) und erläutern sie.
- Sch vergleichen ihre möglichen „Szenarien". Welche Hoffnungen oder Befürchtungen teilen sie? Wo unterscheiden sie sich?
- Sch überlegen, was sie tun würden, wenn völlige Freiheit von Regeln bestünde.
  L-Impuls: Jede Handlung hat Konsequenzen. Freiheit und Verantwortung sind untrennbar miteinander verwoben.

Rollenspiel: Regeln in eurer Klasse aufstellen

▶ IDEENSEITE 112

- Sch teilen sich in zwei Gruppen auf.
  Sch der ersten Gruppe erhalten von L Rollenkarten, die verschiedene Charaktere skizzieren, z. B.: Du bist …
  - Antonia, die immer wieder vom Thema **abschweift**.
  - Bob, die alles **besser** weiß.
  - Dario, der immer wieder **dazwischen** redet.
  - Erik, der sich beim Lehrer **einschmeicheln** will.
  - Igor, den die Diskussion überhaupt nicht **interessiert**.
  - Karla, die Klassensprecherin, die sich für ein gutes **Klassenklima** einsetzt.
  - Klaus, der nach **Kompromissen** sucht.
  - Petra, die gegen alle Regelungen **protestiert**.
  - Sascha, der auch mal **Schimpfwörter** gebraucht.
  - Zara, die sich **zurückhält** und die anderen diskutieren lässt.
- Sch der zweiten Gruppe sind Beobachter/innen, die während des Rollenspiels z.B. die Körpersprache, das Verhalten, die Ausdrucksweise etc. der Charaktere beobachten und sich dazu Notizen machen.
- Sch spielen eine Klassenversammlung, bei der eine neue Klassenordnung entworfen werden soll. Sie äußern sich, gemäß ihrer Rollenvorgabe, zu der geplanten Klassenordnung (ca. 10 Minuten). Die übrigen Sch machen Notizen.

- Gemeinsam werten Sch das Rollenspiel aus. Beobachter/innen schildern ihre Eindrücke, Rollenspieler/innen ergänzen eigene Beobachtungen oder Gefühle während des Spiels.
- Sch überlegen gemeinsam, welche der im Rollenspiel angesprochenen Regeln sie wichtig finden, und ergänzen ggf. weitere.
  Die so entstandene Klassenordnung halten Sch auf einem Plakat mit der Überschrift „Unsere Regeln in der Klasse" fest, das sie im Klassenzimmer aufhängen.
- Im weiteren UG erarbeiten Sch die Bedeutung und Notwendigkeit von Regeln und klären die Fragen:
  – Bedeuten Regeln immer auch Unfreiheit?
  – Wo beginnt Freiheit – wo hört sie auf?
  – Welchen Sinn und Nutzen haben Regeln?
- Sch tragen ihre Argumente zusammen und schreiben sie um die Liste mit Klassenregeln auf das Plakat.

Malcolm Varon
Malcolm Varon ist Fotograf in New York. Er kommt aus der Schule des Kunstfotografen Alfred Stieglitz. Nach dessen Tod hat Malcom Varon hauptsächlich für Stieglitz' Witwe Georgia O'Keeffe fotografiert.

Malcolm Varon, „Innenhof mit Garten und Leiter", 1979
Das Adobe-Haus am Rande der Wüste in New Mexico, das Georgia O'Keeffe 1945 erworben hatte und nach dem Tod ihres Mannes ständig bewohnte, wurde von Malcolm Varon in mehreren Ansichten festgehalten. Die Adobe-Architektur ist die charakteristische Bauweise New Mexicos. Typisch sind die Lehmbauweise (*Adobe* = luftgetrocknete Lehmziegel) sowie die hohen Mauern, die das Anwesen samt Innenhof und Garten umgeben, um die Gärten vor Verwüstung durch wilde Tiere zu schützen und um Wohnbereich und Innenhof kühl zu halten. Um sich einen Blick auf die Weite der Landschaft zu verschaffen, aber auch zur Kontaktaufnahme mit den Nachbarn, pflegte man eine Leiter im Innenhof anzulegen, über die man aufs Dach klettern konnte. Leitern „transzendieren": zur Überwindung von Barrieren und Distanzen aller Art.
Deshalb ist das Foto mehr als eine Abbildung des Hauses. Es zeigt in seiner Klarheit alles, was zum Fundament menschlichen Daseins gehört. Da sind die schützenden Mauern aus Lehm, dem Material, das die Lebensgrundlage des Menschen schlechthin ist. Die Mauern des eigenen Hauses schenken Zuflucht und Geborgenheit. Mauern sind im AT eine Metapher für die bergende Präsenz Gottes. Mauern können aber auch trennen, als äußere Mauern und als innerpsychische Barriere Distanz schaffen. Wer Mauern übersteigen kann, dem eröffnen sich neue Horizonte. Dafür steht die Leiter. Sie ist ein altes Symbol für den Aufstieg zu Gott.

Die Zehn Gebote verstehen
Der Infotext auf **AB 2.7.5, Lehrerkommentar S. 183**, beschreibt das Besondere und die Geschichte des Dekalogs.
- Sch erstellen einen „Stammbaum" der Zehn Gebote bzw. eine Mindmap zum Text (→ **Methodenkarte** „Eine Mindmap erstellen").
- Sch schlagen verschiedene Fassungen der Weisungen im AT nach und erstellen in GA eine eigene Fassung der Zehn Gebote.
- Sch wählen ein Gebot aus und zeichnen eine Karikatur dazu. Alle Karikaturen werden zu einer kleinen Ausstellung zusammengestellt.
- Sch betrachten das Bild auf **AB 2.7.5, Lehrerkommentar S. 183**, und deuten es für sich.
  L regt ein Gespräch über die metaphorische Bedeutung von Leitern und Mauern an.
- Sch erzählen eigene Erlebnisse mit Leitern.
- Sch stellen sich selbst ins Bild und erfinden ein Leiter-Erlebnis.
- „Gebote eröffnen neue Lebensmöglichkeiten." Sch deuten das Foto auf AB 2.7.5 in dieser Hinsicht neu.

Den Fingerzeig wahrnehmen
Das Bild aus dem Egbert-Codex auf *Deuteseite* **117** ist ein Ausschnitt aus einem größeren Bild. In *Reli konkret 1-3 Folien* (Best.-Nr. 50779) ist es komplett abgedruckt.
- Sch überlegen, worauf Jesus zeigen könnte. Worauf will er sie hinweisen?
- Im UG sammeln Sch Erwartungen Jesu an die Menschen.
  Welche dieser Erwartungen erfüllen sie, welche nicht? Weshalb?

Den Nächsten erkennen
- Sch lesen Lk 10,27 auf *Deuteseite* **117** oben.
- Sch überlegen sich eine Geschichte, die die Frage beantwortet: Wer ist mein Nächster?
- Sch lesen Lk 10,25-37 und vergleichen ihre Antworten mit dem biblischen Gleichnis.
  Gesprächsimpuls: Wenn der Nächste dein Feind ist, …

Leben nach der Goldenen Regel
Sch beschreiben eine Welt, in der sich alle an die Goldene Regel halten.
– Weshalb funktioniert das nicht?
– Was könnte jede/r einzelne tun, damit das möglich wird?

Die Zehn Gebote verstehen

Im Alten Testament (Ex 19) wird erzählt, wie Mose am Berg Sinai von Gott die zwei Steintafeln mit den Zehn Geboten (griech. *Dekalog*) empfangen hat. Schon seit ca. 3000 Jahren steht diese Geschichte in der Bibel. Doch die Zehn Gebote sind viel älter, wie alt, das lässt sich nicht mehr genau sagen. Sie stammen aus verschiedenen Gesetzessammlungen verschiedener Zeiten. Lange Zeit bevor sie niedergeschrieben wurden, hat sich das Volk Israel schon an mündlich überlieferte Gesetze gehalten, so wie jedes Volk, jeder Staat in der Weltgeschichte sich an Gesetze hält, damit menschliches Zusammenleben klappt. Das, was die Zehn Gebote von anderen Gesetzestexten dieser Art unterscheidet, ist gar nicht so sehr ihr Inhalt. Denn auch in anderen Religionen kannten die Menschen Regeln für die rechte Gottesverehrung oder Gebote für den Umgang mit Familien- und Stammesangehörigen sowie Fremden. Auch ihnen waren Mord, Diebstahl und Meineid verboten. Das Besondere an den Zehn Geboten ist die Überschrift, unter der sie stehen: **„Ich bin Jahwe, dein Gott, der dich aus Ägypten geführt hat, aus dem Sklavenhaus"** (Ex 20,2). Bevor Gott dem Volk Israel seinen Willen kundtut, erinnert er daran, dass er es gerettet hat und dass er auch in Zukunft dessen Gott bleiben will.

Die Zehn Gebote wurden so ein Zeichen dafür, dass Gott mit dem Volk einen unkündbaren Bund schließt. Zu einem Bund gehören aber mindestens zwei: in diesem Fall Gott, der seinem Volk treu ist, und das Volk, das sich an Gott bindet, seinen Willen tut und ihm vertraut. Die biblische Erzählung symbolisiert die beiden Partner und diese gegenseitige Bindung in den zwei Tafeln, auf welchen die Gebote aufgeschrieben sind. Die Gebote markieren eine Grenze, die nicht überschritten werden darf, ohne dass der Bund verletzt würde. Sie sind wie ein Netz, das das Volk vor dem Absturz sichert. Wenn das Volk Israel diese Spielregeln einhält, dann kann es der Treue Gottes sicher sein.

An manchen Stellen des Alten Testaments ist zu erkennen, dass die Gebote eine Geschichte durchlaufen haben, bevor sie ihre endgültige Gestalt erhielten. Sie wurden aber auch später immer wieder neu formuliert und auf die gewandelten Lebensverhältnisse bezogen.

Doch haben sie dabei ihren Sinn nicht eingebüßt. Ja, manchmal trat der eigentliche Sinn im Laufe der Zeit sogar noch deutlicher hervor. So lautete z.B das vierte Gebot in einer früheren Fassung: „Verflucht, wer Vater oder Mutter schmäht" (Dtn 27,16) oder „Wer seinen Vater oder seine Mutter schlägt, wird mit dem Tod bestraft" (Ex 21,15).

Daraus geht hervor, dass das sog. Elterngebot nicht die Kinder zum Gehorsam gegenüber ihren Eltern verpflichtete, sondern die Erwachsenen zur respektvollen Behandlung ihrer alten und gebrechlichen Eltern.

Dasselbe meint auch die spätere Formulierung: „Ehre deinen Vater und deine Mutter." Es ist das einzige Gebot, dem eine Verheißung angefügt ist: „.... damit du lange lebst in dem Land, das der Herr, dein Gott, dir gibt" (Ex 20,12). Übrigens empfand das Volk die Zehn Gebote gar nicht so sehr als Gesetz. Im Alten Testament werden die Gebote nie so genannt, dort heißen sie die „Zehn Worte" (vgl. Ex 34,28; Dtn 4,13; 10,4). Das Volk Israel hat sie immer als Offenbarung des göttlichen Willens und als Weg zu einem guten menschlichen Leben betrachtet.

- Sch suchen sich den Vers aus der Feldrede (Lk 6,20-
  49) aus, von dem sie am meisten hoffen, dass er
  Wirklichkeit wird, und begründen ihre Wahl.
- Sch diskutieren die Frage nach der Umsetzbarkeit
  dieser Weisungen. L macht sie auf den Plural von

V27 aufmerksam. Wieso ist dieser hier wichtig? (Die
Weisungen können nur Wirklichkeit werden, wenn
sich eine Gemeinschaft diese zu eigen macht. Im
gegenseitigen Vertrauen auf die Geltung ähnlicher/
gleicher Maßstäbe gewinnen sie an Kraft und
Durchsetzbarkeit.)

Sich am Gewissen orientieren

1. Hintergrund

Infoseite I regt zur Auseinandersetzung mit dem eigenen Gewissen an. Dazu werden die wichtigsten
Schritte der Entwicklung von moralischer Urteilsfähigkeit kurz vorgestellt. Während in der Fachliteratur häufig von einem Stufenmodell die Rede ist und die Entwicklungsstufen als Treppe mit linearem „Aufstieg"
dargestellt werden, wird in *Reli konkret 2* ein Spiral-
modell bevorzugt, weil moralische Entwicklungspro-
zesse nicht linear erfolgen.

Die Schritte des moralischen Urteils nach
Kohlberg

1. Wie du mir, so ich dir (bis etwa 9 Jahre): Der erste
Schritt beschreibt die Orientierung von kleinen Kindern, die in ihrem Verhalten auf Bestrafung und Lob
reagieren. Das Verhalten der Kinder ist noch nicht auf
ein inwendiges, inhaltliches System ausgerichtet, sondern von der Art motiviert, wie die Umwelt – vor-
nehmlich die Eltern – auf das gezeigte Verhalten reagieren. Bestrafen die Eltern ein Verhalten, wird das
Kind dieses weniger zeigen. Lob führt zur Verstärkung
eines Verhaltens. Das Kind ist in seinen Handlungen
also reaktiv und hat noch kein eigenes Verständnis
von Gut und Böse. Kohlberg sieht hier das erste kon-
ventionelle Niveau des moralischen Urteils. Dieses
Niveau ist geprägt von heteronomer Moralität, von
Zielbewusstsein und Austausch.
2. Recht und Ordnung (ca. 10-15 Jahre): Nach diesem
Schritt orientiert sich das Kind an dem, was von wichtigen Bezugspersonen für richtig gehalten wird. Es
kommt also zu einer unbewussten Übernahme von
Werten und Normen. Dabei orientiert das Kind sich
v.a. an wichtigen Personen (Eltern), der Mehrheit (z.B.
Freunde in einer Gruppe) oder sozialen Ordnungen
(z.B. Klassengemeinschaft). Kohlberg spricht hier vom
zweiten konventionellen Niveau der Entwicklung des
moralischen Urteils. Er betont, dass das eigene Urteilen abhängt von wechselseitigen Erwartungen, von
Beziehungen und von interpersonaler Konformität.
*3. Orientierung an vereinbarten Übereinkünften (ab
ca. 16 Jahren):* Dieser Schritt wird dadurch charakterisiert, dass der urteilende Mensch sich an dem orien-

tiert, was die Gemeinschaft oder die Gesellschaft als
gut und erstrebenswert sieht. Hierzu zählen z.B Gesetze des Staates, aber auch menschliche Grund-
rechte. Waren die ersten Schritte an den jeweiligen
wichtigen Bezugspersonen und deren Maßstäben orientiert, so weitet sich hier der Horizont und allgemein
menschliche Maßstäbe sowie ethische Normen, die für
das Zusammenleben von Menschen eine Rolle spielen,
werden bedeutsam. Kohlberg nennt diesen Schritt „soziales System und Gewissen" und betont damit die
Verpflichtung und Ausrichtung des Einzelnen an dem
System, in dem er lebt. Hier spielt der Gedanke der
„gesellschaftlichen Nützlichkeit" eines Wertes eine besondere Rolle.
*4. Ethische Prinzipien von absoluter Gültigkeit (ab ca.
20 Jahren):* Jetzt sucht sich der Mensch selbst
ethische Maßstäbe, die für ihn höchste Gültigkeit erlangen. Das bedeutet, dass der Mensch seine
ethischen Maßstäbe nicht mehr unreflektiert aus
einem sozialen System übernimmt, sondern selbst aus
religiösen, philosophischen und anderen weltanschau-
lichen Überlegungen entwickelt.
Kohlberg bezeichnet dieses höchste Niveau des moralischen Urteils als „postkonventionell" oder „prinzipien-
geleitet". Es wird im Erwachsenenalter und nicht von
allen Menschen erreicht. (Vgl. Louis 41)

Ein **Cartoon** verbindet die Theorie mit dem Alltag der
Sch. Eindrücklich und auf humoristische Art verdeutlicht er den zweiten Schritt der moralischen Entwicklung.
Das erste Bild des Cartoons zeigt eine Mutter, die tele-
foniert. Sie beendet das Gespräch mit den Worten: „Ich
muss Schluss machen, Irma, das Baby schreit". Im zweiten Bild erfährt man durch das kritische Nachfragen des
Kindes, dass dies eine „Notlüge" der Mutter war, die
diese im nächsten Bild begründet. Im letzen Bild wird
deutlich, dass das Kind das Lügen der Mutter in sein
eigenes Verhaltensrepertoire aufgenommen hat.

Die **Zitate** und die Verweise auf die Gewissensentscheidung anderer Menschen stellen der subjektiven
Auseinandersetzung mit dem eigenen Gewissen andere, teilweise fremde oder überraschende Sichtweisen

gegenüber. Sie können dazu anregen, die eigenen Vorstellungen zu überdenken.

Salvador de Madariaga y Rojo (1886-1978) betont, dass die Existenz des Gewissens allein noch nicht zu verantwortungsvollem Handeln führt. Das Gewissen sorge aber dafür, dass der Mensch Sünden nicht genießen kann. Aber das muss nicht zwangsläufig dazu führen, dass man nach seinem Gewissen handelt. Sch werden diesen Satz mit eigenen Erfahrungen und Beispielen füllen können, da er eine menschliche Grunderfahrung anspricht.

Wilhelm Busch (1832-1908) stellt ironisch fest, dass die Bezeichnung „schlechtes Gewissen" eigentlich falsch sei, da das schlechte Gewissen den Menschen zur Wahrheit treibe. Er schlägt deshalb vor das „schlechte Gewissen" „gutes Gewissen" zu nennen. Sch erleben ihr Gewissen oft eher als belastend, da es ihnen verdeutlicht, was sie falsch gemacht haben. Durch Buschs provozierenden Gedanken wird das Gewissen in ein anderes Licht gerückt. Er schlägt vor, dass wir unser Gewissen positiv sehen sollten, weil es mit der Wahrheit konfrontiert und so das Gute zum Ziel hat.

Richard von Weizsäcker (geb. 1920) geht auf den Zusammenhang von Gewissen und Gesetz ein. Er betont, dass der Ruf nach strengeren Gesetzen allein menschliches Handeln noch nicht positiv verändern oder beeinflussen wird. Menschliches Handeln kann nur durch ein schärferes Gewissen verantwortungsvoll sein. Von Weizsäcker widerspricht dem Gedanken, dass durch strenge Strafen oder Gesetze das menschliche Handeln positiv zu verändern sei, und zeigt die politische Dimension des Themas „Gewissen und Verantwortung" auf.

Apg 5,29 wirft die Frage nach der letzten Instanz auf, an der sich Menschen orientieren sollen. Sch haben häufig das Bedürfnis, Gleichaltrigen oder Stars nachzueifern. Deren Werte werden teilweise gedankenlos übernommen. Die Erkenntnis der ersten Christen möchte dazu anregen, diese Praxis zu hinterfragen. Für manche Sch stellt diese Aussage Selbstverständliches dar. May (15) verbindet sie mit ihrem Gewissen: „Das Gewissen ist die Stimme Gottes in mir."

Auch die **Dilemmageschichte** „Eine Gewissensfrage" kann dazu dienen, die eigenen moralischen Vorstellungen an einer realen Situation anzulegen und zu hinterfragen. Es stellt sich die bewegende Frage, ob man stehlen darf, um ein Menschenleben zu retten.

2. Einsatzmöglichkeiten im RU

Die Entwicklung des Gewissens gestalten
Sicher kommt Sch die Situation des Cartoons bekannt vor: Erwachsene geben Regeln vor, an die sie sich selbst nicht halten.

- Sch gestalten zu einer solchen Situation einen Cartoon. Falls ihnen das Zeichnen schwerfällt, verfassen sie einen Witz.
- Sch lesen den Sachtext auf *Infoseite* **118** und versuchen die Entwicklung des Gewissens in eine Skizze umzusetzen.
- Zu den Stufen der moralischen Entwicklung erfinden Sch Cartoons, Witze oder Geschichten.

Das Gewissen darstellen
- Sch malen ein Bild mit dem Titel „Das ist mein Gewissen". Dabei können sie auf gegenständliche Darstellungen verzichten und mit Farben arbeiten oder symbolische Darstellungen wählen. Im Anschluss stellen sich Sch gegenseitig ihre Bilder vor.
  Impuls für Sch, die keine eigenen Einfälle haben, könnte dieser Text eines Sch sein:
  Das Gewissen ist für mich wie ...
  ... eine Eisenbahnweiche, sie lenkt mich in die richtige Bahn.
  ... eine Kamera, die mich ständig überwacht.
  ... eine zweite Person, die mich trägt.
  ... ein Richter, der mich beurteilt.
  ... ein Wegweiser.
  ... ein großer Bruder.
  ... ein Stoppschild.

Eine Darstellung für das Gewissen kennenlernen
- Ein/e Sch erhält **AB 2.7.6, Lehrerkommentar S. 187**, mit einem Holzschnitt von Wolfgang Mattheuer aus dem Jahr 1979 ohne Überschrift und Titel

Wolfgang Mattheuer (1927-2004)
Der Maler, Grafiker und Bildhauer Wolfgang Mattheuer ist einer der bedeutendsten Künstler der ehemaligen DDR. Mit Bernhard Heisig und Werner Tübke war er Begründer der sog. Leipziger Schule, die seit den sechziger Jahren die Kunst in der DDR prägte. Nach seinem Studium an der Hochschule für Grafik und Buchkunst übte er dort ab 1952 eine Lehrtätigkeit aus. Im Jahr 1974 legte er seine Professur auf eigenen Wunsch nieder und arbeitete fortan als freischaffender Künstler. 1977 nahm er an der documenta 6 in Kassel als Vertreter des Sozialistischen Realismus teil. Die Themen seiner Werke sind v.a. die „intensive Auseinandersetzung mit der Welt, den Menschen und den Dingen unseres Lebens" (Mattheuer, 1983), besonders mit der Realität und dem Alltag in der DDR, deren Entwicklung er kritisch und zunehmend resigniert beobachtete. 1989 beteiligte sich Mattheuer an den Montagsdemonstrationen in Leipzig, nachdem er im Jahr zuvor aus der SED ausgetreten war.

und beschreibt der Klasse, was er/sie auf dem Bild wahrnimmt. Die anderen Sch fertigen nach der Beschreibung eine Skizze an.

- Anschließend vergleichen Sch ihre Skizzen mit dem Bild von Wolfgang Mattheuer.
- Ausgehend von den Bildern erarbeiten Sch gemeinsam den Weg einer ethischen Entscheidung von der inneren Diskussion bis hin zur Entscheidung.

Zitate hinterfragen

- Sch wählen eines der Zitate auf *Infoseite* **119** aus, das sie besonders anspricht.
- Sch vervollständigen dann zu dem ausgewählten Zitat folgende Satzanfänge:
  - Das Gewissen wird hier beschrieben als ...
  - Ich habe dieses Zitat ausgewählt, weil ...
- Sch setzen sich mit denen zusammen, die dasselbe Zitat gewählt haben, und vergleichen ihre Sätze.

Eine Entscheidung treffen

Die Gewissensentscheidung verlangt das Abwägen von Argumenten.

- Um sich besser in die Dilemma-Situation von Heinz hineinzuversetzen, verfassen Sch einen inneren Monolog aus seiner Perspektive. Er beginnt mit den Worten „Ich weiß nicht, wie ich mich verhalten soll ...".
- Heinz' Situation bedrückt auch seine Freunde. Sie setzen sich zusammen und überlegen, wie sie ihm helfen könnten. Sch spielen diese Diskussion mit unterschiedlichen Rollen und Positionen. Kommen die Freunde zu einer zufriedenstellenden Lösung?
- Eine Dilemmageschichte aus dem Alltag der Sch, soll diese anregen, über eigene Entscheidungen und ihre Folgen nachzudenken.

Ich entscheide mich so ...   ▶ **IDEENSEITE 113**
Wo endet Freundschaft?
Ralf hat genau gesehen, dass sein Freund Peter mit seinem Mofa die Straße überquerte, als die Ampel schon Rot zeigte. Dabei streifte er eine Frau, die zu Boden stürzte und sich am Arm verletzte. Peter bat Ralf, er möge bei der Polizei für ihn als Zeuge dafür auftreten, dass die Ampel noch auf Grün stand, als er die Frau anfuhr. Einen Augenblick zögerte Ralf. Aber dann wusste er, was er tun sollte.

- Sch diskutieren, wie Ralf sich verhalten sollte. Welche Argumente für oder gegen eine Falschaussage könnte Ralf abwägen?
- Wie könnte die Geschichte weitergehen? Sch denken sich verschiedene Szenarien aus und bedenken auch die möglichen Folgen.
- Sch diskutieren, ob es vertretbar ist, für eine Freundin/einen Freund gegen das eigene Gewissen zu handeln.

📖 Literatur und Material s. *Lehrerkommentar* S. 197

Eigene Dilemmageschichte erfinden

Sch erfinden eine Dilemmageschichte und stellen sie z.B. in einem Rollenspiel dar (→ **Methodenkarte** „Ein Rollenspiel spielen").
Beispiel aus einer 8. HS-Klasse:
Rita hat sich mit ihrer Freundin Sandy verabredet. Sie wollen am Samstag zusammen weggehen. Als sie nach Hause kommt, sagen ihre Eltern, dass ein guter Freund der Familie am selben Tag Geburtstag feiert und dass sie zusammen mit Rita hinfahren wollen. Was soll sie tun?

- In GA oder im Plenum suchen Sch Lösungen und hinterfragen diese.
- Falls schnelle Lösungen gefunden werden, können Sch Verschärfungen der Situation formulieren, um die eigenen Argumente zu überdenken und das Gespräch weiter in Gang zu halten, z.B.:
  Bei Entscheidung für die Freundin: *Der Freund der Familie ist schwer krank und wird wahrscheinlich seinen nächsten Geburtstag nicht mehr erleben.*
  Bei Entscheidung für den Freund der Familie: *Sandy wohnt weit weg und ist nur für ein Wochenende in der Stadt.*

Die Entwicklung des moralischen Urteils

- Sch bearbeiten den anspruchsvollen AA 2 auf *Infoseite* **119**.
  Nach Lektüre der Sachinformation auf *Infoseite* **118** erstellen Sch eine Tabelle, die die im AA genannten Motive für moralisches Urteilen und Handeln den Schritten der Entwicklung des moralischen Urteils zuordnet (vgl. Spirale *Infoseite* **118**).
  Mögliche Lösung siehe Seite 188
- Sch überlegen, ob und wann sie bereit wären, bei einer Gewissensentscheidung auch persönliche Nachteile in Kauf zu nehmen.
  - Wie lange könntest du dein Gewissen „überhören"?
  - Wo wäre für dich persönlich die Grenze?
  - Welche Nachteile würdest du bewusst eingehen?
- Sch bearbeiten AA 4 *Infoseite* **119**.
  - Findest du die Gewissensentscheidung der genannten Menschen nachvollziehbar? Warum ja bzw. nein? Diskutiere mit deinen Mit-Sch.
  - Kannst du dir vorstellen, wie du dich selbst in diesen Fällen entschieden hättest?

Sich an Vorbildern orientieren!?

- Sch informieren sich in *Reli konkret* (vgl. *Infoseite* **119**, AA 4) oder im Internet über die Gewissensentscheidungen verschiedener Menschen. Sie stellen die Personen und ihre Entscheidungen vor und beziehen Stellung dazu.
- Von ihren Mit-Sch erhalten sie sowohl zur eigenen Stellungnahme als auch zur Präsentationsweise Rückmeldungen.

Das Gewissen

Alter	Merkmal	Motiv
Kleinkinder	– orientieren sich am Willen der Eltern – reagieren auf Belohnung und Strafe	„Ich sollte das tun, was mir gesagt wird. Ich will Belohnung erhalten und Strafe vermeiden."
Schulkinder	– orientieren sich an Personen, die ihnen wichtig sind (Eltern, Lehrer/innen, Freunde/Freundinnen etc.)	„Ich sollte ein netter Mensch sein und den Erwartungen derer entsprechen, die ich kenne und an denen mir liegt."
Jugendliche	– erkennen den Wert und Nutzen von Grundrechten – können sich eine eigene Meinung über „richtiges" und „falsches" Handeln bilden	„Eigentlich sollte ich meine Verpflichtungen gegenüber der Gesellschaft oder dem Wertesystem, dem ich mich zugehörig fühle, erfüllen."
Reife Menschen	– folgen übergeordneten Prinzipien – nehmen aus Gewissengründen u.U. Nachteile in Kauf	„Ich sollte größtmögliche Achtung vor den Rechten und der Würde jedes einzelnen Menschen zeigen, und ich sollte ein System unterstützen, das die Menschenrechte schützt."

Konflikte lösen – Ins Gespräch kommen   Deuteseite III 120-121

1. Hintergrund

Konflikte sind aus dem Alltag von Jugendlichen nicht wegzudenken. Sie besitzen in dieser Altersstufe sogar eine wichtige, positive Funktion bei der zunehmenden Ablösung vom Elternhaus und beim Erwachsenwerden. Es kommt auf die Art und Weise der Auseinandersetzung an, auf das „Wie" der Konfliktlösung. Ohne Konflikte zu negieren, regt *Deuteseite III* dazu an, Ursachen von Konflikten zu erkennen und nach kreativen Lösungsmöglichkeiten zu suchen.
Die Parabel **„Der Axtdieb"** schildert keinen offenen Konflikt. Es handelt sich vielmehr um einen verborgenen Konflikt zwischen Wirklichkeit und Wahrnehmung, der sich in der Wahrnehmungsweise des Mannes abspielt und sehr treffend ein Vorurteil charakterisiert.
Die beiden Esel in der **Karikatur** wollen unterschiedliche Ziele erreichen. Da sie aber verbunden sind, reicht es nicht aus, nur auf dem eigenen Ziel zu bestehen. Der „klassische" Konfliktfall entsteht, wenn legitime Einzelinteressen innerhalb einer Gruppe aufeinander stoßen und es zunächst zu keinem Ausgleich kommt. Bewusst ist die kleine Bildergeschichte hier nicht komplett abgedruckt. Die beiden letzten Bilder zeigen, wie beide Esel zusammen zunächst zu einem Heustapel gehen und dann zum nächsten.
Im **Cartoon** der Peanuts entsteht der Konflikt durch die falsche Entschlüsselung von Nachrichten. Der freundschaftliche Rat „Du brauchst Freunde" wird von

Charlie Braun als Angriff empfunden und es kommt zu einer Überreaktion. Die Karikatur macht sich zunutze, dass Kommunikationsstörungen zwischen zwei Kontrahenten für Außenstehende oft grotesk oder gar erheiternd wirken, während sich für die Beteiligten eine ernsthafte Auseinandersetzung anbahnt. Die Karikatur lässt sich somit auf vergleichbare, bekannte Situationen übertragen.

Kommunikation ist nicht nur die Ursache sondern eröffnet auch Wege zur Vermeidung und Beilegung von Konflikten. Thomas Gordon (1918-2002) empfiehlt dazu eine „Sprache der Annahme". Als Grundregel gilt: Nimm den Menschen so, wie er ist, und sage ihm offen, was dir gefällt und was dir nicht gefällt.

Methoden der Gesprächsführung
1. Passives Zuhören (Schweigen): Kommunikation gelingt, wenn man Interesse an dem zeigt, was der Partner zu sagen hat.
2. Bestätigende Funktionen: Die Körpersprache besitzt eine besondere Wirkung. Zustimmendes Nicken und Lächeln oder Stirnrunzeln bei Ablehnung, aber auch kurze verbale Mitteilungen vermitteln dem Gegenüber Interesse und tragen so zu gelingender Kommunikation bei.
3. Durch aktives Zuhören lassen sich verschlüsselte Botschaften entschlüsseln. Die Rückmeldungen des Empfängers der Nachricht reduzieren die Gefahr von Missverständnissen („Habe ich richtig verstanden, dass ...?").

Mit Konflikten umgehen

Alltagssituation:

4. Ich-Botschaften bestehen aus einem Gefühls- und einem Tatsachenanteil. In der Ich-Form werden geäußerte Gefühlsstimmungen nicht zu verletzender Kritik. *Gesprächsblockaden* („Straßensperren der Kommunikation") behindern nach Gordon die Kommunikation und bilden häufig die Ursache von Konflikten: Z.B.
Befehlen: „Mach, dass du ...!"
Drohen: „Wenn du nicht, dann ...!"
Moralisieren: „Du müsstest eigentlich ..."
Raten: „Denk daran, es ist gut für dich ..."
Belehren, logisch Argumentieren: „Wir wollen das mal ganz objektiv sehen ..."
Verurteilen: „Du bist dumm!"

Die Lösung von Konflikten

Kompromiss- und Vergebungsbereitschaft, aber auch Selbstkontrolle und Empathiefähigkeit sind zentrale Elemente der Konfliktvermeidung bzw. -bearbeitung. Damit Auseinandersetzungen beigelegt werden, ist häufig die mutige Intervention von Außenstehenden nötig. An vielen Schulen gibt es Streitschlichter. Das sind Sch, die als Außenstehende zwischen den Konfliktparteien vermitteln und gemeinsam mit den Kontrahenten nach Wegen suchen, die von allen Beteiligten angenommen werden können.
Eine Konfliktlösung könnte folgendermaßen aussehen:
1. Definition des Problems
2. Sammlung möglicher Lösungen
3. Bewertung der Lösungsvorschläge
4. Konsensfindung und Fixierung des Lösungsweges
5. Umsetzung der vereinbarten Lösung
6. In angemessenem zeitlichen Abstand: Beurteilung des Erfolgs

📖 Literatur und Material s. *Lehrerkommentar* S. 197

2. Einsatzmöglichkeiten im RU

Ursachen von Konflikten erkennen
- In GA erarbeiten Sch einen Konflikt ohne Lösung, den sie als Pantomime, Rollenspiel oder Erzählung mit verteilten Rollen der Lerngruppe präsentieren. Welche Ursachen haben die Konflikte in den verschiedenen Szenen?
- In EA, PA oder in GA transformieren Sch die Ursachen in eine Erzählung, Bildergeschichte, symbolische Grafik oder eine Collage. Die Arbeiten werden dann dem Plenum vorgestellt.
- In der Auswertung kann z.B. deutlich werden, wie offensichtliche und verdeckte Ursachen für einen Konflikt in einem Streit aufeinander prallen.
- In Verbindung mit der lukanischen Feldrede (vgl. *Ideenseite* **113**; Lk 6,24-31.41-42) erarbeiten Sch in GA Lösungsmöglichkeiten für die dargestellten Konflikte.

- Sch wählen zunächst aus, welcher Vers eine Orientierung für die Lösung eines der geschilderten Konflikte anbietet, um dann eine oder mehrere Lösungsvarianten vorzuschlagen.
- Die Ergebnisse können vorgespielt, begründet und ggf. auch kontrovers besprochen werden (→ **Methodenkarte** „Ein Rollenspiel spielen", „Eine Klassenkonferenz abhalten").

Konflikte analysieren – Konflikte vermeiden
- Sch überlegen sich eine Alltagssituation (z.B. auf dem Schulhof), in der sich zwei Sch begegnen.
- Sch beschreiben die Situation kurz auf **AB 2.7.7, Lehrerkommentar S. 189**, und beschreiben dann zwei Arten, wie sich der Konflikt weiter entwickeln könnte, sodass er mit dem jeweiligen Bild von Keith Haring endet.
- Sch stellen ihre Ergebnisse vor.
  - Weshalb nimmt die Situation ein gutes Ende?
  - Weshalb eskaliert sie? Wie könnte man die Eskalation verhindern?

Wut im Bauch haben – Dampf ablassen
- Sch erhalten Luftballons und schreiben darauf, wer oder was sie so richtig wütend machen kann. Wenn ein Luftballon aufgeblasen wird, sieht man die Wut förmlich wachsen.
- Sch stellen sich ihre Wutballons gegenseitig vor. *L-Impuls:* Ist es dir schon einmal gelungen, dich wieder aus einer wütend machenden Situation herauszuholen? Wenn ja, darfst du den Druck der Wut aus dem Luftballon herauslassen und deiner Klasse erklären, wie dir das in der damaligen Situation gelungen ist.
- Sch halten die Wut-Lösungen auf einem Plakat fest. *Alternative*: Statt eines Ballons kann ein Blatt Papier verwendet werden, das Sch beschriften, zerknüllen und wieder entfalten.
- Jede/r Sch erhält **AB 2.7.8, Lehrerkommentar S. 175**, und füllt das Wut-Interview aus. In GA oder im Plenum werden die Ergebnisse ausgetauscht und besprochen.

Eine Gefühlswand bauen
Häufig entstehen Konflikte, wenn man nicht weiß, was im Mitmenschen vorgeht oder wenn man seine Gefühle nicht ernst nimmt. Empathievermögen und gegenseitiges Verständnis vermindern das Konfliktpotenzial.
- Sch erstellen eine Gefühlswand (vgl. Abb. S. 191), auf der sie Erfahrungen aus dem eigenen Leben den Gefühlen auf der Gefühlwand zuordnen. Anschließend werden die Ergebnisse der EA verglichen.

Jesus als Vorbild erkennen

Jesus scheut den Konflikt nicht. Sch finden die Ursachen dafür heraus, indem sie Mk 3,1-6 lesen und besprechen:

— Er möchte sich für das Gute einsetzen (Mk 3,4).
— Er handelt im Auftrag und mit der Kraft Gottes (vgl. Mk 3,4).

Allein gegen eine Mehrheit stehen

- Sch führen die AA 3 auf *Deuteseite* **120** aus. Wie war es für die einzelnen Personen, als sie die Mehrheit zurückdrängen konnten? Wie hat die Menge das Zurückgedrängt-werden wahrgenommen?
- Diese Übung kann zusätzlich mit einem von der einzelnen Person gesprochenen Wort, wie z.B „Halt" oder einem lauten und deutlichen „Nein", erweitert werden.
- Sch finden den Zusammenhang zwischen dieser Übung und dem Auftreten Jesu bei Mk 3,1-6 heraus (Jesus heilt einen Mann am Sabbat und stellt sich damit gegen die Pharisäer, die im Tempel „die Mehrheit hatten").

„Richtiges" Zuhören lernen

Sch wundern sich vielleicht zunächst über die dritte Regel für ein gelingendes Gespräch (*Deuteseite* **121**), scheint sie doch einfach und selbstverständlich.

- Gemeinsam mit L sammeln Sch Kennzeichen für „richtiges" und „falsches" Zuhören und halten die Punkte in einer Tabelle fest (TA).
- In PA entwerfen Sch eine Alltagsszene, die ein Beispiel für „richtiges" oder für „falsches" Zuhören ist (z.B. ein Gespräch zwischen Mutter und Sohn, L und Sch, Freund/innen, an der Auskunft etc.), und spielen ihre Szene den übrigen Sch vor (→ **Methodenkarte** „Ein Rollenspiel spielen").
- Diese beurteilen, ob die Kommunikation zwischen den gespielten Personen gelingt oder nicht.
  - Welches Verhalten war förderlich für das Gelingen?
  - Welches behinderte die Kommunikation?
  - Wie könnte sich das Ergebnis des Gesprächs durch ein anderes Verhalten verändern?
- Sch übertragen den TA in ihr Heft und ergänzen ihn in Stichworten mit einem der Fallbeispiele.
- Sch fassen zusammen, warum das „richtige" Zuhören für unsere Kommunikation wichtig ist.

TA:

„Richtiges" Zuhören ist gekennzeichnet durch:	„Falsches" Zuhören ist gekennzeichnet durch:
– Einfühlungsvermögen in andere Personen – Interesse und Verständnis, das sich jeweils durch Stimme (Ton), Gesichtsausdruck, Blickkontakt, Gestik und Körperhaltung zeigt – die Fähigkeit, ausreden zu lassen – die Fähigkeit, Gefühle und Gedanken des anderen wiederzugeben – die Fähigkeit, eigene Einfälle, Meinungen oder auch Widerspruch zurückstellen zu können.	– mangelnden Blickkontakt – ständiges Unterbrechen – häufiges Auf-die-Uhr-Sehen – Nebentätigkeiten – unpassendes Lachen – gezeigte Langeweile – nicht angebrachte Fragen und Äußerungen

Anti-Gewalt-Tipps hinterfragen

- Sch erhalten **AB 2.7.9, Lehrerkommentar S. 193**, und lesen die Anti-Gewalt-Tipps aufmerksam durch.
- In GA besprechen Sch, wie die Tipps in unterschiedlichen Gewaltsituationen angewendet werden können und auf welche der Anti-Gewalt-Tipps sie auf keinen Fall verzichten wollen.
- Sie schreiben die ausgewählten Regeln auf ein Plakat und kleben passende Fotos dazu (z.B. aus Zeitschriften) oder malen ein Bild.
- Die Gruppen stellen sich ihre Plakate gegenseitig vor, begründen und hinterfragen jeweils Auswahl und Gestaltung.
- Sch verfassen einen Anti-Gewalt-Text oder ein -Gedicht (→ **Methodenkarte** „Ein Rondellgedicht verfassen", „Ein Elfchen dichten").

Ich- und Du-Botschaften analysieren

- Sch lernen die einzelnen Bestandteile einer Ich-Botschaft kennen.
  1. „Ich bin …": Nennen eines Gefühls;
  2. „wenn du …": Nennen des Auslösers;
  3. „weil …": Begründung des Gefühls;
  4. „und ich möchte …": Aussprechen der Erwartung.
- Sch formulieren Ich-Botschaften nach obigem Schema zu folgenden Situationen:
  - Du stellst dich in der Pause in der Reihe an und jemand drängt sich vor.
  - Ein/e Mit-Sch bringt dir deinen Füller beschädigt zurück.
  - Deine Eltern behandeln dich wie ein kleines Kind.
- Sch bearbeiten auf **AB 2.7.10, Lehrerkommentar S. 193**, AA 1-3 in PA oder EA.
- Im UG besprechen Sch AA 4 und halten die Ergebnisse in einer Tabelle in ihrem Heft fest:

Mögliche Lösung:

Du-Botschaften	Ich-Botschaften
– verschärfen den Konflikt – verletzen den/die andere/n – führen zu weiteren Anschuldigungen – zerstören die Beziehung	– entschärfen einen Konflikt – sprechen die eigenen Gefühle und die des anderen an – verdeutlichen die Erwartungshaltung – wecken Verständnis

- In PA finden Sch weitere Beispiele von Ich- und Du-Botschaften. Welche Rolle spielt das „richtige" zuhören beim Austausch der Botschaften?

3. Weiterführende Anregungen

Werbung gegen Gewalt

- Sch entwerfen prägnante Slogans gegen Gewalt, z.B. „Mut statt Wut" oder „Vertrauen statt hauen" etc. für eine „Werbekampagne" gegen Gewalt.
- Mit den Slogans gestalten sie z.B. Buttons:
  - Aus Papier Kreise mit ca. 6 cm Durchmesser ausschneiden.
  - Slogan draufschreiben und ein Bild dazu malen oder ein Foto (z.B. aus einer Zeitschrift) aufkleben.
  - Mit einer Button-Maschine (oft bei den kirchlichen Jugendreferaten oder Jugendbüros der Landkreise und Städte ausleihbar) Buttons herstellen.
- Sch verteilen die Buttons z.B. im Rahmen eines „Projekttages gegen Gewalt" oder verkaufen sie für einen guten Zweck.
- *Alternative:* Sch entwickeln mit den Slogans kurze Werbefilme, die von L mit dem Camcorder aufgezeichnet werden. Dabei können auch die Sprüche der Buttons verwendet werden. Im Rahmen eines Projekttages zeigen Sch ihre Werbespots.

Projekt-Gruppen bilden

Im Rahmen eines Projekttages zum Thema „Gewalt und Konfliktlösungen" bieten Sch verschiedene Gruppen an:

- Buttongruppe: Sie stellt die Anti-Gewalt-Buttons her.
- Tanzgruppe: Sie überlegt sich Tanzschritte zum Lied „Was wir alleine nicht schaffen" (*Stellungnahmen* 126).
- Musikgruppe: Sie singt bzw. spricht den Liedtext in einem bestimmten Rhythmus.
- Konfliktlösungsgruppe: Hier werden verschiedene Rollenspiele zum Thema Konflikt und/oder Gewalt durchgeführt und zu einer Lösung gebracht.

Wenn das Zusammenleben misslingt ... Infoseite II 122-123

1. Hintergrund

Buße

Buße im Alltag: Die alltägliche Buße der Christen ist Antwort auf den versöhnenden Zuspruch Gottes und kann in vielfältigen Formen geschehen. Die Bibel betont die Versöhnung mit dem Nächsten, die Sorge um das Heil des Nächsten und alles, was zu einer Neuorientierung des Menschen führt. In der Tradition der Kirche hat vor allem das Lesen der Heiligen Schrift und das Beten des Vaterunsers einen hohen Stellenwert. Es müssen aber auch die vom Glauben inspirierten Vollzüge der Umkehr in der täglichen Lebenswelt genannt werden, z.B Gesinnungswandel, gemeinsame Aussprache über Schuld und Sünde, Gesten der Versöhnung, Bekenntnis und Zurechtweisung.

Buße in der Liturgie: Alle diese Formen der alltäglichen Buße münden ein in die gemeinsame Feier der Eucharistie. Die Mitfeier der Eucharistie schenkt die Vergebung der alltäglichen Sünden und bewahrt vor schweren Sünden.

Alle liturgischen Formen der Buße haben eine gemeinsame Grundstruktur: Einsicht in Schuld – Reue über das Begangene oder Unterlassene – Bekenntnis der Schuld – Bereitschaft zur Änderung des Lebens einschließlich einer eventuell möglichen, grundsätzlich jedoch notwendigen Wiedergutmachung des entstandenen Schadens – Bitte um Vergebung – Empfang der Gabe der Versöhnung – Dank für die zugesprochene Vergebung.

Buße im Sakrament: Das Sakrament der Buße weist trotz vieler Abwandlungen im Laufe der Geschichte folgende gleichbleibende Grundstruktur auf:

1. Durch die Gnade ermöglichte menschliche Akte der Umkehr. Dazu gehören die Reue, das Bekenntnis und die Genugtuung.

2. Das Tun der Kirche. Es besteht darin, „dass die kirchliche Gemeinschaft unter der Leitung des Bischofs und der Priester im Namen Jesu Christi die Vergebung der Sünden anbietet, die notwendigen Formen der Genugtuung festlegt, für den Sünder betet und stellvertretend mit ihm büßt, um ihm schließlich die volle kirchliche Gemeinschaft und die Vergebung seiner Sünden zuzusprechen. So ist das Sakrament der Buße zugleich ein ganz und gar personaler Akt und eine kirchliche, liturgische Feier der Buße" (Kath. Erwachsenenkatechismus 369).

Zehn Anti-Gewalt-Tipps

1. **Vorbereiten:** Stelle dir bedrohliche Situationen vor und spiele sie in der Fantasie alleine oder auch im Gespräch mit anderen durch.
2. **Ruhig bleiben:** Vermeide hastige und panische Bewegungen, die dein Gegenüber nur noch mehr herausfordern.
3. **Aktiv werden:** Lass dich von der Angst nicht lähmen. Tu was! Eine Kleinigkeit zu tun ist besser, als über große Heldentaten nachzudenken.
4. **Opferrolle ablegen:** Wenn du angegriffen wirst, flehe nicht und verhalte dich nicht unterwürfig. Zeige deutlich, was du willst. Beginne du zu handeln, um die Situation in deinem Sinne zu prägen.
5. **Kontakt zum Gegner/Angreifer halten:** Schau dein Gegenüber an und sieh zu, dass das Gespräch nicht abreißt. Solange geredet wird, wird nicht gekämpft.
6. **Reden und Zuhören:** Sprich möglichst ruhig, laut und deutlich. Hör zu, was dein Gegenüber bzw. der Angreifer sagt.
7. **Nicht drohen oder beleidigen:** Mach keine geringschätzigen Äußerungen über den Angreifer. Versuche nicht, ihm zu drohen oder Angst zu machen. Kritisiere sein Verhalten, werte ihn aber nicht persönlich ab.
8. **Hilfe holen:** Sprich einzelne Personen an, nicht die ganze Gruppe. Diese Regel gilt sowohl für das Opfer als auch für Zuschauer/innen, die eingreifen wollen.
9. **Das Unerwartete tun:** Tu etwas, was man im Augenblick nicht von dir erwartet. Nutze den Überraschungseffekt, vielleicht indem du ein Angebot machst, etwa: „Wir könnten doch ...".
10. **Körperkontakt möglichst vermeiden:** Wenn du jemandem zu Hilfe kommst, vermeide es möglichst, den Angreifer anzufassen, es sei denn, ihr seid zahlenmäßig in der Überzahl. Körperkontakt macht den Angreifer meist noch wütender. Wenn möglich, nimm lieber direkten Kontakt zum Opfer auf.

Beispiele für Ich- und Du-Botschaften

1. Christian: „Du dumme Ziege. Kannst du nicht aufpassen? Nur weil du absolut blind durch die Gegend läufst, bist du auf meinen Discman getrampelt. Den wirst du mir neu kaufen."
2. Alexandra: „Das kommt davon, weil du deinen Müll überall rumliegen lässt, du Idiot. Du bist selbst schuld, wenn deine Sachen kaputtgehen."
3. Christian: „Ich bin wütend, wenn du ohne genau hinzusehen durch mein Zimmer läufst. Dadurch ist mein Discman nun ruiniert und ich krieg 'ne Menge Ärger mit Vater, der ihn mir bei seinem letzten Besuch geschenkt hat. So kann ich das Gerät wohl nicht mehr verwenden."
4. Alexandra: „Sorry. Ich hab ihn echt nicht gesehen und wollte dich eigentlich nur schnell etwas fragen. Ich leih dir in der Zwischenzeit meinen und wenn ich genug Geld habe, ersetze ich dir deinen, o.k.?"

- Beschreibt den Konflikt, der diese Aussagen auslöst.
- Welche Aussagen sind eine Du-Botschaft?
- Welche Aussagen sind eine Ich-Botschaft?
- Welche Wirkungen haben Du- und Ich-Botschaften jeweils?

Seit der Neuordnung der „Feier der Buße" im Jahr 1974 sind drei Formen der sakramentalen Bußfeier vorgesehen:
— Feier der Versöhnung für Einzelne;
— Gemeinschaftliche Feier der Versöhnung mit Bekenntnis und Lossprechung von Einzelnen;
— Gemeinschaftliche Feier der Versöhnung mit allgemeinem Bekenntnis und Generalabsolution.

2. Einsatzmöglichkeiten im RU

Metaphernmeditation
Sch schließen die Augen und spüren den folgenden Assoziationen nach:
Von Schuld befreit werden ist wie ...
... wenn einem ein Stein vom Herzen fällt;
... wenn man von einer großen Last befreit wird;
... wenn die Sonne wieder scheint;
... (ggf. noch eigene Assoziationen hinzufügen).

Die Doppelseite als Ganzes wahrnehmen
- Bevor mit kreativen Gestaltungsweisen begonnen wird, lesen Sch *Infoseite II* bewusst als Ganze und äußern sich zunächst frei über die einzelnen Formen der Versöhnung.
- Besonders Formen der sakramentalen Buße bedürfen der Ergänzung durch L-Informationen und werden durch Beispiele konkretisiert und erläutert.
- L weist Sch auf den Gehalt der künstlerischen Gestaltung von *Infoseite II* (Farbwirkung, offene Kreise, die fließend ineinander übergehen, alles getragen durch die in der Eucharistie gefeierte Vergebung) hin und regt Sch zur Interpretation der Gestaltung an.

Wortbilder aus vorgegebenen Begriffen erstellen
Sch erhalten **AB 2.7.11, Lehrerkommentar S. 195**, mit einigen wichtigen Begriffen zum Thema Schuld und Umkehr zum Ausschneiden. Sie ordnen nun die Wörter einzeln oder in Blöcken so als Wortbild an, dass eine bedeutsame Aussage zum Thema entsteht. Das Beispiel soll lediglich als Idee gelten und nicht nachgemacht werden.

Beispiel:

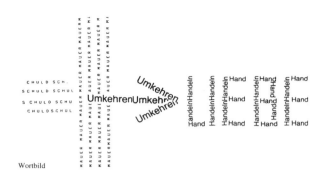

Wortbild

3. Weiterführende Anregung

Ein Versöhnungsbild legen
Sünde ist ihrem Wesen nach eine Aktion, die Begegnung zwischen Mensch und Gott, zwischen Schöpfung und Geschöpf sowie zwischen Mensch und Mitmensch zerstört.
Versöhnung ist demnach umgekehrt ein Akt der Wiederverbindung. Schicht um Schicht durchdringt sie den Menschen: zuerst Herz und Seele, dann die gesamte Psyche und Person und schließlich ermöglicht sie Kräfte, dass auch moralisches Handeln wieder frei und gottgewollt wird.
- In der Mitte eines Sitzkreises liegen auf dem Boden unterschiedliche Tücher sowie ein Plakat mit der Aufschrift „Formen der Versöhnung". Während der stillen Phase läuft Meditationsmusik.
- Sch erhalten den Auftrag: *Wähle mit den Augen ein Tuch aus, das du gerne an das Plakat anlegen möchtest.*
- Ein/e Sch beginnt, wählt ein Tuch aus, legt es nach seinen/ihren Vorstellungen (in Kreisform, als Welle o.Ä.) an die Wortkarte in der Kreismitte an. Dazu spricht er/sie seine/ihre Gedanken aus: „Versöhnung gelingt, wenn ..." oder auch: „Besonders schwer fällt mir ...".
- Reihum legen Sch ein Tuch an und äußern ihre Gedanken. Dabei kann die Gestaltung des/der vorigen Sch einbezogen werden, schließlich bedingen sich die Formen der Versöhnung gegenseitig.
- Sch betrachten in Stille das entstandene Gesamtbild und lassen es auf sich wirken. L spricht dazu evtl. folgende Gedanken:
Versöhnung zieht Kreise.
Versöhnung beginnt in kleinen Schritten. Aber ein erster Schritt ist wie ein Stein, der ins Wasser fällt und sich als Wellenschlag fortsetzt.
Versöhnung betrifft mich als ganzen Menschen: mein Herz, meine Gedanken, mein Handeln.

Wortbilder gestalten

Schuld	Mauer	umkehren	handeln
Schuld Schuld	Mauer Mauer	umkehren	handeln
Schuld Schuld	Mauer Mauer	umkehren	handeln
Schuld Schuld	Mauer Mauer	umkehren	handeln
Schuld Schuld	Mauer Mauer	umkehren	handeln

Schuld Schuld
Schuld Schuld
Schuld Schuld
Schuld Schuld
Schuld Schuld
Schuld Schuld
Schuld Schuld
Schuld Schuld

Mauer Mauer
Mauer Mauer
Mauer Mauer
Mauer Mauer

umkehren
umkehren
umkehren

handeln
handeln
handeln
handeln
handeln

Schuld
Schuld
Schuld
Schuld
Schuld

Mauer
Mauer
Mauer
Mauer
Mauer

umkehren
umkehren
umkehren
umkehren
umkehren

handeln
handeln
handeln
handeln
handeln

Schuld
Schuld
Schuld

Mauer
Mauer
Mauer
Mauer

Umkehr
Umkehr
Umkehr
Umkehr
Umkehr

handeln handeln
handeln handeln
handeln handeln
handeln handeln
handeln handeln
handeln handeln

Schuld
Schuld
Schuld
Schuld

Mauer
Mauer
Mauer
Mauer

Umkehr
Umkehr
Umkehr
Umkehr

Hand Hand Hand Hand
Hand Hand Hand Hand
Hand Hand Hand Hand
Hand Hand Hand Hand
Hand Hand Hand Hand

Schuld
Schuld
Schuld

Mauer
Mauer
Mauer

Umkehr
Umkehr
Umkehr
Umkehr

Hand Hand
Hand Hand
Hand Hand
Hand Hand
Hand Hand

Schuld
Schuld

Mauer
Mauer
Mauer

Umkehr
Umkehr

Hand
Hand
Hand

Schuld

Mauer
Mauer

Umkehr
Umkehr
Umkehr

Hand

Hand

1. Hintergrund

Auf *Projektseite* **124** werden Sch angeregt, einen Wohlfühltag vorzubereiten und durchzuführen. Dabei gilt es, die Bedürfnisse aller wahrzunehmen und zu berücksichtigen. So können in der Lernsequenz erworbene Kompetenzen erprobt werden. Fehlende Fertigkeiten im Umgang miteinander werden erlebt und thematisiert. Der Tag soll den Sch das Gefühl und die Zuversicht vermitteln, dass und wie Leben gelingen kann. Die Anregungen auf *Projektseite* **124-125** können Sch in der Planung des Tages unterstützen, sie lassen sich jedoch auch als Ergänzung zu *Ideenseite* **112-113** in den Regelunterricht integrieren.

2. Einsatzmöglichkeiten im RU

Der Zeitpunkt sowie die Teilnehmer/innenzahl (eine oder mehrere Klassen) bestimmen den Umfang des Tages: Wie viele Gruppen sind möglich, welche Ideen kommen hinzu, welche werden variiert oder gestrichen? Die zeitlichen und räumlichen Anforderungen lassen sich am leichtesten innerhalb eines Projekttages der ganzen Schule oder der Klassenstufe umsetzen. Noch praktikabler wird die Idee, wenn die Schule zusammenhängende Projekttage plant (vor den Osterferien, am Ende des Schuljahres o.Ä.), dann verfügt die Gruppe auch noch über Planungstage. Diese Voraussetzungen sind freilich keine Bedingungen, weil die Idee variabel umsetzbar ist. Es lassen sich z.B

— mehrere Gruppen in einen Raum legen,
— einzelne Vorschläge auch im RU durchführen,
— die Teilnahmeorte reduzieren: Nicht alle Sch müssen an allen Gruppen teilnehmen.

Was muss vorher geklärt sein?
— Zunächst muss die Klasse/Lerngruppe klären, ob sie diese Projektidee durchführen möchte.
— Dann formulieren die Sch ihre Ziele für den Tag.
— Anschließend ist der grobe organisatorische Rahmen abzustecken: Zeit, Räume, finanzielle Mittel, Geräte.
— Die Liste der angebotenen Gruppen wird auf ihre organisatorische und inhaltliche Durchführbarkeit überprüft, modifiziert und ergänzt.

Weitere Hinweise zur Durchführung eines Projekts auf
→ **Methodenkarte** „An einem Projekt arbeiten".

---

1. Hintergrund

Die Suche nach Orientierung ist ein lebenslanger Prozess. So werden Sch auch über die Lernsequenz hinaus Handlungsweisen erproben und überdenken. Die Auseinandersetzung mit dem Lied von Xavier Naidoo, dem Titelbild und dem eigenen Gesprächsverhalten soll den Sch die erworbenen Kompetenzen bewusst machen. Die Kenntnis von Orientierungspunkten sichert zwar noch nicht das Auf-dem-Weg-bleiben, sie ist aber eine notwenige Voraussetzung.

Gerade für junge Menschen kann das Lied **„Was wir alleine nicht schaffen"** Wegweiser sein. Es fasst zentrale Elemente des Kapitels zusammen: Kooperation, Gewaltverzicht, Geduld und der Einsatz des Verstandes bilden die Grundlage für ein funktionierendes Zusammenleben. Das Lied, das bei der Fußball-WM 2006 in Deutschland zur Hymne der deutschen Nationalmannschaft wurde, verbreitet den Optimismus: Wenn wir zusammenhalten, können wir eine lebenswerte Gemeinschaft bilden. So motiviert es zur Teilhabe an einem glückerfüllten Leben und macht zugleich deutlich, dass es dabei auf jeden Einzelnen ankommt.

Xaivier Naidoo (geb. 1971)
Naidoo ist einer der erfolgreichsten deutschen Popstars der letzten Jahre. „Soulig, Farbig, Gläubig' ist das Motto der Marktlücke, die Xavier Naidoo nachhaltig besetzt" (laut.de). Geboren in Mannheim als Sohn einer Südafrikanerin und eines Vaters mit indischen Vorfahren, sang Naidoo zunächst in Schul- und Kirchenchören. Nach seinem Erfolg als Background-Sänger beim Rödelheim-Hartreim-Projekt startete er Ende der neunziger Jahre eine Solo-Karriere. In seinen Texten bringt Naidoo seither immer wieder seine eigenwillige Religiosität zum Ausdruck.

2. Einsatzmöglichkeiten im RU

Fotos machen
■ Sch machen Klassenfotos, die zum Lied passen. Dazu überlegen sie in GA, in welcher Haltung, mit welchen Requisiten ... Sch auf dem Foto erscheinen sollen. (→ **Methodenkarte** „Ein Standbild stellen").

- Mit Schlüsselwörtern der Lernsequenz gestalten Sch einen Rahmen für die Fotos.

Ein Wörterbuch schreiben

- Sch legen ein Wörterbuch mit kommunikationsfördernden Sätzen oder Wörtern an. Dazu werden kleine Zettel mit jeweils einem Begriff oder Satz beschrieben, alphabetisch geordnet und zu einem Buch gebunden.

Literatur und Materialien

Themenseite 110-111
„ABC der guten Schule", www.otto-herz.de
www.abenteuerprojekt.de/Spiele/index.htm

Deuteseite I 114-115
Danzker, Jo-Anne Birni u.a. (Hg.), Art of Tomorrow. Hilla von Rebay und Solomon R. Guggenheim, Katalog zu den Ausstellungen Solomon R. Guggenheim Museum New York 2005/Museum Villa Stuck München 2005/2006, Deutsche Guggenheim Berlin 2006
Hilla von Rebay, Katalog zur Ausstellung, Gegenstandslose Malerei in Amerika, Kunsthaus Zürich, 1947

Infoseite I 118-119
Louis, Brigitte, Entwicklungspsychologische Voraussetzungen – allgemein und jahrgangsspezifisch, in: Handreichungen zum Hauptschullehrplan, hg. v. Kath. Schulkommissariat in Bayern, München 2000
www.learn-line.nrw.de/angebote/praktphilo/didaktik/dilemma_slg.pdf
www.learn-line.nrw.de/angebote/praktphilo/didaktik/dilemma_rolf.html

Deuteseite III120-121
Gordon, Thomas, Lehrer-Schüler-Konferenz. Wie man Konflikte in der Schule löst, München [9]1995
www.schulz-von-thun.de/mod.html
www.lmz-bw.de/medien/sesam.html; Nach der Registrierung (für Lehrer in Baden-Württemberg kostenlos) stehen viele Materialien aus den Themendatenbanken „Konflikt-Konfliktregelung" und „Kommunikation: Konflikte lösen" zum Download bereit.

Infoseite II 122-123
Katholischer Erwachsenenkatechismus, Leipzig [2]1989

8 Mitfühlen, mitleiden, mithelfen

Kompetenzen und Inhalte im Bildungsplan (Baden-Württemberg 2004)

HAUPT- UND WERKREALSCHULE	REALSCHULE
Kompetenzen	

Die Schülerinnen und Schüler … **1. Mensch sein – Mensch werden** … können eine Haltung entwickeln, die die Geschöpflichkeit und Ebenbildlichkeit als Grundlage für Selbstwertgefühl und Ich-Stärkung akzeptiert sowie zu respektvollem Umgang mit anderen motiviert; **2. Welt und Verantwortung** … kennen ausgewählte christliche/kirchliche Positionen zu den Bereichen Friedenssicherung, soziale Gerechtigkeit, Caritas, Verantwortung für die Schöpfung und erfahren deren Umsetzung an einem ausgewählten Lebensmodell oder Handlungsfeld; … können in der Auseinandersetzung mit biblischen Weisungen und christlichen Normen Regeln zur eigenen Lebensgestaltung erkennen und bewerten; **3. Bibel und Tradition** … kennen zentrale Texte aus dem AT und NT; **5. Jesus der Christus** … wissen, dass sie aufgefordert sind, ihr Leben am Lebensmodell und an der Botschaft Jesu Christi zu orientieren; **6. Kirche, die Kirche und das Werk des Geistes Gottes** … verstehen an ausgewählten Beispielen, dass Christen Weltgestaltung und Weltverantwortung gemeinschaftlich wahrnehmen.	Die Schülerinnen und Schüler … **1. Mensch sein – Mensch werden** … kennen Hilfsangebote/Beratungsstellen für Jugendliche in Krisensituationen; **2. Welt und Verantwortung** … sind bereit, auf die Stimme ihres Gewissens zu hören und sich an den Weisungen der Bibel zu orientieren; … können Ungerechtigkeit wahrnehmen und sich für Gerechtigkeit einsetzen; … sind bereit, sich für sozial Schwache und Unterdrückte einzusetzen und für eine „Kultur der Barmherzigkeit" einzutreten; **3. Bibel und Tradition** … kennen aus dem NT Begegnungsgeschichten von Jesus Christus, Heilungswundergeschichten und ethische Weisungen, z.B. Hauptgebot der Liebe, goldene Regel und Werke der Barmherzigkeit; … können die Botschaft wichtiger biblischer Texte erfassen; … sind bereit sich mit den ethischen Weisungen der Bibel auseinanderzusetzen; **4. Die Frage nach Gott** … wissen, dass Gott besonders auf der Seite der Schwachen und Unterdrückten steht; … kennen biblische Texte, die von Hoffnung und Heil künden; … werden sensibel für den Ruf Gottes in der Not der Mitmenschen; **5. Jesus der Christus** … kennen Lebensgeschichten von Menschen, die Jesus Christus nachfolgen und anderen in ihren Nöten beistehen; … sind bereit, sich am Vorbild Jesu Christi im Umgang mit Menschen in Not zu orientieren; **6. Kirche, die Kirche und das Werk des Geistes Gottes** … kennen die biblische Begründung der karitativen Arbeit der katholischen Kirche und Beispiele ihrer Verwirklichung im Laufe der Kirchengeschichte; … können karitative Einrichtungen am Ort erkunden; … sind bereit, sich in die Lebenssituation von Menschen, die Hilfe brauchen, einzufühlen und sich persönlich zu engagieren.

Inhalte	
Orientierung finden – verantwortlich handeln – Orientierung für verantwortliches Handeln – Menschen handeln nach dem Gewissen **Kirche – Dienst an den Menschen** – Engagierte Christen im Einsatz für eine gerechte Welt – Kirchliche Hilfswerke	**Gewissen – wonach soll ich mich richten** – Orientierung an Jesus Christus – Gottes-, Selbst-, Nächsten- und Feindesliebe **Jesus von Nazaret – die Nähe des Reiches Gottes erfahren** – Die Dienste der Kirche an den Menschen – Werke der Barmherzigkeit Mt 25,31-46

Das Kapitel im Schulbuch

Das Kapitel „Mitfühlen, mitleiden, mithelfen" will Jugendliche motivieren, sich sozial zu engagieren. Sich für andere einzusetzen, ist für viele Sch häufig nur in Verbindung mit Gegenleistungen vorstellbar. Helfen im Sinne der christlichen Barmherzigkeit ist in unserer Konsum- und Profitgesellschaft oft nur am Rande wahrnehmbar. Jungendliche benötigen daher altersgerechte Zugangsweisen und Motivation, z.B. durch Vorbilder vor Ort, um den Sinn, aber auch den Gewinn sozialen Handelns zu begreifen.

Das Bild auf *Titelseite* **127** von Andreas Slominski zeigt ein Kinderfahrrad mit diversen Gegenständen. Es regt den Betrachter an, sich Gedanken über den Besitzer des Fahrrades und dessen Lebenssituation zu machen.

Themenseite **128-129** macht Sch auf alltägliche Situationen aufmerksam, in denen Menschen in Not geraten oder auf Andere angewiesen sind.

Auf *Ideenseite* **130-131** bekommen Sch Anregungen, sich zunächst mit ihren eigenen Gefühlen auseinanderzusetzen. Aber auch das aktive Zusammentreffen mit Betroffenen und Helfer/innen kann an dieser Stelle im Vordergrund stehen.

Infoseite **132-133** entfaltet das Angebot kirchlicher Träger im Dienste der christlichen Barmherzigkeit. Die Übersicht über verschiedene Hilfswerke zeigt den Sch die Vielfalt, aber auch die unterschiedlichen Schwerpunkte der einzelnen Werke auf.

Jesus als Beispiel gelebter Barmherzigkeit kommt auf *Deuteseite* **134-135** zum Tragen. Sch lernen im Texte „Julia – Samariterin der Berge" ein Beispiel kennen, wie Compassion im Sinne Jesu heute gelebt werden kann. Im Bild von Sieger Köder „Ihr habt mir zu essen gegeben" (Mt 25,35ff) begegnen sie dem bibischen Grundtext der christlichen Barmherzigkeit.

Besinnungsseite **136-137** gibt Sch die Möglichkeit, sich meditativ und kreativ mit dem Thema auseinanderzusetzen. Das Lied, das i.d.R. bekannt ist aber auch leicht im RU von den Sch erlernt werden kann, regt dazu an, den Inhalt gestalterisch im Heft umzusetzen. Das Radfenster des Freiburger Münsters lädt ebenfalls dazu ein,

den Text von Mt 25 aufzugreifen. Dies kann auf verschiedene Weise: z.B. gestalterisch, in Standbildern oder auf meditative Art geschehen.

Projektseite **138-139** motiviert Sch, sich aktiv sozial einzusetzen. Sie liefert ihnen Beispiele, wie und wo ihre Hilfe, ihr Handeln benötigt wird, gibt ihnen aber auch den Raum, sich eigene Projekte auszudenken und diese, je nach Rahmenbedingungen vor Ort, selbstständig zu planen und auszuführen.

Das gesamte Thema kann in den *Stellungnahmen* **140** aus verschiedenen Bereichen betrachtet und wiederholt werden. Sch werden u.a. auf einen bis dahin nur wenig angesprochenen Teilaspekt aufmerksam gemacht: die globale (Un-)Gerechtigkeit.

Verknüpfungen mit anderen Kapiteln im Schulbuch

Kap. 2: Von Prophetinnen und Propheten lernen. Biblische und heutige Propheten waren und sind gewillt, sich zum Wohle der Menschen für Gerechtigkeit, Freiheit und Menschenwürde einzusetzen. Sie können Vorbilder für barmherziges Denken und Handeln sein und lassen sich somit gut in das Kapitel integrieren.

Kap. 4: Gegenwart Gottes erfahren. Jesus verkündete die Botschaft vom Reich Gottes und setzte sie im besonderen Maße durch sein selbstloses Handeln im Sinne der Nächstenliebe kompromisslos um. Diese Reich-Gottes-Praxis kann Beispiele für christliches Handeln geben.

Kap. 6: Schöpfung mitgestalten. Handeln im Sinne der Schöpfung Gottes bietet den Sch weitere Möglichkeiten sich aktiv sozial einzusetzen.

Verknüpfung mit anderen Fächern

Soziales Engagement (SE): Das Kapitel bietet die Möglichkeit, im Rahmen des Themenorientierten Projektes *SE* ein hier vorgeschlagenes oder selbst erarbeitetes Projekt durchzuführen.

1. Hintergrund

Die drei markanten Begriffe des Kapitels „mitfühlen, mitleiden, mithelfen" signalisieren grundlegende soziale Kompetenzen, die auch für die Identitätsentwicklung bedeutsam sind.

Mitfühlen spricht die Empathiefähigkeit an und meint eine emotionale, mitfühlende Reaktion gegenüber Befindlichkeiten anderer Personen, z.B. ein Gespür dafür, in welcher Stimmung sich andere befinden und wie man ihnen eine Freude machen oder ihnen beistehen kann. Die Situation anderer berücksichtigen zu können, setzt eine Überwindung des eigenen sozialen Egozentrismus voraus und ist überhaupt eine Voraussetzung für jede Interaktion mit anderen. Es geht dabei um Beziehungsfähigkeit, die für den Identitätsaufbau und die Entwicklung des Selbstbewusstseins grundlegend ist.

Mitleiden und „Sympathie" sind – was nur wenige wissen – vom Wortsinn her miteinander verbunden. Das griechische *sympatheia* bedeutet „Mitleiden" und zwar in einem doppelten Sinne als Wahrnehmungsfähigkeit für das Leid anderer und darüber hinaus auch als Bereitschaft, diesem Leid etwas aktiv entgegenzusetzen. Sympathie setzt Zustimmung und Zuneigung voraus, im engeren Sinne zu einzelnen Personen bzw. Personengruppen, im weiteren Sinne zum Leben. Der Gegenbegriff „A-pathie" bedeutet dann eine Haltung des „Sich nicht einmischen wollen": „Was geht das mich an, man kann doch nix machen". Die in diesem Kapitel vorgeschlagenen Projekte zur „Com-Passion" wollen die Fähigkeit des engagierten Mitleidens und eines entsprechenden Handelns fördern.

Für ein *Mithelfen* im Sinne prosozialen Verhaltens sind die o.a. Fähigkeiten grundlegend: die Wahrnehmung des Befindens anderer (Empathie = Mitfühlen), das „sympathische" Mitfühlen des Leids und die Bereitschaft zu handeln bzw. zu helfen. Das Gefühl, gebraucht zu werden und sinnvoll anderen helfen zu können, fördert nicht nur die Hilfsbereitschaft und das Verantwortungsgefühl, sondern erhöht auch das Selbstwertgefühl, das Jugendliche in diesem Alter so dringend benötigen für ihre Identitätsentwicklung.

Andreas Slominski, „Kinderfahrrad mit diversen Gegenständen", 1993

Slominski hat viele unterschiedlich buntbepackte Fahrräder in Museen abgestellt. So das Kinderfahrrad: für die meisten eine Irritation und Provokation. Gleich, ob am Straßenrand oder im Museum, dieses auffällige, kunstvoll bepackte Fahrrad wirft viele Fragen auf: Wie würde es an einer beliebigen Straßenecke wahrgenommen, wenn es dort unabgeschlossen an einer Haus-

Andreas Slominski (geb. 1959)

Der Künstler, in Meppen geboren, studierte von 1983-1986 an der Hochschule für bildende Künste in Hamburg und ist heute einer der angesehensten Künstler seiner Generation. Er bezeichnet sich als „Fallensteller". Wie Köder legt er seine Skulpturen aus, die meist gewöhnlichen Alltagsgegenständen ähnlich sehen: Fahrräder, Holzöfen oder Staublappen, um zu verlocken, sich beim Betrachten in der Komplexität des scheinbar Eindeutigen und Vertrauten zu verfangen. Slominski zeigt in seinen Werken einen besonderen Sinn für subtile Alltagswahrnehmungen und für verborgene Bezüge. Das Unscheinbare, Beiläufige, Banale wird zur museumswürdigen Skulptur. Der Künstler transformiert Alltagsdinge zu Kunstobjekten, unterlegt das Nebensächliche und Banale mit tieferer Bedeutung und lädt so die irritierten Betrachter/innen dazu ein, ihre Wahrnehmung des Alltags zu verändern und die Blicke zu weiten.

wand abgestellt wäre? Würde jemand es wagen, eine Tüte loszubinden und mitzunehmen oder gar das Fahrrad zu stehlen? Wem gehört es? Trägt das übervoll bepackte Rad das ganze Hab und Gut eines obdachlosen Kindes oder eines Erwachsenen? Wo kommt die Last her und wohin soll sie befördert werden? Was ist in den sorgfältig zugeschnürten Tüten enthalten? Was tut ein mit vollen Plastiktüten behängtes und an die Wand gelehntes Fahrrad im Erdgeschoss des Frankfurter Museums für moderne Kunst? Hat es ein Penner abgestellt, der hier eben mal aufs Klo gegangen ist? Hat es ein Spaßvogel abgestellt, der moderne Kunst lächerlich machen will oder nur neugierig ist und beobachten will, wie das Aufsichtspersonal auf dieses Objekt reagiert oder wie lange es dauert, bis das bepackte Fahrrad hinausbefördert wird? Näheres Hinblicken zeigt, dass das Fahrrand fahrtüchtig ist, aber bei dieser Bepackung nur noch als Lastenträger dienen kann, und dass das so ungeordnet erscheinende Gepäck sorgfältig und ökonomisch verteilt ist. Die Plastiktüten verschiedener Größe stammen meist aus Kaufhäusern oder Supermärkten, sind oft geflickt und mit Kordeln verzurrt. Eine alte Einkaufstasche enthält wiederum Plastiktüten mit unbestimmbarem Inhalt. Auf dem Gepäckträger kann man in den groben und schmutzigen Leinensäcken eine in Folien verpackte Isomatte erkennen und auf dem Leinensack eine leere Mineralwasserflasche, beides verzurrt mit einer „Spinne". In den Tüten, Taschen und Säcken ist Zusammengesuchtes gehortet worden. Eigener Besitz aus vormals eigenem Haushalt oder Gefundenes? Das Kinderfahrrad ist besonders eindrucksstark und provokativ. Es verbindet die Erwachsenen- mit der Kinderwelt. Ein Kinderfahrrad, bepackt und bestückt wie für das Überleben in einer Notsituation ohne Zuhause, ist auch ein Symbol für Obdachlosigkeit und Heimatlosigkeit in einer kontrastreichen Welt voller Widersprüche und sozialer Spannungen. Zählen jetzt auch schon Kinder zu dieser Szene? Aber in dem Objekt nur Armut und Ausgesondertsein in einer Überflussgesellschaft zu sehen, wäre zu wenig. Nachdem Slominski das „originale" Fahrrad eines Erwachsenen in Frankfurt gesehen hatte und in ihm, wie in einem Spiegelbild, eine Art Wahlverwandtschaft fand, hat er es fotografiert und bis ins kleinste Detail rekonstruiert. Das irritierende Kunstobjekt ist für Slominski ein Werk über die Existenz des Künstlers als Betrachter. 1988 antwortete er in einem Interview auf die Frage, was er in der Kunst suche: „Das Leben." Inwieweit kann dieses gestaltete Objekt Sinnbild für menschliche Existenz sein?

2. Einsatzmöglichkeiten im RU

Das Bild betrachten
Sch gehen schrittweise mithilfe von durch L vorgegebenen Anfangssätzen bzw. Impulsen bei der Bildbetrachtung vor (→ **Methodenkarte** „Ein Bild erleben" und „Ein Bild erschließen").
1. Sch äußern sich allgemein und spontan in der Ich-Form: Ich sehe …
2. Mir fällt besonders auf, …

3. Sch äußern Gedanken aus Sicht des Fahrrades oder seines Besitzers in der Ich-Form.
4. Sch geben dem Bild eine Überschrift.

Überschriftenredakteur/in sein
- Jede/r Sch sucht nach einer oder mehreren Überschriften.
- In GA einigen sie sich auf eine neue Überschrift, die sie im Plenum vorstellen und verteidigen.
- Die Klasse sollte sich gemeinsam auf einen der vorgestellten Titel festlegen.

Einen Steckbrief erstellen
Sch erstellen einen Steckbrief zu dem Fahrrad.
Ich bin:
Ich gehöre:
Mein Alter:
Mein Wohnort:
Inhalt meiner Tüten:
etc.

Eine Fahrradgeschichte erzählen
Sch erfinden eine „Fahrrad-Geschichte". Dazu nehmen sie die Position des Fahrrades als Ich-Erzähler ein. Sie erzählen entweder aus der Vergangenheit, beziehen sich auf den Ist- Zustand oder äußern Wünsche und Hoffnungen für die Zukunft.

Mit Fotos verdeutlichen   ▶ IDEENSEITE 131
- Das Fahrrad auf *Titelseite* **127** kann für Sch eine Anregung für die auf *Ideenseite* **131** vorgeschlagene Foto-Aktion sein.
- Auch die Aktionen, die in den Schlagzeilen auf *Themenseite* **128** genannt werden, können von Sch dokumentiert werden.

1. Hintergrund

Themenseite **128-129** beleuchtet das Themengebiet aus zwei verschiedenen Blickwinkeln. Das **Gedicht** „Suchmeldung eines Jugendlichen" spricht an, welche Eigenschaften ein Mensch haben sollte, um anderen bei Problemen, Sorgen und Ängsten ein Hilfe zu sein. Im Text, der an eine Stellenanzeige erinnert, wird klar, dass es nicht auf Äußerlichkeiten ankommt. Vielmehr sind „menschliche" Qualitäten gefragt, emotionale Zuwendung und Verständnis. Der letzte Vers „beim nächstbesten" erinnert daran, das jede und jeder in eine Situation geraten kann, in der sie oder er Hilfe und Zuwendung braucht.
Themenseite **128** stellt in kurzen **Schlagzeilen** verschiedene Hilfsangebote für Menschen in Schwierig-

keiten vor und Sch bekommen einen Einblick in die Vielfalt der Angebote für Bedürftige.
Dabei unterscheiden sich Angebote wie „Die Tafel" oder das Karlsruher Secondhand-Kaufhaus (Kashka) dadurch, dass diese von Organisationen in verschiedenen Städten durchgeführt werden. Die Idee der bundesweit organisierten **„Tafeln"** ist einfach. Nicht alle Menschen haben ihr tägliches Brot – und dennoch gibt es Lebensmittel im Überfluss. Die Tafeln bemühen sich mit ehrenamtlichen Helfern um einen Ausgleich für die Bedürftigen ihrer Stadt. Das Ziel der Tafeln ist es, dass alle qualitativ einwandfreien Nahrungsmittel, die im Wirtschaftsprozess nicht mehr verwendet werden können, an Bedürftige verteilt werden. Die Tafeln helfen so diesen Menschen, eine schwierige Zeit zu überbrücken, und geben ihnen dadurch Motivation für die

Zukunft. Weitere Informationen können im Internet unter www.tafel.de nachgelesen werden.

Die **Sternsingeraktion** ist eine bundesweite, vom Kindermissionswerk organisierte Aktion, die in fast jeder Stadt, jedem Dorf jährlich um den Dreikönigstag durchgeführt wird. Das Motto lautet: Kinder sammeln für Kinder. Auf *Infoseite* **133** wird näher darauf eingegangen.

Aktionen wie den Bunten Abend im Altersheim können Sch auch selbst durchführen.

Die **Schrift an der Mauer** weist Sch auf eine weitere Möglichkeit hin, in einer Krisensituation Hilfe zu bekommen. Die **Sozialberatung**, die häufig bei den Wohlfahrtsverbänden angesiedelt ist (vgl. *Infoseite* **132**), ist ein Beratungsangebot für Einzelne, Familien oder Alleinerziehende, die in verschiedensten sozialen Notlagen leben. Arbeitslosigkeit, Überschuldung, Krankheit, Behinderung, Sucht etc. können dazu führen, dass Menschen vor einem Berg von Problemen stehen und ihren Alltag nicht mehr allein bewältigen können. Die Sozialberatung unterstützt in solchen Situationen durch Beratung, Begleitung, Organisation, oft auch durch einfaches Zuhören. Sie erfolgt durch Sozialarbeiter oder Sozialpädagogen, ist kostenlos, vertraulich und unabhängig von Weltanschauung und Religion. Auch Sch können bereits betroffen sein. In den letzten Jahren wird z.B. immer wieder berichtet, dass sich Jugendliche durch ihr Mobiltelefon, das Versenden von SMS und das Herunterladen von Klingeltönen unwissentlich z.T. hoch verschulden und selbst keinen Weg aus dieser „Schuldenfalle" finden.

Themenseite **129** beleuchtet die Bandbreite an Bedürftigkeit in unserer Gesellschaft. Sch werden oft einseitig v.a. durch Medien auf „spektakuläre" Notsituationen von Menschen aufmerksam gemacht. Sch können auf Situationen „in der Nachbarschaft" aufmerksam und auch für die kleineren Nöte sensibilisiert werden.

2. Einsatzmöglichkeiten im RU

In den Medien recherchieren
Sch suchen, z.B. als Wochenaufgabe, nach weiteren „Schlagzeilen" über Helfer/innen in verschiedenen Medien, z.B. in der Zeitung, im Internet, in den Nachrichten ... Dabei achten sie darauf, dass die Überschriften positiv formuliert sind. Ein besonderes Augenmerk kann auf regionale Berichterstattungen gelegt werden.
- Sch sammeln ihre Fundstücke auf einem Plakat und hängen es in der Klasse auf.

Sich für andere einsetzen
- Sch lesen alle vier Situationen auf *Themenseite* **129** und entscheiden sich in GA für eine (es sollten alle vier Situationen mind. einmal vergeben werden).

- In GA überlegen Sch, wie sie den Menschen helfen könnten und was deren Situation erleichtern könnte.
- Sch entwerfen ein passendes Rollenspiel (→ **Methodenkarte** „Ein Rollenspiel spielen"), in dem die Situation verbessert wird.
- Sch führen die Ergebnisse im Plenum auf und besprechen sie.

Ein Gedicht übermalen
- Sch lesen das Gedicht auf *Themenseite* **128** und erhalten eine Kopie davon.
- Sch gestalten das Gedicht mit unterschiedlichen Farben und unterlegen einzelne Worte, Zeilen, Abschnitte mit der für ihre Empfindung geeigneten Farbe.
- *Alternative:* Sch streichen für sie unwichtige Worte weg, übermalen sie z.B. mit Schwarz und heben nur einzelne Worte oder Passagen mit einer auffälligen Farbe hervor, die ihnen im Gedicht wichtig erscheinen.

Sich einfühlen ▶  IDEENSEITE 130
Eine sog. Blindenführung mit Sch benötigt einen klaren Rahmen. Sch muss bewusst sein, dass diese Übung nur funktioniert, wenn sie Vertrauen zueinander haben und wenn sie sich aufeinander verlassen können. Wenn es möglich ist, sollte die Übung im Freien erlebt werden, da im Klassenzimmer oftmals zu viele Hindernisse sind. Sollte dies nicht möglich sein, ist es wichtig darauf zu achten, dass sich immer nur wenige Paare im Raum bewegen. Andere Sch können sie dabei beobachten.

Zum Abschluss der Blindenführung sollte immer ein Erfahrungsaustausch stattfinden. Ob im Plenum, in GA oder PA, ist individuell zu bestimmen.

Mögliche Leitfragen:
- Wie hast du dich gefühlt?
- Konntest du genügend achtsam mit deinem „blinden" Partner/deiner Partnerin umgehen?
- Wann/wo gab es für dich Probleme?
- Wann war Hilfe besonders wichtig?
- Konntest du deinem Partner/deiner Partnerin vertrauen?
- Waren seine/ihre Ansagen deutlich?
- Wie hat dir die Übung gefallen? Begründe!

Über Gruppen in unserer Gesellschaft nachdenken
- Sch überlegen, welche Gruppen von Menschen in unserer Gesellschaft existieren.
  - Welchen Menschen geht es gut?
  - Welche Menschen leben unter schwierigen Bedingungen?
  - Wer bekommt Beachtung, wer wird in den Hintergrund gedrängt und lebt „am Rand" der Gesellschaft?

- Sch sammeln als TA Gruppen von Menschen, die bei uns benachteiligt werden, z.B.:

  TA:

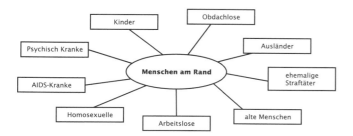

- Sch erörtern folgende Fragen sollten im UG:
  – Warum bezeichnet man diese Personen als Randgruppen unserer Gesellschaft?
  – Wie geht die Gesellschaft mit ihnen um?
  – Wie fühlen sich diese Menschen vermutlich?
  Weiterführung:
  – Wie geht die Kirche mit ihnen um?
  – Gehören sie dazu und werden sie integriert?
- Sch stellen sich eine Person aus einer Randgruppe vor und schreiben einen Brief an die Gemeinde/den Bischof aus Sicht dieser Person.

Das möchte ich den Jungen fragen

- Sch betrachten das Bild des Arbeiterjungen auf **AB 2.8.1, Lehrerkommentar S. 205**, (→ **Methodenkarte** „Ein Bild erschließen" oder „Ein Bild erleben").
- Sie nennen, was ihnen an der Figur auffällt oder sie berührt.
- Sch notieren Fragen, die sie dem Jungen gerne stellen würden, z.B. Hast du keine Jacke, die dir passt? Wie fühlst du dich? Etc.
- L gibt jetzt Information zum Maler und zum Bild.
- Sch stellen einen Bezug zur Gegenwart her (Ungerechtigkeit, Armut, Kinderarmut etc. in Deutschland oder weltweit).
- Sch versuchen, sich in den Jungen einzufühlen, und beantworten sich gegenseitig die Fragen.

Otto Dix, „Der Arbeiterjunge", 1920

Auf den ersten Blick fallen die großen, ernst dreinblickenden, leuchtend blauen Augen auf und der angestrengte, kummervolle Gesichtsausdruck, der so gar nicht zu einem Kind passen will. Der Junge trägt eine schäbige, fleckige und defekte Jacke mit viel zu kurzen Ärmeln, die den Blick freigeben auf seine dünnen Arme und die Hände, die mit schwarzen Rändern unter den Fingernägeln und geröteter Haut darauf hinweisen, dass dieses Kind an harte Arbeit gewöhnt ist.

Das Bild ist in gedeckten Grau-, Grün-, Grau- und Brauntönen gehalten, sodass das reine Blau der Augen den Blick des Betrachters/der Betrachterin „magisch" anzieht und ihn/sie beinahe zwingt, dem Jungen ins Gesicht zu sehen. So, als wollte der Maler sagen „Da, so sieht das Elend aus. Schau hin; schau nicht weg!". Otto Dix (1891-1969), einer der wichtigsten Maler und Zeichner der Weimarer Republik, zeigte in seinen Bildern oft Menschen und Szenen aus dem Alltag der Unterprivilegierten und des Proletariats und forderte damit den Betrachter/die Betrachterin auf, der Realität ins Gesicht zu sehen. Um die vorletzte Jahrhundertwende entwickelte sich eine Unterschicht aus Arbeitern und Tagelöhnern, das Proletariat, die in Krisenzeiten, wie z.B. während und nach dem Ersten Weltkrieg, unter z.T. erbärmlichen sozialen und gesundheitlichen Umständen ein Leben in Abhängigkeit und Armut fristete. Gerade in Städten wie Berlin oder im Ruhrgebiet lebten immer mehr Menschen, die vom Lohn ihrer Arbeit kaum existieren konnten und oft genug Hunger litten. Kinderarbeit in Fabriken und Manufakturen war deshalb üblich und notwendig, um zum Einkommen der oft kinderreichen Familien beizutragen.

Der Anblick des Jungen lässt wohl niemanden unberührt, ruft Mitleid hervor und ist gleichsam eine stumme Aufforderung zu helfen.

Ideenseite 130-131

Die Einsatzmöglichkeiten der *Ideenseite* werden im *Lehrerkommentar* auf folgenden Seiten erläutert:

Sich einfühlen: S. 202
Eine Klagemauer bauen: S. 206
Sich die Hände reichen: S. 215
Deutlich machen: S. 201 und 215
Trans-Fair: S. 216
Experten befragen: S. 208

1. Hintergrund

Kirche sucht sich ihre Aufgabe nicht aus. Sie hat einen unverwechselbaren Auftrag, den sie aus der biblischen Grundlegung ihres Tuns erhält. Aus ihrer Verbundenheit mit Jesus Christus erwachsen für die Kirche Ausrichtung und Art und Weise ihres Handels. Die Sendung, zu den Menschen zu gehen und sich vor allem um die Leidenden, Beladenen und Hilfsbedürftigen zu kümmern, gehört zum unverzichtbaren Selbstverständnis der Kirche.

Diakonie als Grundauftrag der Kirche

Die christliche Gemeinde ist durch Jesus begründet als geschwisterlicher Verband von Menschen, der den Dienst Jesu an den Menschen und für die Menschen mit- und nachvollzieht. Die karitative Diakonie gehört von den ntl. Anfängen an bis zur Gegenwart zur Selbstverwirklichung der christlichen Gemeinde. Sie ist als Lebenszeichen jeder Gemeinde nicht zu ersetzen. Die Aufgabe einer diakonisch ausgerichteten Kirche wandelte sich im Laufe der Geschichte, entsprechend der wechselnden Anforderungen an sie und den örtlichen Gegebenheiten. In allen Epochen der Kirchengeschichte gehörte aber der „Dienst der rettenden Liebe" (Johann Hinrich Wichern) zu den unverrückbaren Kennzeichen kirchlicher Wirklichkeit. Viele große Beispiele kirchlicher Nächstenliebe sind überliefert, ganz zu schweigen von dem Ausmaß solidarischer Zuwendung zu den Notleidenden, das sich unbemerkt und in Stille zu allen Zeiten vollzog. Im II. Vatikanischen Konzil hat die Kirche vor allem in ihrer Pastoralkonstitution über die Kirche in der Welt von heute ihren Dienstauftrag bedacht und „bietet der Menschheit" die Mitarbeit an einer gerechten und solidarischen Gemeinschaft an, ohne Macht zu beanspruchen, sondern einzig gemäß dem Auftrag „zu dienen, nicht sich bedienen zu lassen".

„Kölner Klagemauer"

Ende der 1980er-Jahre erfand Walter Hermanns die „Klagemauer" als eine Art Happening und machte so auf die prekäre Situation auf dem Kölner Wohnungsmarkt aufmerksam. Passanten konnten ihre Anliegen und Gedanken auf Papptafeln schreiben und an einer Wäscheleine aufhängen. 1991 erweiterte Hermanns die Klagemauer anlässlich des ersten Golfkrieges und errichtete die sog. „Klagemauer des Friedens" am Kölner Dom, unterstützt von der Mahnwache gegen den Golfkrieg. Viele Besucher (ca. 50 000) kamen, um die Klagemauer zu sehen und das Projekt zu unterstützen, darunter auch eine Vielzahl prominenter Gäste wie der Dalai Lama, und formulierten ihre Friedenswünsche und Forderungen nach sozialer Gerechtigkeit. 1997 wurde die Klagemauer auf Betreiben der Stadt und mit einem gerichtlichen Beschluss von der Polizei geräumt. Sie wird seither als tägliche Demonstration in verkleinertem Umfang weitergeführt.

1998 bekam die Initiative den Aachener Friedenspreis. In letzter Zeit häuften sich jedoch auch kritische Stimmen, die der Klagemauer z.B. antisemitische Tendenzen in der Darstellung des Konflikts zwischen Israel und Palästina vorwerfen.

📖 Information s. *Lehrerkommentar* S. 218

TransFair

Seit 1993 gibt es im deutschen Einzelhandel das TransFair-Siegel, das Produkte aus dem fairen Handel (z.B. Kaffee, Tee, Schokolade, Honig) kennzeichnet. TransFair, der Verein zur Förderung des Fairen Handels mit der „Dritten Welt", will über ungerechte Strukturen des Welthandels informieren und durch ein Umdenken bei den Verbraucher/innen eine Verbesserung der Lebenssituation der Produzentenfamilien in armen Ländern erreichen. Die Organisationen der Kleinbauern sollen gestärkt werden, da sie für die betroffenen Menschen vielfältige Aufgaben zu erfüllen haben: von der Gewährleistung der Schulausbildung über die landwirtschaftliche Entwicklung bis zum Sichern des Trinkwassers und der Einrichtung des Gesundheitswesens. Der faire Handel ist darauf ausgerichtet, eine nachhaltige Entwicklung in der „Einen Welt" zu erwirken. Daher spielt die ökologische Komponente bei den einzelnen Projekten eine wichtige Rolle. TransFair handelt selbst nicht mit Waren, sondern vergibt sein Siegel für fair gehandelte Produkte. Unter den 36 Organisationen, die Träger von TransFair sind, befinden sich zahlreiche kirchliche Gruppierungen, u.a. auch das Hilfswerk Misereor und der BDKJ.

An sehr vielen Orten bieten Weltläden oder ähnliche Einrichtungen TransFair-Produkte zum Kauf an. Die 1975 gegründete Gesellschaft „gepa" ist heute ein Erkennungszeichen für den fairen Handel mit Entwicklungs- und Schwellenländern und das weltweit größte Fair-trade-Unternehmen.

📖 Adressen s. *Lehrerkommentar* S. 218

Otto Dix: Der Arbeiterjunge

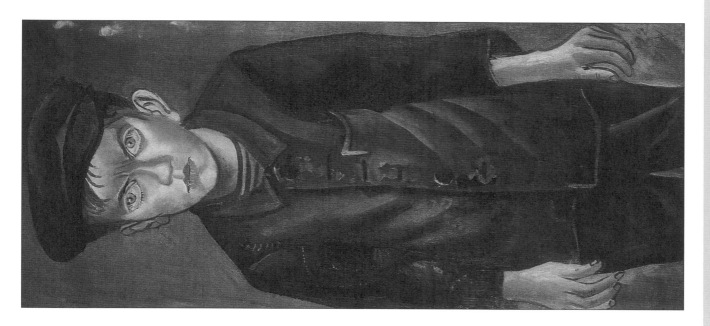

Teilen

Gastfreundschaft bedeutet teilen:
deine Wohnung,
dein Essen und Trinken,
deine Gedanken,
deine Zeit
und ein Stück von deinem Leben.
Du teilst mit anderen und machst sie dadurch
reicher als vorher:
reicher an Erfahrungen,
reicher an Erinnerungen,
reicher an Liebe und Freundschaft,
reicher an Leben.
Und das Beste daran:
Du selbst wirst durch das Teilen nicht ärmer!
Durch jedes Teilen wird dein Herz weiter,
und du beginnst,
etwas von dem wahren Reichtum zu verstehen,
der niemals vergeht.

Rainer Haak

Gastfreundschaft bedeutet teilen:
deine _____
dein _____
deine _____
deine _____
und ein Stück von deinem Leben.
Du teilst mit anderen und machst sie dadurch
reicher als vorher:
reicher an _____
reicher an _____
reicher an _____
reicher an _____
Und das Beste daran:
Du selbst wirst durch das Teilen nicht ärmer!
Durch jedes Teilen wird dein Herz weiter,
und du beginnst,
etwas von dem wahren Reichtum zu verstehen,
der niemals vergeht.

nach Rainer Haak

Sozialstationen

Sozialstationen sind Einrichtungen, die von unterschiedlichen Trägern, wie z.B. Caritas, Deutsches Rotes Kreuz, Diakonie, angeboten werden. Sie haben sich zur Aufgabe gemacht, betreuungsbedürftigen Menschen im Bereich der Alten- und Krankenpflege in ihren eigenen Wohnungen gegen Entgelt Hilfe zukommen zu lassen.

Historisch betrachtet war die Sozialstation fast ausschließlich eine kirchliche Dienstform. Heute bieten auch viele nicht kirchliche ambulante Pflegedienste die gleiche Hilfe an.

Auf *Infoseite* **132** lernen Sch am Beispiel der Organisation „Caritas" einen Bereich des diakonischen Handelns der Kirche kennen. Der Schwerpunkt liegt hierbei vor allem darauf, einen Einblick in Hilfsangebote für Menschen im näheren Umfeld der Sch zu bekommen.

Caritas

Caritas (*lat.:* Nächstenliebe) ist eine Hilfsorganisation der katholischen Kirche in Deutschland, die in vielen Ländern der Welt tätig ist. Der deutsche Caritasverband e.V. ist durch viele einzelne Organisationseinheiten, oftmals als selbstständig eingetragene Vereine, gekennzeichnet.

Ihre Aufgaben lassen sich in vier Bereiche einteilen:
- Caritasarbeit ist Hilfe für Menschen in Not.
- Der Deutsche Caritasverband versteht sich als Anwalt und Partner Benachteiligter.
- Die verbandliche Caritas gestaltet Sozial- und Gesellschaftspolitik mit.
- Der Deutsche Caritasverband trägt zur Qualifizierung sozialer Arbeit bei.

Weitere ausführliche Informationen sind unter www.caritas.de zu finden.

Der Auftrag der Kirche erstreckt sich nicht allein auf den Horizont des eigenen Lebensbereiches. Im Zeitalter der Globalisierung muss sich der Blick über den eignen Kirchturm hinaus richten. Sch für „fremde" Notsituationen zu sensibilisieren, ist wichtig. Ohne den moralischen Zeigefinger zu heben, kann der Anstoß gegeben werden, über die persönliche Orientierung an Konsum und zeitfüllenden Spaß- und Freizeitangeboten nachzudenken. Einblicke in fremde Lebensschicksale, bisher unbekannte Zusammenhänge und brennende Notlagen verändern die eigenen Perspektiven.

Auf *Infoseite* **133** liegt daher der Schwerpunkt auf den internationalen Hilfsangeboten. Sch bekommen einen groben Überblick über verschiedene Hilfswerke mit ihren unterschiedlichen Ausrichtungen. Im RU sollte daher auf einzelne Hilfswerke, deren Angebote und die Schicksale der hilfsbedürftigen Menschen näher eingegangen werden.

2. Einsatzmöglichkeiten im RU

Eine Klagemauer bauen ▶ IDEENSEITE 130

Sch bauen nach dem Vorbild der Mauer am Kölner Dom eine „Klagemauer". Dies kann entweder ein Gemeinschaftsprojekt der ganzen Klasse werden oder auch als besinnliches Element eingesetzt werden, um Sch Raum zu geben, sich über ihre persönlichen Nöte Gedanken zu machen. L sollte darauf achten, dass die Ergebnisse nur auf freiwilliger Basis vorgestellt werden.

Kirchliche Hilfswerke kennenlernen

- Sch wählen in GA eines der auf der *Infoseite* **133** vorgeschlagenen Hilfswerke aus und besorgen sich mithilfe der angegebenen Adressen oder im Internet Informationsmaterial.
  Hinweis: U.U. ist es aus Zeitgründen sinnvoll, wenn L das benötigte Material schon im Voraus besorgt und bereitstellt.
- Sch stellen das Programm und jeweils ein Projekt des Hilfswerkes näher vor. Dabei können den Sch folgende Leitfragen eine Hilfe sein:
  - Wann, weshalb und wie entstand das Hilfswerk? (Entstehung und Beginn)
  - Welche Aufgaben übernimmt es?
  - Welche Ziele verfolgt das Hilfswerk?
  Sch präsentieren die Ergebnisse vor der Klasse (→ **Methodenkarte** „Einen Vortrag halten").
  Alternative: Plakatpräsentation.
- Sch laden eine/n Vertreter/in eines Hilfswerkes in die Klasse/Schule ein.
- Das Projekt kann zudem an einem Infostand in der Schule im Rahmen eines Projekttages vorgestellt werden, verbunden mit einer Spenden-Aktion für das Projekt (vgl. *Lehrerkommentar* S. 216).

Projekte gegen den Hunger erforschen

Das Engagement Misereors gegen den Welthunger ist an einem einzelnen Projekt gut zu veranschaulichen. Das Beispiel aus Burkino Faso (**AB 2.8.2, Lehrerkommentar S. 207**) zeigt übersichtlich, welche Probleme zu bewältigen sind, mit welchen Initiativen eine Besserung angestrebt wird, welche Rolle der Aspekt der Selbsthilfe spielt und mit welchen Mitteln Misereor hilft.

- L erläutert kurz, dass Burkino Faso in Westafrika liegt, bis 1960 unter frz. Kolonialherrschaft stand und heute zu den ärmsten Ländern der Welt gehört. Weitere Information z.B. im Internet.

Misereor-Projekt in Burkina Faso

MISEREOR
PROJEKT
PARTNER-
SCHAFT

Im Nordosten Burkina Fasos stemmen sich Muslime und Christen in gemeinsamer Anstrengung gegen das Vordringen der Wüste und bauen eine nachhaltige Landwirtschaft auf.

Immer häufiger entlädt sich weltweit soziales Elend in blutigen Auseinandersetzungen zwischen verschiedenen Religionsgemeinschaften. In Dori im Norden Burkina Fasos gibt es ein Gegenbeispiel. Hier haben sich schon 1969 Christen und Muslime zur „Union Fraternelle des Croyants" (UFC – Brüderliche Vereinigung der Gläubigen) zusammengeschlossen, um gemeinsam nach Möglichkeiten zu suchen, das erschreckend schnelle Vordringen der Wüste in diesem Sahelgebiet und die zunehmende Wasser- und Nahrungsmittelknappheit zu überwinden. Sie hatten erkannt, dass eine dauerhafte Abhängigkeit von ausländischen Getreidelieferungen ihre Würde und ihren Selbsthilfewillen zerstören würde. Dem wollten sie eine aktive Gestaltung ihrer Lebensbedingungen entgegensetzen.

Vielfältiges Entwicklungsprogramm
Sie entwickelten ein umfassendes Aktionsprogramm: Schutz des Lebensraums durch Aufforstung, Erosionsschutzmaßnahmen, Sicherung und Verbesserung des Grundwasserspiegels durch den Bau von Wasserrückhaltebecken, Trinkwasserversorgung durch den

Christen und
Muslime gemeinsam

Bau von Brunnen, Verbesserung der Nahrungsmittelproduktion durch einen standortgerechten Land- und Gartenbau, Kleintier- und Fischzucht, Aus- und Fortbildung von einheimischen Beraterinnen und Beratern, Frauenförderung und Alphabetisierung.

Sichtbare Erfolge
Die bisherige Arbeitsbilanz des Projektes zeigt, dass die UFC den Selbsthilfewillen der Dorfbevölkerung mobilisieren, den bedrohten Lebensraum verbessern und damit den Menschen Hoffnung und eine Zukunftsperspektive geben konnte. Nachweislich wurde nicht nur die Abwanderung junger Menschen in die Städte gestoppt, sondern es kehrten auch Familien zurück, die wegen der Dürresituation ihre Dörfer verlassen hatten.

Vorhaben für die nächsten Jahre
Für die nächsten Jahre plant die UFC neue Wasserspeicher anzulegen, sechs bestehende Wasserbecken zu sanieren sowie 30 Trinkwasser-Brunnen neu zu bauen oder zu vertiefen. Eingebettet sind diese Baumaßnahmen in ein umfassendes Erosionsschutzprogramm, das die Böden erhält und ihre Fähigkeit zur Wasserspeiche-

rung erhöht. Dazu gehören z.B. die Wiederaufforstung zur Gewinnung von Nutzholz, das Anlegen von Erdwällen oder das Anpflanzen von Hecken. In breit angelegten Bildungskursen auf Dorfebene erfahren die Bäuerinnen und Bauern, wie sie selbst ihre Lebenssituation verbessern können. Von Misereor werden Einkommen schaffende Maßnahmen, Alphabetisierungskurse für Frauen sowie lokale Getreidebanken unterstützt und ein Kreditprogramm für 750 Frauen aufgebaut.

Beitrag zum inneren Frieden
Am Brunnenbau sowie an der Durchführung von Bodenschutzmaßnahmen beteiligt sich die Bevölkerung sowohl finanziell als auch durch unentgeltliche Dienste. Außerdem tragen die örtlichen Dorfkomitees die Kosten und die Verantwortung für die Pflege und den Unterhalt der Brunnenanlagen. Im Kontext der auch in Burkina Faso beginnenden Polarisierung zwischen muslimischen Fundamentalisten und anderen Glaubensgemeinschaften spielt diese christlich-muslimische Gemeinschaftsinitiative eine beispielhafte Rolle für den Erhalt des inneren Friedens in der burkinischen Gesellschaft.

Misereor-Zusage: € 117.700

Problem	Problemlösung	Aufwand	Hilfe zur Selbsthilfe
– Ausbreitung der Wüste – gefährdete Ernährung	– Wiederaufforstung – Beratungsprogramm – ökologisches Bewusstsein – Pflege und Unterhalt	– Pflanzengut – Ausbildung – Arbeitsaufwand – Gerätschaften	– hohe Eigenleistung der Bauern – finanzieller Beitrag der Betroffenen – Entwicklungsprogramme

- Gemeinsam lesen Sch den ersten Teil des Textes, um die Problematik in Burkina Faso kennenzulernen.
- Sch lesen für sich den weiteren Text und notieren zu einem der Stichworte „Problemlösung", „Aufwand", „Hilfe zur Selbsthilfe" Informationen aus dem Text.
Die Ergebnisse des arbeitsteiligen Vorgehens werden als TA dargestellt und von den Sch gesichert (s.o.).

Einen Weltladen besuchen

Ein Besuch in einem Weltladen vermittelt Informationen und Eindrücke.

- Sch informieren sich über die Produktpalette und die Herkunft der angebotenen Waren.
- An einem Beispiel (z.B. Kaffee, Schokolade ...) sprechen Sch mit den Mitarbeiter/innen des Weltladens über die Probleme des Weltmarkts und die Situation der Produzenten in den Entwicklungsländern.
- Sch holen Auskunft über Kundenverhalten, Umsatz und Akzeptanz in der Öffentlichkeit ein.
- Sch überprüfen eigene Einkaufsgewohnheiten (z.B. Schreibwaren, Schulmaterial ...).
- Sch fragen nach der Motivation von Mitarbeiter/innen und sprechen mit ihnen darüber.

Aktionen in meiner Umgebung erkunden

In fast jeder Gemeinde werden Aktionen verschiedener Hilfswerke durchgeführt.

- Sch erkunden in ihren Heimatgemeinden, welche Projekte dort unterstützt werden. Die Ergebnisse der Klasse werden auf einem Plakat festgehalten und übersichtlich, nach Gemeinden oder Aktionen getrennt dargestellt.
- Die eine oder andere Aktion lädt vielleicht auch dazu ein, daraus ein Klassenprojekt zu starten und die Gemeinde in ihrem Tun zu unterstützen.

Experten befragen  ▶ IDEENSEITE 131

Neben der Caritas befinden sich in jeder Stadt weitere Träger, die sich um hilfsbedürftige Menschen kümmern: Sozialstation, Diakonie, private Anbieter etc. Der stärkste Eindruck von einer Einrichtung bleibt bei Sch meist durch einen Besuch oder eine Expertenbefragung im RU. Es sollte daher nicht darauf verzichtet werden, diese Möglichkeit zu nutzen. Eine gute Vorarbeit für und Vorbereitung auf einen solchen Besuch ist dabei besonders wichtig. Sch sollten einen kurzen Ein- bzw. Überblick über die Einrichtung bekommen, um dann gezielte Fragen vorzubereiten.

Barmherzig sein | Deuteseite 134-135

1. Hintergrund

Barmherzigkeit wird auch heute von vielen Menschen vorbildhaft vorgelebt. In dem Text auf *Deuteseite 134* lernen Sch einen solchen „vorbildhaften Menschen" und dessen Lebensgeschichte näher kennen. Der Text kann ein Impuls dafür sein, über die Beweggründe dieser Menschen und ihr Leben im Dienste der Barmherzigkeit nachzudenken. Im Beispiel von **Julia** wird ersichtlich, dass biblische Erzählungen ein Vorbild für unser Handeln sein können. Sch werden in diesem Zusammenhang dazu angeregt, über eigene Vorbilder und deren Handeln kritisch nachzudenken.
Diakonie, der Dienst an Notleidenden als Grundauftrag

der Kirche, ist begründet durch Jesu Worte und Taten der Nächstenliebe. Dieser Grundauftrag kann von jedem und jeder einzelnen, auch von Sch, in vielfältiger und unterschiedlicher Weise im Alltag umgesetzt werden. Mt 25,35ff zeigt in den Werken der Barmherzigkeit auf, was es bedeuten kann, Notleidenden zu helfen, wo wir im Alltag den Dienst am Nächsten „in die Hand nehmen können".

Das Gleichnis vom barmherzigen Samariter Lk 10,30-35 (25-37)

Das Gleichnis vom barmherzigen Samariter ist eingebettet in ein argumentatives Lehrgespräch Jesu mit einem Gesetzeslehrer. Es ist eines der wichtigsten Texte, mit dem die christliche Caritas biblisch begründet wird. Freilich hat der jahrtausendelange Umgang in diesem Kontext auch dazu beigetragen, dass sich die ungeheure Provokation, die darin steckt, abgeschwächt hat. Für uns heute ist die Geschichte zu einer Beispielgeschichte geworden, wie wir uns verhalten sollen angesichts der vielfältigen Not der Menschen. So ist der Samariter zum Markenzeichen für die weltweiten christlichen Hilfsorganisationen geworden. Das soll in keiner Weise geschmälert werden.

Aber für die Hörer zur Zeit Jesu war die Erzählung nicht nur ein moralischer Impuls zur Nächstenliebe, sondern auch eine schallende Ohrfeige. Jesus machte sich damit zum Nestbeschmutzer und Dissidenten, der das Judentum in schlechtes Licht rückt und ererbte Werte auf den Kopf stellt.

Was geht hier eigentlich vor sich? Zwei angesehene Repräsentanten des Judentums sind unterwegs von Jerusalem ins 27 km entfernte Jericho. Auf dieser Straße waren täglich Tempelbeamte unterwegs, denn Jericho war der Wohnort vieler Priester, die in Jerusalem ihren Dienst taten – in diesem Fall ein Priester und ein Levit, dieser in ähnlicher Funktion wie jener, nur in untergeordneter Stellung. Die Priester waren Nachkommen des Hauses Aaron, die Leviten Nachkommen des Stammes Levi. Die Aufgaben beider Gruppen waren fließend. Ursprünglich übten auch die Leviten das Priesteramt aus, im Spätjudentum allerdings nur noch an kleineren Heiligtümern. Im Jerusalemer Tempel stellten sie das Hilfspersonal der Priester. Sie waren aber auch als Tempelsänger oder in der Rechtsprechung tätig. Groß war der Unterschied zwischen Priestern und Leviten jedenfalls nicht, was das Aufgabengebiet betraf, aber zu Rivalitäten reichte es allemal, denn die Priester zählten sich als Erben des Hauses Aaron zu einem vornehmeren Stand. Für diese Erzählung spielt das allerdings keine Rolle. Die Dramatik spielt sich nicht nach dem Gesetz der Dreizahl in einer Rangordnung von drei Akteuren ab, auch wenn das auf den ersten Blick so scheinen mag, sondern in einer Zweierkonstellation hinsichtlich der Volkszugehörigkeit. Auf der einen Seite steht die religiöse Prominenz des Judentums, auf der anderen der Falschgläubige aus dem Volk der Samaritaner, das in der Bibel als „Unvolk" angeprangert wird. In Sir 50,25-26 heißt es: „Zwei Völker verabscheue ich, und *das dritte ist kein Volk*: die Bewohner von Seïr und vom Philisterland und *das törichte Volk, das in Sichem wohnt.*" – Hier beginnt die Provokation. Man könnte es noch hinnehmen, wenn der dritte Mann im Gleichnis wenigstens ein Jude von niedrigerem Stand wäre. Aber dass es ein Samariter sein musste, geht der Hörererwartung eines jüdischen Publikums gründlich gegen den Strich, noch dazu, wenn anzunehmen ist, dass der unter die Räuber Gefallene ebenfalls ein Jude war, was naheliegt auf dieser Straße. Nicht von den Glaubensbrüdern wurde ihm geholfen, sondern von einem Abtrünnigen. Zur Rechtfertigung des skandalösen Verhaltens der Kleriker wurde von Exegeten immer wieder nach Entlastungsgründen gesucht. Man glaubte sie im kultischen Reinheitsgebot gefunden zu haben, insofern bei den Juden jemand, der mit der Ausübung des Kultes betraut war, sich nicht an einem Toten oder Todgeweihten verunreinigen durfte. Aber ein solcher Entschuldigungsgrund würde der Zuspitzung der Erzählung im Wege stehen und sie um ihre Pointe bringen. Wenn es für das Verhalten der beiden Kleriker eine plausible Erklärung gäbe, müsste man sich fragen, weshalb die Geschichte überhaupt erzählt wird. Wären ihnen durch kultische Vorschriften die Hände gebunden gewesen, so hätten sie Hilfe herbeirufen können und wären somit gerechtfertigt. Daran ist die Erzählung aber nicht interessiert. Das zeigen die beiden gleich lautenden Textelemente, die das Verhalten der beiden knapp und unmissverständlich wiedergeben: „Er sah ihn und ging weiter" (VV 31b und 32b). Da kommt nicht der leiseste Anflug von Unsicherheit, Ratlosigkeit oder wenigstens von Feigheit und Zwiespältigkeit auf. Das könnte beim Hörer noch ein gewisses Maß an Verständnis für menschliche Schwächen wecken. Stattdessen Herzlosigkeit ohne Wimpernzucken – und das bei Männern, denen die Weisungen des Herrn über alles gehen sollten! In krassem Gegensatz dazu der Mann aus Samarien: Von ihm heißt es knapp und bündig: „Als er ihn sah, hatte er Mitleid" (V 33b). Was er nun tut, ist Barmherzigkeit über das notwendige Maß hinaus. Er kümmert sich nicht nur um die Erstversorgung des Opfers indem er ihn verbindet und zur Herberge bringt, sondern setzt auch noch zwei Denare dafür ein. Dabei hätte nach damaliger Währung ein Zwölftel Denar als Tagesration ausgereicht. Der Samariter, dieser Verachtete in den Augen der Juden, hatte Geld für mehr als drei Wochen ausgegeben.

Musste Jesus so übertreiben, um seinen Hörern das Gebot der Nächstenliebe plausibel zu machen? Die Plausibilität wird in den Ohren seiner Hörer übertönt von der Provokation.

Man wird daher die Erzählung wohl kaum noch als eine Beispielgeschichte verstehen können, die zeigen soll, wie man sich bei Fällen dieser Art zu verhalten hat. Die Geschichte ist eher als Parabel anzusehen, bei der bildhaft ein ungewöhnlicher Einzelfall zur Sprache kommt und gewohnte Denkmuster durchbrochen werden. Eine Parabel greift über die Alltagswirklichkeit hinaus – in diesem Fall auf unerhörte und unzumutbare Weise. Sie spricht von den Anforderungen einer Liebe, denen im wirklichen Alltag kaum jemand gewachsen sein dürfte. Somit ist der Hörer herausgefordert, sich über das Menschenmögliche hinaus in das menschlich Unmögliche hineinzudenken und es als Wirklichkeit zuzulassen.

Soweit also kann die Frage nach dem Nächsten führen! Soweit kann es gehen, wenn Menschen mit Jesus konfrontiert werden! – Jesus hat mit diesem Gleichnis den Gesetzeslehrer und Theologen auf eine Spur gesetzt, auf die er sich freiwillig kaum begeben hätte. Anfangs dünkte er sich wohl überlegen, als er eine existenzielle Lebensfrage vortäuschte, um die Antwort Jesu zu testen: „Was muss ich tun, um das ewige Leben zu gewinnen?" (V 25) Die Gegenfrage Jesu legt offen, dass er sich die Antwort als Tora-Kundiger leicht selbst geben konnte und dafür nicht den Rat Jesu brauchte. Um sein Gesicht zu retten, schiebt er eine zweite Frage nach. „Wer ist mein Nächster?" Da konfrontiert ihn Jesus mit dieser Erzählung, die der klug eingefädelten Fragerei eine gefährliche Wendung gibt. Die Frage nach dem Nächsten erfährt nun einen Perspektivenwechsel. Es geht nämlich überhaupt nicht darum, wen ich mir zum Nächsten auswähle, sondern darum, dass ich dem anderen Nächster bin. Die Blickrichtung geht vom Nächsten als dem Objekt meiner Zuwendung zum Subjekt des eigenen Ichs. Ich habe der Nächste zu sein – egal für wen, und das heißt immer für den, mit dem ich es gerade zu tun bekomme – sei er mein Feind und sei die Situation noch so prekär.

Didaktischer Hinweis: Auch wenn auf *Deuteseite* **134** eine Beziehung zwischen dem Bericht über Julia und dem Gleichnis hergestellt wird, besteht doch ein gravierender Unterschied. Das verschärfende Moment des Gleichnisses sollte Sch bewusst werden. Damit könnte AA 2 ein belebendes Element erhalten.

Das Stichwort „Samariter" im *Lexikon* **157** der ersten Auflage von *Reli konkret 2* folgt einer weit verbreiten Darstellung, die sich auf 2 Kön 17,24-41 beruft. Sie darf jedoch nach neueren Forschungsergebnissen bezweifelt werden. Durch tendenziöse oder irrtümliche Interpretation dieser Stelle erscheinen die Samaritaner als Nachfahren heidnischer Kolonisten, die im Zuge der assyrischen Eroberung nach 723 v.Chr. in Samaria angesiedelt wurden.

Der samaritanische Glaube enthält de facto keinen heidnischen Einfluss, sondern erweist sich im Gegenteil als besonders ursprünglich. Tatsächlich gehen die Samaritaner auf den im Land verbliebenen Rest alteingesessener Jahweverehrer zurück (vgl. Dexinger).

Sieger Köder (geb. 1925)
Sieger Köder ist ein katholischer Priester und Künstler. Er zählt zu den bekanntesten deutschen Malern christlicher Kunst des 20. Jh. Er gilt als ein kraftvoller und farbgewaltiger „Prediger mit Bildern".

Sieger Köder, „Ihr habt mir zu essen gegeben", o.J.

Unter den vielen Lehrgeschichten, die uns von Jesus überliefert sind, ist diese eine fast volkstümlich geworden. Ihre Weisung hat sich ausformuliert in den „sieben Werken der Barmherzigkeit". Auffallend nur, dass zu den sechs bei Matthäus aufgezählten noch ein siebtes dazugekommen ist: Tote zu begraben. Die Gestalt des Tobit im AT ist wohl Modell dafür. Vielleicht können wir heute sagen, dass in diesem „siebten Werke" weniger die übliche Beerdigung gemeint ist als die Begleitung Sterbender und die Bewahrung des Gedächtnisses an die Toten.

Dass sich diese Werke volkstümlich überliefert haben, ist gewiss kein Zufall. Von den vielen Reden des Rabbi Jesus ist das eine, die jeder für sich übersetzen kann. In dieser Rede ist Jesus nicht der Ferne, zum Vater Gegangene. Hier geht es um sein Gegenwärtigsein, Verweilen unter uns. Noch immer identifiziert er sich mit dem Leiden dieser Welt. Das Mädchen im roten Gewand füllt den Becher eines Menschen, der ihr gegenübersteht. Aber in diesem Augenblick schaut sie ihn nicht an, sondern einen anderen, Größeren, den wir im Bild nur ahnen, aber nicht wahrnehmen. Dieser Größere bricht Brot auseinander und gibt ein Stück in die leeren Hände eines Schwarzen. Von diesem „Unbekannten" nimmt sie den Auftrag zu sehr konkreten Werken des Dienens. Sieger Köder setzt die Fortsetzung der Werke der Barmherzigkeit in kleine Szenen um, die uns vertraut sind aus unserem Leben: eine Nonne reicht einem Kranken die Medizin; der Besuch im Knast wird zur stärkenden, vertrauensvollen Umarmung; das Plakat mit der Bitte um unsere Kleider kann nicht übersehen werden und lässt deshalb nachdenken über unseren Überfluss; die blau gewandete Frau schlägt dem Fremden nicht gleich die Tür zu; und auf dem Grab draußen stehen Zeichen liebevoller Erinnerung.

Es fällt uns nicht schwer, über diese Szene hinauszudenken. Denn es erscheinen uns heute noch ganz andere Formen von Existenznot. Hunger und Durst nach Befreiung, einsam und an Schuld leidend, vergessen werden und traurig sein – ein Strom der menschlichen Misere umgibt uns und wir sind mitten in ihm.

Seit Jesus Mensch war, manifestiert sich im Leiden seine Gegenwart. Und so wie jeder sonnenhelle Morgen uns an die Fülle der Schöpfung erinnert, mag uns in jedem Schmerz seine Solidarität mit uns überwältigen. Nicht weil uns eine Belohnung versprochen wird, wenden wir uns dem anderen zu. In der Zuneigung vollzieht sich der Akt der Begegnung. Wenn wir, unser eigenes Leid übersteigend, einem anderen begegnen, ist ER in unserer Nähe.

📖 Literatur s. *Lehrerkommentar* S. 218

Der barmherzige Samariter

Ein Mann ging von Jerusalem nach Jericho hinab

und wurde von Räubern überfallen.

Sie plünderten ihn aus und schlugen ihn nieder;

dann gingen sie weg und ließen ihn halbtot liegen.

Zufällig kam ein Priester denselben Weg herab; er sah ihn und ging weiter.

Auch ein Levit kam zu der Stelle; er sah ihn und ging weiter.

Dann kam ein Mann aus Samarien, der auf der Reise war.

Als er ihn sah, hatte er Mitleid, ging zu ihm hin, goss Öl und Wein auf seine Wunden und verband sie.

Dann hob er ihn auf sein Reittier, brachte ihn zu einer Herberge und sorgte für ihn.

Am anderen Morgen holte er zwei Denare hervor, gab sie dem Wirt und sagte: Sorge für ihn, und wenn du mehr für ihn brauchst, werde ich es dir bezahlen, wenn ich wiederkomme.

nach Lk 10,30-35

- Male jedes Kästchen mit der Farbe aus, die dir beim Zuhören zu diesem Satz spontan einfällt.
- Male das Bild mit den Farben aus, die du den Sätzen zugeordnet hast.
- Gib der Geschichte eine eigene Überschrift.

2. Einsatzmöglichkeiten im RU

Texte in Farbe umsetzen

Diese gestaltpädagogische Methode eignet sich zum Kennenlernen des Bibeltextes „Das Gleichnis vom barmherzigen Samariter" und sollte in einer ruhigen Atmosphäre, ggf. mit meditativer Musik, von den Sch in EA durchgeführt werden.

- Sch erhalten **AB 2.8.3, Lehrerkommentar S. 211**, als Kopie. Nachdem sie die Bibelstelle gemeinsam gelesen haben, malen Sch die Kästchen neben den einzelnen Sätzen mit einer Farbe aus, die ihnen beim Lesen zu diesem Satz spontan einfällt.
- Die ausgewählten Farben übertragen Sch im nächsten Schritt in die Bildvorlage. Bei der anschließenden Besprechung der Bilder im Plenum muss das Prinzip der Freiwilligkeit gelten. Dabei sollten jedoch unbedingt alle Bilder besprochen werden, die freiwillig vorgestellt werden, um keine/n Sch zu benachteiligen.

Ein Spiel zur Diakonie spielen

- L bespricht mit Sch die drei Grunddienste der Kirche (Diakonia, Martyria, Liturgia) und informiert über die Herkunft des Wortes Diakonie (griech.: *diakonia* = Dienst).
  L weist in diesem Zusammenhang auf das Hilfswerk Diakonie als ev. Pendant zur Caritas hin.
- Sch vertiefen und festigen ihr Wissen über die Diakonie, indem sie das Diakonie-Spiel spielen (**AB 2.8.4** und **2.8.5, Lehrerkommentar S. 213** und **214**). Das Spiel kann z.B. im Zusammenhang mit der Geschichte vom barmherzigen Samariter gespielt und mit der L-Frage eingeleitet werden: „Was kann ich selbst auf dem Weg der Barmherzigkeit tun?"
  Vorbereitung: Sch bilden Gruppen und basteln jeweils ein Paar Würfel (**AB 2.8.4, Lehrerkommentar S. 213**, auf Karton kopieren, ausschneiden und an den markierten Stellen zusammenkleben) und erhalten einen Satz Piktogramm-Karten (**AB 2.8.5, Lehrerkommentar S. 214**).
  Alternative: Je nach verfügbarer Zeit bastelt L im Voraus pro Gruppe einen Satz Würfel und kopiert einmal die Begriffe auf die Rückseite der Piktogramme auf dünnen Karton und schneidet die Kärtchen aus.
  – Im UG ordnen Sch den Piktogrammen auf **AB 2.8.5, Lehrerkommentar S. 214**, die Begriffe zu. L kann z.B. die Piktogramme auf Folie kopieren, die Begriffe am Rand aufschreiben, am OHP zeigen und auf Zuruf durch Sch Linien zwischen passendem Bild und Begriff ziehen.
  – Sch schreiben dann auf die Rückseite der Piktogramm-Kärtchen die passende Tätigkeit.
  – Ein/e Sch würfelt mit beiden Würfeln und nimmt ein Piktogramm, das seiner/ihrer Meinung nach zu beiden Würfelergebnissen passt, z.B. bei „ehrenamtlich" und „Pflegen" das Piktogramm „Behindertenhilfe". Er/sie erläutert die Wahl, z.B. „In der Behindertenhilfe ist ehrenamtliche Hilfe möglich. Ich könnte folgende Tätigkeit anbieten: ...".
  – Andere Sch beziehen zu der Wahl und den Hilfsideen kritisch Stellung.
  – Sch würfeln reihum solange, bis alle Piktogramme verteilt sind. (Spieldauer ca. 15 Minuten)

- Nach dem Spiel tragen Sch im Plenum die Ergebnisse aus der GA in einer dreispaltigen Tabelle zusammen (TA).
  Jede/r Sch ordnet die eigenen Piktogramme dem ehrenamtlichen bzw. beruflichen Bereich zu oder dem „Grenzbereich" (mittlere Spalte).
  Sch betrachten den fertigen TA und beziehen Stellung zur Eingangsfrage: „Was kann ich tun?"
- Sch übertragen den TA zur Sicherung ins Heft.

Ein Gedicht über das Teilen schreiben

Sch haben oft eine ich-bezogene Haltung, was durch Bemerkungen wie „Was bringt mir das?" oder „Was hab ich davon?" deutlich wird. Dass es auch persönlich bereichernd sein kann, sich anderen zuzuwenden, sich zu kümmern, zu helfen, sich einzusetzen, ist ihnen oft nicht bewusst.

- Sch erhalten **AB 2.8.6, Lehrerkommentar S. 205**, mit dem Gedicht von Rainer Haak, das diesen „Gewinn" verdeutlicht. Das Gedicht kann als Einstieg oder Abschluss des RU genutzt werden.
- Sie ergänzen in EA den Lückentext. Dabei kommt es nicht darauf an, dem ursprünglichen Gedicht möglichst nahezukommen, sondern die Lücken sinnvoll zu füllen.
- Sch lesen das Gedicht und nehmen aus ihrer Sicht Stellung zum Inhalt.

Dem barmherzigen Samariter heute begegnen

Die Erzählung des barmherzigen Samariters lässt sich auch auf heutige Situationen übertragen.

- Sch schreiben in einer Art „Parallelgeschichte", wie und wo sich diese Geschichte heute ereignen könnte. Dazu kann zunächst auch im Plenum besprochen werden, wie die Rollen der Personen aus der Erzählung heute „besetzt" wären, bevor jede/r einzelne Sch eine eigene „Parallelgeschichte" schreibt.

Die Rollen wechseln

Sch versuchen, sich durch die Methode des Standbildes (→ **Methodenkarte** „Ein Standbild stellen") mit Personen der Erzählung „Das Gleichnis vom barmherzigen Samariter" zu identifizieren und sich in sie hineinzufühlen. Welche Situationen aus der Erzählung gestellt werden, entscheidet entweder L oder Sch gemeinsam.

Diakonie-Spiel: Würfel

JOKER:
Freie Wahl

| Helfen | Pflegen | Beraten | Fördern |

2 x würfeln

ehrenamtliche
HILFE

| berufsbezogene HILFE | ehrenamtliche HILFE | berufsbezogene HILFE | ehrenamtliche HILFE |

berufsbezogene
HILFE

Diakonie-Spiel: Piktogramme

Besuchsdienst

Straffälligen-
hilfe

Sucht-
krankenhilfe

Nichtsess-
haftenhilfe

Hilfe für
Arbeitssuchende

Ambulante Dienste
der Diakoniestation

Behindertenhilfe

Arbeit mit
Kindern

Offene
Sozialarbeit

Essen auf Rädern

Hilfe für
Blinde

Offene
Altenarbeit

Weiterführung: Diese Methode kann ebenfalls auf die Bibelstelle Mt 25,35 „Werke der Barmherzigkeit" oder auf das Bild von Sieger Köder übertragen werden.

Mit Fotos verdeutlichen ▶ IDEENSEITE 131
Dieser Fotowettbewerb sollte im RU vor- und nachbereitet werden. Die eigentliche Suche nach einem gelungenen Foto kann den Sch auch als Wochenaufgabe außerhalb des RU aufgetragen werden.

Ich sehe etwas ...
Sch erschließen das Bild von Sieger Köder (→ **Methodenkarte** „Ein Bild erschließen").
1. Sch äußern sich allgemein und spontan in der Ich-Form: Ich sehe ...
2. Mir fällt besonders auf, ...
3. Sch äußern Gedanken oder Gespräche aus Sicht der dargestellten Personen in Ich-Form.
4. Sch geben dem Bild eine Überschrift.

Einen Psalm schreiben
Das Bild von Sieger Köder bietet sich als Anregung zum Psalmenschreiben an. Dies sollte in einer möglichst ruhigen und evtl. mit meditativer Musik begleiten Atmosphäre stattfinden. Sch gehen dabei nach einem vorgegebenen Raster vor:

1. Ich bin ....
2. Auf dem Bild ...
3. Ich fühle .../Ich bin .../Ich habe ...
4. Du aber, Jesus (Gott), du ...
5. Ich bitte dich, Gott, .../Ich danke dir, Gott, .../Ich lobe dich, Gott, ...
Beispiel:
> Ich bin ein alter kranker Mann.
> Auf dem Bild werde ich von einer Schwester betreut.
> Ich fühle mich schwach und habe Angst sterben zu müssen.
> Du aber, Gott, kennst mich und weißt, dass ich auf dich vertraue.
> Ich bitte dich Gott, lass mich nicht lange leiden und mach mir den Abschied von meinen Verwandten nicht so schwer.

Sich die Hände reichen ▶ IDEENSEITE 130
- Sch werden sich mit dieser Methode bewusst, was die Geste „sich die Hände reichen" bedeuten kann. Wenn wir jemand die Hand reichen, kann dies mehr ausdrücken als nur „guten Tag" zu sagen.
- Sch finden oder malen für die Gestaltung in ihrem Heft z.B. ein geeignetes „Händereichen"-Bild, neben das sie ihre Gedanken aufschreiben.

Besinnungsseite 136-137

Die Elemente der *Besinnungsseite* können zu Beginn bzw. zum Abschluss einer Unterrichtsstunde, in meditativen Einheiten, in (Schul-)Gottesdiensten oder zur kreativen Gestaltung etc. eingesetzt werden.

1. Hintergrund

Die *Besinnungsseite* lässt Sch Platz und Zeit, sich in kreativer und meditativer Weise mit der Thematik auseinanderzusetzen, sich z.B. in Stille, beim Malen oder Psalmenschreiben Gedanken über die eigene Einstellung oder das eigene Verhalten gegenüber Hilfsbedürftigen zu machen. Die Impulse können aber auch Ruhe in das oft turbulente Unterrichtsgeschehen bringen.

2. Einsatzmöglichkeiten im RU

Wer singt, betet doppelt
Das Lied „Jetzt ist die Zeit" kann sowohl zum Stundenbeginn, als auch als zum Stundenabschluss eingesetzt werden. Auch in einem Gottesdienst oder einer liturgischen Feier ist ein geeigneter Platz.

Ein Leporello gestalten
Das Fensterbild des Freiburger Münsters greift die Bibelstelle „Werke der Barmherzigkeit" auf.
- Sch gestalten in EA oder PA ein Leporello mit den Bibelversen Mt 25,35ff und Bildern zu den Werken der Barmherzigkeit. Auf jeweils einer Seite oder einer Doppelseite malen oder collagieren (Fotos aus Zeitschriften etc.) sie ein Bild und schreiben den passenden Bibelvers dazu (ergibt incl. einer Titelseite sieben oder 13 Seiten).
- Die Leporellos können im Klassenzimmer ausgestellt werden.

Meditatives Malen
Jede/r Sch sucht sich aus dem Fensterbild des Freiburger Münsters ein Teilbild aus (**AB 2.8.7, Lehrerkommentar S. 217**), das sie in Kopie (vergrößert) erhalten. Mit ruhiger Musik im Hintergrund gestalten Sch ein „Werk der Barmherzigkeit" mit Farben, die ihnen geeignet scheinen.
Hinweis: Meditatives Malen setzt voraus, dass niemand spricht und alle Fragen zuvor geklärt sind. Sollten dennoch Fragen auftreten, entscheiden Sch selbstständig, sodass sie die Hilfe von L nicht benötigen.

1. Hintergrund

Compassion

Der Begriff „Compassion" wird wohl am besten mit „Mitleidenschaft" wiedergegeben. Er enthält das Moment der Aktion, das einen Menschen einfach mitfühlend handeln lässt, und beschreibt eine gesellschaftliche Tugend, die Leiden nicht einfach hinnimmt, sondern Anteil an ihm nimmt.

Das Konzept der Compassion ist mittlerweile an zahlreichen Schulen präsent. Durch ihre Mitarbeit in Projekten, z.B. in Altenheimen, Einrichtungen für behinderte Menschen etc., erhalten Sch Einblicke in die Lebenssituation von hilfsbedürftigen Menschen oder Menschen, die am Rand der Gesellschaft leben, und können an so eine Haltung von Mitgefühl, Hilfsbereitschaft und Mitleidensfähigkeit herangeführt werden. Einer der Vordenker des Compassion-Konzepts ist der Fundamentaltheologe Johann Baptist Metz (geb. 1928). Er bezeichnet Compassion, die „Empfindlichkeit für fremdes Leid", als das Schlüsselwort des Christentums und daher als Leitbegriff für die Nachfolge Jesu. Sie ist verankert in der Botschaft und im Handeln Jesu. Sein provokativer Anspruch auf selbstlose Hingabe an Andere, Schwächere und Hilflose, kann gerade junge Menschen ansprechen und herausfordern. In der Kirche, aber auch im Alltag jedes Menschen bieten sich zahlreiche Gelegenheiten, die theologische Konzeption von Compassion zu verwirklichen: ein Telefonanruf, ein kurzer Besuch, Vorlesen, Singen, Spielen, eine kleine Besorgung für Menschen, die selbst nicht in der Lage dazu sind etc.

Der Gott der Bibel ist ein Gott der Compassion, hebräisch *häsäd*, was mit „Barmherzigkeit" und „Erbarmen" übersetzt wird. Im Zentrum des Christentums steht die Gestalt des Leidenden. Christliche Gottesrede muss daher von ihrem Zentrum her „leidempfindlich" sein. Als „klassisches" Beispiel christlicher Barmherzigkeit gilt der barmherzige Samariter (Lk 10,25-37; vgl. *Lehrerkommentar* S. 208ff.). Er wendet sich spontan und selbstverständlich dem Hilflosen zu. Er hat nicht nur Mitleid, sondern handelt auch „mit Leidenschaft", um die Not zu wenden.

Die Schule bzw. der RU kann mithelfen, eine solche sozialverpflichtete Haltung bei Sch zu fördern und zu stärken. Sch kommen durch Projekte mit behinderten, alten, kranken, obdachlosen und vernachlässigten Menschen in Kontakt und lernen, was es heißt, sich ohne Gegenleistung für andere einzusetzen, wie wertvoll und wichtig ihr Engagement für die „Empfangenden" ist, wie befriedigend und inspirierend es aber auch für sie selbst sein kann.

Literatur s. *Lehrerkommentar* S. 218

Auf *Projektseite* **138-139** erhalten Sch viele Ideen, sich in verschiedenster Richtung zu engagieren. Einige Ideen können sie selbstständig verfolgen und evtl. weiterentwickeln bzw. auf ihr Umfeld anpassen. Stets ist es wichtig, diese Projektarbeit gut vorzubereiten, zu begleiten und nachzubereiten. Dafür müssen Sch und L u.U. auch Zeit außerhalb des RU investieren. L sollte in der Vorbereitung Sch beratend zur Seite stehen, um z.B. den möglichen Umfang des Projekts bzw. des Engagements realistisch abzustecken. Ebenso sollte die weitere Begleitung der Sch, die sich in einem Projekt engagieren wollen, im RU oder darüber hinaus gewährleistet sein.

2. Einsatzmöglichkeiten im RU

Ein Projekt unterstützen

Sch überlegen gemeinsam, wo und wie sie sich im Rahmen eines Projektes für hilfsbedürftige Menschen engagieren könnten und welche Fragen vorab zu klären sind (vgl. *Projektseite* **138**).
Sie können sich z.B.
— in ein bestehendes lokales Projekt einbringen, aber auch ein eigenes Projekt starten,
— sich gemeinsam für ein Projekt oder einzeln bzw. in kleinen Gruppen für mehrere Projekte engagieren etc.

TransFair    ▶ IDEENSEITE 131

- Sch organisieren an einem schulweiten Projekttag oder Schulfest einen Stand für fair gehandelte Produkte.
- Sie bilden Gruppen mit unterschiedlichen Aufgaben, z.B.:
  — Auswahl eines Projekts, das im Rahmen des Standes vorgestellt wird (z.B. bei Misereor oder einem anderen Hilfswerk),
  — Erarbeitung von Informationsmaterial über das Projekt und fairen Handel (Material über die Hilfswerke und gepa),
  — Organisation und Betreuung des Verkaufsstandes (Kontakt zum lokalen Eine-Welt-Laden),
  — Kochen einer Mahlzeit aus Fairtrade-Produkten,
  — Einüben und Darbringen kurzer Spielszenen, eines Liedes in der Sprache des Projektlandes o.Ä.,
  — Einrichtung einer Klagemauer (vgl. *Ideenseite* **130**)
  etc.
- Evtl. Einnahmen aus dem Verkaufsstand werden dem Projekt gespendet.

Werke der Barmherzigkeit

1. Hintergrund

Im Verlauf des Kapitels wurde deutlich, dass der Einsatz für andere notwendig ist, um Schwächeren die Teilhabe an unserer Gesellschaft zu gewähren. Dass dies jedoch nicht immer einfach und leicht zu bewältigen ist, dass wir uns aufraffen und uns Gedanken über unser eigenes Dazutun machen müssen, wurde in vielen Inhalten deutlich und erfahrbar. Barmherzigkeit, die Fähigkeit mitfühlen, mitleiden, mithelfen zu können, erfordert von jedem und jeder einzelnen die Bereitschaft, im Sinne Jesu zu leben, ihm nachzufolgen und den Gewinn darin für sich selbst zu entdecken. Auf *Stellungnahmen* **140** bietet sich Sch die Möglichkeit, das Thema im Rückblick, in Ausschnitten und mit Ergänzung ein letztes Mal ins Gespräch zu bringen.

Die **Karikatur** greift einen im Kapitel bis dahin nur am Rande erwähnten Teilaspekt auf. In Zusammenhang mit Mk 12,31 wird hier auch die globale Problematik der Armut und die Aufgabe der globalen Solidarität angesprochen.

Das **Gedicht** von Erich Fried spielt mit den Worten „Kummer" und „sich kümmern". Es kann Sch anregen, darüber nachzudenken, dass in ihrer direkten Umgebung Menschen körperliche oder seelische Not leiden, unter Nichtbeachtung, Ausgrenzung oder Abwertung durch andere leiden.

2. Einsatzmöglichkeiten im RU

Was kann ich tun?

- Im Bezug auf die Karikatur und den Bibelvers Mt 12,31 sammeln Sch in GA in einem Schreibgespräch Ideen, was sie selbst tun können, um die globale Situation zu verbessern. Anregungen dafür finden sie auch in diesem Kapitel.

- In einem zweiten Schritt sortieren Sch ihre Vorschläge nach leicht und schwer umsetzbaren Ideen. Die leicht umzusetzenden Vorschläge stellen die Gruppen sich gegenseitig vor und notieren sie an der Tafel.

- Sch einigen sich am Ende auf ein bis zwei Vorschläge, die sie in den nächsten Tagen und Wochen umsetzen können.

Eine Bildmontage erstellen

Sch erstellen zu dem Gedicht von Erich Fried „Die Kümmerlichen" eine Bildmontage, in der noch einmal die Bandbreite an hilfsbedürftigen Menschen aus dem ganzen Kapitel aufgezeigt wird.

Literatur

Infoseite 132-133
Geschichte der Kölner Klagemauer bis 1997: www.safercity. de/1997/frieden.html
TransFair, Remigiusstr. 21, 50937 Köln, Tel. 0221/942040-0, www.transfair.org
gepa, Bruch 4, 42279 Wuppertal, Tel. 0202/26683-0, www. gepa.de

Deuteseite 134-135
Dexinger, Ferdinand, Samaria, in: LThK[3], Bd. 8, 1511
Gnilka, Joachim, Das Matthäus-Evangelium Teil 2., Kommentar zu Kap. 14,1-28,20 und Einleitungsfragen, Herders Theologischer Kommentar zum Neuen Testament, Freiburg i.Br. 2000

Projektseite 138-139
Kuld, Lothar/Gönnheimer, Stefan, Compassion. Sozialverpflichtetes Lernen und Handeln, Stuttgart/Berlin/Köln 2000

Leistungsmessung oder Evaluation im RU?

1. Hintergrund

Die aktuelle Diskussion um Bildungsstandards mit ihren kompetenzorientierten Anforderungen auch für das Fach Religion hat die Frage nach der Wirksamkeit von RU neu belebt. Eine regelmäßige Evaluation soll Rückschlüsse über einen guten RU, seinen „output" und seine „Nachhaltigkeit" ermöglichen. Das Nachdenken darüber übt einen heilsamen Druck aus, Rechenschaft abzulegen, was der spezifische Beitrag dieses Faches als ordentliches Lehrfach der Schule für das Verstehen von Wirklichkeit und für das kompetente und mündige Handeln in einer komplexen Lebenswelt sein soll und sein kann. Schnell wird auch deutlich, dass religiöse Bildung sich nicht begrenzt auf generalisierbare und überprüfbare Leistungserwartungen, die „gemessen" werden können. Ein Dilemma entsteht durch die gesellschaftlichen Leistungserwartungen an jedes Schulfach und somit auch an den RU, symbolisiert durch die Zeugnisnoten auf der einen Seite und durch die ideologiekritische Infragestellung eines solchen Leistungsverständnisses durch die Theologie auf der anderen Seite: Für Christen gilt die bedingungslose Annahme der Menschen durch Gott vor aller Leistung. Dabei ist wohl unbestritten, dass Rückmeldungen zu den Lernfortschritten, ein Feedback zu Lernleistungen der Sch und zur Effektivität des Unterrichts zum Standard eines guten RUs gehören.

Wirkungsüberprüfung: Feedback für Lehrende und Lernende

Evaluation, Wirkungsüberprüfung und Leistungsbewertung beziehen sich auf geplante Lernvorgänge und können Lernenden wie Lehrenden an erster Stelle eine transparente Rückmeldung über die Wirkung des Unterrichts geben. Dabei ist nicht nur der „output" als Lernergebnis in den Blick zu nehmen, sondern auch der Weg, der zu den erwünschten Wirkungen geführt hat oder sich als Umweg mit nicht geplanten Ergebnissen erwiesen hat. Es wäre verhängnisvoll, wenn sich die Überprüfung des „outputs" abkoppeln würde vom Lernprozess. Diesen bewusst wahrnehmen und reflektieren zu können, ist eine unverzichtbare Kompetenz, die für das Lernen produktiver ist als z.B. die Kompetenz, Tests bewältigen zu können.

2. Die Praxis der Wirkungsüberprüfung und der Leistungsbewertung

Vielfältiges und variables Feedback als Lernkultur

Zu den klassischen Modellen der Rückmeldung von Sch-Leistungen an L gehören mündliches Abfragen und schriftliche Tests. Dabei werden oft wichtige Dimensionen eines produktiven Lernens vernachlässigt, wie z.B. ästhetische, psychomotorische, soziale, ferner zeitlich ausgedehnte und prozessbezogene Leistungen. Im Sinne einer produktiven und motivierenden Lernkultur und eines Lernens mit allen Sinnen gilt es, vielfältigere Formen der Leistungsrückmeldung zu pflegen: z.B. im Blick auf soziale, nonverbale, ikonische, symbolische, praktische und prozessbezogene Leistungen. Rückmeldungen sollen nicht nur zurückschauen und bewerten, sondern auch Anregungen für das zukünftige Lernen enthalten. Konstruktive Rückmeldungen an Sch durch L sind im Sinne eines Feedbacks wichtige Teile des Unterrichts und darum nicht auf Sondersituationen abzuschieben. Sie bedürfen einer kommunikativen Form, die sich nicht zufrieden gibt mit der Bekanntgabe einer Note.

Zu einer symmetrischen Feedback-Kultur gehört darüber hinaus die Selbstverständlichkeit, dass die Lernenden Rückmeldungen über ihr eigenes Lernen (z.B. in einem Lerntagebuch mit Reflexionen zum eigenen Lernfortschritt) und über den Unterricht geben können: im Rahmen meta-unterrichtlicher Phasen (s.u.), bei dem Gütekriterien für guten Unterricht reflektiert werden, oder in Briefform, als Mail oder auch in einem Fragebogen (zur Schülerrückmeldung vgl. u.a. Mendl 2007, 247; Meyer 2004, 71ff u. 149ff).

Zahlreiche Anregungen für ein Schülerfeedback, u.a. für ein „Lerntagebuch", enthält die „Handreichung zur Selbstevaluation im RU", die in Baden-Württemberg von evangelischen und katholischen religionspädagogischen Instituten veröffentlicht wurde (vgl. Literatur, *Lehrerkommentar* S. 224) mit den Spalten „Gegenstände der heutigen Unterrichtsstunde", „Wie wurde gearbeitet?", „Was war heute mein Beitrag?", „Mit welchen neuen Dingen bin ich in Berührung gekommen?", „Was davon möchte ich behalten?", „Was ist mir noch unklar geblieben?", „Eine Stimmungsäußerung", „Wochenrückblick – Wochenkommentar – Vorausschau (Was plane ich zu tun?)", „Platz für Rückmeldungen der/des Lehrenden" (vgl. *Reli konkret 1 Lehrerkommentar*, S. 291, E1).

Lernergebnisse präsentieren und ihnen Gestalt geben

Ein konstruktives Verständnis von Leistungsrückmeldung wird danach suchen, wie Lernergebnisse der Lerngruppe oder der Schulgemeinde präsentiert werden können und so für alle sichtbar werden. Damit können Lernergebnisse wieder zu neuem Lernen anregen und Sch anleiten, sich als Subjekte einer Lerngemeinschaft zu begreifen. In ihren Präsentationen können die Akteure verschiedene Medien ausprobieren – von der eigenen Erzählung, dem darstellenden Spiel, der sorgfältigen Gestaltung des eigenen Religionsheftes, eines Gruppen- bzw. Klassentagebuch, eines gemeinsamen Wandfrieses mit Texten und Bildern, einer OHP-Folie, dem Plakat bis zum Interview, von der Expertenbefragung, dem Rollenspiel bis zum selbst erstellten Rap, Video oder einer Präsentation am PC – und so Erfahrungen mit der Vielfalt ästhetischer Ausdrucksmittel sammeln. Präsentationen können zeigen, wie intensiv die Lernenden die Lerngegenstände wirklich bearbeitet haben, über welche Kommunikations- und Gestaltungsfähigkeit sie verfügen und inwieweit sie fähig sind, sich als Subjekte des Lernens in den gemeinsamen Lernprozess einzubringen. So können Präsentationen in ästhetischer Praxis oder in Formen sozialen Handelns Wahrgenommenes und Reflektiertes zum Ausdruck bringen, nicht zuletzt können dabei Sch in ihrem Selbstbewusstsein gestärkt werden. Dem dient auch die Arbeit mit Portfolios (s. u.), mit der in jüngster Zeit besondere Chancen für ein reflexives Lernen verbunden werden. Zu berücksichtigen bei allen Formen des Feedbacks ist, dass zur Präsentation die abschließende Reflexion als Bewertungsgespräch gehört. Bei einer evtl. Benotung müssten sowohl der konstruktive Beitrag in einer Gruppe, der inhaltliche Gehalt als auch die Präsentationsform bewertet werden (vgl. Kossik 1999).

Mit Portfolios arbeiten

Die Arbeit mit Portfolios fördert es, dass Sch zeigen können, wie sie gearbeitet und sich entwickelt haben, und enthält Dokumente, die für Sch als wichtig und präsentationswert erachtet werden. Das können Portfolios sein, die sich auf einen bestimmten Zeitraum beziehen oder auf ein bestimmtes Thema oder auf Projekte, z.B. die Erkundung einer Kirche oder einer Synagoge. Wie durch Portfolio-Lernen subjektorientiertes und reflexives Lernen gefördert werden kann, zeigt Rainer Lemaire, wenn er bei dem Projekt „Heilige Orte" (Lemaire 2007) Sch zuerst einmal auffordert, sich ihrer Fragestellungen und Interessen bewusst zu werden als „Forschungsfragen" (wobei es sich empfiehlt, vorher Beispiele und Kriterien für produktive Forschungsfragen erarbeitet zu haben). Während der Bearbeitungsphase gilt die Regel, dass jedes eingebrachte Portfolio-Dokument Bearbeitungsspuren aufweist, als Markierungen, Kommentare, Überschriften oder Bildunterschriften. Jede/r Sch sollte auch selbstreflexiv Rechenschaft ablegen können, warum ein Dokument in die Sammlung aufgenommen wird und wichtig ist im Hinblick auf die Forschungsfrage. Die gemeinsame Reflexion bietet dann Gelegenheit, dass Sch von den Ergebnissen und von den unterschiedlichen Lernwegen voneinander lernen. Im Materialpool www.rpi-virtuell.de sind einige Beispiele für die anspruchsvolle Portfolio-Arbeit dokumentiert.

Differenzierung bei Leistungsnachweisen und Methodenvielfalt

Im Hinblick auf die Heterogenität der Lerngruppe sollte eine Vielzahl von Leistungskriterien und -nachweisen ermöglicht werden, damit auch verbal oder rechtschreibschwächere Sch über den bildnerischen Ausdruck oder über praktische Aufgaben sich selbst und den anderen nachweisen können, was sie verarbeitet haben. Jede Prüfungsmodalität bevorzugt oder benachteiligt bestimmte Sch. Es spricht nichts dagegen, dass sie aus unterschiedlichen Aufgabenkombinationen mit unterschiedlichen Niveaus und Ausdrucksformen auswählen können oder bewusst nach einer Abwechslung der Prüfungsformen suchen. Natürlich muss die jeweilige Aufgabenform mit den im Unterricht verwendeten Methoden in Beziehung stehen. Man kann nicht in einer Überprüfungssituation plötzlich Aktivitäten verlangen, welche im Unterricht bislang überhaupt keine Rolle gespielt haben. So spiegelt sich in der Rückmelde- und Überprüfungspraxis die Methodenvielfalt des Unterrichts wider. Gerade der RU kennt ja eine Vielzahl von Aneignungs- und Ausdrucksformen und er hat das Privileg, im Hinblick auf eine Leistungsbewertung wenig normiert zu sein. Das bedeutet, dass grundsätzlich alle Sch Erfolge erzielen können.

Kriterien für erfolgreiches Lernen bedenken

Anzustreben ist ein reflexiver und transparenter Umgang mit der Bewertung von Leistungen. Transparenz schafft Vertrauen, sensibilisiert Sch für ihren Lernprozess und fördert ihre Selbstwahrnehmung. Leistungsbewertung ist kein exklusives Monopol des/der L. Gemeinsam mit den Sch kann auf entwicklungsgemäße Weise – projektbezogen, themenbezogen oder für gewisse Zeiträume – ausgehandelt werden, was als erfolgreiches Lernen anerkannt und bewertet wird und ob das Lernen erfolgreich war. Wer Sch zu selbsttätigem Lernen befähigen will, muss ihre Fähigkeit zur Selbsteinschätzung fördern. Dem dient es, wenn in Unterrichtssituationen gelegentlich auch die Kriterien der Bewertung thematisiert und bedacht werden. Kommunikation über Leistung muss kultiviert und gelernt werden und setzt ein Vertrauensklima einmal zwischen L und Sch und dann auch zwischen den Sch untereinander voraus (vgl. Winter 1996). Hierbei wird nicht nur das Lernprodukt, sondern auch der Lernprozess bedacht.

Bettina Ramor hat im Rahmen ihrer Zulassungsarbeit für das zweite Staatsexamen Methoden und Materialien entwickelt und erprobt, die der Förderung der metakognitiven Kompetenzen der Sch dienen: „Wahrnehmungskarten" mit individuellen Tipps von L oder Mit-Sch, „Eigenschaftsberichte" oder auch ausführlichere „Schätzskalen" zur Selbstbeurteilung und Reflexion des eigenen Lernverhaltens (vgl. Ramor 2007). Diese lassen sich z.B. zum Abschluss einer Lernsequenz einsetzen oder kontinuierlich während des Schuljahres, um regelmäßig eine Bestandsaufnahme festzuhalten oder die Leistungsbewertung im Hinblick auf Zeugnisse transparent für Sch zu machen. Die Bewertungskriterien können von L und Sch zu Beginn eines Schuljahres bzw. eines Bewertungszeitraumes gemeinsam festgelegt werden.

Sich selbst und andere wahrnehmen

- Sch erhalten das Formular für einen Eigenschaftsbericht, **E 1, Lehrerkommentar S. 222**, und schreiben möglichst in vollständigen, kurzen Sätzen eine Einschätzung ihrer Fähigkeiten und ihres Lernstands auf.

- In PA besprechen sie ihre Selbsteinschätzung.
- Der bzw. die Partner/in überlegt, welchen Rat er bzw. sie dem/der jeweils anderen geben könnte, um das Lernen und dadurch auch die Ergebnisse zu verbessern. Einen oder mehrere Ratschläge notieren sie auf einer Beratungskarte, **E 2, Lehrerkommentar S. 223**, und übergeben diese dem/der Partner/in.

Das eigene Lernen reflektieren und begleiten

Der Einsatz dieser Methode macht es erforderlich, regelmäßig kurze Einheiten der Reflexion einzuplanen, z.B. immer nach einer Lerneinheit oder monatlich etc.
- Sch erhalten die Schätzskala, **E 3, Lehrerkommentar S. 223**, und füllen sie aus.
- Sch sammeln die regelmäßig geführten Skalen z.B. in ihrem Heft oder einem Schnellhefter und können so ihren eigenen Lernfortschritt über einen längeren Zeitraum verfolgen.
Beispiel s. Lehrerkommentar S. 224

Leistung bewerten

Der Einsatz des Bewertungsbogen, **E 4, Lehrerkommentar S. 225**, ist sinnvoll, wenn L und Sch regelmäßig gemeinsam Lernfortschritte und Lernverhalten reflektiert haben.

Beispiel für einen Eigenschaftsbericht

Beispiel für eine Beratungskarte

Name: _____ Klasse: _____

Eigenschaftsbericht

Ich kann ...

_____

_____

_____

_____

_____

_____

_____

Das fällt mir noch schwer ...

_____

_____

_____

_____

_____

_____

Ich möchte lernen ...

_____

_____

_____

_____

_____

_____

_____

BERATUNGSKARTE

für:

Tipp:

Dein/e

Name: _____ **Klasse:** _____

Schätzskala

Nie							
Sehr selten							
Manchmal							
Unregelmäßig (mal mehr mal weniger)							
sehr oft							
immer							
Ich ...	erzähle	beteilige mich an Gesprächen	kann Gelerntes wiedergeben	mache Hausaufgaben	höre zu	störe (mal)	

Kreuze bitte an und verbinde die Kreuze mit einer roten Linie.

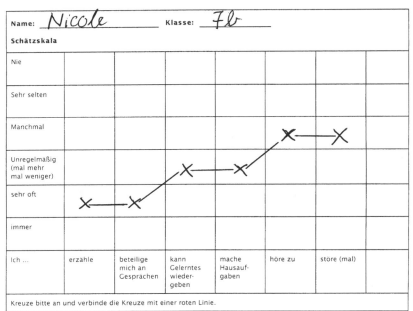

Name: _Nicole_   Klasse: _7b_

Schätzskala

Nie						
Sehr selten						
Manchmal					X	X
Unregelmäßig (mal mehr mal weniger)			X	X		
sehr oft	X	X				
immer						
Ich ...	erzähle	beteilige mich an Gesprächen	kann Gelerntes wiedergeben	mache Hausaufgaben	höre zu	störe (mal)

Kreuze bitte an und verbinde die Kreuze mit einer roten Linie.

Beispiel für eine Schätzskala

Das Ausfüllen des Formulars durch Sch und L ist nur der erste Schritt. Im Anschluss sollte die Fremd- und Selbstwahrnehmung verglichen und sollten evtl. Diskrepanzen thematisiert werden.

Vielleicht können sich Sch und L auf eine gemeinsame Einschätzung einigen. Diese kann dazu dienen, Bewertungsentscheidungen des/der L für Sch durchsichtig und verständlich zu machen.

Metaunterricht und Leistungsbewertung

In einem Unterricht über Unterricht (Metaunterricht) geht es vor allem darum, dass die Frage nach dem Sinn von Unterricht und von Lernleistungen für alle Beteiligten transparent wird und die Frage nach der Lebensrelevanz ausdrücklich angesprochen wird. Gerade der RU, der das Fragen und das Suchen nach dem Sinn des Lebens einüben, wach halten, fördern und radikalisieren will, ist darauf angewiesen, dass das, was in ihm geschieht, auch von den Sch als sinnvoll und sie betreffend angesehen wird. Metaunterricht kann auch ein Ort sein, an dem unterrichtsbezogene Kommunikationsprobleme bearbeitet werden und die Beteiligten ihre subjektiven Erfahrungshintergründe und Perspektiven einbringen können (vgl. Hilger 1980, 90-96). So kann Metaunterricht ein Ort sein, um über Bewertungskonflikte zu sprechen. Sch sollten so weit wie möglich in den Beurteilungsprozess einbezogen werden und ihren individuellen Lernerfolg selbst feststellen und interpretieren. Bei dem Zwang einer numerischen Notengebung kann mit älteren Sch gemeinsam ausgehandelt werden, welche Leistungen z.B. mit wie vielen Punkten bzw. mit welcher Note bewertet werden. Nichts ist schädlicher für ein gutes Lernklima als Zufälligkeit und Willkür bei der Bewertung von Leistungen.

Metaunterrichtliche Phasen ermöglichen darüber hinaus auch die Förderung von metakognitiven Kompetenzen, wenn das eigene Lernen bedacht wird und reflektiert wird, wie die Lernergebnisse zustande gekommen sind, was sich bewährt hat und welcher Änderungsbedarf besteht.

Für Hilbert Meyer (2004, 61) gehört die Förderung von Metakognition, das Nachdenken über das eigene Denken und über die eigenen Lernstrategien, zu den Merkmalen von gutem Unterricht.

Literatur

Bohl, Thorsten, Schulische Notengebung: Probleme und Entwicklungsmöglichkeiten, in: KatBl 132 (2007) Heft 4, 249-254

Häcker, Thomas, Wurzeln der Portfolioarbeit, in: Ilse Brunner/ Thomas Häcker/Felix Winter (Hg.), Handbuch Portfolioarbeit, Seelze-Velber 2006, 27-32

Handreichung zur Selbstevaluation im RU, hg.v. von den evangelischen und katholischen RPl; www.irp-freiburg.de; www.ptz-stuttgart.de; www.rpi-baden.de

Hilger, Georg, Welche Wirkung hat Religionsunterricht? Leistungsbewertung, in: ders./Stephan Leimgruber/Hans-Georg Ziebertz, Religionsdidaktik. Ein Leitfaden für Studium Ausbildung und Beruf, München ⁴2007, 260-270

Ders., Wirkungsüberprüfung – Rückmeldungen – Leistungsbeurteilung, in: ders./Werner H. Ritter, Religionsdidaktik Grundschule. Handbuch für die Praxis des ev. und kath. RU, München und Stuttgart 2006, 409-420

Ders., Unterricht über Unterricht, in: Klaus Geppert/Eckhardt Preuß (Hg.), Selbstständiges Lernen: Zur Methode des Schülers im Unterricht (Klinkhardts pädagogische Quellentexte), Bad Heilbrunn/Obb., o.J.

Jendorf, Bernhard, Leistungsmessung im Religionsunterricht. Methoden und Beispiele, München 1979

Kossik, Holger, Präsentationen statt Klausuren. Erfahrungsbericht aus der Sek. II, in: Pädagogik 51, 1999, Heft 6, 43-47

Lemaire, Rainer, Lernen mit der Portfolio-Methode, in: KatBl 132 (2007) Heft 4, 260-263

Mendl, Hans, Religionsunterricht evaluieren – ein weites Feld, in: KatBl 132 (2007) Heft 4, 241-248

Meyer, Hilbert, Was ist guter Unterricht?, Berlin 2004

Ramor, Bettina, Wenn Kinder sich selbst beurteilen, in: KatBl 132 (2007) Heft 4, 255-259; die Arbeitsblätter E1 bis E4 wurden von Bettina Ramor entwickelt

Reil, Elisabeth, Lern- und Erfolgskontrolle, in: Fritz Weidmann (Hg.), Didaktik des Religionsunterrichts, ⁷1997, 392-408

Sacher, Werner, Prüfen – Beurteilen – Benoten, Bad Heilbrunn 1996

Schmid, Hans, Leistungsmessung im Religionsunterricht, in: KatBl 129 (2004) Heft 3, 212-219

Winter, Felix, Schülerselbstbewertung. Die Kommunikation über Leistung verbessern, in: Heide Bambach u.a. (Hg.), Prüfen und Beurteilen. Zwischen Fördern und Zensieren (Friedrich Jahresheft XIV/1996), Seelze, 34-37

www.rpi-virtuell.de

Name: _____ Klasse: _____ Unterrichtseinheit: _____

Der Schüler/die Schülerin kann ...   S   L   G

Wissen		S	L	G
	Gelerntes wiedergeben	☐	☐	☐
	über Geschichten und Bilder nachdenken, sie besprechen und etwas über sie herausfinden	☐	☐	☐
	Gedanken in eigene Worte fassen	☐	☐	☐
	Texte nacherzählen	☐	☐	☐
	Test	☐	☐	☐
Verhalten	sich in eine Rolle im Rollenspiel hineindenken	☐	☐	☐
	eine Geschichte mit Instrumenten begleiten	☐	☐	☐
	tanzen (einen erlernten Tanz mit vorführen)	☐	☐	☐
	selbst Bilder malen	☐	☐	☐
	basteln (Collagen, Figuren etc.)	☐	☐	☐
	singen (erlernte Lieder mitsingen)	☐	☐	☐
	mit anderen Projekte planen und vorbereiten	☐	☐	☐
	andere unterstützen	☐	☐	☐
	anderen zuhören und sich an Gesprächsregeln halten	☐	☐	☐
	mit anderen zusammenarbeiten	☐	☐	☐
	konzentriert dem Unterricht folgen	☐	☐	☐
Fertigkeiten	Hausaufgaben erledigen	☐	☐	☐
	Material sammeln	☐	☐	☐
	Material ordnen	☐	☐	☐
	Ergebnisse präsentieren	☐	☐	☐
	Ergebnisse dokumentieren	☐	☐	☐

S: Selbstbeurteilung durch Schüler/in   Einzutragende Zeichen: + für: Fähigkeit vorhanden
L: Beurteilung durch Lehrer/in   o für: Fähigkeit teilweise vorhanden
G: gemeinsame Beurteilung   – für: Fähigkeit nicht vorhanden

Methodenkarten

Die Methodenkarten bieten eine Fülle von Möglichkeiten, an ein Thema/eine Aufgabe heranzugehen und AA zu erledigen.

Symbole auf den Karten geben Hinweise, um welche Art von Methode es sich handelt:

 Schreiben

 Planen und organisieren

 Den Computer nutzen

 Kommunizieren

 Malen/basteln

 Sich bewegen/den Körper einsetzen

 Kunst erschließen

 Lesen und analysieren

Alle Methodenkarten sind gleich aufgebaut:

Wozu?   Was können Sch mit dieser Methode erreichen/erlernen/einüben?

Wie lange?   Ungefähre Zeitangabe, kann nach Bedarf verändert werden

Wie?   Beschreibung des Ablaufs der Methode in Ich- bzw. Wir-Form formuliert

Oder so!   Alternativer Vorschlag für die Arbeit mit der Methode

Womit?   Ggf. stellt L das notwendige Material bereit, Sch holen sich bei ihm/ihr selbstständig ab, was sie brauchen.

L kopiert die Methodenkarten auf DIN-A5-Blätter und laminiert sie. In einer Schachtel im Klassenzimmer aufbewahrt, haben Sch jederzeit Zugang zu den Karten, um sich über konkrete Methoden zu informieren und selbstständig AA bearbeiten zu können. Die Karten eignen sich auch für die persönliche Unterrichtsvorbereitung. Im *Lehrerkommentar* wird von Zeit zu Zeit auf den Einsatz bestimmter Methoden im RU hingewiesen (→ **Methodenkarte** „N.N."), L kann jedoch die Methoden-Kartei auch anderweitig zum Einsatz bringen.

Einige Methodenkarten waren bereits in *Reli konkret 1 Lehrerkommentar* enthalten, werden jedoch auch in *Reli konkret 2 Lehrerkommentar* der Vollständigkeit halber aufgeführt, da diese Methoden auch in Jgst. 7/8 zum Einsatz kommen können.

Eine Ausstellung gestalten

Wozu? Wir schauen uns Einzelarbeiten von unseren Mitschülern und Mitschülerinnen wie in einem Museum an.

Wie lange? 5 Minuten

Wie? Wir legen unsere Kunstwerke (Bilder, Collagen, ...) an unserem Platz gut sichtbar aus. Bei leiser Musik gehen wir durch das Klassenzimmer und schauen uns, ohne zu sprechen, die Bilder unserer Mitschüler und Mitschülerinnen an. Wenn wir alle gesehen haben, setzen wir uns leise auf unseren Platz zurück.

Womit? Musik-CD, CD-Player

Reli konkret 2
© by Kösel-Verlag

Durch den Bibliolog eine Bibelstelle erleben

Wozu? Wir vertiefen eine biblische Erzählung, z.B. „Jesus heilt einen Blinden" aus dem Neuen Testament, und erleben sie im Dialog mit.

Wie lange? Ca. 1 Stunde

Wie? Wir sitzen im Stuhlkreis.

1. Der/die Lehrer/in wählt einen Text aus.
2. Erzählerische Hinführung: Der/die Lehrer/in öffnet die Bibel und beginnt, den biblischen Text zu lesen.
3. Bibliolog zwischen Lehrer/in und Schüler/innen:
   Erste Rolle und Frage (Lehrer/in): Du bist... z.B. der Mann aus Betsaida. Du hast gehört, dass Jesus kommt. Du bringst einen Blinden zu ihm. Er soll ihn berühren. Was bewegt dich dabei?
   Echoing und Interviewing: Schüler/innen sagen in wörtlicher Rede, was sie bewegt, was sie denken. Jede/r darf sich äußern.
   Wiederholung: Auf die gleiche Art gehen wir die Abfolge der Szenen und der verschiedenen Rollen des Bibeltextes durch.
   Ende: Wir bedanken uns bei allen Mitwirkenden.
4. Abschluss: Wir lesen den Bibeltext noch einmal im Ganzen.
   Wir schließen die Bibel und finden einen Platz für sie.
5. Weiterführung: Zur weiteren Vertiefung eignen sich alle kreativen Methoden.

Womit? Bibel, Sitzkreis

Reli konkret 2
© by Kösel-Verlag

Ein Bild erleben

Wozu? Ich betrachte ein Bild und baue eine Beziehung zum Dargestellten auf.

Wie lange? Je nachdem, welche Schritte ich wähle. Ich kann selbst entscheiden, wie intensiv ich bei dem Bild verweile.

Wie?
- Was sehe ich alles? (Bildbeschreibung)
- Was fällt besonders auf?
- Welche Gestalt spricht mich an?
- Wenn diese Gestalt sprechen könnte, würde sie sagen: …
- Das würde sie aus ihrem Leben erzählen …
- Wenn ich selbst diese Gestalt wäre, würde ich von mir erzählen …
- Ich gebe dem Bild eine Überschrift.
- Ich schließe die Augen: Was sehe ich von dem Bild innerlich?
- Was würde ich auf dem Bild verändern, wenn ich Künstler/in wäre?
- Ich schreibe zu dem Bild eine Geschichte oder einen Zeitungsartikel (Transformation).
- Was kann das Bild mir heute sagen? (Aktualisierung).

Ein Bild erschließen

Wozu? Ich nehme ein Bild (eine Skulptur o.Ä.) als Ganzes und auch in allen Details wahr und kann es dann besser verstehen.

Wie lange? etwa 20 Minuten

Wie?
1. Spontane Wahrnehmung: Ich gehe im Bild „spazieren" und verweile hier und da. Was sehe ich? Ich teile den anderen meine Beobachtungen mit, deute aber noch nichts hinein und werte die Äußerungen der anderen Schüler/innen nicht.
2. Analyse des Bildes: Ich sehe genauer hin. Was kann ich auf dem Bild alles entdecken?
   - Gestalten: Haltung, Bewegung, Gestik, Stellung zueinander?
   - Landschaft: statisch/bewegt? Stimmung?
   - Verlauf von Linien: senkrecht, steigend, waagrecht, aufwärts-/abwärtsführend?
   - Farben: Welche kommen vor, welche fehlen? Hell-Dunkel-Kontraste?
   - Bildanordnung wahrnehmen: Zusammenhang der einzelnen Teile?
   - Ich schließe die Augen und gehe in der Erinnerung noch einmal im Bild „spazieren".
3. Analyse des Bildgehalts: Was hat das Bild zu bedeuten?
   - Was wollte die Künstlerin/der Künstler aussagen oder darstellen?
   - Was kann ich über den/die Künstler/in und die Entstehungszeit des Bildes in Erfahrung bringen?
   - Welchen Zusammenhang zu (biblischen) Texten, zu Motiven und Erfahrungen gibt es? Ich gebe dem Bild eine Überschrift.
4. Identifikation mit dem Bild: Was löst das Bild in mir aus? (Gefühle und Assoziationen)
   - Wo finde ich mich wieder in dem Bild?
   - Wo wäre ich gerne/nicht gerne?
   - Wenn die Gestalten sprechen könnten: Was würden sie sagen?

Ein Bodenbild legen

Wozu? Wenn wir einen Bibeltext lesen oder vorlesen oder jemand anderer uns vorliest, erreicht das Gehörte den Kopf und manchmal auch die Gefühle. Bodenbilder zu legen ist der Versuch, einen Bibeltext nicht nur zu hören, sondern selbst in den Bibeltext „einzusteigen" und Situationen mitzuerleben und dabei auch innere Erfahrungen zu machen.

Wie lange? 1 Stunde

Wie? Ein Bodenbild wird immer von einer Gruppe gemeinsam gelegt. Im Hintergrund läuft leise meditative Musik.

1. Zur Einstimmung machen wir eine Atem- und Stille-Übung.
2. Dann gestalten wir nach Anweisung von der Lehrerin/des Lehrers mit Tüchern eine Mitte.
3. Während der Lehrer/die Lehrerin eine Geschichte aus der Bibel satzweise vorliest, gestalten wir zu dem Gehörten mit entsprechend farbigen Tüchern die verschiedenen Szenen.
4. Dabei nehmen wir die Körperhaltungen der im Text vorkommenden Personen ein und horchen in uns hinein, was diese Körperhaltungen ausdrücken und bewirken.
5. Wenn Gott oder Jesus im Text genannt werden, wird eine große brennende Kerze in die Mitte gestellt.
6. Nach dem Ende der Geschichte gestalten wir am Platz mit Tüchern, Legematerial und evtl. einem Teelicht, was wir bei dieser Übung erlebt und gefühlt haben.
7. Danach tauschen wir uns darüber aus, was uns beeindruckt hat und was uns die Geschichte aus der Bibel jetzt bedeutet.
8. Zum Abschluss sprechen wir gemeinsam ein passendes Gebet oder singen ein Lied.

Womit?
– Raum mit einem sauberen Fußboden, in dem wir im Stuhlkreis sitzen können
– Bibeltext (oder eine andere Geschichte)
– verschiedenfarbige Tücher
– Legematerial aus Holz, Steinen, Filz und aus der Natur (Muscheln, Schnecken, Blätter, Beeren etc.)
– große Kerze für die Mitte und Teelichte für jeden Schüler/jede Schülerin
– meditative Musik von einer CD oder Orff'sche Musikinstrumente, um selbst Musik zu machen
– Gebet oder Lied zum Abschluss

✂ ·

Clustern

Wozu? Ich halte meine spontanen Ideen und Gedanken zu einem Thema schriftlich in einem Netzwerk meiner Gedanken fest.

Wie lange? 5-10 Minuten

Wie? Ich schreibe in die Mitte des Blattes einen Schlüsselbegriff/das Thema.

Ich schreibe um den Schlüsselbegriff herum weitere Wörter auf, die mir zu dem Thema einfallen. Es können auch mehrere Schüler/innen ihre Gedanken zu einem Thema im selben Cluster festhalten. Die Gedanken müssen nicht geordnet sein, ich schreibe alles sofort auf, ohne lange darüber nachzudenken.

Beispiel:

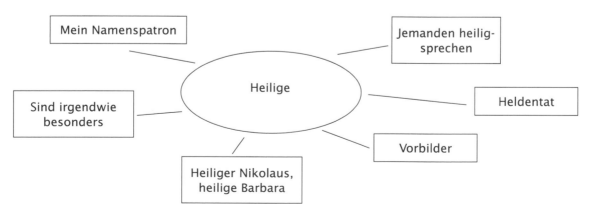

Womit? Stift und Papier oder Kreide und Tafel

Ein Elfchen dichten

Wozu?   Ich greife das Wesentliche eines Themas heraus und gestalte es kreativ.

Wie lange? 10-20 Minuten

Wie?   Ich schreibe ein Gedicht nach folgendem Bauplan:
            1 – 2 – 3 – 4 – 1 Wort/Wörter pro Zeile

> *Beispiel:*
> Stern (*Thema*)
> Die Sterndeuter (*Was, wer gehört dazu?*)
> Sie folgen ihm (*Was passiert?*)
> Ich möchte auch mitgehen (*Ich-Bezug*)
> Hell (*Zusammenfassender Abschluss*)

Womit?   Stift und Papier

✂ -

Ein Figurengebet schreiben

Wozu?   Wir bauen ein Bitt- oder Lobpreisgebet auf.

Wie lange? 10-20 Minuten

Wie?   Ein Figurengebet geht von einem Grundgebetssatz aus, der das Anliegen bzw. das Lob thematisiert.
            Dieser Satz wird zunächst mit jeder Zeile um ein Wort verkürzt. Dadurch verändert sich der Sinn des Aus-
            gangssatzes. Er muss anders betont und gedacht werden.
            Wenn nur noch das Anfangswort übrig geblieben ist, wird das Gebet wieder in Stufen aufgebaut.

> *Beispiel:*
>
> Gott, sei du mir nahe
> Gott, sei du mir
> Gott, sei du
> Gott, sei
> Gott
> Gott, sei ... usw.

Oder so!   Die entstehenden Teilsätze können als Weiterführung neu ergänzt werden, sodass andere Gebete entste-
            hen.

Womit?   Papier, Stifte, ggf. meditative Musik

Ein Haiku dichten

Wozu?   Ich konzentriere mich auf das Wesentliche eines Themas und schreibe dazu ein Gedicht.

Wie lange?   10-20 Minuten

Wie?   Ich schreibe ein Gedicht nach folgendem Bauplan mit einer festgelegten Anzahl von Silben pro Zeile: 5-7-5.

    1. Zeile: Gegenstand/Person und seine/ihre Eigenschaft (5 Silben)
    2. Zeile: Was passiert? (7 Silben)
    3. Zeile: Ich-Bezug (5 Silben)

> *Beispiel:*
>
> Weihnachten
> Der Stern leuchtet hell
> Die Sterndeuter folgen ihm
> Ich will dabei sein

Womit?   Stift und Papier

Eine Klassenkonferenz abhalten (Diskussion)

Wozu?   Wir diskutieren ein Thema und halten dabei die Diskussionskultur ein.

Wie lange?   ca. 20 Minuten bis 1 Stunde

Wie?
1. Wir wählen ein Thema, dass alle in der Klasse angeht und interessiert und bilden zwei Gruppen, die gegensätzliche Positionen zum Thema beziehen.
2. Wir bestimmen eine Diskussionsleiterin oder einen Diskussionsleiter, die oder der
   - das „Streitthema" nennt und neutral durch die Diskussion führt,
   - zwischendrin den Stand der Diskussion zusammenfasst (Notizen machen!),
   - versucht, zwischen den Parteien zu vermitteln,
   - eine Redner/innenliste führt und Wortmeldungen aufruft,
   - für Ruhe sorgt und die Diskussionspartner zu fairem Verhalten ermahnt.
3. Beide Gruppen bereiten Stellungnahmen vor und tragen ihre Argumente vor. Sie versuchen, die andere Partei zu überzeugen, beachten aber, dass sie fair und sachlich bleiben und nur durch ihre Worte überzeugen sollen.
4. Wenn nötig, ziehen sich die Gruppen während der Diskussion kurz zur Beratung zurück.
5. Beide Gruppen versuchen durch Austausch von Argumenten und „Diplomatie", zu einem Ergebnis zu kommen, mit dem alle zufrieden sein können.
6. In einer kurzen Auswertung (z.B. Blitzlicht), können alle „Konferenzteilnehmer" mitteilen, wie sie z.B. die Diskussion empfunden haben, wie sie sich danach fühlen etc.

Oder so!
- Die Aufgabe der Diskussionsleitung kann auch von zwei Schülern oder Schülerinnen wahrgenommen werden, die sich absprechen und die Aufgaben teilen.
- Um sicherzustellen, dass Jungen und Mädchen gleichviel Anteil an der Diskussion erhalten, kann beim Aufrufen der Wortbeiträge das sogenannte „Reißverschlussverfahren" angewendet werden: Es werden immer abwechselnd ein Junge und ein Mädchen aufgerufen, solange Jungen und Mädchen auf der Redner/innenliste stehen.

Womit?   Plakat/Flipchart für Notizen, Stifte

Eine Mindmap erstellen

Wozu?   Ich strukturiere meine Vorschläge und Ideen.

Wie lange? 5-10 Minuten

Wie?   Ich schreibe meine Ideen auf kleine Kärtchen.
Ich ordne sie zunächst in einem Cluster rund um einen Schlüsselbegriff an.
Ich überlege mir Schlüsselwörter oder Hauptthemen.
Ich schreibe diese Themen in einem Wort auf einen Hauptast. Hauptäste sind Äste, die mit dem Begriff in der Mitte verbunden sind.
Ich zeichne von den Hauptästen aus dünnere Linien (Nebenäste). Zu den Nebenästen schreibe ich die Wörter an, die zum Begriff auf dem Hauptast passen.

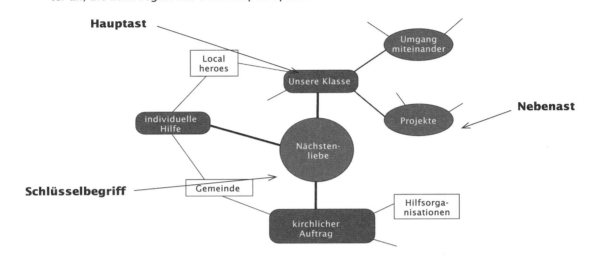

Womit?   Kleine Papierkärtchen, Stifte oder eine Software zur Erstellung von Mindmaps

- ✂

Pantomime

Wozu?   Pantomime ist der Versuch, sich ohne zu sprechen, nur mit Gesten und Mimik auszudrücken.

Wie lange? ca. 10 Minuten

Wie?
- Bildet kleine Gruppen, wählt einen Bibeltext aus und lest ihn gemeinsam.
- Überlegt, wie ihr das Gehörte nur mit Gesten und Mimik darstellen könnt.
- Eine oder einer aus der Gruppe spielt und stellt sich dabei nicht vor einen Spiegel, sondern horcht in sich hinein, welche Bewegungen und Gesichtsausdrücke ihr oder ihm passend und ausdrucksstark erscheinen. Mögliche Anregungen für das Spiel:
  - Im Bibeltext werden verschiedene Szenen erzählt. Drücke die verschiedenen Tätigkeiten aus.
  - Im Bibeltext werden verschiedene Gefühle angesprochen. Drücke die verschiedenen Gefühle aus.
  - Wenn im Bibeltext verschiedene Personen vorkommen, kannst du alleine alle Personen darstellen, indem du andere Positionen einnimmst und dir selbst gegenübertrittst.
- Die anderen Schülerinnen und Schüler in der Gruppe beraten den oder die Pantomimen und spiegeln Körperhaltung, Gesten und Mimik wider.
- Die Mitschülerinnen und Mitschüler raten nach der Vorführung, was dargestellt wurde, und erzählen die Geschichte mit Worten. Sie überlegen auch, worauf es euch besonders angekommen ist.

Oder so! Ihr könnt eine Pantomime auch zu zweit oder zu mehreren durchführen. Dann erzählt ihr eine biblische Geschichte mit verteilten Rollen, ohne dabei zu sprechen.

Womit?   Körper, evtl. auch Requisiten zur Erleichterung des Spiels

Ein Plakat gestalten

Wozu?   Wir fassen Ergebnisse unserer Arbeit oder Recherche übersichtlich und ansprechend zusammen. Der Betrachter/die Betrachterin soll in kurzer Zeit alles Wesentliche erfassen können.

Wie lange?   ca. 30 Minuten

Wie?
1. Wir sammeln Material: Fotos, Zeitungsartikel, Broschüren, selbstverfasste Texte, Bilder, Gegenstände etc.
2. Wir bilden kleine Gruppen, sodass jede/r bei der Plakatgestaltung mitwirken kann. Jede Gruppe erhält einen oder mehrere große Bögen Papier, Stifte, Klebstoff.
3. Plakatgestaltung:
   - Wir wählen das wichtigste Ergebnis aus und formulieren eine ansprechende Überschrift für unser Plakat. Welche weiteren Informationen sind wichtig? In welcher Reihenfolge wollen wir sie präsentieren?
   - Wir schreiben die Überschrift gut lesbar auf das Papier und kleben Texte und passende Fotos übersichtlich darunter. Brauchen die Fotos, Bilder etc. erläuternde Bildunterschriften?
   - Durch Rahmen oder unterschiedliche Farben geben wir dem Material eine Struktur, die den Leser/die Leserin durch das Plakat führt.
   - Wir achten darauf, dass wir nicht zu klein schreiben (ob mit der Hand oder dem Computer) und die Texte nicht zu lang sind.
4. Wir hängen unser Plakat gut zugänglich an der Wand oder an einer Stellwand auf, z.B. im Rahmen einer Ausstellung an einem Projekttag.

Womit?   Stifte, Papier, Zeitschriften, Informationsmaterial etc.

 ·

Einen Podcast aufnehmen

Wozu?   Ein Podcast ist eine Ton- oder Videoaufnahme, eine Art Radio- oder Fernsehsendung zu einem beliebigen Inhalt, die im Internet einem großen Publikum zugänglich gemacht wird.

Wie lange?   mehrere Unterrichtsstunden

Wie?
1. Wir bilden kleine Gruppen und arbeiten am Computer.
   Jede Gruppe macht einen Teilbeitrag des Podcasts, z.B.
   - aus vorhandenem Material ein Feature (= Ton-Reportage) verfassen und aufnehmen,
   - Moderationstexte zum Thema schreiben und aufnehmen,
   - Interview entwickeln: Fragen überlegen, mit einem mobilen Aufnahmegerät Schüler/innen und Lehrer/innen der Schule, Gäste im Unterricht oder auf Projekttagen, Schulfesten, Passanten etc. befragen,
   - Musik oder Jingles für den Hintergrund oder für Zwischenspiele selbst einspielen,
   - Geräusche aufnehmen, z.B. im Schulhof, auf dem Schulweg etc., oder selbst produzierte
2. Mithilfe eines Audioeditors fügen wir die einzelnen Tondateien zusammen.
3. Unser Podcast kann z.B. auf der Homepage der Schule bereitgestellt werden (Webmaster einbeziehen) oder in einem <u>geeigneten</u> Portal im Internet eingestellt werden (meist kostenlos).

   Um die Aufmerksamkeit des Hörers/der Hörerin zu wecken, beachten wir:
   - Die Beiträge sollten kurz sein und ansprechend vorgetragen werden.
   - Geräusche können die Aussagen unterstützen.
   Beim Einsatz von „fertiger" Musik müssen die Rechte beachtet werden! Besser und einfacher ist es, selbst Musik zu machen.

Womit?   Computer mit Soundkarte, Software zum Erstellen und Bearbeiten von Audiodateien (sog. Audioeditor, kostenlos im Internet erhältlich), Mikrofon, mp3-Recorder o.Ä.

An einem Projekt arbeiten

Wozu?   Wir bearbeiten gemeinsam ein Thema aus verschiedenen Blickwinkeln und mit unterschiedlichen Mitteln.

Wie lange? Das legen wir selbst fest, weil es vom Thema und unseren Wünschen und Möglichkeiten abhängt.

Wie?
- Wir sammeln Ideen für ein Projektthema und wählen ein Thema aus (z.B. „Wir organisieren ein biblisches Essen").
- Wir bilden Arbeitsgruppen, die verschiedene Aufgaben übernehmen (z.B. Information über biblische Nahrungsmittel finden, die Information aufbereiten und präsentieren, Essen kochen, Einladungen gestalten, Raum passend schmücken ...).
- Wir erstellen einen Zeitplan auf einem Plakat oder auf einer Seitentafel, wann, wie lange und in welchen Schritten die AGs an ihrer Aufgabe arbeiten (in der Reli-Stunde, als Hausaufgabe, in der Freizeit).
- Wir arbeiten in unseren AGs.
- Zwischendurch tauschen wir uns aus, wie wir vorankommen, wie es uns dabei geht und ob wir unsere Zusammenarbeit noch verbessern wollen.
- Wir präsentieren unsere Ergebnisse (z.B. wir essen gemeinsam das biblische Essen).
- Zum Abschluss können wir die Ergebnisse dokumentieren (z.B. in einer Ausstellung, auf Fotos, in einem Beitrag für die Schulzeitung ...).

Womit?   Je nach Projekt unterschiedlich

Einen Psalm schreiben

Wozu?   Psalmen sind wie Gebete. Mit ihnen können wir Gott loben, ihm danken oder ihn bitten.

Wie lange? Ca. 10 Minuten

Wie?   Wir versetzen uns in eine Figur aus einem Bild oder einem Text hinein und schreiben aus deren Sicht einen Psalm nach folgendem Muster:
- Ich bin der/die ... (Blinde, Jünger, das Mädchen ...)
- Ich bin/sitze/befinde mich ... (Was tue ich? Wo bin ich?)
- Ich fühle ... (Angst, Wut ...)
- Ich bin ... (enttäuscht, glücklich, aufgeregt ...)
- Du aber Jesus/Gott, ... (du bleibst stehen, du hilfst, du verstehst mich ...)
- Ich danke dir .../Ich lobe dich .../Ich bitte dich ...

Beispiel:

> Ich bin die gekrümmte Frau.
> Auf dem Bild stehe ich ganz links am Rand.
> Ich fühle mich einsam, da niemand etwas mit mir zu tun haben möchte.
> Du aber Jesus, du siehst mich und läufst nicht an mir vorbei.
> Jesus, ich danke dir, dass du meine Sorgen und Nöte siehst.
> Ich bitte dich, mach mich gesund.

Womit?   Heft oder Papier, Stift

Ein Rollenspiel spielen

Wozu?   Wir simulieren eine reale Lebenssituation und empfinden Erfahrungen, die andere gemacht haben, im Spiel nach. Wir versuchen, durch das Einnehmen einer Rolle Verständnis für andere Menschen zu entwickeln oder unser eigenes Verhalten zu überdenken und neues auszuprobieren.

Wie lange?   10 bis 20 Minuten

Wie?
1. Wir teilen uns in Gruppen auf. Jede Gruppe wählt eine Situation aus, die sie spielen möchte.
2. Wir beschreiben die einzelnen Rollen in Stichworten: ihren Charakter, ihre Situation und ihre Anliegen (auf DIN-A6-Karten). Evtl. legen wir auch fest, was die Rollenperson am Ende des Spiels erreicht haben soll.
3. Jede/r erhält eine Rollenkarte, liest sie gut durch und überlegt sich kurz, was die Person sagen und tun könnte.
4. Eine Gruppe spielt ihre Szene. Alle anderen sehen zu und machen sich evtl. Notizen.
5. Nach dem Spiel geben die Beobachter/innen den Darsteller/innen Rückmeldung, wie sie die Charaktere und den Spielverlauf empfunden haben. Die Darsteller/innen äußern sich zu ihren eigenen Beobachtungen und Gefühlen während des Spiels.
6. Die nächste Gruppe spielt ihre Szene.

Oder so!
- Wir legen nur den Ausgangspunkt für jede Rollen-Figur fest. Die Entwicklung der Figur entscheidet jede Darstellerin/jeder Darsteller während des Spiels spontan selbst.
- Die Charaktere und ihre Entwicklung können auch durch den Lehrer bzw. die Lehrerin vorgegeben werden.

Womit?   DIN-A6-Karten, Stifte

 ···

Ein Rondellgedicht verfassen

Wozu?   Ich reduziere (vereinfache) ein Thema auf das Wesentliche und gestalte es kreativ mit Worten.

Wie lange?   20-30 Minuten

Wie?   Ich schreibe ein Gedicht nach folgendem Bauplan:

Überschrift/ Thema
1. Zeile: ein Satz mit einer zentralen Aussage zum Thema
2. Zeile: ein Satz mit einem Höreindruck zum Thema
3. Zeile: ein Satz mit einem Seheindruck zum Thema
4. Zeile: ein Satz mit einer zentralen Aussage zum Thema
5. Zeile: ein Satz mit einem Gefühl zum Thema
6. Zeile: ein Satz mit einer Tat zum Thema
7. Zeile: ein Satz mit einer zentralen Aussage zum Thema
Die Zeilen 1-4-7 wiederholen sich

Beispiel:

> Weihnachten
> Alle Menschen wünschen sich Frieden.
> Weihnachtslieder klingen durch die Luft.
> Der Stern weist uns den Weg.
> Alle Menschen wünschen sich Frieden.
> Wir sind erwartungsvoll.
> Gemeinsam wandern wir zur Krippe.
> Alle Menschen wünschen sich Frieden.

Womit?   Stift und Papier

Ein Schreibgespräch führen

Wozu?   Wir stimmen uns auf ein Thema ein.

Wie lange?   20-30 Minuten

Wie?
- Wir legen auf einem Tisch eine Tapetenbahn aus. Hierauf schreiben wir Fragen, Aussagen oder andere Impulse zu einem Thema.
- Nun gehen alle Teilnehmerinnen und Teilnehmer mit Stiften um den Tisch herum.
- Jede/r darf seine/ihre Gedanken zum Impuls auf der Tapete notieren.
- Die anderen lesen das Geschriebene und kommentieren das bereits Geschriebene oder ergänzen es um ihre eigenen Gedanken.
- Wir nehmen uns Zeit, die Ergebnisse anzuschauen, Fragen zu stellen und Verständnisprobleme zu lösen.
- Während des Schreibgesprächs darf nicht geredet werden. Nach einer festgesetzten Zeit endet das Schreibgespräch.

Oder so!
- Alle Schülerinnen und Schüler sitzen im Kreis.
- Anstelle der Tapete nimmt jede Schülerin bzw. jeder Schüler ein DIN-A4-Blatt und notiert darauf eigene Gedanken zu einem Impuls.
- Anschließend wird das Blatt zur Kommentierung an die rechte Nachbarin/den rechten Nachbarn weitergegeben.

Womit?   Stifte, Tapete oder Papier

- ✂

Eine Schreibmeditation durchführen

Wozu?   Wir ordnen und vertiefen unsere Gedanken und teilen sie auf ruhige Art und Weise mit anderen.

Wie lange?   ca. 15 Minuten

Wie?
- Wir bilden Gruppen mit jeweils vier bis fünf Schülerinnen und Schülern. Jede Gruppe erhält ein großes Blatt Papier, das in der Mitte liegt, und Stifte. In der Mitte des Papiers steht das Thema, ein anregendes Wort, eine Bibelstelle etc.
- Wir setzen uns bequem hin (auf Stühlen oder am Boden) und werden ruhig. Wir hören dazu z.B. meditative Musik.
- Wir hören einen Impuls und lassen unsere Gedanken dazu sich frei entfalten.
- Wir notieren Gedanken, die wir mit den anderen teilen möchten, auf dem Papier.
- Wir lesen die Gedanken der anderen, lassen sie aber unkommentiert.

Oder so!   Wir können das Geschriebene ergänzen mit Fotos, Naturmaterialien (Blätter, Federn, Blüten, Zapfen, Steine etc.), Farben u.Ä., die zu unseren Gedanken passen.

Womit?   Stift und Papier, meditative Musik, ggf. Bilder, Fotos, Naturmaterial etc.

Ein Standbild stellen

Wozu? Wenn du einen Bibeltext nur liest, vorliest oder hörst, kann er seine Wirkung in deinem Inneren meist nicht genug entfalten. Wenn du aber selber eine Rolle aus dem Bibeltext übernimmst, kannst du spüren, wie du vom Bibeltext und den darin handelnden Personen berührt und betroffen wirst.

Wie lange? ca. 45 Minuten

Wie? Standbilder werden immer in Gruppen gestellt.

- Wir bilden Gruppen, wählen einen Bibeltext aus und lesen ihn gemeinsam.
- Wir besprechen, welche Szene aus der Geschichte wir darstellen wollen und wer welche Rolle darin übernehmen soll.
- Jede/r in der Gruppe überlegt sich, was er/sie in dieser Szene tun und welchen Satz er/sie sagen könnte. Wer möchte, schreibt sich den Satz auf.
- Gemeinsam proben wir das Standbild und stimmen unsere Körperhaltungen aufeinander ab. Danach legen wir fest, in welcher Reihenfolge wir unsere Sätze sprechen wollen.
- Nun stellt jede Gruppe reihum schweigend ihr Standbild. Die übrigen Schülerinnen und Schüler treten nacheinander jeweils hinter eine der Personen im Standbild, legen die rechte Hand auf deren linke Schulter und sprechen einen Satz, von dem sie meinen, dass er zu der dargestellten Haltung passen könnte. Die Mitschülerinnen und Mitschüler raten, welche biblische Szene dargestellt ist, und geben dem Standbild einen Titel.
- Danach sprechen die Personen des Standbildes ihre Sätze, bestätigen oder korrigieren den Titel und erzählen die von ihnen dargestellte Szene nach oder lesen den Bibeltext vor.
- Dann „schütteln" die Darsteller und Darstellerinnen ihre Rollen ab und treten wieder aus dem Bild heraus.
Wenn alle Gruppen ihre Standbilder vorgeführt haben, tauschen wir uns aus, wie wir unsere Rolle erlebt haben und ob wir die biblische Geschichte jetzt besser verstehen können.

Oder so! Bei einer Schulfeier oder einem Schulgottesdienst stellen wir den Bibeltext der Lesung oder des Evangeliums als Standbild dar.

Womit? Bibeln, unser Körper, evtl. Stift und Papier

✂ •

Einen Vortrag halten

Wozu? Wir teilen den Mitschülerinnen und Mitschülern z.B. das Ergebnis einer Gruppenarbeit oder einer Rechercheaufgabe mit.

Wie lange? ca. 5 bis 10 Minuten

Wie?
1. Atme als erstes tief ein, halte die Luft etwa vier Sekunden an und atme dann langsam aus. Das beruhigt.
2. Suche einen festen Stand und nimm eine aufrechte Körperhaltung ein. Überlege, wie du die Hände hältst.
3. Schaue deine Zuhörer und Zuhörerinnen ruhig an und lasse den Blick langsam schweifen. Das gibt dir Sicherheit. Schließlich bist du der Experte/die Expertin.
4. Nenne das Thema und erläutere den Aufbau des Vortrages überblicksartig, so wissen die Zuhörenden, was sie erwartet.
5. Mache die Zuhörer und Zuhörerinnen mit einem interessanten Einstieg hellhörig und gewinne sie so für den Vortrag. Sprich sie z.B. direkt an.
6. Argumentiere frei und lebendig, damit niemand einschläft. Setzte dafür Mimik und Gestik ein.
7. Verwende lebensnahe Beispiele und Anregungen, rhetorische Fragen, so fühlen sich die Zuhörenden angesprochen.
8. Variiere deine Stimme und Tonlage und unterstreiche so deine Ausführungen. Der Ton macht die Musik!
9. Gönne deinen Zuhörern und Zuhörerinnen auch Zeit zum Verschnaufen und zum Nachdenken. Mache deshalb ruhig mal kleine Pausen und wiederhole besonders wichtige Punkte, das macht die Rede eindringlicher.
10. Finde einen guten Schluss, denn der letzte Eindruck bleibt auf jeden Fall haften. Das muss nicht unbedingt etwas Witziges sein.

Womit? Stift und Papier für Notizen, ggf. ein Glas Wasser gegen einen „Frosch im Hals"

Quellenverzeichnis

2.1.1	nach: Robert Delaunay (1885-1941), Formes circulaires, Soleil n° 1 (Kreisformen, Sonne Nr. 1), 1912/13, Wilhelm-Hack-Museum Ludwigshafen am Rhein
2.1.3	in: Werkstatt RU Heft 3, Kain und Abel. Arbeitshilfen für den Religionsunterricht, Katechetisches Institut des Bistums Trier 1994, S. 25
2.1.6	in: Gerda und Rüdiger Maschwitz, Aus der Mitte wachsen. Neue Mandalas, München 1998, Bild 19, Zeichnung: Gerda Maschwitz
2.2.1	nach: Salvador Dalí (1904-1989), Jeremia prophezeit gegen König Jojachin (2 Kön 24,15)
2.2.2	Ders., Jeremia prophezeit gegen König Jojachin (2 Kön 24,15), in: Die Bibel (Dalí-Bibel), Augsburg 1997, S. 337, Les Heures Claires s.r.L., Laura Berio Albaretto, Torino
2.2.3	in: Sigrid Berg, Biblische Bilder und Symbole erfahren. Ein Material- und Arbeitsbuch, München 1996, S. 64
2.2.4	Illustration: Mascha Greune, München
2.2.5	in: Florian Sorkale/Jürgen Koerver (Hg.), Das schreit zum Himmel. Eine Bibelwoche für 12-15-Jährige zu Texten des Buches Amos © Rheinischer Verband, Arbeitsstelle Kindergottesdienst, Missionsstr. 9, 42285 Wuppertal (bearbeitet)
2.2.7	nach: Mark Rothko (1903-1970), „Blue and Grey" (Blau und Grau), 1962, Öl auf Leinwand, 193 x 175 cm, Riehen/Basel, Fondation Beyeler © Kate Rothko-Prizel & Christopher Rothko/VG Bild-Kunst, Bonn 2008
2.2.8	Karte: Kösel-Archiv – Zahlenmaterial: Bundesagentur für Außenwirtschaft (bfai), Köln, und Statistisches Bundesamt, Wiesbaden
2.2.9	Fotos: picture-alliance/dpa – EPA/Thais Llorca
S.62	in: Thomas Dressel/Jutta Geyrhalter (Hg.), Morgens um Acht. Rituale und Gebete für den Tagesbeginn in der Schule, München 2001, S. 103
S. 76	Text: © Werner Bethmann
S. 80	Foto: Michael Mosel, Marburg
2.3.1	Text: Sahra Hayat, in: X-mag (bearbeitet) – Illustration: Reinhild Kassing, Kassel
2.3.2	in: Brigitte Schär, Was wird sein?, Zürich 1997
2.3.3	T/M: Paul Janz, deutscher Text: Jürgen Werth © Musik-Edition Discoton
2.3.4	in: Lernimpulse für den RU an Haupt-/Werkrealschulen, Ein Partnerschaftshaus bauen, Freiburg 2007, S. 12 (bearbeitet)
2.3.5	Helmut Ammann (1907-2001), Die zerbrochene Maske, 1953 © Galerie Ammann, Pöcking, Foto: Roland Hoffmann, Volk Verlag – Text in: Lernimpulse für den RU, a.a.O., S. 21
2.3.7	in: Antoine de Saint-Exupéry, Bekenntnis einer Freundschaft © 1955 u. 1999 Karl Rauch Verlag, Düsseldorf
S. 110	in: Kurt Marti, Namenszug mit Mond. Gedichte © 1996 Nagel&Kimche im Carl Hanser Verlag, München
2.4.1	Walter Kostner, Hör mal. Cartoons © Verlag Neue Stadt, München 1995, S. 45
2.4.3	Suchen und glauben, Religionsunterricht 7./8. Schuljahr, Morus Verlag, Berlin 1987, S. 65
2.4.5	Jersaet, in: Martin Gutl, In vielen Herzen verankert, Styria Verlag, Graz 2004, S. 136
2.4.6	in: Trutwin/Breuning (Hg.), Wege des Glaubens, Jg. 7/8 © Patmos Verlag GmbH & Co. KG, Düsseldorf, S. 63
2.4.7	© Kösel-Verlag
2.4.8	in: Hans-Walter Nörtersheuser/Christian Schuhmacher, Er richtet auf und heilt, Heilungswunder-Erzählungen im NT, hg.v. IRP, Freiburg i.Br. o.J., S. 47ff
2.4.9	© Helmut Siegel, Hildesheim (gekürzt)
2.4.12	T: Thomas Laubach/M: Christoph Lehmann, aus: Gib der Hoffnung ein Gesicht, 1989 © tvd-Verlag, Düsseldorf
2.4.13	KNA-Bild, Bonn
S. 122	KNA-Bild, Bonn
S. 143	Karte auf der Grundlage des von der Bundeszentrale für politische Bildung herausgegeben Handbuches: Gedenkstätten für die Opfer des Nationalsozialismus, 2 Bde, Bonn 1995/1999
S. 144f.	in: Dan Cohn-Sherbok, Judaism, Calmann & King, London, Grafik: Sarah-Jayne Stafford, dt. Übersetzung in: Dan Cohn-Sherbok, Judentum, Freiburg i.Br. 2000, S. 114-115
2.5.1	Marc Chagall (1887-1985), Rabbi mit Torarolle, Paris, Musée du Louvre © VG Bild-Kunst, Bonn 2008
2.5.2	Fotos v.o.n.u.: picture-alliance/dpa – The Roger Richman Agency, Inc., Joan Waldman, Beverly Hills, California – © United States Marine Corps – Kösel-Archiv
2.5.5	in: Alexa Brum/Rachel Heuberger/Manfred Levy/Noemi Staszewski/Dodie Volkersen (Hg.), Kinderwelten. Ein jüdisches Lesebuch, Roman Kovar-Verlag, Egling 1996, S. 120

2.5.6	in: Noemi Staszewski, Mona und der alte Mann. Ein Kinderbuch zum Judentum © Patmos Verlag GmbH & Co. KG, Düsseldorf 1997
2.5.7	Grafik: Eva Amode, München – Idee: Albrecht Lohrbächer, Weinheim
2.5.8	Grafiken: Eva Amode, München
2.5.9	Silvia Gastaldi/Claire Musatti, Entdecke die Welt der Bibel, Neukirchener Verlag, Neukirchen 2000, S. 42f.
2.5.10	Plakataktion der Evangelischen Kirche Deutschland
2.5.11	Foto: Rolf Hartmann, München – Idee: Rosika Neidik, Stuttgart
2.5.12	in: Martin Buber, Hundert Chassidische Geschichten, Manesse Verlag, Zürich 1996, S. 43, 44 f., 6
2.5.13	Foto: Rainer Löbe, Bingen
2.5.14	nach: Ich bin, was ich bin, ein Jude: Jüdische Kinder in Deutschland erzählen, Köln 1995
2.5.15	Pressemeldung: AP, Frankfurt/M.
S. 151	Zitat: Helmut Friedel, München
2.6.1	Buchmalerei, Frankreich, 1. Hälfte 13. Jh., Gottvater als Weltenschöpfer (Demiurg), aus der „Bible moralisée", Deckfarben und Gold auf Pergament, 34,4 x 26 cm, Codex Vindobonensis, Foto: akg-images/Erich Lessing
2.6.3	Foto: © iStockphoto/Bojan Tezak/lizenzfrei
2.6.5	Abb. Kösel-Archiv
2.6.7	in: Jostein Gaarder, Sofies Welt. Roman über die Geschichte der Philosophie, aus dem Norwegischen von Gabriele Haefs © 1993 Carl Hanser Verlag, München
S. 178	nach: Jo-Anne Birni Danzker u.a. (Hg.), Art of Tomorrow. Hilla von Rebay und Solomon R. Guggenheim, Katalog zu den Ausstellungen Solomon R. Guggenheim Museum New York 2005/Museum Villa Stuck München 2005/2006, Deutsche Guggenheim Berlin 2006, S. 19
S. 191	Illustration: Masche Greune, München
S. 194	in: Ludwig Rendle (Hg.), Ganzheitliche Methoden in Religionsunterricht, München 1998, S. 179
2.7.1	nach: Gelsomina Bassetti (geb. 1953), Doppio, 2000, 150 x 120 cm, Öl auf Leinwand
2.7.2	Illustration: Andreas A. Dorfey, München
2.7.3	Ivan Steiger, München
2.7.4	Illustration: Andreas A. Dorfey, München
2.7.5	Foto: © Malcolm Varon, Innenhof mit Garten und Leiter, 1979, in: Britta Benke, Kat. Georgia O'Keeffe, Taschen Verlag, Köln 1999
2.7.6	Wolfgang Mattheuer (1927-2004), Zwiespalt, 1979, Holzschnitt, 55 x 45 cm © VG Bild-Kunst, Bonn 2008
2.7.7	© Keith Haring Foundation, RPE – in: Keith Haring. Katalog zu den Ausstellungen in Castello di Rivoli, Malmö, Hamburg, Tel Aviv. Kat.-Nr. 37
2.7.8	in: Karin Jefferys/Ute Noack, Streiten, Vermitteln, Lösen, Lichtenau ⁵2001, S. 49
2.7.9	nach: Walker Jamie, Gewaltfreier Umgang mit Konflikten in der Sekundarstufe I, Cornelsen Verlag Scriptor, ⁶Berlin 2002 (leicht verändert)
2.7.11	in: Ludwig Rendle (Hg.), Ganzheitliche Methoden im Religionsunterricht, München 1998, S. 177
S. 208	in: Franz W. Niehl (Hg.), Leben lernen mit der Bibel, München 2003, S. 202 (gekürzt)
S. 210	in: Martha Sonntag, Bildmeditation zu dem Bild von Sieger Köder: Ihr habt mir zu essen gegeben, in: Gertrud Wiedmann (Hg.), Die Bilder der Bibel von Sieger Köder. Erschließende und meditative Texte © Schwabenverlag, Osterfildern ¹²2006, S. 110
S. 216	nach: Lothar Kuld, Das Compassion-Projekt, Katechetische Blätter 125 (2000), S. 418ff.
2.8.1	Otto Dix, Der Arbeiterjunge, 1920 © VG Bild-Kunst, Bonn 2008
2.8.2	Foto und Text: MISEREOR-Projektpartnerschaft © 2007 MISEREOR, Aachen (bearbeitet)
2.8.3	Bild: Richard Seewald (1889-1976), Der barmherzige Samariter, in: IRP Unterrichtshilfen, „Das Reich Gottes ist schon mitten unter euch!", Gleichnisse Jesu im NT, Freiburg i.Br., S. 36
2.8.4	Forum Religion 3/2007, S. 29
2.8.5	Piktogramme: Volker Hahn, Nürnberg, Idee und Umsetzung nach: Dr. Gunter Fleck, in: Forum Religion 3/2007, S. 25f
2.8.6	Teilen, Rainer Haak, in: IRP Unterrichtshilfen, Hoffnung für die Armen der Welt, Freiburg i.Br., S. 29
2.8.7	Umrisszeichnung des Radfensters im nördlichen Querhaus des Freiburger Münsters, Corpus Vitearum, Freiburg i.Br.
S. 219ff.	Bettina Ramor, Marl (bearbeitet)